La civilisation française en évolution I

Institutions et culture avant la Ve République

ROSS STEELE
University of Sydney

SUSAN ST. ONGE
Christopher Newport University

RONALD ST. ONGE
College of William and Mary

HH HEINLE & HEINLE PUBLISHERS
Boston, Massachusetts 02116 U.S.A.
A division of International Thomson Publishing, Inc.
ITP The ITP logo is a trademark under license.

*Boston • Albany • Bonn • Cincinnati • Detroit • Madrid • Melbourne • Mexico City
New York • Paris • San Francisco • Singapore • Tokyo • Toronto • Washington*

The publication of *La civilisation française en évolution* was directed by the members of the Heinle & Heinle French, German and Russian Publishing Team:

Elizabeth Holthaus and Stan Galek, *Team Leaders*
Wendy Nelson, *Editorial Director*
Amy R. Terrell, *Market Development Director*
Gabrielle B. McDonald, *Production Services Coordinator*

Also participating in the publication of this program were:

Publisher: Stanley J. Galek
Director of Production: Elizabeth Holthaus
Managing Developmental Editor: Amy Lawler
Project Manager: Julianna Nielsen/Sloane Publications
Associate Editor: Susan Winer Slavin
Photo/Video Specialist: Johnathan Stark
Associate Market Development Director: Melissa Tingley
Production Assistant: Lisa Winkler
Manufacturing Coordinator: Barbara Stephan
Art Coordinator: Julianna Nielsen
Interior and Cover Designer: Bruce Kennett
Cover Photograph: Bruce Kennett

Manufactured in the United States of America

ISBN: 0-8384-6010-0 Instructor edition
10 9 8 7 6 5 4 3 2 1

Table des matières

France
Mer du Nord
Pays-Bas
Allemagne
Angleterre
Dunkerque
Calais
Belgique
NORD-PAS-DE-CALAIS
Lille
Valenciennes
La Manche
Luxembourg
Cherbourg
HAUTE-NORMANDIE
Amiens
PICARDIE
Le Havre
Rouen
Reims
Meuse
Metz
Rhin
Caen
BASSE-NORMANDIE
Seine
LORRAINE
ALSACE
Saint-Malo
Paris
CHAMPAGNE-ARDENNE
Nancy
Strasbourg
Brest
Versailles
ÎLE-DE-FRANCE
VOSGES
Foug res
Troyes
Moselle
BRETAGNE
Rennes
Le Mans
Orléans
Mulhouse
PAYS DE LA LOIRE
Blois
Seine
Angers
Chambord
BOURGOGNE
Saône
St-Nazaire
Loire
Tours
Besan on
Chenonceaux
Dijon
Nantes
Chinon
Azay-le-Rideau
Bourges
Chalon-sur-Sa ne
FRANCHE-COMTÉ
Suisse
JURA
Nevers
CENTRE
Loire
Poitiers
Vichy
La Rochelle
LIMOUSIN
Clermont-Ferrand
Rhône
Annecy
Océan Atlantique
POITOU-CHARENTES
Limoges
Lyon
Saint tienne
RHÔNE-ALPES
Italie
Perigueux
AUVERGNE
Grenoble
ALPES
Bordeaux
MASSIF CENTRAL
Rhône
PROVENCE-ALPES-CÔTE-D'AZUR
Rodez
AQUITAINE
Garonne
MIDI-PYRÉNÉES
Beaucaire
Nîmes
Avignon
Monte Carlo
Tarascon
Grasse
Nice
Biarritz
Bayonne
Toulouse
Montpellier
Aix-en-Provence
Cannes
Pau
Béziers
Carcassonne
Narbonne
Marseille
Toulon
PYRÉNÉES
LANGUEDOC-ROUSSILLON
Mer Méditerranée
Perpignan
Andorre
Espagne
CORSE
Ajaccio
0 75 km
1992 Magellan Geographix SM Santa Barbara CA

La France

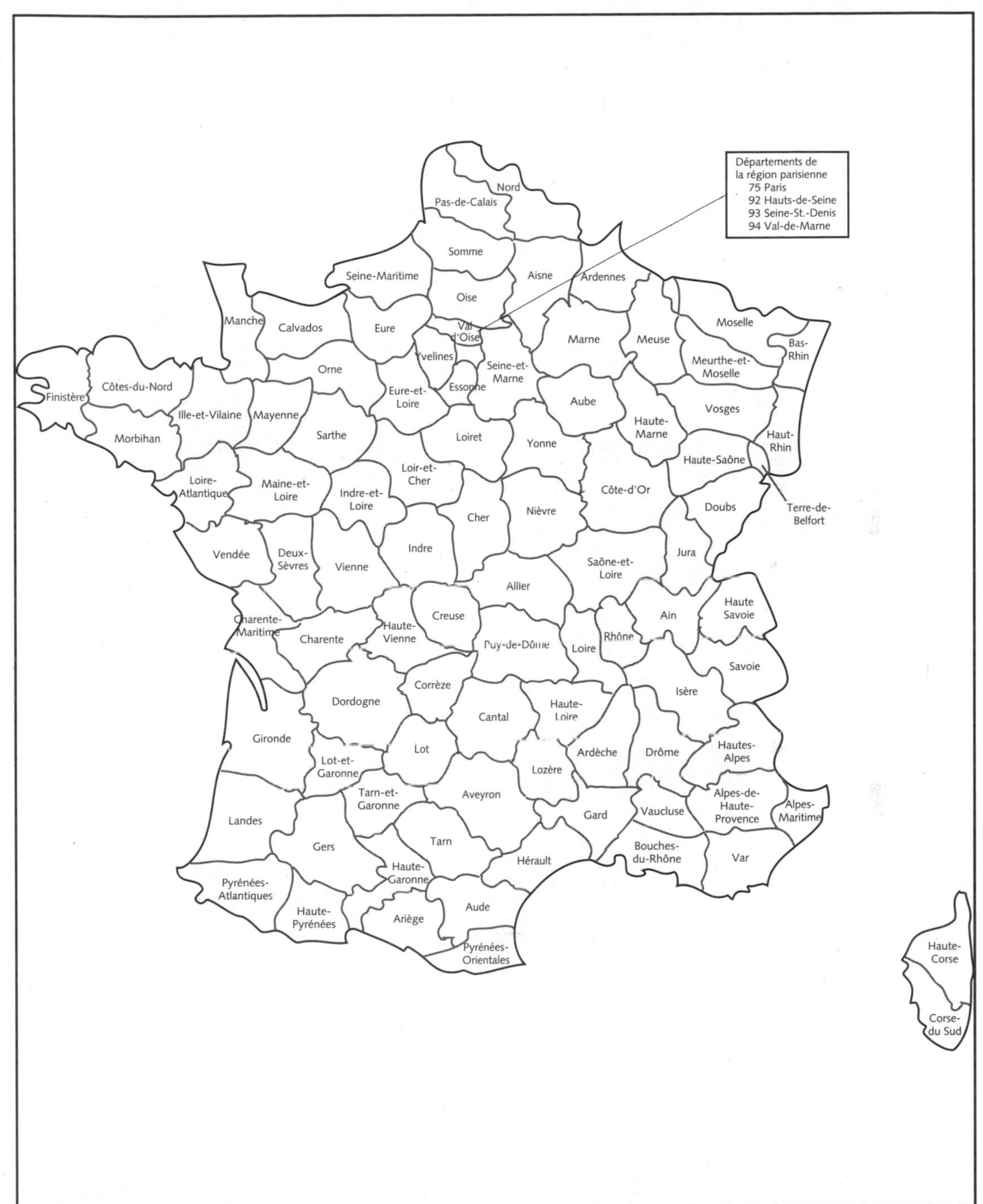

Les départements de la France

Les provinces de l'Ancien Régime

Préface

Genesis and Organization of the Text

La civilisation française en évolution I: Institutions et culture avant la Ve République is the first book in a two volume series. As indicated by the subtitle, it focuses on French culture up to the Ve République; the second volume, *II: Institutions et culture de la Ve République* focuses on contemporary French civilization. The impetus for the creation of *La civilisation française en évolution* stems from a very simple principle: the lack of effective, usable materials available in the American market for the teaching of French culture at the post-intermediate level. "Civilization" textbooks produced in France tend to assume too much regarding the existing cultural knowledge of our students and, typically, these **manuels** lack the kinds of exercise materials and activities that American instructors expect. Many of the American texts used for years to teach French culture seem to fall into one of two categories. Either they rely on very brief sketches that outline only the most basic elements of French culture, or they attempt to cover *everything*, even if the corresponding treatment of a figure, movement, or event occupies only a sentence or two. In the latter kind of civilization book, the treatment of cultural phenomena is often reduced to lists of personalities, artists, and major events with very little depth to the explanations. Furthermore, many textbooks currently available often focus either on the artistic production emanating from French culture *or* the social and historical aspects of the development of French civilization without trying to establish the connections between these two phenomena. *La civilisation française en évolution* seeks, therefore, to address these problems in several ways. The text establishes the links between political, social, and intellectual developments and the associated artistic and literary achievements. It offers sufficient depth of coverage to allow students to truly understand the underlying currents of the evolution of French culture, and it provides a rich and varied assortment of activities useful to both the student and the instructor.

In creating *La civilisation française en évolution* our primary goal is quite simple. French people grow up immersed in a rich cultural environment. Whereas in some countries, getting in touch with cultural roots might involve a school field trip or an extended family vacation, our students' French peers are in constant direct contact with the manifestations of the past that give today's France its national identity. The cave paintings at Lascaux and La Combe d'Arc, the ruins of Roman Gaul, the gothic cathedrals, the **châteaux** and **hôtels particuliers**, the Invalides, the Arc de Triomphe, the Tour Eiffel, the elaborate rail and Métro stations, the landing beaches in Normandy, the airports of Le Bourget and Orly, the Forum des Halles, and even the omnipresent **places de village** are some of the constant reminders to the French of their long and rich cultural heritage.

La civilisation française en évolution seeks to impart to the non-French student the fundamental notions that form the basis of the **bagage culturel** that his or her French counterpart would have. What historical events and figures, what cultural movements would young, educated French people be most likely to know something about? What would their attitudes be toward these social and cultural phenomena? This goal led us quickly to eschew the traditional, chronological and linear approach to our discussion of "Big C" culture. Rather, we divided French civilization, from pre-history to the Fifth Republic, into logical categories: important historic personalities, key political developments, attitude-shaping philosophical movements, significant artistic trends, etc. Each **dossier** traces the cultural manifestation in question through all of the major periods of French history prior to 1958, reinforcing the factual presentations by authentic readings drawn from a wide variety of sources, both historical and modern. There are two principal advantages to this approach. First, each phase of French cultural evolution can be treated in more depth. Second, key concepts are frequently recycled throughout the text and viewed from different perspectives. To take but one example, the study of the Seventeenth Century is not an isolated compendium of names, dates, and facts. Rather, students first see the continued presence of the Seventeenth Century in concrete form in France today; then Louis XIV as a pivotal figure in the shaping of the French attitudes toward government; then classicism as a significant contribution to the French mentality; then the development of Seventeenth Century art and architecture as graphic manifestations of the **esprit** of this era. By returning frequently to a given period, but each time from a different point of reference and emphasis, students come not only to assimilate the necessary facts and details, but also develop an appreciation and a more in-depth understanding for how and why a specific phenomenon fits into the grand scheme of the cultural heritage of France. Furthermore, our text presents a reduced number of historical figures, cultural artifacts, movements, and guiding principles, selected for their symbolic value to the period and concentrates on them in greater depth. The goal is then to lead the students not just to a command of facts, but to a true understanding of the myriad influences that have led progressively to French civilization as it exists and continues to evolve.

Organization of the Text

The text opens with a **Panorama de la France**. This preliminary section provides a brief and schematic overview of France, including descriptions of basic geographical features and socio-political structures, as well as a listing of significant historical milestones. This segment of the text is meant to be used primarily for reference purposes so that users can readily situate the events of France's cultural development within the context of contemporary cultural events. This section provides quick reference data, and therefore no activities accompany this material. Instructors might well choose, however, to go over this preliminary material with the students, drawing their attention to important aspects of contemporary France.

The body of *La civilisation française en évolution* consists of six **dossiers**, each treating a particular aspect of French culture. ***Dossier un: La présence du passé*** describes examples of the physical manifestations of French history that provide constant reminders to the French of their rich and varied civilization. ***Dossier deux: Quelques personnages clés*** is composed of a series of portraits of personalities that the French learn, from an early age, to identify as key figures who played pivotal roles in the creation of their culture. ***Dossier trois: De la monarchie à la République*** traces the evolution of political institutions in France from the beginnings of the monarchy and establishment of the **Ancien Régime** through the death of that system and the progressive maturation of republican ideals. ***Dossier quatre: La société*** describes the development of social structures, including the changing role of women in France, from the simplistic and hierarchical society of the Middle Ages to the complex and shifting social situation of the modern world. ***Dossier cinq: Le mouvement des idées*** provides a sketch of key philosophical movements and intellectual concepts as they have evolved, progressed, and interacted over the centuries to form the French intellectual perspective. Finally, ***Dossier six: Les mouvements littéraires et artistiques*** offers an overview of French cultural life in all its diversity, focusing on pivotal authors, artists, and works whose creative resonance has been felt not only in France but all over the world. The goal of this thematic presentation through the six parallel **dossiers**, each with its particular focus and perspective, is to present to the students a kaleidoscopic overview of the people, ideas, and events that have been interwoven throughout the ages to form the rich tapestry of French culture.

The final segment of *La civilisation française en évolution* consists of an **Index** that references the most significant elements treated in the text. Users may find this tool useful in preparing activities, researching material for writing assignments, or examining a particular aspect of culture in its various historical, political, intellectual, and artistic manifestations.

Chapter Features

The essential material of each **dossier** consists of an overview created by the authors to elucidate and bring to life the particular cultural principles, phenomena, or personalities that constitute the focus of the unit. These explanatory segments strive in all cases not to overwhelm students with lists of isolated facts, but to lead students to a true understanding of the central concepts at issue in a particular **dossier**. Each of these segments is followed by a **Témoignages culturels** section that contains authentic readings to reinforce and expand the general cultural information of the segment. These **Lectures** are drawn from a variety of sources including literature, contemporary periodicals, and documents from the period in question. All have been chosen with the goal of rendering the cultural focus of the segment lively and enabling students to view the cultural information in greater depth, often from the perspective of the era being discussed. The readings have been glossed to facilitate comprehension of more difficult or archaic terms. All readings are introduced by a brief explanation that serves as an advance organizer by establishing the context of the selection and focusing the students' attention on the essential concepts of the reading and the aspect of the cultural information that it is designed to illustrate. Since each reading is freestanding, instructors should not feel it necessary to use them all as the basis for work in class and may choose to skip readings because of time constraints, the particular interests of the students, or other pedagogical reasons. Readings not used in class could provide material for individual student projects, short papers, or tests.

Both the author-generated material and the authentic readings are immediately followed by a **Découvertes culturelles** feature. These activities, usually brief, focus on the content of an individual segment, allowing students to verify mastery of the key ideas of the section. Great care has been given to making these activities as varied as possible (questions, completions, true/false, multiple choice, adding further information to key statements about the readings, etc.) both to aid students in their assimilation of the material and to enhance the level of student interest and interaction with the material and in the classroom. Many of the **Découvertes culturelles** could be discussed with students prior to their own reading of the text in order to establish familiarity of the context and focus attention on the key concepts. In all cases, the **Découvertes culturelles** require not just an isolated response but some further explanation on the students' part to lead them to an understanding of principles, rather than just an acquisition of facts. These activities were designed to avoid the usual **Questions sur le texte** format and lend themselves easily to pair and group work as well as classroom discussion.

Each **dossier** culminates with a section of **Activités d'expansion** inspired by the most fundamental goal of the text, to help students see the flow and interaction of the principles that lie at the heart of French culture. These capstone activities are constructed in such a way as to lead students to fully assimilate and integrate the cultural information they have acquired from the individual segments of the unit. The **Activités d'expansion** are progressive in nature. The first section, called **Repères culturels** contains activities that deal with discrete point information such as significant dates, titles, personalities and geographical locations of cultural import. Because of their cumulative nature, the **Repères culturels** would normally be used as classroom activities upon completion of the entire **dossier**. Though quite specific, these activities lend themselves to a variety of uses in the classroom. They could be done, for example, in a question/answer format, as a springboard for competitive exercises, or as the framework for pair and group work where one set of students provides the specific information and others must add further explanation. Other possible functions for the **Repères culturels** include using them as pre-tests, advance organizers, or pedagogical tools to assess student knowledge of the cultural material, to establish the context of the readings, or to prepare cultural points that students should look for in their reading. The **Repères culturels** also provide test material either for shorter quizzes or for the factual section of longer tests.

The sections of the **Activités d'expansion** called **Quelques liens culturels** are designed to build on the foundation of factual material created by the discrete point activities in the **Repères culturels**. The **Quelques liens culturels** are divided into three different kinds of activities, all fostering more in-depth discussion of the broad cultural concepts at the heart of the **dossier**. The **Discussion** section consists of general questions that focus on the particular themes and concepts of the **dossier**. These questions are designed primarily to serve as a springboard for classroom discussion, and again, can be used by the instructor or as the basis for group work, round-table discussions, debates, etc. Because the **Discussion** questions focus on a single concept, they can also be used as discussion material during the course of study of the **dossier**, rather than upon completion of the unit. The overall goal of these activities remains to aid students in assimilating and truly understanding the general cultural focus of the **dossier**. The **Mise en scène** are role-playing activities. Role-play has the potential not only to immerse students in the cultural milieu in question and add a lively dimension to the capstone activities, but also to require that students demonstrate a profound grasp of the period and the human import of the cultural information that they have acquired. The final **Activités écrites** provide further discussion questions that lend themselves to a written format. Most of the questions require no research beyond the material of the text itself, though instructors might choose to use the **Activités écrites** as the basis for research papers by asking students to seek supplementary information. These activities, as well as the **Discussion** questions, can easily be combined, modified, or enhanced to form the essay or discussion topics of longer tests and examinations.

The end-of-unit activities are capped off by the **Perspectives interculturelles** feature. Though the obvious focus of *La civilisation française en évolution* is to enhance the students' knowledge of the development of French culture, a secondary goal targets the students' contemplation of the phenomenon of culture itself and their ability to grasp the relevance of these principles to the world today. The questions that form the **Perspectives interculturelles** implement both of these goals. They focus on the most essential cultural themes of the **dossier** and ask students to relate them to similar cultural phenomena in their own culture. The questions have purposefully been kept very general in order to facilitate comparisons of the cultural concepts in France with those of other countries or with minority cultures within countries, focusing on trends and issues rather than on very specific phenomena. All activities to this point have served to make students comfortable with both the facts and the concepts of the **dossier**, thus providing the foundation necessary to enable them to go beyond the culture of France and see not just the big picture of French cultural development, but also the areas of commonality and divergence between French culture and their own. Through this **Perspectives interculturelles** feature, *La civilisation française en évolution* comes full circle. The essential cultural focus is announced and prepared in the **dossier** title and introduction, is explained and elucidated through the various readings, and is reinforced by the graded capstone activities that implement the primary goal of the text: to approximate for American and other students the essential **bagage culturel** of their French peers. The **Perspectives interculturelles** engage the students in that most worthwhile of pursuits, the bringing together of their own cultural backgrounds with the rich and varied civilization of the country they have chosen to study.

Color Plates

In addition to the many black and white photographs used throughout the text to highlight the cultural material, an extensive section of full-color photographs, primarily associated with ***Dossier six,*** appears following page 368. These color photographs have been selected to illustrate key works of art and architecture, especially those referenced in the text as examples of a particular artist or artistic movement. Again, a significant aspect of *La civilisation française en évolution* is its attempt to avoid lists that give only a brief mention of various artists and works. Discussions of each period or artistic movement do give students a broad overview of the general characteristics and most important practitioners of a particular style. However, each discussion also focuses on one artist, and the most important aspects of that person's work are discussed in detail as exemplary of the artistic phenomenon in question. These are the works of art and architecture that are portrayed in the full-color photographs, and identified by Figure number within the text. Again, the key to this approach is to have students arrive at a more in-depth understanding of a particular artistic manifestation in a given period. A practical result of this approach is that the text is, in effect, freestanding. Instructors with access to extensive slide libraries or other video material may supplement the explanations in the book, if desired, but those instructors who do not have ready access to such supplementary material will find that the text and its illustrations enable them to offer their students a solid and thorough treatment of the visual arts.

Scheduling

Because of its organization, the length and nature of the readings, and the sequencing of activities, *La civilisation française en évolution* is adaptable to a wide variety of academic schedules. The most appropriate format for the text is a one-semester course meeting three hours a week.

Under this format, approximately two weeks each would be devoted to the first five **dossiers**. ***Dossier six***, which treats literature and the arts is, by necessity, more lengthy. Therefore, on a one-semester schedule, this pivotal unit provides material for either four weeks of class time, or three weeks, leaving one full week for group or individual projects, or in-class presentations.

La civilisation française en évolution is also suitable for a full-year course on French culture with appropriate supplementation. For such a course, instructors might choose to cover the first four ***Dossiers*** in the first semester, and ***Dossiers cinq*** and ***six*** in the second. The result of this division of the material would be that the more historical, political, and sociological aspects of the development of French culture would be treated in the first semester, leaving the intellectual, artistic and literary manifestations to be treated together in the second semester. Possibilities for supplementary material include slides from the instructor's own sources and recordings of relevant music or other audio material, such as de Gaulle's «Appel du 18 juin», for example. In addition, the material of *La civilisation française en évolution* during both semesters might well be supplemented with appropriate works of literature (read in entirety or as excerpts) and by contemporary films to give the full-year course an enhanced reading, aural and visual comprehension, or conversational component. The obvious choice for literary readings would be further selections from the authors or works treated in the text. The following list represents a selection of recent films that focus on themes or periods directly related to the material of the text: «Le Retour de Martin Guerre», «La Reine Margot», «La Prise de pouvoir de Louis XIV», «Tous les Matins du monde», «La Religieuse», «Les Liaisons dangereuses», «Danton», «Madame Bovary», «Germinal», «Camille Claudel», «Le Chagrin et la pitié», «Huis clos», «Le Dernier Métro», and «Au revoir les enfants».

II: Institutions et culture de la Ve République

The second book in the *La civilisation française en évolution* series adopts the same essential format and organization to provide an overview of society and institutions in modern France. Six **dossiers** examine what has come to be known as "small c" culture, including not only the political system and social structures, but also current trends in demographics, lifestyles, values, and social attitudes. Emphasis is placed on the aspects of modern life in France where tradition still holds sway, as well as on facets of French civilization that are in flux, as in the case of consumerism and the role of women in French society, for example. One entire **dossier** is devoted to the concept of "la présence française dans le monde," treating the contemporary manifestations of "la francophonie," France's integration into the European Union, as well as the challenges presented in France today by its magnetism for French-speaking cultural minorities. Perhaps unique to this second volume of *La civilisation française en évolution* is its treatment of literature and the arts in the modern era, which attempts to bring the students' knowledge in this area up to date, from the established modern "classics" of the early years of the Fifth Republic to the creators who are currently setting new trends in literature and the arts. Many of the civilization textbooks currently available tend to cover either the social and political aspects of modern France or the artistic manifestations of contemporary culture. *Institutions et culture de la Ve République* brings all these together in one volume. The format for each **dossier**, the use of authentic texts, and the nature of the activities are the same as in the first volume. Sources for the readings are again extremely varied and utilize material from current periodicals as well as from contemporary literature. More extensive use is made of realia, charts, and graphs to provide visual representation of the sociological, economic, and political information of the explanations in the text.

Why?

The composing of a text on French civilization entails, by definition, a process of selection. In this final section of the **Préface**, we will address some of the issues of inclusion and approach that lie at the heart of *La civilisation française en évolution*. Working from the goals and objectives of the book, our decisions were predicated on implementing an approach that is adapted to the needs and interests of today's students and is usable in instructional situations that may involve a wide variety of ability levels and resource availability.

Why two volumes and not a single one?
Many undergraduate programs in French offer two courses in civilization: classical civilization and contemporary culture. Indeed, some smaller institutions or departments have reduced their offerings to a single course, often emphasizing the modern era. For those programs providing a broad view of French civilization, the first volume (from the gallo-roman era to 1958) proposes a manageable amount of material that can easily be adapted to a course of either one or two semesters. The second volume focuses on the Fifth Republic and provides a study of French society today. Chronologically and, to some extent, thematically, the second volume is therefore different enough from the first to warrant separate publication.

Why is the approach thematic and not chronological?
While most textbooks on French civilization follow a chronological approach ("from Gaul to de Gaulle,"), ours is organized along thematic lines in order to provide greater flexibility in use by instructors and students. Instructors will not feel alienated when using this book in conjunction with a course conceived along chronological lines, however, since each **dossier** synthesizes a particular issue or phenomenon and follows its logical progression across the centuries. Readers, either in a "civ course" or in another context, will be able to concentrate more directly on phenomena such as social, political, and intellectual history; literary and artistic production; or the development of institutions, by consulting pertinent sections of the book.

Why are certain facts or types of information mentioned more than once?
It is inevitable that a topic, such as the **château de Versailles** for example, find its way into various parts of the book, in connection with Louis XIV, the aristocracy, or classicism, as well as in a section of its own devoted to portraying its role as a present-day symbol of the past. The recycling of information, especially in connection with phenomena pertaining to a culture other than one's own provides reinforcement. Such recycling of information from different perspectives within the thematic presentation enables students, who often are not used to assimilating large blocks of detailed information, both to acquire facts and to grasp the concepts behind the facts. They learn that nothing happens in a discrete, isolated way; aspects of a people's culture are manifest in a variety of often interconnected areas. Thus, when a fact or concept appears more than once, the context has, in all cases, changed sufficiently to warrant its reintroduction.

*Why **this** writer (painter, sculptor, architect, musician) and not another?*
Our choice of writers and artists, literary selections and works of art, as well as the book's photographic reproductions is consistent with the book's philosophy: reduce the mass of information to a manageable quantity and stress the representative nature of those items that have been

selected. There are, without doubt, certain personalities who have contributed to the evolution of French culture who are not found within the pages of *La civilisation française en évolution*. Such omissions are inevitable when the approach of the text is to emphasize the understanding of concepts ráther than an encyclopedic accumulation of facts. Information on authors, works, or artists not included here can easily be found in reference books and form the framework for further research, projects, or in-class reports and discussions on the part of the students themselves. The goal at the core of the textbook, as conceived and presented, remains to offer ample information from which students may obtain a firm grasp on the evolution of French culture and retain a reasonable number of representative examples of personalities and phenomena to illustrate this evolution.

Why are the discussion questions found at the end of a unit?
Although specific questions follow those sections to which they pertain in a given segment, discussion questions are grouped at the end of a **dossier**. This arrangement is justified by the nature of the discussion questions that encourage students to look at the broader perspective behind the discrete facts. Our overriding concern has been to present factual information as the springboard to the comprehension of underlying causes and principles. The end-of-unit questions are intended to help the student see the forest and not just the trees.

We have tried to create in *La civilisation française en évolution* a civilization book that is thorough, flexible, unique in its organizing principle, useful, and user-friendly. We hope that we are providing a tool that will help students and instructors share in the profound admiration and love of French culture that motivated the creation of this text.

The authors wish to acknowledge the enthusiasm and dedication of the editorial staff of Heinle & Heinle, without whose vision this project would not have been possible: Charles Heinle, Stan Galek, Wendy Nelson, Elizabeth Holthaus, Amy Lawler, Gabrielle McDonald, Susan Winer Slavin, and Pat Menard.

We would like to offer particular appreciation to Project Manager Julianna Nielsen, for her editorial skills and unfailing support. We also offer special thanks to Bruce Kennett, for his creative energies and diligence, and to Sophie Masliah and Nicole Dicop-Hineline, for their patient reading of the manuscript and helpful suggestions on its style and content.

Panorama de la France

LA GEOGRAPHIE PHYSIQUE

La superficie 551 602 km carrés (212 918 miles carrés)

La France métropolitaine comprend aussi l'île de la Corse. Souvent appelée l'Hexagone, la France métropolitaine a approximativement la même superficie que l'état du Texas aux Etats-Unis.

Les montagnes principales

Les Alpes séparent la France de l'Allemagne, de la Suisse et de l'Italie à la frontière est du pays.

A l'intérieur de la France, les chaînes principales sont le Jura et les Vosges, toutes deux situées dans la partie est du pays, et le Massif central.

Dans le sud-ouest de la France, les Pyrénées marquent la frontière entre la France et l'Espagne.

Les fleuves principaux

La Seine, qui traverse Paris, coule d'est en ouest et débouche près du Havre, dans la Manche.

La Loire, le plus long fleuve de France et site des fabuleux châteaux de la Renaissance, prend sa source dans le Massif central, traverse le sud du bassin parisien et débouche dans l'Atlantique à Nantes. La Loire marque la délimitation entre le sud et le nord du pays.

La Garonne est le fleuve le plus important du sud-ouest de la France et se jette dans l'Atlantique près de Bordeaux, un des ports les plus actifs du pays.

Le Rhône prend ses origines dans les Alpes suisses et coule vers Lyon, puis vers la Méditerranée, pour déboucher à Marseille, le port le plus important du sud de la France.

Le Rhin marque la frontière entre la France et l'Allemagne.

Le territoire

Le territoire français est composé de...

- 22 régions
- 96 départements
- 5 départements d'outre-mer (la Guadeloupe, la Guyane, la Martinique, la Réunion, Saint-Pierre-et-Miquelon)
- 5 territoires d'outre-mer (la Nouvelle-Calédonie, la Polynésie française, Mayotte, les îles Wallis et Futuna, les Terres australes et antarctiques françaises)

On utilise souvent l'acronyme D.O.M.-T.O.M. pour désigner les départements et territoires d'outre-mer.

Renseignements généraux

1 km = 0,624 miles
1 hectare = 2,47 acres
1 litre = 1,056 quart
Unité monétaire = le franc
Drapeau = le tricolore (bleu-blanc-rouge)

LA GEOGRAPHIE HUMAINE

Nombre d'habitants	58 027 000
Etrangers	4 500 000 en situation régulière
Portugais	846 488
Algériens	725 049
Marocains	558 799
Italiens	378 339
Espagnols	352 232

Les étrangers originaires du Maghreb et de l'Afrique noire constituent 43% de la population étrangère du pays.

Le tiers de la population (18 millions de Français nés entre 1880 et 1980) descendent d'immigrants de la 1re, 2e ou 3e génération.

Les groupements religieux

Catholiques	75% de la population
Musulmans	3% de la population
Protestants	2% de la population
Juifs	1% de la population

La population urbaine

Région parisienne = 9 060 000
Région de Lyon = 1 214 869
Région de Marseille = 1 087 276
Région de Lille = 950 265
Région de Bordeaux = 685 456
La population urbaine représente 80% de la population globale.

UN PEU D'HISTOIRE

Les origines

40 000 avant Jésus-Christ	La préhistoire (l'homme de Cro-Magnon).
12 000 av. J.-C.	Les Gaulois (peuple d'origine celtique) s'établissent.
58–52 av. J.-C.	Conquête de la Gaule par Jules César. Début de la colonisation de la Gaule par les Romains.
500 apr. J.-C.	Invasions barbares suite à la chute de Rome.
600 apr. J.-C.	Les Francs s'établissent. Epoque du roi franc Clovis. La Gaule s'appelle désormais la France.

La naissance de l'Etat

800 apr. J.-C.	Charlemagne est couronné Empereur.
987 apr. J.-C.	Hugues Capet devient roi. Début de la dynastie capétienne. Domination des seigneurs féodaux par la monarchie.
XIVe et XVe siècles	Guerre de Cent Ans contre les Anglais. Exploits de Jeanne d'Arc.

Le Moyen Age • La Renaissance • L'Absolutisme • Le Siècle des lumières

XVe et XVIe siècles	Reconstruction du pays après les guerres et les épidémies de peste. Introduction de la Renaissance en France.
1515	Le roi François Ier accède au trône.
1562–1589	Guerres de religion entre les Catholiques et les Protestants.

1589	Henri IV est couronné roi de France. Fin des guerres civiles de religion. Fondation de la dynastie des Bourbons.
1661–1715	Régime absolutiste de Louis XIV. La France devient le centre mondial de la culture.
XVIIIe siècle	Le Siècle des lumières. L'absolutisme est mis en question.
1789	La Révolution française.
1792	Début de la Terreur. Institution de la Ire République.
1793	Louis XVI et Marie-Antoinette sont guillotinés.

La nation se développe

1804–1815	L'Empire de Napoléon Ier.
1815	Défaite de Napoléon à Waterloo. Restauration des Bourbons. Louis XVIII devient roi de France.
1830	Révolution contre la monarchie restaurée. Louis-Philippe, de la branche d'Orléans, devient roi des Français. Début des conquêtes coloniales.
1848	Révolution contre la monarchie de Louis-Philippe. Institution de la IIe République.
1851	Coup d'Etat du président Louis-Napoléon (neveu de Napoléon Ier). Institution du second Empire.
1852–1870	Règne de Napoléon III.
1870	Défaite de la France dans la guerre contre la Prusse. Institution de la IIIe République.

La France républicaine

1880–1910	Création de l'école laïque. Séparation de l'Eglise et de l'Etat en 1905. Expansion du colonialisme.
1914–1918	Première Guerre mondiale. La France est dévastée.

1936–1938	Le Front populaire de Léon Blum: Premier régime socialiste.
1939–1945	Seconde Guerre mondiale. La France est occupée par l'armée de Hitler. Gouvernement français de Vichy. Etablissement à Londres d'un gouvernement libre sous la direction du général Charles de Gaulle.
1946–1958	Instauration de la IVe République. Période de reconstruction. Indépendance de plusieurs des colonies françaises.
1958	Institution de la Ve République par de Gaulle. Guerre d'indépendance en Algérie.
1962	Indépendance accordée à l'Algérie.
1968	Révolte des étudiants et grève générale des ouvriers.
1969	De Gaulle démissionne. Georges Pompidou est élu président.
1974	Mort de Pompidou. Valéry Giscard d'Estaing est élu président.

La France contemporaine

1981	Régime socialiste de François Mitterrand.
1986	Elections législatives. Majorité de droite. Jacques Chirac est nommé premier ministre. Cohabitation du président socialiste avec un gouvernement conservateur.
1988	Elections présidentielles. Mitterrand est réélu.
1991	Edith Cresson nommée premier ministre, la première femme à occuper ce poste.
1992	Edith Cresson démissionne. Elections législatives. La droite est de nouveau majoritaire. Deuxième cohabitation. Edouard Balladur devient premier ministre.
1995	Elections présidentielles. Jacques Chirac est élu président.

LES INSTITUTIONS POLITIQUES

Le pouvoir exécutif

Le président de la République	Elu au suffrage universel direct. Mandat de sept ans. Maximum de deux mandats consécutifs. Résidence au Palais de l'Elysée.
Le premier ministre	Chef du gouvernement. Nommé par le président. Responsable devant l'Assemblée nationale.

Le pouvoir législatif

L'Assemblée nationale	577 membres élus au suffrage universel direct. Mandat de cinq ans. Siège au Palais-Bourbon.
Le Sénat	322 membres élus au suffrage universel indirect. Mandat de neuf ans. Siège au palais du Luxembourg.

LES FETES LEGALES ET LES CONGES

le Premier Janvier (*le Jour de l'An*)
le lundi de Pâques
le Premier Mai (*la fête du travail*)
le 8 mai (*anniversaire de la victoire de 1945*)
l'Ascension (*40 jours après Pâques*)
le lundi de la Pentecôte (*50 jours après Pâques*)
le 14 juillet (*la Fête nationale*)
le 15 août (*l'Assomption*)
la Toussaint (*le 1er Novembre*)
le 11 novembre (*anniversaire de l'armistice de 1918*)
le 25 décembre (*Noël*)

Chaque personne qui travaille en France a aussi droit à 30 jours de congé annuel pour 12 mois de travail.

La Gaule avant l'arrivée de Jules César

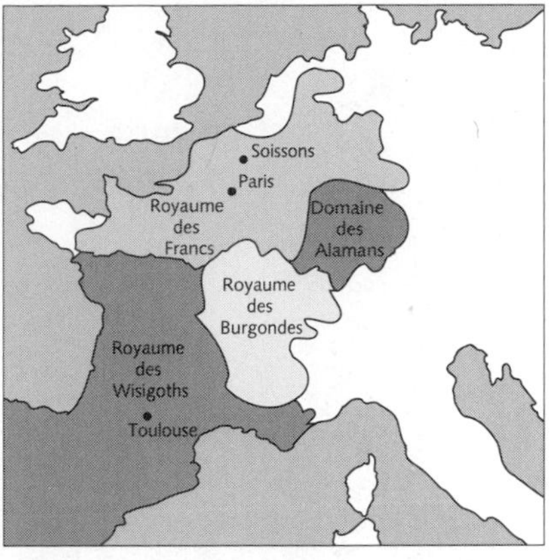

Le royaume des Francs vers 500

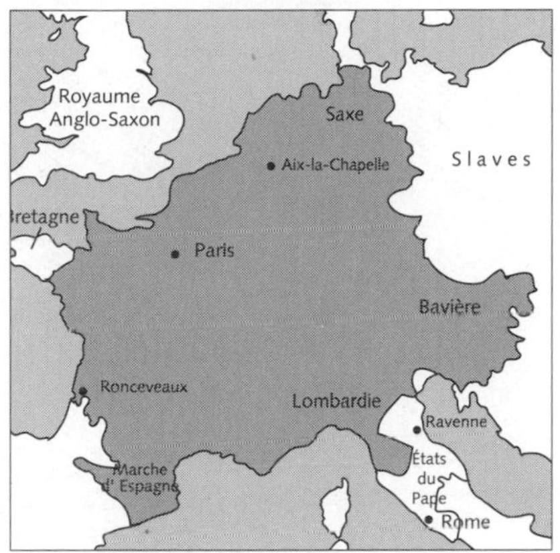

L'Empire de Charlemagne

XIe Siècle

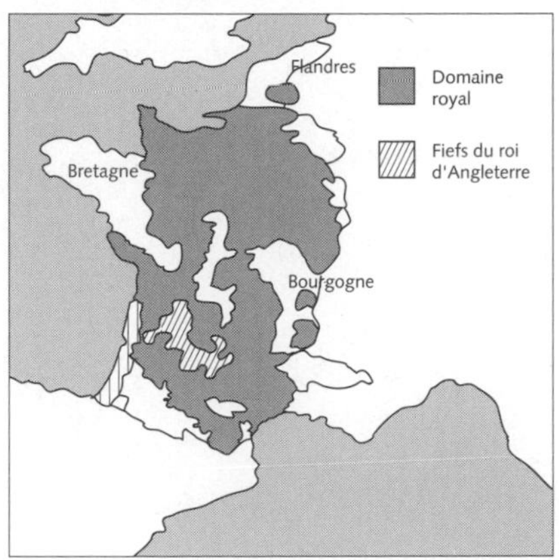

Eu 1328, à la veille de la Guerre de Cent ans

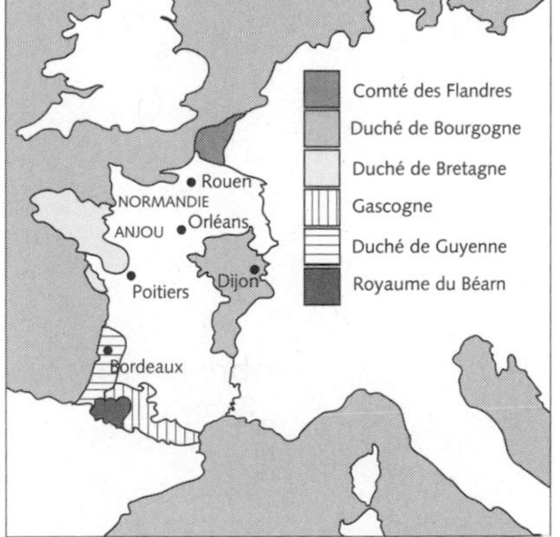

La France au début de la guerre de Cent ans—fiefs du roi d'Angleterre

La présence du passé

La présence du passé

De Brest à Strasbourg, de Calais à Nice, de Nancy à Biarritz, de Paris à Marseille, les Français peuvent voyager à travers la mémoire de leur pays. Les habitants des villes, des villages et de la campagne participent à des fêtes et à des commémorations; ils vivent entourés de nombreux monuments, édifices et autres rappels des différentes périodes de l'histoire de la France. Tous ces symboles du passé constituent le contexte de la vie quotidienne d'aujourd'hui.

La France est célèbre pour la variété de ses paysages. Mais cette diversité géographique s'accompagne d'une grande richesse historique: en effet, différentes régions ont souvent été associées à des périodes particulières de l'histoire du pays. Aussi, beaucoup de Français, quand ils passent leurs vacances en France, font du tourisme culturel. Ils achètent le Guide Michelin, *qui signale les sites et les monuments à voir dans une région donnée et qui explique, dans une perspective historique, ce qu'il faut observer. De cette façon, les leçons apprises à l'école sur le développement de la nation française à travers les siècles, depuis l'invasion de la Gaule par les Romains, prennent vie. C'est ainsi que se constitue un héritage culturel transmis de génération en génération, qui assure la continuité des traditions et des comportements. Cette mémoire collective, à l'origine des valeurs intellectuelles et de la vision du monde propres aux Français, leur confère aussi leur identité nationale.*

Orange: L'arc de triomphe romain

(page précédente) Le port de Bordeaux: La France dispose de nombreuses ouvertures sur la mer.

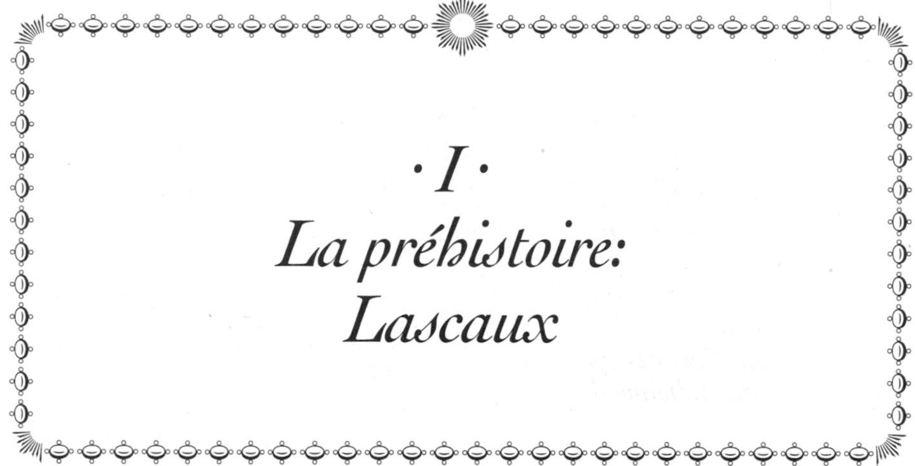

·I·
La préhistoire: Lascaux

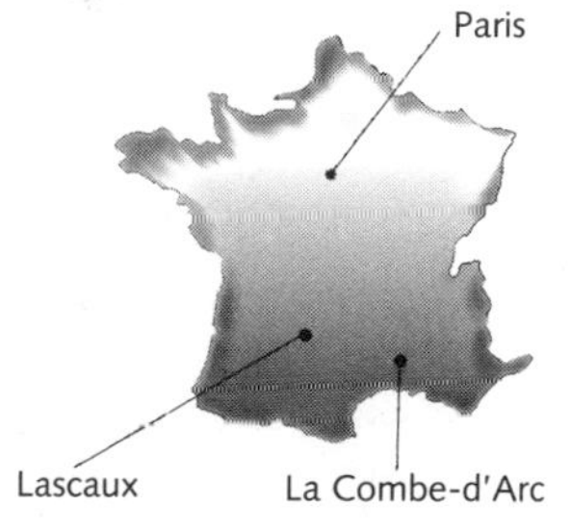

La France, de par sa situation géographique, a toujours été un carrefour de migrations humaines et de civilisations: le pays dispose en effet de nombreuses ouvertures sur la mer, et relie les territoires du nord et du sud au reste de l'Europe. Cette caractéristique semble avoir joué un rôle depuis des millénaires, puisque la France recèle de nombreux sites et vestiges préhistoriques. C'est principalement dans les cavernes et les grottes des vallées de la Vézère et de la Dordogne, dans le Périgord (région du sud-ouest de la France) qu'on a retrouvé des traces de la vie préhistorique.

L'étude de la préhistoire (la paléontologie) est une science que des chercheurs français ont établie au XIXe siècle. La préhistoire est le nom donné à la période allant de 500 000 à 3 000 avant Jésus-Christ. L'*homo sapiens* (homme intelligent) a fait son apparition sur le territoire actuel de la France il y a environ 35 000 ans, au début de l'époque du paléolithique supérieur (âge

de la pierre taillée). La découverte, en 1868, de trois squelettes d'adultes dans la grotte de Cro-Magnon, en Dordogne, a permis de définir le type de l'un des premiers représentants de l'*homo sapiens*: l'homme de Cro-Magnon.

Il y a 40 000 ans, les extensions glaciaires de l'hémisphère nord ont poussé les troupeaux de rennes vers le sud et obligé l'homme à rechercher des abris naturels pour se protéger du froid. Les cavernes et les grottes des vallées du Périgord offraient cette possibilité; de plus, la proximité de rivières permettait de pêcher, et celle de vallées étroites de chasser. Par ailleurs, la présence des rennes a pu donner lieu à la fabrication d'objets en corne et en os.

La découverte accidentelle de la grotte de Lascaux en 1940 par quatre garçons qui cherchaient leur chien perdu a provoqué en France une véritable passion pour l'art préhistorique. Cette grotte contenait 1 500 dessins et peintures en parfait état, qui constituent l'un des ensembles d'art préhistorique les plus riches d'Europe. La plupart des fresques ont été peintes sur les murs de la grotte il y a environ 17 000 ans; elles représentent les animaux que l'homme chassait à cette époque: taureaux, vaches, chevaux, rennes et bisons.

Certains dessins d'animaux frappent par leur réalisme, d'autres par leur stylisation. Certains sont très grands (un des taureaux mesure plus de cinq mètres) et beaucoup sont soulignés d'un trait noir ou rouge. Il semble que cet effet ait été obtenu par la vaporisation de couleurs à l'aide d'un os creux dans lequel on soufflait. Les couleurs des peintures sont des variantes du jaune, de l'ocre et du noir. Les animaux sont parfois rassemblés pour former des compositions remarquables, comme un groupe de taureaux noirs, une frise de poneys à longs poils ou cinq cerfs qui donnent l'impression de nager l'un derrière l'autre.

Aucun ustensile d'usage quotidien n'a été retrouvé dans la grotte décorée de Lascaux, ce qui semblerait indiquer qu'elle n'était pas un lieu d'habitation, mais plutôt une sorte de temple. Un grand nombre d'animaux représentés sont des femelles en gestation, symbole possible de fécondité ou de féminité. D'autres animaux sont transpercés de flèches, ce qui pourrait illustrer certains rites magiques visant à assurer le succès de la chasse. Selon une autre hypothèse, la flèche serait un symbole de masculinité. D'autres signes visuels pourraient être interprétés comme l'expression d'une conception mythique ou religieuse du monde.

La superposition de plusieurs dessins semble indiquer que des fresques auraient été refaites à différentes périodes du paléolithique supérieur. Mais ces peintures sur les murs des grottes s'arrêtent à la fin de cette époque. Comment expliquer ce phénomène? A la fin du paléolithique supérieur, l'adoucissement de la température a permis aux peuples habitant le sud-ouest du pays de suivre les troupeaux de rennes qui remontaient vers le nord. Des peuples venus d'Italie et du sud de l'Espagne les ont remplacés. Pendant les siècles suivants, en France, la sculpture (à l'époque des Gaulois) et l'architecture (à l'époque romaine) seraient les principaux modes d'expression artistique. Ce n'est qu'au début du Moyen Age que la peinture redeviendrait un art important, sous la forme de fresques décorant les murs des églises.

La découverte, en 1994, de la caverne de la Combe-d'Arc dans les gorges de l'Ardèche, près d'Avignon, a renouvelé la passion des Français pour l'art préhistorique. L'intérieur de cette caverne est décoré de plus de 300 dessins d'animaux (Figure 1) datant de 28 000 ans avant Jésus-Christ, c'est-à-dire avant ceux de Lascaux. Des chevaux noirs, des ours rouges, des cerfs, des mammouths, une trentaine de rhinocéros laineux et d'autres animaux sont représentés seuls ou en groupes. Les silhouettes sont tantôt esquissées, tantôt travaillées avec soin. Des dessins, moins monumentaux que ceux de Lascaux, révèlent une grande maîtrise technique dans l'art d'utiliser la couleur et les volumes de la caverne qui était habitée par des ours avant d'être décorée par ces artistes du paléolithique.

Découvertes culturelles

Vrai ou faux? Expliquez votre choix en ajoutant des renseignements supplémentaires.

1. La France a toujours été un carrefour de migrations humaines.
2. Les traces de vie préhistorique en France se trouvent principalement au nord du pays.
3. L'étude de la préhistoire date du XXe siècle.
4. Les hommes de Cro-Magnon habitaient les Alpes suisses.
5. Les hommes préhistoriques suivaient les troupeaux de rennes.
6. Les grottes du sud-ouest de la France constituaient un endroit idéal pour l'habitation humaine.
7. La grotte de Lascaux a été découverte par des chercheurs scientifiques.
8. Les dessins trouvés à Lascaux sont très variés.
9. La grotte de Lascaux était vraisemblablement un lieu d'habitation.
10. Pendant les périodes des Gaulois et de l'occupation romaine, la peinture a continué d'être un art important.
11. On a récemment découvert une nouvelle grotte de l'époque paléolithique.
12. Les peintures d'animaux à la Combe-d'Arc sont essentiellement les mêmes que celles de Lascaux et datent de la même époque.

Témoignages culturels

Lecture 1

Les techniques de la peinture préhistorique

Les couleurs naturelles et les techniques employées par les artistes préhistoriques donne aux dessins et aux peintures des cavernes un réalisme et une vivacité très modernes.

masses de minéraux
pulvérisées / mélangées
petite boule / cheveux / écrasés avec les dents
mur
unies / poils du cou

Les matières colorantes étaient employées telles que les gisements° les fournissaient, broyées° et délayées° dans l'eau ou dans une matière grasse. Tout d'abord les doigts furent les outils qui servirent à l'application de la peinture. Par la suite, de nombreux moyens furent utilisés, tampon° de matière végétale, touffes de poils,° bâtons mâchés.° En outre, les hommes de l'Age du renne, en particulier à Lascaux, ont certainement utilisé un procédé qu'emploient les Australiens de nos jours, qui consiste à introduire une poudre dans un tube creux et à souffler. C'est ainsi que l'on procéda pour obtenir les mains au patron qui, pour l'ensemble des grottes, sont assez nombreuses: on appliquait la main sur la paroi° et l'on soufflait tout autour. A Lascaux l'usage de ce procédé était généralisé pour les teintes plates,° en particulier pour les crinières° des chevaux, dont la limite n'est pas nette....

Georges BATAILLE, *La Peinture préhistorique: Lascaux ou la naissance de l'art*, Ed. Skira, Geneva, 1955.

Découvertes culturelles

1. De quels outils se servaient les artistes pour faire leurs peintures sur les murs de Lascaux?
2. Pour créer quel effet ont-ils employé un tube creux?

Lecture 2

René Char, *«Les Cerfs noirs»*

Le poète français René Char (1907–1988) a écrit des poèmes inspirés par les peintures préhistoriques de la grotte de Lascaux. En voici un dans lequel il a utilisé la description et le symbolisme pour explorer les rapports entre le poète d'aujourd'hui, la nature et l'art éternel.

Les eaux parlaient à l'oreille du ciel.
Cerfs, vous avez franchi l'espace millénaire,
Des ténèbres du roc aux caresses de l'air.

Le chasseur qui vous pousse, le génie qui vous voit,
Que j'aime leur passion, de mon large rivage!
Et si j'avais leurs yeux, dans l'instant où j'espère?

René CHAR, «Les Cerfs noirs», *La Parole en archipel*, NRF, Collection Poésie, Editions Gallimard, 1962.

Découvertes culturelles

1. A votre avis, pourquoi le poète évoque-t-il une scène idyllique et lyrique au début du poème? Comment ce premier vers recrée-t-il le paysage primitif de l'époque préhistorique?
2. Quels sont les liens entre le chasseur, l'artiste et le poète?
3. Retrouvez dans ce poème les thèmes de a) la communication, b) l'unité de la nature, c) la vision artistique.

Grottes de Lascaux: Dessins et peintures préhistoriques en parfait état

·II· L'antiquité: Vestiges romains

La Provence, cette région du Midi de la France où l'on voit aujourd'hui encore beaucoup de monuments romains, tire son nom du mot latin «provincia».

Au VIe siècle avant Jésus-Christ, des marchands grecs ont fondé la ville de Marseille (Massalia) et d'autres centres de commerce sur la côte méditerranéenne, ouvrant ainsi cette région à l'influence de la civilisation grecque. Les Romains s'y sont installés au IIe siècle avant Jésus-Christ et ont créé une province, la Narbonnaise, qui s'étendait des Alpes aux Pyrénées. La ville de Narbonne en était la capitale. Les armées romaines passaient par cette province en direction de l'Espagne et du nord de la Gaule.

La plus grande partie de la Gaule est restée indépendante jusqu'à la campagne militaire menée par le proconsul Jules César, de 58 à 51 avant Jésus-Christ. La défaite du chef gaulois Vercingétorix, en 52 avant Jésus-Christ, a

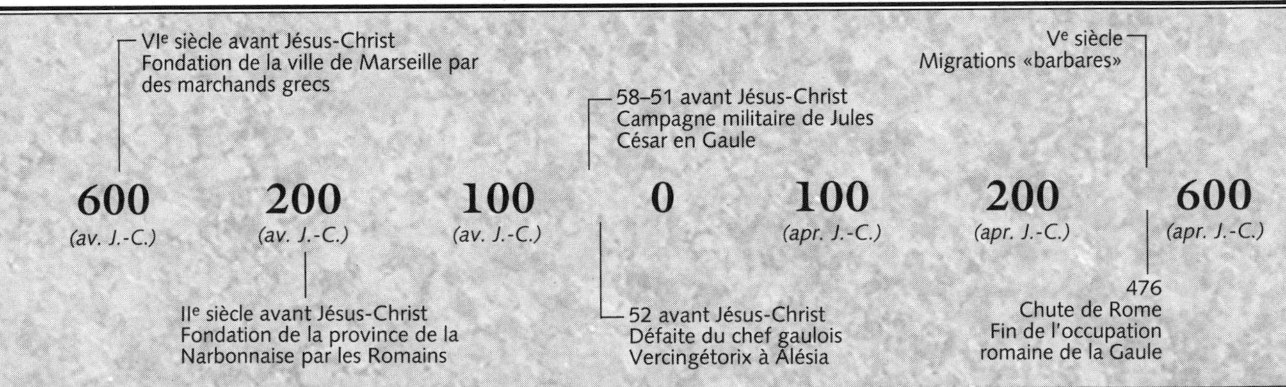

marqué la fin de la résistance gauloise et le début de l'intégration de la Gaule à l'empire romain. Les Romains, qui étaient de grands constructeurs de routes, de villes, d'édifices publics et privés et de monuments, ont alors diffusé leur civilisation à travers la Gaule. Pendant cinq siècles, la Provence, en particulier, a connu un développement culturel inspiré par le modèle de Rome.

Arles, située au bord du Rhône, était une ville romaine typique de cette époque comme Nîmes, Orange et Vaison-la-Romaine. Entourée d'un rempart (mur de fortification militaire) percé de quatre portes, Arles était divisée en quatre quartiers par deux avenues principales qui se croisaient à angle droit. Le forum, grande place entourée d'un portique, était le centre de la vie publique et commerciale. Il y avait aussi dans la ville les thermes (bains publics), des temples, un théâtre en plein air avec, derrière la scène, un mur magnifique décoré de colonnes et de statues, et des arènes, c'est-à-dire un amphithéâtre où avaient lieu des spectacles de combats d'animaux ou de gladiateurs. Un aqueduc amenait l'eau pure vers les maisons, les bains publics et les fontaines. Sur une route à l'entrée de la ville se dressait un arc de triomphe.

Les villes romaines ont représenté une véritable révolution sociale pour les Gaulois habitués à une société agricole. La construction de routes entre les villes a facilité l'unification d'une population auparavant isolée par la vie rurale. De plus, l'architecture imposante des édifices publics construits par les Romains signalait de façon tangible leur supériorité sur les Gaulois, confirmant ainsi le pouvoir de Rome et contribuant à l'assimilation gauloise sous l'autorité administrative de l'empire romain.

Le pont du Gard fait partie d'un aqueduc construit par les Romains.

L'arrivée des «barbares» à la fin de l'empire a détruit en grande partie les constructions romaines. Cependant, beaucoup de villes de Provence conservent aujourd'hui des vestiges de la civilisation romaine (remparts, maisons, monuments, statues, objets d'art tels que sculptures, poteries, mosaïques, etc.) ainsi que le plan de la ville tracé par les Romains. Parmi ces souvenirs de l'Antiquité en Provence, les monuments qui attirent le plus grand nombre de touristes français et étrangers, en plus du théâtre et des arènes d'Arles, sont:

- Le pont du Gard, un aqueduc à l'origine long de 50 kilomètres environ, qui amenait l'eau à Nîmes et qui, à l'endroit où il traverse la vallée du Gardon, consiste en trois étages d'arcades encore intacts après 2 000 ans.
- La Maison carrée de Nîmes, temple romain caractéristique, entouré d'une colonnade et composé d'un vestibule ouvert et d'un sanctuaire fermé abritant l'effigie d'un dieu.

- Les arènes de Nîmes.
- Le théâtre en plein air d'Orange, décoré d'une statue de l'empereur romain Auguste, où un festival d'opéra et de musique a lieu de nos jours chaque été.
- L'arc de triomphe d'Orange, construit en 20 avant Jésus-Christ et qui, par ses dimensions, est un des plus grands édifices romains de ce type.
- Le théâtre de Vaison-la-Romaine; le pont romain de Vaison-la-Romaine, construit d'une arche unique de plus de 17 mètres d'ouverture.

Des fouilles archéologiques continuent à révéler la richesse et la diversité de la civilisation gallo-romaine qui est à l'origine de la vie provençale d'aujourd'hui.

Découvertes culturelles

Commentez chacune des affirmations suivantes en ajoutant des renseignements supplémentaires.

1. Les Grecs ont fondé la ville de Narbonne.
2. Les Romains se sont établis en France au IIe siècle avant Jésus-Christ.
3. Les Romains ont diffusé en Gaule une culture inspirée du modèle romain.
4. Arles est typique des villes romaines en France.
5. La civilisation romaine a contribué à la dispersion des Gaulois.
6. Il y a des monuments romains en Provence qui attirent beaucoup de touristes français et étrangers.

Témoignages culturels

Lecture 1

Arles, ville romaine

L'histoire de la ville d'Arles reflète l'évolution de l'occupation romaine de la Gaule.

La période romaine... commence pour Arles en 49 av. J.-C. Cette année-là César, vainqueur de Pompée,... voulut récompenser la ville gauloise de l'aide navale qu'elle lui avait apportée en y fondant une colonie pour ses vétérans, à laquelle il concéda le titre de "Colonia Julia Paterna Arelatensis Sextanorum," ainsi que les privilèges réservés aux colonies directement fondées par César. Favorisée par sa position stratégique sur le delta du Rhône et en même temps au croisement d'importantes voies de communications terrestres, ceinturée par une région fertile garantissant une abondante production agricole, Arles pouvait alors entreprendre une ascension qui ne connaîtrait pas de pause pendant toute la durée de l'empire romain. Octave Auguste, et par la suite tous les empereurs romains, démontrèrent toujours une particulière bienveillance envers cette riante cité qui était un nœud° important de l'économie et des échanges du vaste empire. Par son importance et grâce à sa vitalité, Arles émergea au-dessus des autres centres de la Gaule Narbonnaise et s'enrichit progressivement d'œuvres publiques dignes de rivaliser en majesté avec celles des principales métropoles du monde romain: le théâtre, l'amphithéâtre, l'aqueduc de soixante-quinze kilomètres de long, les thermes, les entrepôts de marchandises, sans oublier les rues, les places, les fontaines et les villas raffinées, enrichies de mosaïques et de sculptures en grande partie produites par d'actifs ateliers artistiques locaux. Dès le Ier siècle après J.-C., la Provence s'était rapidement convertie au christianisme et il est significatif qu'en 314, Arles ait justement été choisie comme siège du premier grand concile de l'Eglise chrétienne. Au cours de ces mêmes années, grâce aux faveurs de l'empereur Constantin, Arles traversait une période de remarquable prospérité et assumait de plus en plus l'aspect et l'importance d'une capitale, titre qui lui fut officiellement reconnu en 418 par un édit de l'empereur Honorius. Mais l'empire romain était désormais sur son déclin et la Provence faisait partie des territoires de frontière les plus exposés aux incursions des barbares: à partir de 426, Arles eut à subir, à plusieurs reprises, les attaques des Wisigoths, jusqu'à ce qu'elle capitulât définitivement en 480.

centre

Annamaria Giusti, *Arles*, Casa Editrice Bonechi, Florence, 1989.

Découvertes culturelles

1. Comment Jules César a-t-il récompensé la ville d'Arles de son aide pendant la guerre civile qui l'a opposé à Pompée?
2. Qu'est-ce qui a contribué au développement économique d'Arles?
3. Quels aspects de la ville d'Arles indiquaient sa richesse et son importance aux yeux des Romains?
4. Le christianisme a-t-il ajouté au prestige d'Arles?
5. Comment les empereurs romains ont-ils continué à mettre en valeur la prospérité d'Arles?
6. Pourquoi la fin de l'empire romain a-t-elle provoqué le déclin d'Arles?

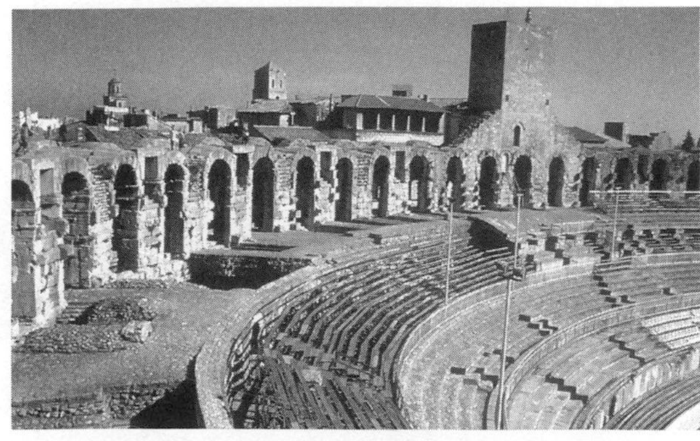

Les arènes d'Arles, site d'un amphithéâtre construit en l'an 80 av. J.-C.

Lecture 2

Le théâtre antique d'Arles

Parmi les édifices publics construits par les Romains, les théâtres étaient très importants. Aujourd'hui il n'en reste souvent que quelques colonnes et diverses statues, mais ces vestiges de leur importance passée continuent à attirer les touristes et suffisent à donner lieu à toutes sortes de spectacles culturels.

célèbre

amphithéâtre

entouré

Si l'édifice romain d'Arles le plus illustre° est l'amphithéâtre, le plus antique est le théâtre construit sous le règne d'Auguste, vers 30 av. J.-C.... Il s'élève dans la partie orientale de la ville, sur une légère pente du terrain utilisée pour l'édification de la "cavea"° dont les gradins peuvent accueillir 12 000 spectateurs.

Sous son aspect originel, le théâtre d'Arles devait être l'un des monuments les plus prestigieux de la Gaule Narbonnaise et digne de soutenir la comparaison avec les majestueux édifices de la Rome d'Auguste: il était ceint° de trois rangs d'arcades et sur la scène, se dressait un grandiose portique soutenu par de fines colonnes doriques dont deux seulement sont encore debout. La gigantesque statue d'Auguste, qui est maintenant conservée, incomplète, à l'intérieur du Musée... dominait la scène de ses trois mètres de haut et était flanquée de la statue de Diane, dont on n'a retrouvé que la tête, et de celle de Vénus découverte en 1651 et offerte par la ville à Louis XIV.

Le théâtre se présente aujourd'hui privé de sa riche décoration sculpturale et en grande partie mutilé..., car à partir du Ve siècle, le fanatisme chrétien conduisit à son pillage systématique et ses pierres furent enlevées les unes après les autres et utilisées comme matériaux de construction pour des églises, des demeures privées et des murs de fortification.

Annamaria Giusti, *Arles*, Casa Editrice Bonechi, Florence, 1989.

Découvertes culturelles

1. Pourquoi a-t-on choisi une pente comme site du théâtre?
2. Pourquoi, à l'époque d'Auguste, comparait-on le théâtre d'Arles aux majestueux édifices de Rome?
3. Qu'est-ce qui décorait la scène du théâtre?
4. Comment une grande partie du théâtre a-t-elle été démolie?

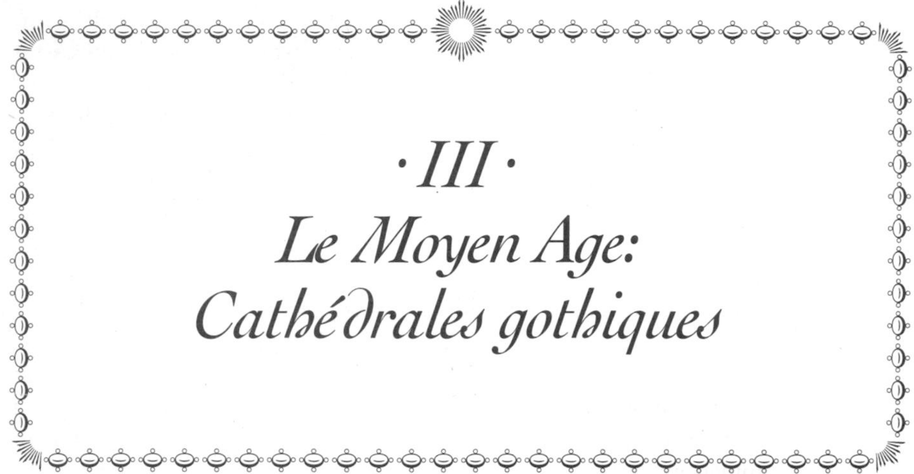

· III ·
Le Moyen Age: Cathédrales gothiques

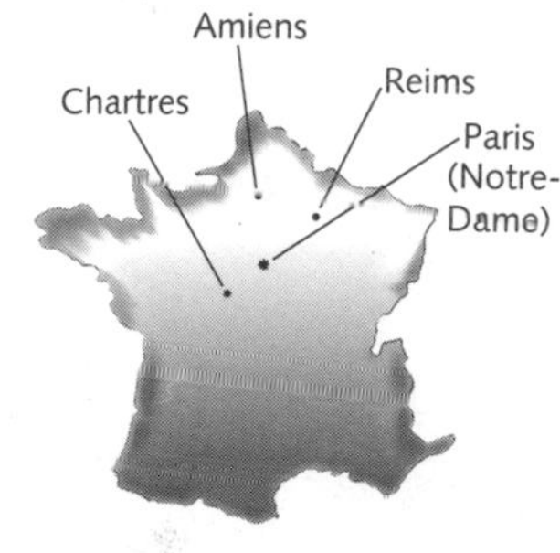

Le développement du christianisme en Gaule à partir du IIe siècle a vu l'installation progressive d'une organisation ecclésiastique similaire aux institutions de l'empire romain. Théodose, empereur romain de 379 à 395, a reconnu la religion chrétienne comme religion officielle de l'Empire. La mort du dernier empereur de l'empire romain d'occident en 476 a marqué le début de la période appelée le Moyen Age, qui durerait jusqu'au XVe siècle.

En 496, Clovis a été baptisé par l'évêque de Reims et Paris est devenu la capitale du pays qui a alors pris le nom des Francs, ses nouveaux habitants. Ainsi a commencé l'histoire de la France et de ses rois chrétiens.

L'Eglise a joué un rôle très puissant dans la vie politique du Moyen Age. La vision du monde proposée par le christianisme a inspiré les règles de la vie quotidienne ainsi que les traditions intellectuelles et la création artistique. L'évolution de l'architecture religieuse reflète l'importance grandissante du

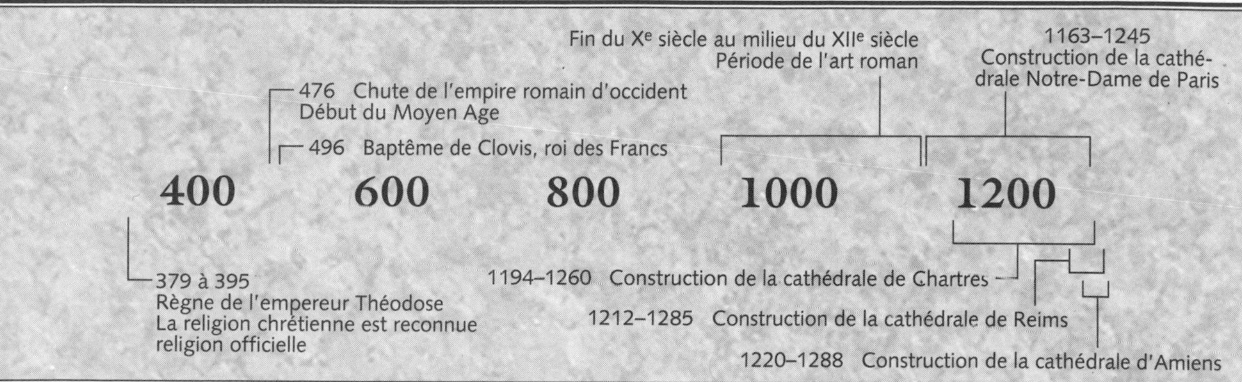

christianisme. Les monastères et les églises, les abbayes et les cathédrales sont devenus les symboles de la foi chrétienne, dont les cathédrales gothiques sont la manifestation la plus spectaculaire.

Le style des églises construites entre la fin du Xe siècle et le milieu du XIIe siècle s'appelle l'art roman. Ces églises en pierre sont plus grandes que les églises antérieures dont le plafond était en bois. L'art roman est caractérisé par la voûte en berceau (en demi-cercle) qui recouvre la nef de l'église. Les murs sont percés de petites fenêtres. Le tympan au-dessus de la porte principale représente une scène biblique sculptée dans la pierre. La façade est parfois surmontée de deux tours carrées. Le clocher en pierre qui monte vers le ciel est le symbole de la foi des bâtisseurs de l'église et de ses fidèles.

Le style roman se transforme en style gothique, qui produit des églises encore plus grandes et des cathédrales majestueuses du milieu du XIIe siècle jusqu'au début du XVIe siècle. L'arc en ogive (l'arc brisé) succède à l'arc rond. La voûte en berceau est remplacée par la voûte sur croisée d'ogives, et des arcs-boutants soutiennent les murs extérieurs. Cette technique permet de construire des édifices plus hauts et d'incorporer des fenêtres plus larges qu'on remplit de verre coloré illustrant des scènes de la Bible. Ces vitraux et les sculptures religieuses décorant la façade enseignent aux nombreux fidèles qui ne savent pas lire la vie du Christ, de la Vierge et des Saints. Les tours et les flèches qui montent de plus en plus haut vers le ciel symbolisent l'élévation mystique de la prière et de l'âme vers Dieu.

Les chefs-d'œuvre de l'art gothique se trouvent dans le nord de la France. Les cathédrales de Chartres, de Reims, d'Amiens et Notre-Dame de Paris en sont de beaux exemples.

La cathédrale de Chartres (1194–1260) illustre le passage de l'art roman à l'art gothique. L'un des deux clochers au-dessus de la façade est de style roman. La façade est consacrée à la glorification du Christ. Les vitraux des XIIe et XIIIe siècles sont célèbres par la prédominance de la couleur bleue qui crée une lumière mystique à l'intérieur de la cathédrale. Chartres est encore aujourd'hui un lieu de grands pèlerinages.

La cathédrale de Chartres: Deux clochers, l'un de style roman, l'autre de style gothique

La cathédrale de Reims (1212–1285) est remarquable par l'unité de son architecture. Parmi les 3 000 statues qui décorent ses murs, celle de l'Ange au sourire est très renommée. En souvenir du baptême du roi Clovis, la plupart des rois, de Henri Ier (1027) à Charles X (1825), ont été sacrés dans cette cathédrale. Pendant la guerre de Cent Ans contre les Anglais, Jeanne d'Arc y a conduit Charles VII en 1429 pour le faire sacrer roi.

La cathédrale d'Amiens (1220–1288) est souvent considérée comme la plus parfaite des églises gothiques. La façade présente un des plus beaux ensembles de sculpture du XIIIe siècle. Le tympan du portail central est décoré d'une statue du Christ appelée le Beau Dieu d'Amiens.

La cathédrale Notre-Dame de Paris (1163–1245), mise en valeur par sa situation sur l'île de la Cité, au milieu de la Seine, est une merveille de l'architecture gothique qui a servi de modèle à beaucoup de cathédrales européennes. On admire en particulier ses proportions équilibrées, l'harmonie de sa façade avec ses trois portails sculptés (la Vierge, le Jugement Dernier et Sainte Anne) et les vitraux magnifiques de ses rosaces. Cette cathédrale a été, au cours des siècles, la scène de grands événements politiques et religieux de la capitale comme le couronnement de l'Empereur Napoléon Ier par le pape en 1804 et le *Te Deum* du 26 août 1944, à l'occasion de la libération de Paris de l'occupation nazie.

Découvertes culturelles

1. Quelle a été l'importance symbolique du baptême du roi Clovis pour l'histoire de France?
2. Comment le christianisme a-t-il influencé la vie en France au Moyen Age?
3. Quelles sont les différences principales entre les églises romanes et les cathédrales gothiques?
4. Citez un aspect important de chacune des cathédrales suivantes: Chartres, Reims, Amiens, Notre-Dame de Paris.

Témoignage culturel

Lecture

Victor Hugo, «*Notre-Dame de Paris*»

La cathédrale Notre-Dame de Paris tombait peu à peu en ruines jusqu'au XIXe siècle où le mouvement romantique a suscité le désir de sauver cet édifice célèbre. Le succès populaire du roman de Victor Hugo *Notre-Dame de Paris* (1831), qui raconte l'amour de Quasimodo, sonneur de cloches bossu, pour la belle bohémienne Esmeralda, a beaucoup contribué à faire entreprendre les travaux de restauration de la cathédrale par Viollet-le-Duc, entre 1845 et 1864. Voici un extrait du roman de Victor Hugo qui décrit les transformations de la cathédrale au cours des siècles.

Sans doute c'est encore aujourd'hui un majestueux et sublime édifice que l'église de Notre-Dame de Paris. Mais, si belle qu'elle se soit conservée en vieillissant, il est difficile de ne pas soupirer, de ne pas s'indigner devant les dégradations, les mutilations sans nombre que simultanément le temps et les hommes ont fait subir au vénérable monument, sans respect pour Charlemagne qui en avait posé la première pierre, pour Philippe Auguste qui en avait posé la dernière....

Si nous avions le loisir d'examiner une à une avec le lecteur les diverses traces de destruction imprimées à l'antique église, la part du temps serait la moindre, la pire celle des hommes, surtout des hommes de l'art. Il faut bien que je dise *des hommes de l'art*, puisqu'il y a eu des individus qui ont pris la qualité d'architectes dans les deux derniers siècles....

C'est ainsi que l'art merveilleux du moyen âge a été traité presque en tout pays, surtout en France. On peut distinguer sur sa ruine trois sortes de lésions qui toutes trois l'entament à différentes profondeurs: le temps d'abord, qui a insensiblement ébréché° çà et là et rouillé° partout sa surface; ensuite, les révolutions politiques et religieuses, lesquelles, aveugles et colères de leur nature, se sont ruées en tumulte sur lui, ont déchiré son riche habillement de sculptures et de ciselures,° crevé ses rosaces, brisé ses colliers d'arabesques et de figurines, arraché ses statues, tantôt pour leur mitre,° tantôt pour leur couronne; enfin, les modes, de plus en plus grotesques et sottes, qui, depuis les anarchiques et splendides déviations de la Renaissance, se sont succédé dans la décadence nécessaire de l'architecture. Les modes ont fait plus de mal que les révolutions. Elles ont tranché dans le vif, elles ont attaqué la charpente osseuse de l'art, elles ont coupé, taillé, désorganisé, tué l'édifice, dans la forme comme dans le symbole, dans sa logique comme dans sa beauté. Et puis, elles ont refait; prétention que n'avaient eue du moins ni le temps ni les révolutions. Elles ont effrontément ajusté, de par *le bon goût*, sur les blessures de l'architecture gothique, leurs misérables colifichets° d'un jour....

brisé / provoqué la corrosion

objets sculptés minutieusement

chapeau d'un prélat

petits objets de fantaisie

Victor Hugo, *Notre-Dame de Paris*, Classiques Larousse, Paris, 1950.

Découvertes culturelles

1. Quels sont les trois phénomènes qui ont progressivement modifié la cathédrale Notre-Dame de Paris?
2. Laquelle de ces trois influences a été la pire? Pourquoi?
3. Pour Hugo, qu'est-ce qu'on détruit en modifiant la cathédrale?

·IV· La Renaissance: Châteaux de la Loire

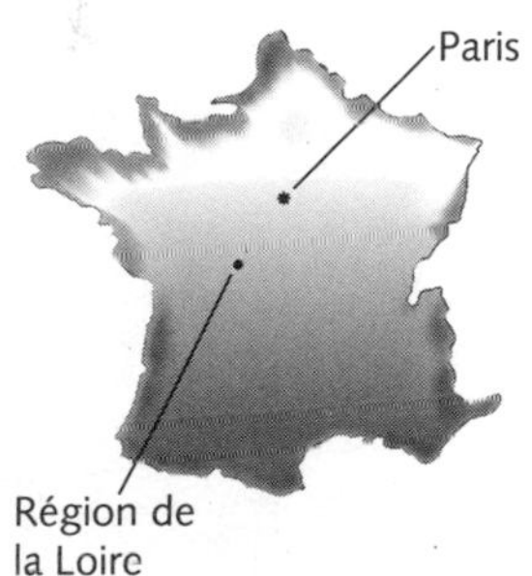

La Loire marque la division symbolique entre le nord et le sud de la France. Ce fleuve paisible, le plus long de France (1 012 km), traverse les très belles régions de la Touraine et de l'Anjou, dont les paysages harmonieux évoquent la douceur de vivre. On appelle la Touraine le jardin de la France. C'est là que le roi François Ier (1515–1547) et sa cour ont choisi de construire des châteaux pour y mener un style de vie inspiré par les nouvelles valeurs humanistes de la Renaissance et par le culte du beau, du raffinement et du luxe.

Ces demeures élégantes avec leurs jardins agréables célèbraient les plaisirs de la vie. Elles n'avaient que peu de choses en commun avec les châteaux forts entourés de remparts où résidaient les seigneurs de l'époque médiévale. Les châteaux de la Renaissance n'étaient plus construits pour se défendre contre des ennemis. Conçus pour décorer le paysage et pour accueillir des fêtes brillantes, ils illustraient la nouvelle prospérité de la France.

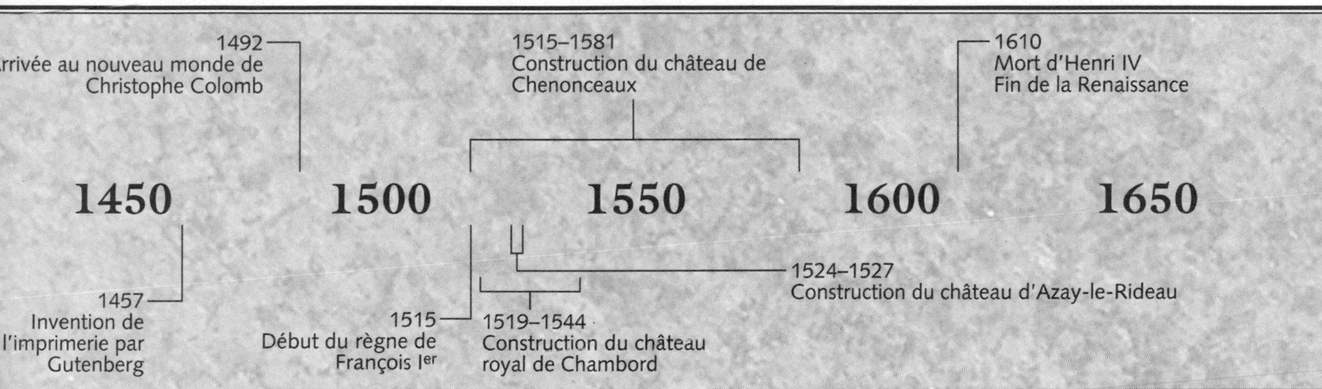

François Ier avait un tempérament chevaleresque, il aimait le luxe et le raffinement et s'intéressait aux arts et aux lettres. Non seulement insistait-il sur la courtoisie et le respect à l'égard des femmes, mais il leur a aussi accordé une place plus importante dans la vie de la cour, devenue un centre d'art et d'élégance. Le roi représentait le modèle de l'homme de la Renaissance.

Après ses campagnes militaires en Italie, François Ier a introduit la Renaissance italienne en France. Il a invité à sa cour des artistes et des artisans italiens qui ont été à l'origine d'un nouveau style d'architecture plus décoratif. Parmi eux Léonard de Vinci a habité la Touraine de 1516 jusqu'à sa mort en 1519, et il semble que François Ier l'ait consulté pour préparer le projet de construction du château de Chambord.

Le plus grand château de la Renaissance, le château royal de Chambord, a été construit par François Ier de 1519 à 1544. Il est situé au milieu d'une grande forêt où le roi et la cour pouvaient chasser. Mille huit cents ouvriers ont travaillé à la construction de ce château spectaculaire qui compte 440 pièces, 365 fenêtres et 63 escaliers. Chambord devait être une «résidence aux dimensions de la gloire», et sa grandeur annonce déjà le futur château de Versailles. L'influence italienne se manifeste surtout dans la décoration du toit dont une partie est couverte d'un grand nombre de lanternes, de cheminées et de lucarnes sculptées qui créent une ambiance mystérieuse et fantaisiste, en contraste avec la sobriété de la façade blanche et imposante du château.

Plus typiques du nouveau mode de vie raffiné de la Renaissance sont les petits châteaux d'Azay-le-Rideau (1524–1527) et de Chenonceaux (1515–1581). Tous deux utilisent les reflets de l'eau de la rivière sur laquelle ils sont construits pour créer un cadre de charme et d'harmonie. Azay-le-Rideau se dresse en partie sur l'Indre. Les dimensions symétriques et élégantes de l'édifice expriment tout le raffinement de la Renaissance. Les tours qui, dans les châteaux médiévaux, avaient une fonction militaire, ont ici une fonction décorative.

Le château de Chenonceaux, qui traverse le Cher, a été construit en deux périodes. Il a été habité par Diane de Poitiers, favorite du roi Henri II (1547–1559), fils de François Ier. Quand Henri II est mort dans un tournoi, la reine Catherine de Médicis a pris possession du château qu'elle a prolongé en faisant construire sur le pont du Cher une galerie à deux étages. L'architecture élégante, la rivière, les jardins et les arbres créent une atmosphère gracieuse et pittoresque, typique de la Renaissance.

Les jardins jouaient un rôle important dans le style de vie de cette époque. Ceux du dernier grand château construit sur les bords de la Loire, le château de Villandry, sont le meilleur exemple de l'organisation géométrique adoptée à la Renaissance pour les jardins formels, dits «à la française». Il s'étendent sur trois terrasses: d'abord, un jardin d'eau; ensuite, un jardin de buis et de fleurs formant des dessins symboliques; enfin, un jardin potager ornemental. Les plantes et les arbres y sont taillés de façon géométrique pour donner l'image, qui se développe pendant la Renaissance, de la nature domestiquée et modelée par l'homme.

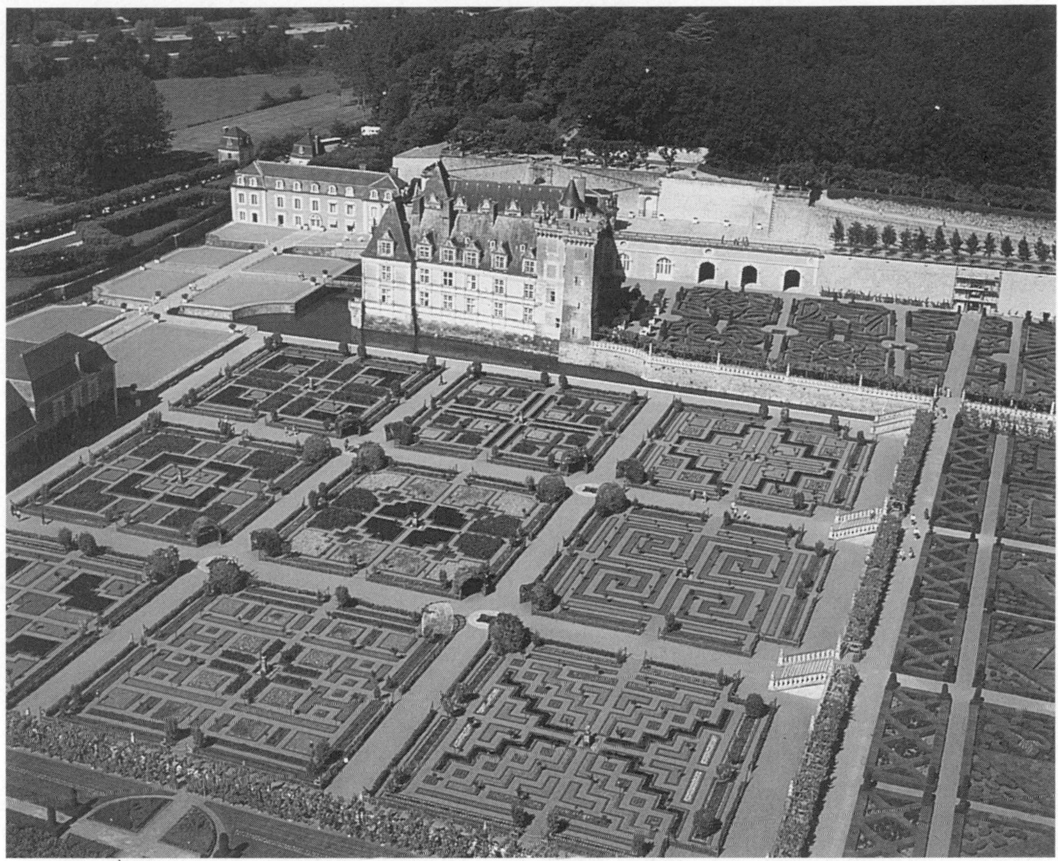

Le château de Villandry, près de Tours, dont les magnifiques jardins sont parmi les plus célèbres de France

Découvertes culturelles

Expliquez l'importance de chacun des éléments suivants dans le développement des grands châteaux de la Renaissance.

1. la Loire
2. les châteaux forts
3. Chambord
4. l'Indre et le Cher
5. François Ier
6. Villandry
7. la Touraine et l'Anjou
8. Léonard de Vinci
9. Diane de Poitiers
10. Azay-le-Rideau

Témoignages culturels

Lecture 1

Honoré de Balzac, *«Le Lys dans la vallée»*

En contemplant cette vallée, Félix de Vandenesse, personnage principal du roman de Balzac, découvre des harmonies mystérieuses entre la nature et la femme qu'il aime, «le lys° de cette vallée», Madame de Mortsauf.

Ce chemin, qui débouche° sur la route de Chinon, bien au-delà de Ballan, longe une plaine ondulée sans accidents° remarquables, jusqu'au petit pays° d'Artaine. Là se découvre une vallée qui commence à Montbazon, finit à la Loire, et semble bondir sous les châteaux posés sur ces doubles collines; une magnifique coupe d'émeraude° au fond de laquelle l'Indre se roule par des mouvements de serpent. A cet aspect, je fus saisi d'un étonnement voluptueux que l'ennui des landes° ou la fatigue du chemin avait préparé. «Si cette femme, la fleur de son sexe, habite un lieu dans le monde, ce lieu, le voici!» A cette pensée je m'appuyai contre un noyer° sous lequel, depuis ce jour, je me repose toutes les fois que je reviens dans ma chère vallée. Sous cet arbre confident de mes pensées, je m'interroge sur les changements que j'ai subis pendant le temps qui s'est écoulé depuis le dernier jour où j'en suis parti. Elle demeurait là, mon cœur ne me trompait point: le premier castel° que je vis au penchant d'une lande était son habitation. Quand je m'assis sous mon noyer, le soleil de midi faisait pétiller° les ardoises° de son toit et les vitres de ses fenêtres.... Elle était, comme vous le savez déjà, sans rien savoir encore, LE LYS DE CETTE VALLEE, où elle croissait° pour le ciel, en la remplissant du parfum de ses vertus. L'amour infini sans autre aliment° qu'un objet à peine entrevu dont mon âme était remplie, je le trouvais exprimé par ce long ruban d'eau qui ruisselle au soleil entre deux rives vertes, par ces lignes de peupliers° qui parent° de leurs dentelles mobiles ce val d'amour, par les bois de chênes qui s'avancent entre les vignobles sur des coteaux° que la rivière arrondit toujours différemment,.... En ce moment, les moulins situés sur les chutes° de l'Indre donnaient une voix

fleur
termine
inégalités
région
couleur verte très vive
pays monotone
arbre
petit château
étinceler / type de pierres dont on recouvre les toits
grandissait
nourriture
arbres / décorent
pentes des collines
cascades

à cette vallée frémissante, les peupliers se balançaient en riant, pas un nuage au ciel, les oiseaux chantaient, les cigales° criaient, tout y était mélodie. Ne me demandez plus pourquoi j'aime la Touraine.° Je ne l'aime ni comme on aime son berceau,° non comme on aime une oasis dans le désert; je l'aime comme un artiste aime l'art; je l'aime moins que je ne vous° aime; mais sans la Touraine, peut-être ne vivrais-je plus....

insectes
région de Tours
lit d'un bébé

Mme de Mortsauf

Honoré de BALZAC, *Le Lys dans la vallée,* Librairie Hachette, Paris, 1953.

Découvertes culturelles

1. Quelles impressions du paysage cette description suscite-t-elle?
2. Indiquez cinq mots que vous utiliseriez pour décrire ce paysage vous-même.
3. Comment l'amour que Félix éprouve pour Madame de Mortsauf influence-t-il sa description du paysage? Donnez des exemples précis.
4. D'après cette description du paysage de la Touraine, pourquoi, à votre avis, le roi et les nobles du XVIe siècle ont-ils choisi cette région pour construire leurs châteaux qui servaient de lieux de divertissement et d'agrément?

Azay-le-Rideau, excellent exemple des châteaux de la Loire construits au XVIe siècle

Lecture 2

Joachim du Bellay, *«Heureux qui comme Ulysse... »*

Le poète du Bellay qui se trouvait à Rome quand il a composé les *Regrets*, s'est souvenu avec émotion, dans ce sonnet, de son petit village natal au bord de la Loire.

Heureux qui, comme Ulysse, a fait un beau voyage,
Ou comme cestui-là° qui conquit la toison,°
Et puis est retourné, plein d'usage° et raison,
Vivre entre ses parents le reste de son âge!

Quand reverrai-je, hélas! de mon petit village
Fumer la cheminée, et en quelle saison
Reverrai-je le clos de ma pauvre maison,
Qui m'est une province, et beaucoup davantage?

Plus me plaît le séjour qu'ont bâti mes aïeux
Que des palais romains le front audacieux
Plus que le marbre dur me plaît l'ardoise fine,

Plus mon Loire gaulois que le Tibre latin,
Plus mon petit Liré que le mont Palatin,
Et plus que l'air marin la douceur angevine.°

Jason / laine d'or

sagesse

de la région de l'Anjou

Joachim DU BELLAY, «Heureux qui comme Ulysse... », Lagarde et Michard, *XVIe Siècle: Les Grands Auteurs français du programme, II*, Bordas, 1962.

Découvertes culturelles

1. Dégagez du poème les images employées par du Bellay pour décrire sa région natale de l'Anjou.
2. Quelle impression de cette région le poète vous offre-t-il ? Pourquoi préfère-t-il l'Anjou à la grandeur de Rome?
3. Quelles images le poète emploie-t-il pour comparer Rome et son village natal?

·V· Le XVIIe siècle: Versailles

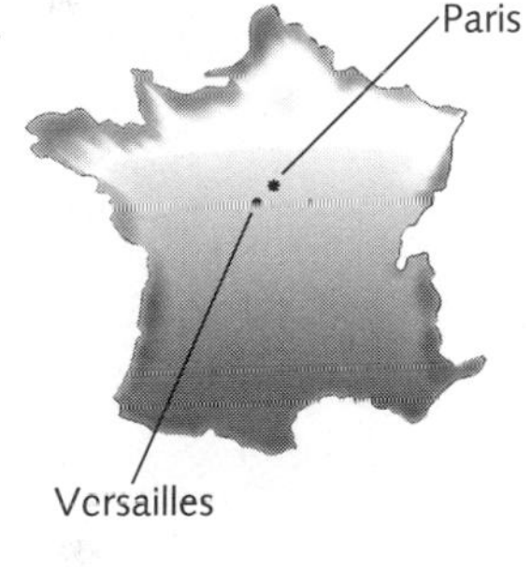

Le château de Versailles représente pour les Français un symbole de la grandeur de la France et du rayonnement culturel français à travers le monde. L'architecture et les jardins de Versailles ont été imités à travers l'Europe jusqu'à Saint-Pétersbourg (château de Peterhof) et plus tard aux Etats-Unis. Le nombre annuel de visiteurs à Versailles a dépassé quatre millions en 1989.

Pour son constructeur, Louis XIV, le nouveau palais devait symboliser l'autorité royale et la centralisation du pouvoir dans ses mains. Monarque absolu qui croyait tenir son pouvoir directement de Dieu, le Roi-Soleil, dont l'ambition était de dominer l'Europe, est d'ailleurs celui qui a proclamé: «L'Etat, c'est moi».

Toutes les dimensions du château sont gigantesques. La façade sur les jardins a une longueur de 670 mètres. Le château comprenait 1 300 pièces,

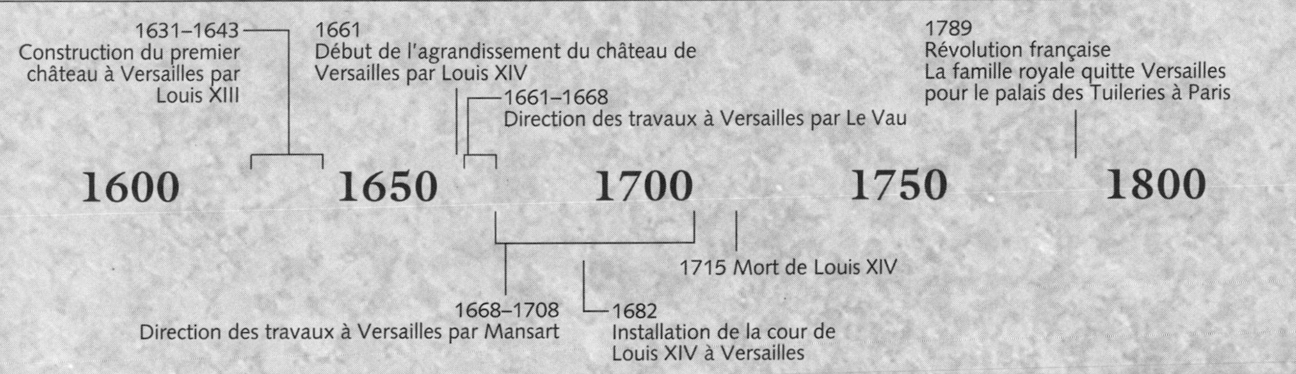

1 252 cheminées et 188 logements en plus de ceux de la famille royale. La Galerie des Glaces, longue de 73 mètres, large de 10 mètres et haute de 13 mètres, compte 17 fenêtres et 17 arcades recouvertes de glaces. Plus de 60 variétés de marbre ont été utilisées pour la décoration du château. Les jardins, comprenant le Tapis Vert (335 mètres sur 64), s'étendent sur 95 hectares. Il fallait à l'époque 150 000 plantes pour décorer les parterres et 6 000 mètres cubes d'eau pour faire fonctionner les 1 400 fontaines et jets d'eau les jours de grande fête. La construction des bâtiments, jardins et domaines a coûté environ 80 millions d'heures de travail de manœuvres payés en moyenne un sou de l'heure.

Versailles a d'abord été un pavillon de chasse dans la forêt, à une vingtaine de kilomètres de Paris. Puis, de 1631 à 1643, Louis XIII y a construit un château en brique et en pierre. En 1661, Louis XIV a commencé à agrandir le château et à créer les jardins. Les travaux ont été dirigés, sous ses ordres, par Le Vau (1661–1668) et par Jules Hardouin-Mansart (1668–1708). En 1671, le peintre Charles Le Brun a entamé la décoration des Grands Appartements, puis celle de la Galerie des Glaces. En 1682, Louis XIV, la cour et le gouvernement se sont installés définitivement à Versailles. Le roi y est mort en 1715. Ses successeurs Louis XV et Louis XVI ont continué à vivre à Versailles jusqu'à la Révolution française de 1789. En 1783, le traité de Versailles, qui a établi l'indépendance des Etats-Unis, a été signé au château.

Les jardins dessinés par Le Nôtre définissent le modèle du «jardin à la française». Face à la parfaite symétrie de la façade du château qui se reflète dans des bassins bordés de sculptures, les jardins sont conçus comme une véritable construction architecturale. Sur des esplanades qui descendent en paliers, des

La façade classique du château de Versailles domine les jardins «à la française» dessinés par Le Nôtre.

parterres d'eau et de fleurs ainsi que des groupes d'arbres divisés par des allées régulières et de petites fontaines, forment des dessins géométriques symétriques. Des centaines de vases et de statues, sculptés par les meilleurs artistes de l'époque, décorent les terrasses et les allées bordées d'arbres. Le Tapis Vert est prolongé en ligne droite par l'Axe du Soleil qui continue la perspective royale depuis le château jusqu'au Bassin d'Apollon où les figures dorées d'Apollon et de ses chevaux, arrosées par 99 jets d'eau, accueillent le soleil. Le Grand Canal, composé de deux bras en croix, dont le plus long mesure 1 650 mètres, prolonge la perspective majestueuse jusqu'à l'horizon.

La perfection formelle des jardins de Le Nôtre exprime le goût des idées générales et les valeurs universelles de l'ordre, de l'équilibre et de l'harmonie chères au classicisme français du XVIIe siècle.

Découvertes culturelles

Complétez chacune des affirmations suivantes en ajoutant des renseignements supplémentaires.

1. Le château de Versailles représente pour les Français...
2. Pour Louis XIV, Versailles devait symboliser...
3. Ce château gigantesque comprenait...
4. Versailles a d'abord été...
5. Les travaux ont été dirigés par...
6. Les rois de France ont continué à vivre à Versailles...
7. Les jardins de Versailles représentent le modèle...
8. La perfection formelle des jardins exprime...

Témoignages culturels

Lecture 1

Les jardins de Versailles

Le Nôtre a montré les plans de Versailles au pape Innocent XI. A la fin de leur conversation rapportée par Claude Desgots, neveu de Le Nôtre, le pape a demandé à Le Nôtre de refaire à la mode française les jardins du Vatican. Certains princes romains ont suivi l'exemple du pape et Le Nôtre a dessiné les jardins de leurs villas. Voici un extrait qui raconte la rencontre de Le Nôtre avec le pape.

Après les génuflexions, le pape le fit lever et demanda à voir les plans de Versailles dont il avait beaucoup entendu parler; on les lui montra, et Sa Sainteté fut étonnée de la quantité de canaux, de fontaines, de jets d'eau et de cascades; elle crut qu'une rivière fournissait cette prodigieuse abondance d'eau; mais sa surprise redoubla quand on lui répondit qu'il n'y en avait point, que l'on avait fait un nombre infini d'étangs et que par des conduits et des tuyaux, on faisait venir les eaux dans de grands réservoirs. «Cela coûte donc des sommes prodigieuses? dit alors le pape. — Saint-Père, cela ne passe pas encore deux cents millions.» A cette réponse, la surprise de Sa Sainteté augmenta à tel point qu'il serait difficile de la décrire.

Le Nôtre alors s'écria: «Je ne me soucie plus de mourir, j'ai vu les deux plus grands hommes du monde: Votre Sainteté et le roi, mon Maître. — Il y a grande différence, dit le pape, le roi est un grand prince victorieux, je suis un pauvre prêtre serviteur des serviteurs de Dieu; il est jeune, je suis vieux....»

Ernest DE GANAY, *André Le Nôtre,* Paris, Vincent, Fréal et Cie, 1962.

Découvertes culturelles

1. Indiquez deux raisons pour lesquelles le pape a été surpris par les jardins de Versailles.
2. Quel sentiment Le Nôtre éprouve-t-il envers Louis XIV?

Lecture 2

«La Plus Belle Histoire d'amour de Louis XIV»

Le roi Louis XIV a éprouvé une véritable passion pour Versailles qu'il a transformé d'un pavillon de chasse en l'un des plus beaux lieux du monde. Tout au long de son règne personnel, il n'a cessé de l'embellir.

Louis XIV a adoré son père. Puis, jeune roi, il a, dès 1651, pris lui aussi l'habitude des chasses et promenades à Versailles, alors havre° de paix. En octobre 1660, Louis fit découvrir le site, le château, les jardins à Marie-Thérèse d'Autriche, sa jeune épouse, et ce fut «presque aussitôt le coup de foudre»° (selon l'historien Pierre Verlet) envers un lieu qu'on commençait de négliger. Dès 1661, Louis fit œuvrer° à Versailles. Pour lui, il s'agissait d'abord d'orner° le cadre de ses amours avec Louise de La

havre: endroit tranquille

coup de foudre: amour soudain et irrésistible

œuvrer: faire des travaux de construction

orner: décorer

Vallière. Le petit château y suffit. En revanche, le roi l'entoura d'un parc de conte de fées. Pour y parvenir, il dut, selon le mot de Saint-Simon,° «tyranniser la nature». En 1664, la cour éblouie y est invitée à l'inoubliable fête des Plaisirs de l'île enchantée. Ce grand divertissement, auquel participèrent... Lully° et Molière° et dont la reine fut Mlle de La Vallière, montrait à l'Europe entière l'importance que le roi de France donnait à Versailles. Là où Colbert, responsable des Finances, voyait encore un caprice onéreux,° on dirait que le maître pressentait le destin de Versailles. En 1668, une nouvelle grande fête s'y déroula, qui coûta 150 000 livres.... Elle célébrait la paix d'Aix-la-Chapelle, elle avait pour reine non couronnée la nouvelle maîtresse de Sa Majesté, Mme de Montespan.

écrivain décrivant la cour de Versailles

compositeur, surintendant de la musique / auteur de comédies

qui coûte cher

Gondoles du Grand Canal et navires de guerre

Jusqu'à la fin du règne, le parc demeura le souci du roi. Il ne cessa de l'agrandir et de l'embellir. Bassins alimentés par l'eau de la machine de Marly, allées, merveilleux «bosquets»° souvent refaits au goût du jour, Grand Canal avec ses gondoles vénitiennes et sa flotte miniature de navires de guerre, Trianon,° fabrique luxueuse et charmante: tout fut inventé, surveillé, embelli par le monarque lui-même, initié à l'art des jardins par son vieil ami Le Nôtre. Extraordinaire complicité que celle qui unit un modeste architecte au plus puissant souverain d'alors, Louis XIV.

groupes d'arbres

pavillon bâti dans le parc de Versailles

François BLUCHE, «La Plus Belle Histoire d'amour de Louis XIV», *GEO*, no. 160, juin 1992.

Découvertes culturelles

1. Que nous apprend ce texte sur: a) la vie luxueuse et les fêtes de la cour de Louis XIV à Versailles? b) le grand intérêt que portait Louis XIV aux jardins de Versailles et ses rapports avec Le Nôtre?
2. A votre avis, pourquoi Saint-Simon a-t-il dit que le roi avait «tyrannisé la nature» pour créer les jardins de Versailles?

· VI ·
Le XVIIIe siècle: Ouvertures sur un monde nouveau

la Bretagne
Brest
Paris
Océan
Atlantique
La Rochelle

Les ports français de la côte ouest de la France ont été le point de départ des grands voyages de découverte de l'Atlantique et de l'océan Pacifique. Au XVIe siècle, Jacques Cartier, parti du port de Saint-Malo en Bretagne, a pris possession du Canada, à Gaspé (1534), au nom du roi François Ier. Quittant le port de La Rochelle en 1608, Samuel de Champlain a fondé le Québec et persuadé Louis XIII d'installer une colonie en «Nouvelle France». Au XVIIe siècle, Colbert, ministre de Louis XIV, a développé la marine française et créé des Compagnies de commerce international. Les bateaux de la Compagnie des Indes orientales, fondée en 1664, ont rapporté en France des marchandises des Antilles (la Guadeloupe et la Martinique) et de la Nouvelle France. En 1673, Jolliet et Marquette ont exploré les territoires du Mississippi. En 1682, Cavelier de La Salle a choisi le nom de la Louisiane en l'honneur de Louis XIV, et la Compagnie des Indes y a établi La Nouvelle-Orléans en 1717.

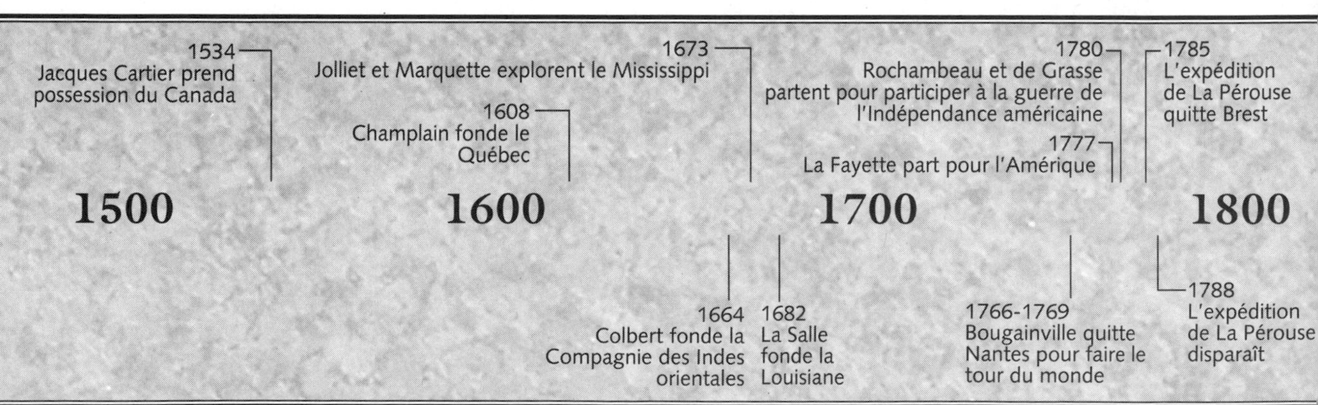

1534
Jacques Cartier prend possession du Canada
1673
Jolliet et Marquette explorent le Mississippi
1608
Champlain fonde le Québec
1780
Rochambeau et de Grasse partent pour participer à la guerre de l'Indépendance américaine
1777
La Fayette part pour l'Amérique
1785
L'expédition de La Pérouse quitte Brest
1500
1600
1700
1800
1664
Colbert fonde la Compagnie des Indes orientales
1682
La Salle fonde la Louisiane
1766-1769
Bougainville quitte Nantes pour faire le tour du monde
1788
L'expédition de La Pérouse disparaît

Pendant le XVIIIe siècle, les sciences ont progressé rapidement. Le perfectionnement d'instruments comme la boussole, l'invention du chronomètre et les progrès de l'astronomie permettant l'établissement des longitudes ont donné un nouvel essor à la science de la navigation. Les expéditions maritimes avaient alors une double mission: poursuivre la découverte géographique du monde mais aussi, au nom de l'humanité, développer les connaissances scientifiques et artistiques. Nommés par l'Académie des sciences et par la Société royale de médecine, des spécialistes en géographie, en astronomie, en physique et dans différentes branches de l'histoire naturelle participaient à ces expéditions.

Le port de Brest, aidé financièrement par Colbert et fortifié par Vauban en 1683, s'était beaucoup développé au XVIIe siècle. Il constituait la base de la flotte de guerre qui allait souvent livrer bataille avec la marine anglaise. C'est de Brest que sont partis, en 1780, avec des troupes françaises, les comtes de Rochambeau et de Grasse pour aider les insurgés dans la guerre de l'Indépendance américaine. Mais Brest était aussi un grand port de commerce et a été le point de départ d'expéditions scientifiques comme celle de La Pérouse.

Jean François de Galaup de La Pérouse (1741–1788) a commencé sa carrière dans la marine en 1756. Après avoir escorté les transports menant en Amérique l'armée de Rochambeau, il a été désigné par Louis XVI pour organiser un nouveau voyage autour du monde. L'expédition comprenant deux bateaux, la *Boussole*, commandée par La Pérouse et l'*Astrolabe* commandé par Fleuriot de Langle, qui avait une solide réputation de mathématicien et d'astronome, a quitté Brest en août 1785. Selon les instructions royales, La Pérouse devait reconnaître la côte nord-ouest de l'Amérique du Nord entre l'Alaska et Monterey, puis traverser le Pacifique vers la Chine et reconnaître les côtes des terres du Pacifique du Sud. Quittant Botany Bay où ils étaient entrés en janvier 1788, cinq jours après l'arrivée des premiers colons anglais qui ont fondé l'Australie, La Pérouse et ses bateaux ont disparu en route pour la Nouvelle Calédonie.

La Bretagne, en raison de sa situation géographique et de la pauvreté de son sol, a toujours joué en France un rôle important dans la vie maritime et les métiers liés à la mer. Au XVIIIe siècle, Nantes était déjà un port très actif et très riche. Les bateaux qui en partaient s'arrêtaient sur la côte de Guinée d'où ils transportaient des esclaves africains vers les Antilles. Au retour, ils apportaient à Nantes du sucre de canne qui avait été raffiné et expédié en France. C'est de Nantes que Louis Antoine de Bougainville est parti, à la tête de la première expédition française qui a fait le tour du monde (1766–1769). A la fin du siècle, Nantes était devenu un port plus important que Marseille, sur la Méditerranée, aujourd'hui le premier port de France.

La ville de Bordeaux aussi a tiré une grande partie de sa richesse de l'activité de son port qui accueillait des bateaux en provenance d'Afrique et d'outre-Atlantique. Le marquis de La Fayette (1757–1834) devait partir de Bordeaux à bord de la *Victoire* pour son premier voyage en Amérique en 1777. Cependant, en raison de l'opposition de son beau-père à ce voyage, il s'est embarqué sur la *Victoire* en Espagne. Son retour en France en 1779, après ses combats au côté des insurgés contre les Anglais, et ses deux voyages postérieurs pour participer à la guerre d'Indépendance (1780–1782 et 1784–1785) se sont effectués par les ports du Havre, de La Rochelle, de Lorient et de Brest. La Fayette a contribué courageusement à la victoire des troupes de Washington et de Rochambeau contre l'armée de Cornwallis à Yorktown. Le «héros français» de l'Indépendance américaine, lié par une admiration mutuelle avec George Washington, a rédigé pour la France une adaptation inspirée du modèle américain de la Déclaration des droits de l'homme. La Fayette a demandé conseil à Thomas Jefferson, alors ambassadeur à Paris, sur le contenu de cette adaptation avant de la présenter aux députés de l'Assemblée constituante trois jours avant la prise de la Bastille le 14 juillet 1789.

Découvertes culturelles

1. Pourquoi les ports de la côte ouest de la France ont-ils joué un rôle important dans les échanges avec le nouveau monde?
2. Citez le nom d'explorateurs français qui ont participé à la fondation du Québec et de la Louisiane.
3. Pourquoi le XVIIIe siècle a-t-il été une grande époque pour la navigation scientifique?
4. Pourquoi le port de Brest est-il devenu si important?
5. Quels étaient les objectifs du voyage de La Pérouse?
6. Pourquoi appelle-t-on La Fayette le «héros français» de la guerre de l'Indépendance américaine?

Témoignages culturels

Lecture 1

La Pérouse sur la côte américaine

Les deux bateaux de La Pérouse sont arrivés en vue du mont Saint-Elie le 23 juin 1786 et ont suivi la côte de l'Alaska jusqu'à Lituya Bay, que La Pérouse a baptisé Port-des-Français. La Pérouse a décrit ainsi cette baie:

Nous avions déjà visité le fond de la baie, qui est peut-être le lieu le plus extraordinaire de la Terre. Pour en avoir une idée, qu'on se présente un bassin d'eau d'une profondeur qu'on ne peut mesurer au milieu, bordé par des montagnes à pic, d'une hauteur excessive, couvertes de neige, sans un brin d'herbe sur cet amas immense de rochers condamnés par la

J.F. de La Pérouse, célèbre navigateur au service du roi Louis XVI

nature à une stérilité éternelle. Je n'ai jamais vu un souffle de vent rider la surface de cette eau: elle n'est troublée que par la chute d'énormes morceaux de glace qui se détachent très fréquemment de cinq différents glaciers, et qui font, en tombant, un bruit qui retentit au loin dans les montagnes. L'air y est si tranquille et le silence si profond, que la simple voix d'un homme se fait entendre à une demi-lieue,° ainsi que le bruit de quelques oiseaux de mer qui déposent leurs œufs dans le creux de ces rochers. C'était au fond de cette baie que nous espérions trouver des canaux par lesquels nous pourrions pénétrer dans l'intérieur de l'Amérique. Nous supposions qu'elle devait aboutir à une grande rivière dont le cours pouvait se trouver entre deux montagnes, et que cette rivière prenait sa source dans un des grands lacs au Nord du Canada. Voilà notre chimère,° et voici quel en fut le résultat. Nous partîmes avec les deux grands canots de la *Boussole* et de l'*Astrolabe*. MM. de Monti, de Marchainville, de Boutervilliers et le père Receveur accompagnaient M. de Langle; j'étais suivi de MM. Dagelet, Boutin, Saint-Céran, Duché et Prévost. Nous entrâmes dans le canal de l'Ouest; il était prudent de ne pas se tenir sur les bords à cause de la chute des pierres et des glaces. Nous parvînmes enfin, après avoir fait une lieue et demie seulement, à un cul-de-sac qui se terminait par deux glaciers immenses. Nous fûmes obligés d'écarter les glaçons dont la mer était couverte, pour pénétrer dans cet enfoncement: l'eau en était si profonde, qu'à une demi-encablure° de terre, je ne trouvai pas fond à cent vingt brasses.° MM. de Lange, de Monti et Dagelet, ainsi que plusieurs autres officiers, voulurent gravir le glacier; après des fatigues inexprimables, ils parvinrent jusqu'à deux lieues, obligés de franchir, avec beaucoup de risques, des crevasses d'une très grande profondeur; ils n'aperçurent qu'une continuation de glaces et de neige qui doit ne se terminer qu'au sommet du mont Beau-Temps....

mesure de distance

hypothèse

mesure d'environ 200 mètres

mesure de 1,60 mètres

François Bellec, *La Généreuse et Tragique Expédition La Pérouse*, Ouest-France, Rennes, 1985.

Découvertes culturelles

1. Qu'est-ce qui impressionne La Pérouse dans cette baie et dans le paysage qui l'entoure?
2. Qu'est-ce que La Pérouse espérait découvrir au fond de la baie?
3. Quelle devait être, pour la connaissance géographique, la conséquence de cette découverte?

Lecture 2

La Pérouse en Californie

Mais le désastre frappe: le naufrage de deux canots partis mesurer la profondeur des eaux de la baie provoque la mort de vingt et un membres de l'expédition. Les bateaux quittent Port-des-Français le 30 juillet et descendent la côte jusqu'au port de Monterey en Californie, où ils arrivent le 15 septembre. Voici la description de La Pérouse:

La baie de Monterey, formée par la pointe du Nouvel-An au nord, et par celle des Cyprès au sud, a 8 lieues d'ouverture dans cette direction, et à peu près 6 d'enfoncement dans l'est, où les terres sont basses et sablonneuses; la mer y roule jusqu'au pied des dunes de sable dont la mer est bordée, avec un bruit que nous avons entendu de plus d'une lieue.

Les terres du nord et du sud de cette baie sont élevées et couvertes d'arbres. On ne peut se faire une idée, ni du nombre des baleines dont nous fûmes environnés, ni de leur familiarité; elles soufflaient à chaque minute à demi-portée de pistolet de nos frégates, et occasionnaient dans l'air une très grande puanteur.° Ce phénomène, qui nous étonnait tous, n'en eût pas été un pour les pêcheurs du Groenland ou de Nantucket.

mauvaise odeur

Des brumes presque éternelles enveloppent les côtes de la baie de Monterey, ce qui en rend l'approche assez difficile. La mer était couverte de pélicans; ils ne s'éloignent jamais de plus de 5 ou 6 lieues de terre et les navigateurs qui les rencontrent pendant la brume doivent être certains qu'ils en sont tout au plus à cette distance.

Un lieutenant-colonel, qui fait sa résidence à Monterey, est gouverneur des deux Californies; son gouvernement a plus de 800 lieues de circonférence, mais ses vrais subordonnés sont 280 soldats de cavalerie qui doivent former la garnison des cinq petits forts, et fournir des escouades° de 4 ou 5 hommes à chacune des vingt-cinq missions ou paroisses établies dans l'ancienne et la nouvelle Californie. D'aussi petits moyens suffisent pour contenir environ 50.000 Indiens errants dans cette vaste partie de l'Amérique, parmi lesquels 10.000 à peu près ont

petits groupes de soldats

embrassé la religion chrétienne. Ces Indiens sont généralement petits, faibles, et n'annoncent pas cet amour de l'indépendance et de la liberté qui caractérise les nations du Nord dont ils n'ont ni les arts, ni l'industrie....

Ces Indiens sont très adroits à tirer de l'arc; ils tuèrent devant nous les oiseaux les plus petits: il est vrai que leur patience pour les approcher est inexprimable; ils se cachent et se glissent en quelque sorte auprès du gibier,° et ne le tirent guère qu'à quinze pas....

La Californie septentrionale,° malgré son grand éloignement° de Mexico, me paraît réunir plus d'avantages encore; son premier établissement, qui est San Diego, ne date que du 26 juillet 1769: c'est le présidio le plus au sud, comme Saint-François [San Francisco] est le plus au nord. C'est en 1770 que les religieux franciscains y établirent leur première mission. Ils en ont dix aujourd'hui, dans lesquelles on compte 5.143 Indiens convertis.

La salubrité° de l'air, la fertilité du terrain, l'abondance enfin de toutes les espèces de pelleteries° dont le débit° est assuré à la Chine, donnent à cette partie de l'Amérique des avantages infinis.... Nul pays n'est plus abondant en poisson et en gibier de toute espèce: les lièvres, les lapins et les cerfs y sont très communs ainsi que les perdrix° grises huppées, et les oiseaux de différents plumages.

Cette terre est aussi d'une fécondité inexprimable. Les légumes y réussissent parfaitement. Les récoltes de maïs, d'orge, de blé et de pois ne peuvent être comparées qu'à celles du Chili: nos cultivateurs d'Europe ne peuvent avoir aucune idée d'une pareille fertilité. Le climat diffère peu de celui des provinces méridionales de France. Les arbres des forêts sont le pin à pignon, le cyprès, le chêne vert et le platane d'Occident.

Voyage de La Pérouse (1785–1788), La Renaissance du Livre, 1930.

gibier: animaux que l'on chasse

septentrionale: du Nord / éloignement: distance

salubrité: caractère sain

pelleteries: peaux et fourrures / débit: ventes

perdrix: type d'oiseau

Découvertes culturelles

1. Quelles sont les différences entre la baie de Port-des-Français et la baie de Monterey?
2. Qu'est-ce qui pourrait rendre dangereuse la navigation dans la baie de Monterey?
3. Comment la région est-elle administrée? Qu'est-ce qui indique la présence de la religion chrétienne?
4. Quelles sont les caractéristiques des Indiens décrits par La Pérouse?
5. Donnez des exemples des richesses naturelles de la Californie qui impressionnent La Pérouse.
6. Quelles comparaisons La Pérouse fait-il avec la France?

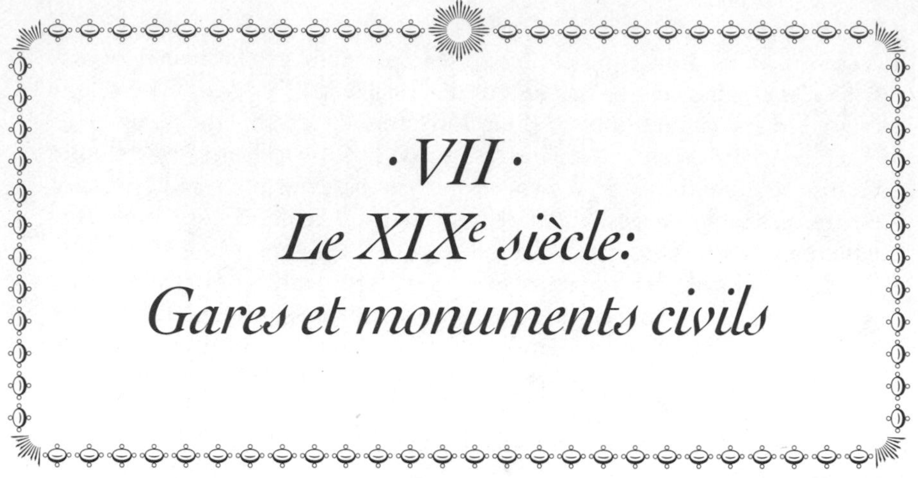

· VII ·
Le XIXe siècle: Gares et monuments civils

Le XIXe siècle est le siècle de la révolution industrielle en France. Un des domaines dans lesquels ces grandes transformations ont vu le jour est celui des transports. L'invention de la machine à vapeur puis celle, en 1827, de la chaudière tubulaire par Marc Seguin, qui ont donné lieu à l'invention de la locomotive, ont en effet révolutionné le mode de transport des marchandises et des voyageurs. Les gares construites au XIXe siècle dans les grandes villes françaises sont des édifices énormes, symboles du progrès de la technologie et monuments à la gloire du progrès humain. Elles représentaient en quelque sorte les cathédrales de la nouvelle civilisation industrielle.

L'utilisation de nouveaux matériaux comme la fonte et le fer a provoqué une transformation spectaculaire des styles et des techniques de l'architecture. La combinaison du fer et du verre a permis des constructions plus hautes et plus légères souvent décorées de coupoles transparentes. L'architecture

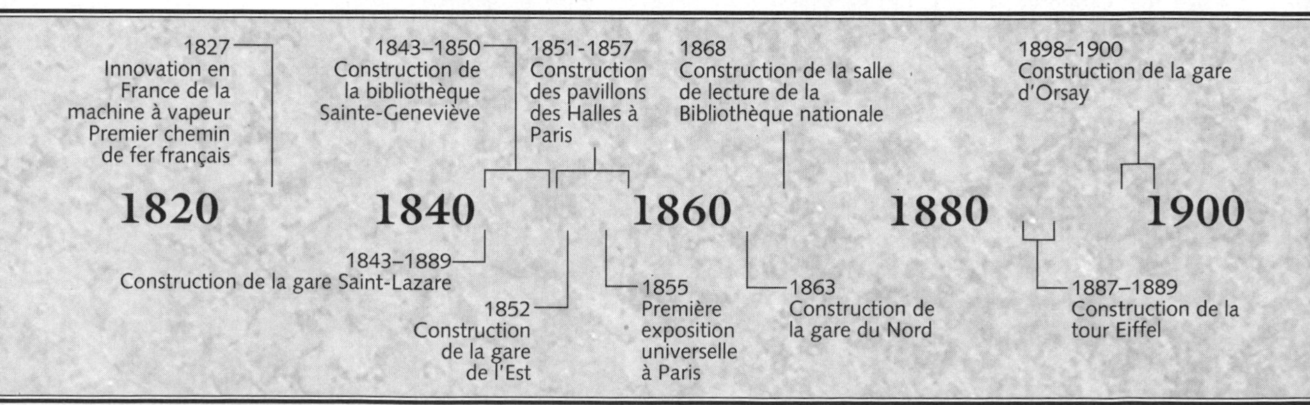

métallique a nécessité une collaboration entre architectes et ingénieurs, ces derniers y jouant un rôle de plus en plus important. Les ponts construits en raison de l'extension rapide du chemin de fer ont été les premières réalisations à exploiter les possibilités de l'architecture du fer.

Le second Empire (1852–1870) a été une période de prospérité économique et de grand développement industriel. La stabilité du régime de l'empereur Napoléon III a fourni un contexte favorable à l'enrichissement de la bourgeoisie et de la nouvelle classe industrielle. C'est à cette époque que le baron Haussmann, préfet de la Seine, a dirigé les travaux d'urbanisme qui ont transformé Paris et donné à la capitale un aspect moderne. Haussmann a fait percer de larges avenues à travers les vieux quartiers et tracer celles qui rayonnent autour de la Place de l'Etoile. C'est lui qui a fait construire dix nouveaux ponts et créé le Bois de Boulogne ainsi que nombre de jardins publics.

Parmi les premiers édifices qui comportent une charpente métallique apparente sont la bibliothèque Sainte-Geneviève et les Halles de Paris. La bibliothèque Sainte-Geneviève, dans le Quartier latin, donne de l'extérieur l'impression d'un bloc massif de pierre. Cependant, l'architecte Labrouste qui a construit cette bibliothèque de 1843 à 1850, a créé à l'intérieur une grande salle haute et légère grâce à des colonnes et des voûtes de fonte et de fer. Dans la salle de lecture (1868) de la Bibliothèque nationale, il a utilisé le même procédé pour construire neuf coupoles de fer, de faïence et de verre supportées par 16 colonnes de fonte. L'architecte Baltard a suivi les instructions de Napoléon III, «du fer, rien que du fer», en utilisant le métal, le verre et la

La gare Saint-Lazare: Sur le site du terminus d'où est parti le premier train parisien

brique pour bâtir les dix pavillons des Halles centrales où se concentre l'activité commerciale alimentaire de Paris (1851–1857). Ces bâtiments, très représentatifs de l'architecture de l'époque, ont été détruits en 1969 quand les Halles ont été, pour des raisons pratiques, transférées à Rungis, en dehors de Paris. Les pavillons de Baltard ont alors été remplacés par l'architecture moderne des galeries commerciales du Forum des Halles, mais on a conservé une partie des anciens pavillons dans la ville de Nogent-sur-Marne.

Ainsi, l'architecture métallique a favorisé la construction de nouveaux types de bâtiments rendus nécessaires par la société industrielle: gares, marchés, usines, grands magasins et pavillons d'exposition.

Suite à une loi de 1842, des compagnies privées ont développé les grandes lignes de chemin de fer reliant Paris aux grandes villes de France. Ces lignes partent de six gares parisiennes dont chacune dessert une région particulière du pays. La convergence des grandes lignes sur Paris a contribué à la centralisation de la vie nationale dans la capitale.

La gare de l'Est (1852) et la gare du Nord (1863) illustrent le style des gares conçues alors comme des bâtiments officiels. Derrière une façade monumentale, une vaste structure métallique soutenant des verrières surplombe les quais et les voies ferrées. Ce modèle est reproduit dans la plupart des grandes gares de France. Aujourd'hui encore, des foules de voyageurs passent par ces gares, car le chemin de fer reste un mode de transport très utilisé en France. Par contre, la gare d'Orsay à Paris, construite de 1898 à 1900 par la Compagnie des chemins de fer d'Orléans et dont la façade monumentale donne sur la Seine en face du Louvre, a été reconvertie en musée. Dans le musée d'Orsay, inauguré en 1986, sont exposés les chefs-d'œuvre de l'art français de 1848 à 1905.

La première exposition universelle qui a eu lieu à Paris, en 1855, a été suivie par celles de 1867, 1878, 1889 et 1900. Ces expositions présentaient les nouvelles industries, techniques et découvertes de l'époque. L'architecture des pavillons exploitait les qualités d'élégance, de légèreté et de transparence du fer et du verre. L'exposition de 1889, qui fêtait le centenaire de la Révolution française, a été dominée par la tour Eiffel, construite de 1887 à 1889. Cette tour en fer de 300 mètres de haut était le chef-d'œuvre d'un ingénieur, Gustave Eiffel, et incarnait la réussite spectaculaire de l'architecture métallique. Elle représentait aussi le triomphe du progrès technique, l'optimisme de l'époque et l'image mythique de Paris. Au début vivement critiquée par les artistes qui la traitaient de «gigantesque cheminée d'usine» et d'«odieuse colonne de tôle boulonnée», la tour Eiffel est aujourd'hui le symbole universel de la France.

Découvertes culturelles

Développez chacune des affirmations suivantes en ajoutant des renseignements supplémentaires.

1. Les gares du XIXe siècle étaient en quelque sorte les cathédrales de la civilisation moderne.

2. Les premiers exemples d'architecture métallique sont apparus sous le second Empire.
3. Un certain modèle a été suivi pour la construction de la plupart des grandes gares en France.
4. La tour Eiffel est le symbole de plusieurs aspects de la civilisation française à la fin du XIXe siècle.

Témoignages culturels

Lecture 1

Emile Zola, «*La Bête humaine*»

Le terminus d'où était parti en 1837 le premier train parisien est devenu en 1843 la gare Saint-Lazare. Agrandie en 1859 et en 1867, elle a encore été transformée de 1885 à 1889 pour prendre son aspect actuel. Le personnage principal du roman d'Emile Zola, *La Bête humaine* (1890), est la grande invention du siècle, la locomotive. Dans le passage suivant, Roubaud, sous-chef de gare, contemple de sa fenêtre la gare Saint-Lazare.

C'était impasse Amsterdam, dans la dernière maison de droite, une haute maison où la Compagnie de l'Ouest° logeait certains de ses employés. La fenêtre, au cinquième,... donnait sur la gare, cette tranchée large trouant le quartier de l'Europe.°...

... A gauche, les marquises° des halles couvertes ouvraient leurs porches géants, aux vitrages enfumés,° celle des grandes lignes,° immense, où l'œil plongeait, et que les bâtiments de la poste et de la bouillotterie° séparaient des autres, plus petites,° celles d'Argenteuil, de Versailles et de la Ceinture; tandis que le pont de l'Europe, à droite, coupait° de son étoile de fer la tranchée, que l'on voyait reparaître et filer au-delà, jusqu'au tunnel des Batignolles. Et, en bas de la fenêtre même, occupant tout le vaste champ, les trois doubles voies qui sortaient du pont se ramifiaient,° s'écartaient en un éventail dont les branches de métal, multipliées, innombrables, allaient se perdre sous les marquises. Les trois postes d'aiguilleur,° en avant des arches, montraient leurs petits jardins nus. Dans l'effacement confus des wagons et des machines encombrant les rails, un grand signal rouge tachait le jour pâle.

Pendant un instant, Roubaud s'intéressa, comparant, songeant à sa gare du Havre.° Chaque fois qu'il venait... passer un jour à Paris, et qu'il

propriétaire du chemin de fer partant de la gare Saint-Lazare
quartier de la gare Saint-Lazare
toits de verre
couverts de fumée / lignes principales
où on faisait bouillir l'eau / lignes secondaires
traversait
se divisaient
cabines des employés qui manœuvrent les parties mobiles des rails
ville en Normandie

descendait chez la mère Victoire, le métier le reprenait. Sous la marquise des grandes lignes l'arrivée d'un train de Mantes° avait animé les quais; et il suivit des yeux la machine de manœuvre, une petite machine-tender, aux trois roues basses et couplées qui commençait le débranchement du train... emmenant, refoulant les wagons sur les voies de remisage.° Une autre machine, puissante celle-là, une machine d'express, aux deux grandes roues dévorantes, stationnait seule, lâchait° par sa cheminée une grosse fumée noire, montant droit, très lente dans l'air calme....

ville près de Paris

garage

libérait

Emile ZOLA, *La Bête humaine, Œuvres complètes, Tome sixième,* Fasquelle, Paris, 1967.

Découvertes culturelles

1. Relevez dans le texte les éléments de description de la gare, des lignes de chemin de fer et des trains.
2. Quels sentiments Roubaud éprouve-t-il en regardant la vie de cette gare et de ces machines?
3. Comparez l'image de la locomotive puissante décrite ici et celle de la grande locomotive du tableau de Monet (à la page suivante). Sont-elles similaires? Qu'est-ce qui attire l'attention de l'observateur?
4. D'après cette description, pourquoi Zola a-t-il utilisé l'expression «la bête humaine» pour évoquer la locomotive?

Lecture 2

Tableau de Monet

Le peintre impressionniste Claude Monet a composé plusieurs séries de tableaux représentant le même paysage ou le même édifice sous des lumières différentes. Ainsi, au début de 1877, il a peint 12 tableaux de la gare Saint-Lazare. Monet était attiré par le train, qui pour lui symbolisait la modernité. De plus, l'architecture de la gare surplombée par de grandes verrières reflétant les changements de lumière permettait au peintre de saisir les transformations de couleurs dans la vapeur des trains, en même temps que l'atmosphère même de la gare. Ce qui a intéressé Monet dans cette série de la gare Saint-Lazare, comme dans celle des cathédrales, ce n'étaient pas les personnages, mais les différentes impressions créées par l'architecture d'un édifice sous l'effet d'une lumière changeante. Par ailleurs, les trains quittant la gare Saint-Lazare traversaient les paysages de la Normandie où Monet a peint beaucoup de tableaux célèbres.

Monet: La gare Saint-Lazare (1877)

Découvertes culturelles

1. Quelles impressions le peintre a-t-il voulu créer?
2. Quelle attitude adopte-t-il par rapport à la locomotive?
3. Quels sentiments éprouvez-vous vous-même devant ce tableau et par rapport à son sujet?

· VIII ·
Le XXe siècle: Places de village

Au XXe siècle, la France s'est de plus en plus urbanisée. En 1880, la population urbaine constituait 34 pour cent de la population française. Aujourd'hui, plus de 70 pour cent des Français habitent les villes.

Le pourcentage de la population active qui travaillait dans l'agriculture est passé de 36,5 pour cent en 1946 à 8,2 pour cent en 1982. Ce sont surtout les petites fermes qui ont disparu. Dans les années 30, on en comptait 4 millions. Dans les années 80, il n'y en avait plus qu'un million. Leurs habitants sont partis vivre dans les villes et travailler dans l'industrie et le secteur tertiaire (du commerce, de l'administration et des services).

A la campagne, les villages où résidaient la plupart des familles d'agriculteurs ont ainsi vu leur population diminuer. C'est là cependant que se trouvent les racines de la France contemporaine; c'est là qu'il faut chercher les valeurs traditionnelles de la «France profonde».

La place, qui constitue le centre de la vie villageoise, est aussi le lieu de mémoire du village. Autour de la place se trouvent l'église, la mairie, de petites boutiques et le café, symboles de la vie religieuse, de la vie républicaine, de la vie commerciale et de la vie sociale. On y voit aussi des maisons anciennes et généralement la statue d'un personnage historique ou un monument aux morts des deux guerres mondiales. Dans le midi de la France, l'ombre des platanes protège du soleil les activités qui ont lieu sur la place et, à la fin de l'après-midi, des joueurs de boules ou de pétanque attirent des spectateurs.

Au Moyen Age, le christianisme a inspiré la construction d'une église imposante au cœur des villages. Le clocher de l'église se dressait vers le ciel et fournissait un point de repère pour les travailleurs des champs et les voyageurs. Le souvenir des clochers du petit village de Martinville dominant la campagne a été évoqué ainsi par Marcel Proust dans *Du Côté de chez Swann* (1913): «Nous poursuivîmes notre route; nous avions déjà quitté Martinville depuis un

La place d'une ville du Midi, où on se détend à l'ombre des platanes.

peu de temps et le village, après nous avoir accompagnés quelques secondes avait disparu, que restés seuls à l'horizon à nous regarder fuir, ses clochers et celui de Vieuxvicq agitaient encore en signe d'adieu leurs cimes ensoleillées....» De nombreux Français partagent un souvenir semblable lié à différentes régions de leur pays.

Les vieilles pierres de l'église sont les témoins historiques de la vie sur la place du village. La place était le site des foires et du marché agricole qui avait lieu soit sous des halles couvertes, soit en plein air. Le jour du marché, les paysans et leurs femmes arrivaient avec les animaux et les produits des fermes sur la place. On vendait et on achetait. Aujourd'hui, la vie du village s'anime toujours le jour du marché. Les petites boutiques autour de la place comme la boulangerie, la boucherie, l'épicerie et le marchand de journaux prolongent la vie commerciale pendant le reste de la semaine.

La mairie, symbole de l'Etat, est le siège des services administratifs du village. C'est là que se réunit le conseil municipal, élu au suffrage universel par les habitants de la commune. La France est divisée en près de 36 000 communes administratives. Dans chacune, le conseil municipal élit le maire. Dans la salle de réunion du conseil se trouve un buste de Marianne, symbole de la Révolution française et donc de la République. Par le passé, le secrétaire du conseil municipal était bien souvent l'instituteur du village. Dans les petits villages, l'école primaire se trouvait d'ailleurs dans la mairie. Les jours de fête, comme le 14 juillet, la mairie est décorée du drapeau bleu-blanc-rouge de la République.

La messe du dimanche, qui était autrefois le grand moment de la vie religieuse de la semaine, attirait la plupart des villageois vers la place. Après la messe, les hommes se réunissaient au café, lieu de convivialité sur la place, pour boire l'apéritif avant le déjeuner du dimanche. Ils s'y rencontraient aussi les jours de semaine pour discuter et pour prendre un verre entre amis. Aujourd'hui, environ 85 pour cent de la population française est catholique mais on ne compte qu'entre 10 pour cent et 15 pour cent de pratiquants. On est donc moins nombreux à assister à la messe du dimanche, mais le café de la place reste très animé. Le dimanche, on y joue au tiercé, au quarté ou au quinté, dans l'espoir de devenir riche en choisissant les chevaux qui arriveront en première place aux courses.

Le monument aux morts est destiné à perpétuer le souvenir des habitants du village morts à la guerre. La France a beaucoup souffert pendant la Grande Guerre (1914–1918), avec environ 1 350 000 morts, et pendant la Seconde Guerre mondiale (1939–1945), avec environ 563 000 morts. Chaque année, des cérémonies ont lieu devant le monument aux morts pour commémorer l'armistice du 11 novembre 1918 et celui du 8 mai 1945. Ces deux dates sont des jours fériés pour toute la France.

Aujourd'hui, l'exode des habitants de la campagne vers les villes continue. Cependant, un mouvement inverse redonne vie à beaucoup de villages. Des citadins achètent les maisons vides des villages pour avoir une résidence secondaire à la campagne. Ils y passent le week-end et les vacances. Ils contribuent ainsi à la vie économique du village en employant des artisans locaux pour rénover les maisons et en faisant des achats chez les petits commerçants. Pourtant, cela n'a pas empêché la fermeture définitive de beaucoup de magasins sur la place. L'évolution sociale entraînée par la voiture et la création hors des villages de grands centres commerciaux, proposant des marchandises plus diverses et des prix plus bas, a transformé les habitudes de consommation chez les villageois.

Certains villages pittoresques avec une belle église et d'autres monuments historiques sont devenus des centres touristiques dans lesquels se promènent des vacanciers français et étrangers en quête des souvenirs et du charme du passé. Après avoir contemplé les pierres anciennes des édifices, ils finissent leur visite à la terrasse du café de la place, où les habitués évoquent la vie rurale du village d'autrefois.

Découvertes culturelles

Vrai ou faux? Expliquez votre choix en ajoutant des renseignements supplémentaires.

1. La France du XXe siècle est devenue de plus en plus urbanisée.
2. Le pourcentage de la population agricole a beaucoup augmenté.
3. La place représente le centre de la vie villageoise.
4. La place du village est souvent dominée par le drapeau tricolore.
5. Le conseil municipal gère la vie administrative du village.
6. Aujourd'hui le café de la place est vide le dimanche.
7. On constate un certain mouvement de la population qui redonne vie à beaucoup de villages.
8. Les habitudes de consommation des villageois n'ont pas changé.

Témoignage culturel

Michel Tournier, «*L'Aire du Muguet*»

Lecture

Pierre et Gaston, dans un gros camion à remorque, ont quitté l'autoroute et finissent par arriver sur la place d'un petit village où il leur faut faire demi-tour. Cette manœuvre sera très difficile en raison de la longueur du véhicule et le monument aux morts va en souffrir.

— On va bien arriver quelque part quand même.

Ils débouchent° en effet un kilomètre plus loin sur la place d'un petit bourg°. Il y a une épicerie-buvette,° un droguiste, des rangées de tubes rouillés supportant les bâches° roulées d'un marché absent, et, dans le fond, un monument aux morts figurant un poilu° qui monte à l'assaut baïonnette au canon, le godillot° posé sur un casque à pointe.° Pour faire manœuvrer le véhicule, ce n'est pas idéal, mais il n'y a guère le choix. Gaston descend pour diriger les opérations. Il faut profiter d'une ruelle en pente pour y engager l'avant du tracteur, et ensuite reculer en braquant à gauche. L'ennui,° c'est que la ruelle ne se présente plus ensuite pour donner de l'ampleur aux mouvements du véhicule. Il faut essayer de reculer le plus loin possible, jusqu'à la limite du monument aux morts.

arrivent

village / café

toiles qui protègent les marchandise / soldat de la Grande Guerre / chaussure militaire / casque des soldats allemands

problème

Gaston court de l'arrière de la remorque à la fenêtre de la cabine pour guider les manœuvres de Pierre.

— En avant toutes!... Encore... Stop... Braque à droite maintenant... En arrière... Stop... Braque à gauche... En avant...

C'est vraiment évoluer dans un mouchoir de poche. L'absence de passants ou d'habitants accentue encore le malaise que les deux hommes éprouvent.... Dans quel pays° se sont-ils donc aventurés? Est-ce qu'on finira par en sortir?

région

Le plus difficile reste à faire, car si le pare-chocs du tracteur frôle la vitrine du droguiste, l'arrière de la remorque menace directement maintenant le monument aux morts. Mais Gaston a l'œil. Il crie, court, se démène.° Brave Gaston, lui qui a horreur de l'imprévu et des efforts gaspillés, c'est vraiment sa fête aujourd'hui!

est très actif

Le véhicule ne peut avancer d'un centimètre de plus qu'en crevant° la devanture° où s'étalent pâtes pectorales, tisanes et ceintures

brisant

ici la vitrine du droguiste

rhumatismales. Pierre braque à fond et commence à reculer. Il a le sentiment vague que Gaston, trop prudent, lui fait perdre à chaque manœuvre de précieux centimètres.... Il recule. La voix de Gaston lui parvient, lointaine mais distincte.

— Vas-y! Doucement. Encore. Encore. Doucement. Stop. C'est bon.

distance supplémentaire

Mais Pierre est persuadé qu'il y a encore un bon mètre à prendre. Ce rabiot° peut éviter une manœuvre supplémentaire. Il continue donc à reculer. La voix de Gaston s'affole.

— Stop! Arrête! Mais arrête-toi bon Dieu!

bruit de frottement

Il y a un raclement,° puis un choc sourd. Pierre stoppe enfin et saute à terre.

métal / montre / raie

Le poilu qui tenait sa baïonnette à deux mains n'a plus ni baïonnette, ni mains, ni bras. Il s'est vaillamment défendu pourtant, car la tôle° de la remorque accuse° une vaste éraflure.° Gaston se baisse et ramasse quelques débris de bronze.

amputé d'un bras

— Le voilà manchot° à cette heure, constate Pierre. Après tout, un grand invalide de guerre, c'est pas si mal non?

Gaston hausse les épaules.

— Cette fois, faut aller à la gendarmerie.

Michel TOURNIER, *L'Aire du Muguet*, dans *Le Coq de bruyère*, Editions Gallimard, 1978.

Exemple caractéristique d'un des nombreux monuments aux morts qui perpétuent le souvenir de ceux qui sont disparus à la guerre

Découvertes culturelles

1. Qu'est-ce qui indique qu'il ne s'agit pas d'un village moderne?
2. Quelle activité commerciale a lieu sur la place?
3. Décrivez le monument aux morts. Quel est le symbolisme de la statue?
4. Pourquoi est-il difficile de manœuvrer le véhicule?
5. Qu'est-ce qui arrive à la statue?
6. Pourquoi les deux hommes doivent-ils aller à la gendarmerie?

Activités d'expansion

Repères culturels

A. Dans quelle région de France trouve-t-on les rappels historiques suivants?

1. des peintures préhistoriques
2. des monuments romains
3. des cathédrales gothiques
4. des châteaux de la Renaissance
5. le château de Versailles
6. le port de Brest

B. Quelle période historique est évoquée par chacun des points de repère suivants?

1. la grotte de Lascaux
2. la tour Eiffel
3. le voyage de La Pérouse
4. le château d'Azay-le-Rideau
5. la Maison carrée de Nîmes
6. Notre-Dame de Paris
7. les monuments aux morts
8. les expéditions scientifiques des navigateurs

C. Identifiez les photos suivantes. Ensuite, associez-les à une période historique et décrivez leurs caractéristiques principales.

1.

2.

3.

4.

Quelques liens culturels

Discussion

1. Choisissez des monuments, des édifices et des endroits cités dans le dossier et dites pourquoi, à votre avis, ils attirent beaucoup de touristes.
2. A votre avis, quel est le monument le plus «typiquement français»? Pourquoi?
3. Essayez de classer les monuments du passé entre ceux qui révèlent une forte influence étrangère et ceux qui ont exercé une influence à l'étranger.
4. Donnez trois raisons pour lesquelles, à votre avis, les Français ont l'habitude d'accorder une grande importance aux monuments et aux édifices associés au passé de leur pays.
5. Quels effets pourraient être produits sur votre vision du monde par le fait de vivre dans une région, une ville ou un village où se trouvent un grand nombre de monuments, d'édifices ou d'autres vestiges qui évoquent le passé?

6. Quels liens historiques ou artistiques pourriez-vous établir entre certains monuments ou édifices de différentes époques cités dans le dossier?
7. A votre avis, est-ce que les constructeurs de monuments ou d'édifices de différentes époques avaient des aspirations particulières? Justifiez votre réponse en donnant des exemples.
8. Pourquoi l'image du village dominé par un clocher peut-elle évoquer les valeurs traditionnelles de la «France profonde»?
9. Le spectacle «Son et Lumière» a été inventé en France pour évoquer la vie et l'atmosphère du passé associés à des monuments, à des édifices ou à des lieux historiques. Choisissez un monument, un édifice et un lieu et dites pour chacun comment vous le présenteriez dans un spectacle «Son et Lumière».

Mise en scène

1. Imaginez que Louis XIV fasse lui-même la présentation de Versailles aux touristes. Que dirait-il au sujet de son château?
2. Jouez le rôle d'un(e) habitant(e) d'un petit village de France. Décrivez la place du village et la vie du village à un(e) camarade de classe «touriste» qui vous pose des questions.

Activités écrites

1. Décrivez un exemple de la «présence du passé» dans votre culture. Quelles valeurs représente ce vestige du passé?
2. A votre avis, à quels souvenirs du passé les Français seraient-ils le plus sensibles? Expliquez.
3. Si vous étiez en France, laquelle de ces manifestations du passé souhaiteriez-vous le plus voir? Pourquoi?

Perspectives interculturelles

A. Réfléchissez d'abord au thème général du dossier: la présence du passé dans l'environnement quotidien des Français et l'influence qu'elle peut exercer sur leurs comportements. Ensuite, commentez ce texte de Jean-Paul Sartre (1905–1980):

> En dépit de son austérité, New York émeut° les Européens. Certes, nous avons appris à aimer nos vieilles cités, mais ce qui nous touche en elles, c'est un mur romain qui fait partie de la façade d'une auberge, ou d'une maison qu'habita Cervantès,° ou la place des Vosges,° ou l'hôtel de ville de Rouen. Nous aimons des villes-musées — et toutes nos villes sont un peu comme des musées où nous vagabondons parmi les demeures des ancêtres.

impressionne

auteur de Don Quichotte / *place célèbre à Paris*

New York n'est pas une ville-musée; pourtant, aux yeux des Français de ma génération, elle a déjà la mélancolie du passé.

J.-P. Sartre, *Situations III*, Gallimard, 1949.

B. Y a-t-il une région de votre pays qui soit associée particulièrement à une période historique? Expliquez.

C. Existe-t-il une «Amérique profonde»? Décrivez la vie dans un «village» américain. En quoi cette vie est-elle similaire à la vie de village en France? En quoi est-elle différente?

Quelques personnages clés

Quelques personnages clés

Toute civilisation est marquée par certains personnages qui sont entrés dans la mémoire collective du peuple. Leurs noms, connus de tous ceux qui partagent une même culture, ont aidé à former, au cours des ans, l'identité nationale que les gens se font d'eux-mêmes et de leur pays. Or, ces personnages, devenus historiques, s'enracinent dans la mémoire grâce à des instruments culturels tels que les manuels scolaires, le folklore, les chansons ou les proverbes. Certains d'entre eux méritent, par le courage de leurs actions, la place qu'ils occupent dans la conscience collective. D'autres, moins honorables, y figurent parfois aussi pour attester une crise profonde dans l'union et l'identité du pays. Chacun, néanmoins, joue un rôle significatif dans la transmission de la mémoire d'un peuple, d'une génération à l'autre.

Ce dossier présente un choix de personnages historiques. La liste ne se veut, en aucun sens, définitive ou exhaustive. Elle est symbolique, cependant, d'une notion similaire à celle que l'historiographe Pierre Nora a appelée les «lieux de mémoire». C'est-à-dire que ces personnages clés évoquent, comme la cathédrale Notre-Dame de Paris, la grotte de Lascaux, ou la tour Eiffel, une certaine France que tout Français reconnaît. Ils donnent de l'unité et de la cohérence à l'image que les Français se font, et se sont toujours faite, de leur nation au cours des âges.

Jeanne d'Arc

(page précédente) L'empereur Charlemagne est souvent représenté armé et à cheval.

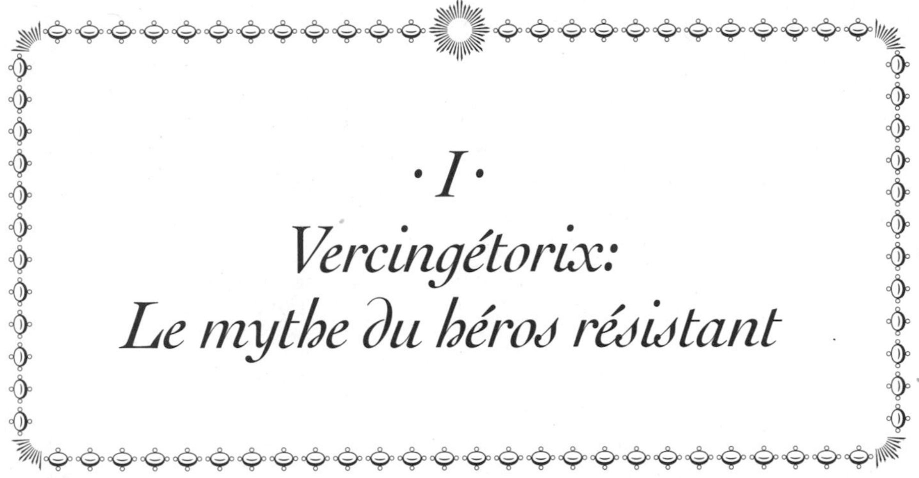

·I· Vercingétorix: Le mythe du héros résistant

Avant de s'appeler «la France», la Gaule, terre riche et fertile, était habitée par des tribus d'origines diverses sans grande organisation politique. Vers l'an 50 avant J.-C., les Romains ont porté leur attention sur ce pays pour deux raisons principales. Premièrement, le territoire avait la réputation d'être riche en or; deuxièmement, une Gaule soumise à l'empire romain servirait de rempart entre l'empire et les peuples «barbares» de l'est et du nord-est qui le menaçaient. Mais qui pourrait soumettre les Gaulois? Jules César, le plus célèbre des héros romains, allait affronter un adversaire digne de lui, comme il le relaterait plus tard dans ses souvenirs de la conquête de la Gaule. En fait, dans ses récits de guerre, César a fait plus de quarante fois mention de Vercingétorix, chef de la tribu gauloise des Arvernes, peuple de la Gaule établi en Auvergne; mais l'attention que César lui a accordée semble plutôt lui avoir été dictée par le désir de se donner un adversaire gaulois à sa mesure.

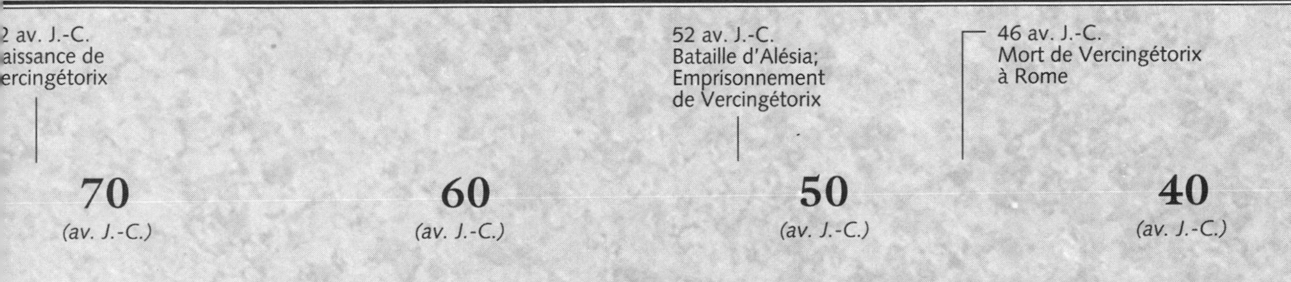

Vercingétorix a tenté de rassembler et d'organiser les Gaulois contre l'envahisseur romain. Mais c'était un chef à la vérité si peu maître de ses armées qu'il a dû prendre des otages parmi les diverses tribus de la coalition afin d'empêcher la désertion de ses alliés. De plus, bien qu'il ait été victorieux lors de plusieurs campagnes contre César, ses talents de général laissaient beaucoup à désirer, comme le prouve sa dernière résistance face aux Romains, sur les collines d'Alésia, où il a été enfermé, obligé de capituler après deux mois de siège et contraint de se rendre à César.

Ce Vercingétorix historique ne correspond pas au personnage de légende que connaissent les Français d'aujourd'hui. Ce n'est qu'au XIXe siècle, à une époque particulièrement nationaliste, que Vercingétorix est apparu dans l'histoire de France. Le chef des Gaulois est alors devenu le premier grand héros des Français, celui qui, malgré sa défaite, incarnait l'esprit de la résistance. Il a représenté le défenseur du territoire français devant la supériorité écrasante de l'ennemi. On l'a dépeint muni d'une épée et d'un bouclier, sur un cheval de guerre blanc, essayant avec fougue et courage d'arrêter l'invasion des légions romaines. Quand Vercingétorix avait dû se rendre aux Romains, il avait jeté ses armes aux pieds de César, puis s'était livré seul au chef romain pour obtenir la grâce de ses hommes. Ce geste d'arrogance dans la défaite marque en fait l'apogée de la gloire du héros gaulois que l'histoire a retenue.

Ainsi sont nées deux notions qui reflètent et conditionnent à la fois l'idée que les Français se font de la grandeur: lorsque la France se trouve menacée, il apparaît inévitablement un personnage pour la défendre; par ailleurs, il n'est pas nécessaire que cet individu soit victorieux pour apparaître aux yeux des Français comme un symbole de la gloire nationale. La grandeur d'âme se manifeste dans la résistance et la défaite aussi bien que dans la victoire, comme l'attestent plusieurs «personnages clés» de l'histoire de France.

Découvertes culturelles

Complétez chacune des affirmations suivantes selon les renseignements du texte.

1. Les Romains ont envahi la Gaule parce qu'ils voulaient...
2. Vercingétorix a été obligé de...
3. Vercingétorix représente...

Témoignages culturels

Lecture 1

Vercingétorix vu par César

Voici, en partie, la description de Vercingétorix par César dans ses commentaires sur la guerre des Gaules.

Vercingétorix,... jeune homme qui était parmi les plus puissants du pays, dont le père avait eu l'empire de la Gaule et avait été tué par ses compatriotes parce qu'il aspirait à la royauté, convoqua ses clients° et n'eut pas de peine à les enflammer.... Après avoir réuni cette troupe, il convertit à sa cause tous ceux de ses compatriotes qu'il rencontre; il les exhorte à prendre les armes pour la liberté de la Gaule; il rassemble de grandes forces, et chasse ses adversaires qui, peu de jours avant, l'avaient chassé lui-même. Ses partisans le proclament roi. Il envoie des ambassades à tous les peuples: il les supplie de rester fidèles à la parole jurée.... A l'unanimité, on lui confère le commandement suprême.

° *fidèles*

Jules César, *Guerre des Gaules*, Tome II, éd. & trad. L.-A. Constans, Septième édition, Société d'Edition «Les Belles Lettres», Paris, 1962.

Découvertes culturelles

1. Comment César décrit-il Vercingétorix?
2. Quelles allusions dans ce texte suggèrent que Vercingétorix ne commande pas une armée unifiée?

Limites des trois Gaules indépendantes
Limites de la Province tomaine
(Transaipine, puis Narbonnaise)
BRETAGNE
GERMANIE
BELGIQUE
Ambiens
Amiens
(Samarobriva)
Trévires
Parisiens
Paris
(Lutetia)
Coriosolites
Lingons
Eduens
Besançon
(Vesontio)
Bibracte
Helvètes
CELTIQUE
Bourges
(Avaricum)
Chalon-sur-Saône
(Cabillonum)
Poitiers
(Lemonum)
Genève
(Genova)
Gergovie
(Gergovia)
Vienne
(Vienna)
PROVINCE-
DE GAULE-
CISALPINE
Avernes
PROVINCE ROMAINE
(Provincia)
AQUITAINE
Orange
(Arausio)
Nice
(Nikaie)
Nîmes
(Nemausus)
Aix-en-Provence
(Aquae Sextiae)
Toulouse
(Tolosa)
Volques
Marseille
(Massalia)
Narbonne
(Narbo)
Agde
(Agatha)
0 75 km

LA GAULE AVANT LA CONQUETE ROMAINE

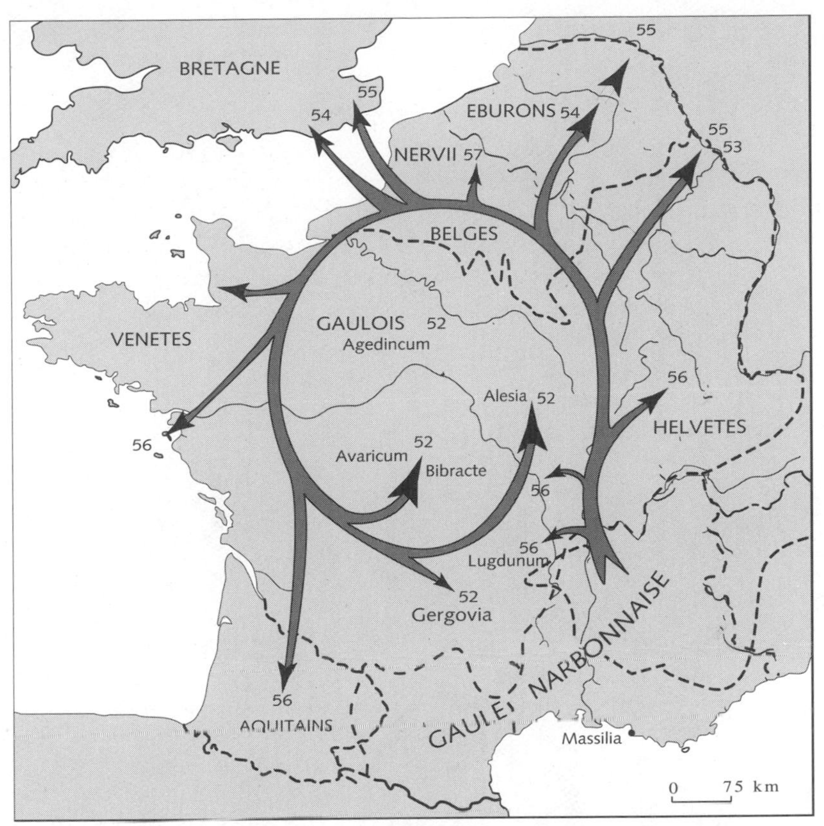

CONQUETE DE LA GAULE PAR CESAR (58-52 AVANT J.- C.)

La marche rapide de l'armée romaine à travers un si vaste territoire prouve l'existence, en Gaule, d'un réseau routier relativement dense et de ressources agricoles suffisantes pour nourrir hommes et chevaux.

Vercingétorix devant César

Lecture 2

Astérix

Depuis 1961 paraissent en France les aventures d'Astérix. Cette série d'albums de bandes dessinées humoristiques et souvent satiriques raconte les aventures du «petit guerrier à l'esprit malin, à l'intelligence vive» qui, avec ses compagnons gaulois, résiste à l'envahisseur romain. L'histoire du *Bouclier arverne*, par exemple, s'inspire de l'épisode historique au cours duquel Vercingétorix a jeté ses armes aux pieds de César, à la suite de la bataille d'Alésia.

Notre héros Astérix et son inséparable ami le gros Obélix, «livreur de menhirs et grand amateur de sangliers», accompagnent leur chef, Abraracourcix, qui souffre d'une crise de foie et décide d'aller suivre une cure dans une ville proche du site de la bataille d'Alésia. Au cours de leur séjour, les Gaulois apprennent que le bouclier de Vercingétorix, important trophée de guerre, pourrait se trouver dans le voisinage. A la suite de nombreuses aventures, Astérix et Obélix découvrent le célèbre symbole de l'honneur gaulois. Mais qui détient ce fameux bouclier arverne?

GOSCINNY, *Le Bouclier arverne*, Dargaud S.A., Editeur, Paris, 1968.

Ô, ROMAINS!
QU'EST-CE DONC?
OH, CE N'EST RIEN... FAUT PAS FAIRE ATTENTION...
AU TRIOMPHE D'ABRARACOURCIX, NOTRE CHEF, ET DU BOUCLIER ARVERNE!
OUVREZ BIEN VOS YEUX! ET VOUS, HABITANTS COURA-GEUX DE GERGOVIE, VOUS ALLEZ ASSIS-TER AU TRIOMPHE!...
BON. VENI, VIDI, ET J'AI COMPRIS. PERSONNE NE DOIT SAVOIR QUE J'AI ASSISTÉ À ÇA... ET COMME JE NE TE FÉLICI-TE PAS POUR L'ÉTRANGE TENUE DE TES TROUPES,
ET POUR ÊTRE SÛR QUE MA VISITE RESTERA UN SECRET, JE T'ENVOIE, AVEC TES HOMMES, EN GARNISON EN NUMIDIE...
AH! ENFIN DEUX LÉGIONNAIRES PROPRES!
HIPS?
HIPS?
CENTURION! JE TE FAIS CHEF DE LA GARNISON DE GERGO-VIE. LÉGIONNAIRE! JE TE FAIS CENTURION! ET QUE JE N'ENTENDE PLUS JAMAIS PARLER DE CETTE VILLE! AVÉ!
AVÉ! NOUS ENTRETIENDRONS LES MEILLEURES RELATIONS AVEC LES MARCHANDS DE VIN DE LA RÉGION, JOLIGIBUS ET MOI!
CENTURION JOLIGI... HIPS!... BUS!

Découvertes culturelles

1. Comment la bande dessinée représente-t-elle la nature primitive et mystérieuse de cette «civilisation gauloise»?
2. Que se passe-t-il quand Vercingétorix «jette ses armes aux pieds de César»?
3. Comment le bouclier de Vercingétorix a-t-il été perdu?
4. Qui est le visiteur inconnu qui interrompt l'attaque des Romains?
5. Qui détient le bouclier de Vercingétorix?
6. En quoi le personnage historique de Vercingétorix diffère-t-il de sa légende?
7. Comment la réalité historique se dissimule-t-elle derrière l'humour de ces aventures d'Astérix?
8. De quel personnage Astérix triomphe-t-il à la fin de cette aventure? Quel message culturel percevez-vous dans cette bande dessinée?

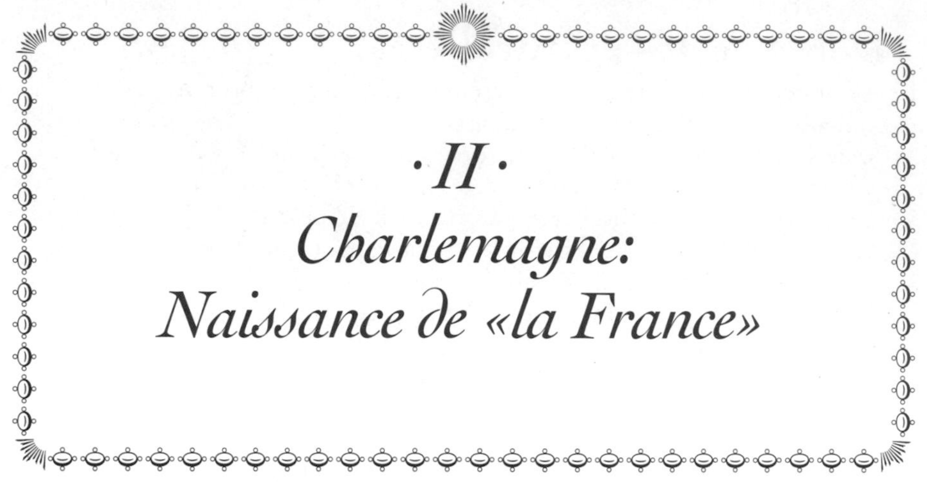

·II·
Charlemagne: Naissance de «la France»

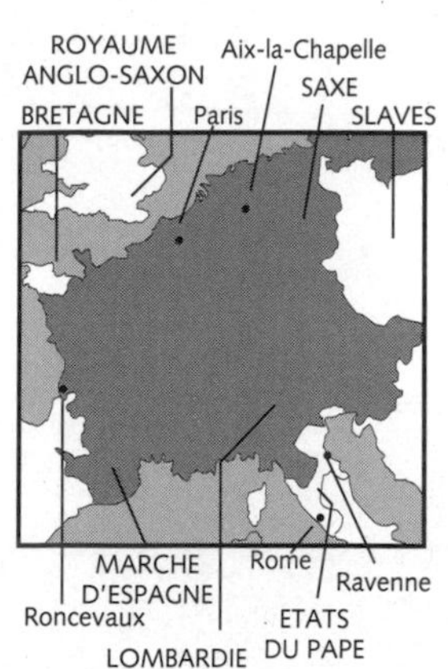

Au cours du Ve siècle après J.-C., une série d'invasions menées par des tribus germaniques venues de l'est a progressivement affaibli la domination romaine en Gaule. L'une de ces tribus, les Francs, dont le nom signifie «libres» ou «féroces», a réussi, à la suite de 400 ans d'effort, à briser la puissance des Gaulois indigènes. Les Francs ont aussi aidé à repousser les Huns commandés par Attila, surnommé le «fléau de Dieu». En 732, Charles Martel a assuré la défaite de l'armée des Sarrasins à Poitiers, évitant ainsi à la France d'être conquise par les musulmans qui occupaient déjà une grande partie de l'Espagne. L'influence des Francs s'est alors peu à peu étendue à toute la Gaule.

En dépit de certains progrès vers la cohésion administrative, le risque de désintégration restait grand pour «l'état franc», à cause des luttes politiques internes et de la menace permanente des musulmans d'Espagne. Vers l'an 742 est né l'homme qui allait mettre fin à ces troubles et unifier les régions en une

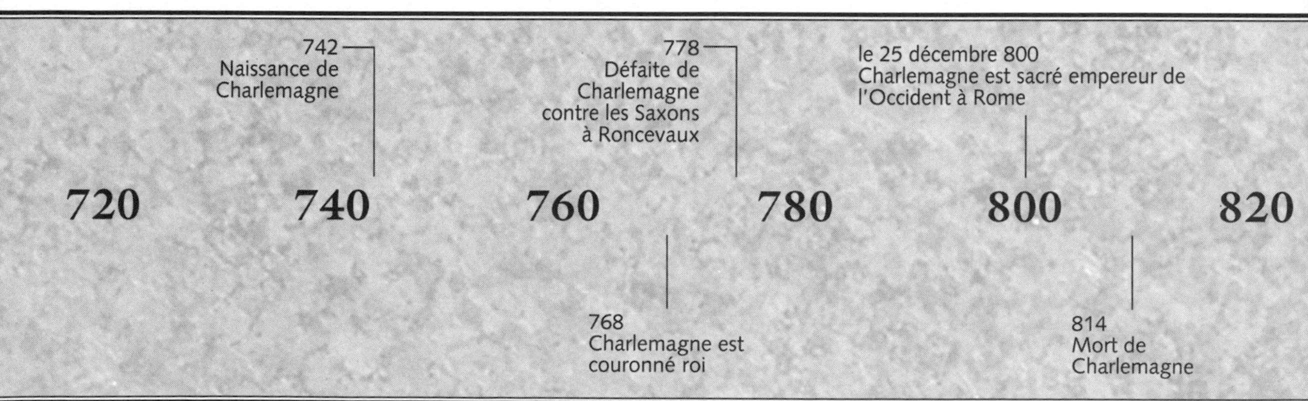

seule «France»: Charles, fils aîné de Pépin le Bref, plus tard connu sous le nom de Charlemagne (Charles le Grand), héros historique et légendaire, défenseur de la France et de la foi chrétienne.

Au début de son règne (768), Charles a gouverné le «royaume des Francs» avec son frère Carloman. A la mort de ce dernier en 771, il a régné seul et démontré ses talents de chef. Les manœuvres de Charles ont lié le royaume des Francs aux affaires de l'Eglise et il est même intervenu dans le choix des papes de cette époque. Charles a soumis les Saxons, peuple germanique, et leur a imposé le christianisme par la force et la diplomatie. Il a empêché les guerriers slaves de menacer la stabilité de son royaume. Il a créé une flotte pour défendre le nord de son territoire contre les Vikings et multiplié les attaques contre les incursions musulmanes dans le sud.

Vers la fin du VIIIe siècle, la gloire du grand chef de l'Europe occidentale atteint son apogée. En 800, Charles est couronné empereur, acquérant ainsi une stature et une puissance égales à celles de l'empereur byzantin d'Orient, à Constantinople, héritier des restes du pouvoir romain et de son influence. Charlemagne est un des seuls personnages du Moyen Age pour lequel on dispose d'une ample documentation concernant son aspect physique et son caractère aussi bien que ses actions. Des sculptures et des vitraux le représentent armé, à cheval (voir page 49). Son courage, son intelligence et sa foi chrétienne inébranlable ont été vantés dans les chroniques et dans la littérature. Sans doute, Charles n'a-t-il pas été le souverain irréprochable de la légende, mais il a certainement imposé la loi et l'autorité de la monarchie dans son royaume et assuré l'unité et l'ordre des divers groupes dont il était le souverain. En somme, c'est Charlemagne qui a créé l'état français.

La naissance de la nation française telle que le peuple la conçoit est relatée par *La Chanson de Roland*. Ce poème épique de la France médiévale décrit l'empereur «à la barbe fleurie», déjà âgé et vénérable, menant ses chevaliers chrétiens dans une guerre sainte contre les musulmans. Il est trahi par un de ses propres hommes, Ganelon, qui livre aux Sarrasins Roland, le neveu et vassal bien-aimé de Charlemagne. Si cette épopée insiste sur le patriotisme et l'héroïsme de Roland, le véritable héros du poème est l'empereur lui-même, qui venge le massacre de son arrière-garde et la mort de Roland, assurant ainsi le triomphe du monde chrétien sur les «infidèles». C'est donc avec lui que se sont affirmés l'honneur et la gloire de «la douce France».

A l'époque de la conquête romaine, Vercingétorix n'était pas parvenu à réaliser l'unité de la Gaule. Forcé de s'incliner devant César, il n'avait recueilli que la gloire de lui résister. Charlemagne, premier héros victorieux, qui incarne l'unité et l'organisation du pays, est celui qui a créé une vraie nation, la France. Aussi est-il demeuré pour toujours le symbole de la grandeur dont la France a fait preuve aux meilleurs moments de son histoire.

Charlemagne

Découvertes culturelles

1. Qui étaient les Francs? Quelles ont été les conséquences de leur arrivée en Gaule?
2. Qu'a fait Charlemagne pour établir la stabilité et pour répandre l'influence de son royaume?
3. Sur quel aspect du rôle de Charlemagne *La Chanson de Roland* met-elle l'accent?
4. Résumez l'image que les Français se font de Charlemagne aujourd'hui.

Témoignages culturels

Lecture 1

«*La Chanson de Roland*»

La Chanson de Roland est un long poème épique composé de plusieurs milliers de vers organisés en «laisses» ou strophes de longueur variée. Récitée par des troubadours dans les châteaux forts ou sur les places publiques du XIIe siècle, cette *chanson de geste* amplifie et transforme certains événements glorieux du règne de Charlemagne. Ainsi, l'histoire véritable de la mort du guerrier Roland, son neveu fidèle et dévoué, ne correspond pas à la légende populaire qui se formera autour du héros quelques siècles plus tard. En réalité, Charlemagne, qui en 778 n'était pas encore devenu empereur, avait essayé sans succès de prendre la ville de Saragosse en Espagne, tombée aux mains des envahisseurs musulmans. Voyant son armée affaiblie par cette longue campagne contre les Sarrasins, il avait décidé de retourner en France, mais son arrière-garde a été attaquée par des montagnards basques près de Roncevaux, petit village des Pyrénées. C'est cette réalité fort peu glorieuse qui, au cours des siècles, va être transformée par l'esprit créateur des troubadours et l'imagination collective de la France médiévale en une épopée de la guerre sainte, menée par le monde chrétien contre les infidèles.

Dans les laisses citées ci-dessous en version moderne, on relève plusieurs éléments qui ont contribué à créer l'image populaire de Charlemagne au Moyen Age. Arrivé à Roncevaux, Charlemagne se montre fort et courageux, mais aussi humain et sensible. Il est bouleversé par la mort de son neveu, le plus courageux de ses chevaliers. Pourtant, il n'oublie pas son rôle de chef du monde chrétien occidental. Il est pleinement conscient de son devoir et de sa gloire. Aussi, l'empereur va-t-il se venger de la trahison qui a causé la perte de Roland et de ses compagnons, rétablissant ainsi l'honneur de la «douce France».

CCIX

«Ami Roland, vaillant, belle jeunesse, quand je serai à Aix, en ma chapelle, les vassaux° viendront, demanderont les nouvelles. Je les leur dirai, étranges et rudes: «Il est mort, mon neveu, celui qui me fit conquérir tant de terres.» Contre moi se rebelleront les Saxons, et les Hongrois et les Bulgares et tant de peuples maudits,° les Romains et ceux de la Pouille et tous ceux de Palerne, ceux d'Afrique et ceux de Califerne.... Qui conduira aussi puissamment mes armées, quand il est mort, celui qui toujours nous guidait? Ah! France, comme tu restes désolée! Mon deuil° est si grand, je voudrais ne plus être!» Il tire sa barbe blanche, de ses deux mains arrache les cheveux de sa tête. Cent mille Français se pâment° contre terre.

seigneurs fidèles

qui s'opposent à Charlemagne

tristesse

perdent connaissance

CCXIV

L'empereur Charles veut s'en retourner: or devant lui surgissent les avant-gardes des païens.° De leur troupe la plus proche viennent deux messagers. Au nom de l'émir, ils lui annoncent la bataille: «Roi orgueilleux, tu n'en seras quitte° pour repartir. Vois Baligant qui chevauche après toi! Grandes sont les armées qu'il amène d'Arabie. Avant ce soir nous verrons si tu as de la vaillance.» Charles le roi a porté la main à sa barbe; il se remémore son deuil et ce qu'il a perdu. Il jette au loin sur toute sa gent° un regard fier, puis s'écrie de sa voix forte et haute: «Barons français, à cheval et aux armes!»

musulmans

libre

peuple

La Chanson de Roland, ed. Bédier, L'édition d'Art H. Piazza, Paris, 1931.

Découvertes culturelles

1. Qu'est-ce que *La Chanson de Roland*?
2. Racontez l'histoire véritable de l'expédition de Charlemagne en Espagne.
3. D'après la strophe CCIX, que représente Roland pour Charlemagne? Quelles allusions expriment le deuil de l'empereur et des Français?
4. Dans la strophe CCXIV, comment les païens expriment-ils un manque de respect pour l'empereur? Quelle a pu être la réaction du public qui écoutait ce poème?
5. Comparez le Charlemagne historique au personnage décrit dans *La Chanson de Roland*. Comment l'épopée française a-t-elle contribué à créer l'image de Charlemagne qui existe aujourd'hui?
6. Relevez des exemples d'exagération et de répétition dans *La Chanson de Roland*. Quel en était le but?

7. Pourquoi la réalité de la défaite de Roncevaux a-t-elle été ainsi idéalisée dans *La Chanson de Roland*?
8. On pourrait établir un lien entre la chanson de geste et les westerns qui racontent, au cinéma, les aventures des cowboys dans l'ouest américain. Quels éléments fondamentaux de *La Chanson de Roland* rappellent certains traits des westerns?

Lecture 2

L'ancien français

La Chanson de Roland a été écrite en «ancien français». Cette langue avait évolué du bas latin parlé par les légions romaines. Elle a été modifiée par la structure linguistique de la langue des Gaulois indigènes et par l'influence des invasions germaniques du Ve siècle. Des six «cas» ou formes qui marquaient la fonction des mots en latin, il n'en est resté que deux. Le cas sujet indiquait le rôle de sujet dans la phrase et se terminait en **-s** pour une certaine catégorie de mots. Le cas régime n'avait pas de terminaison et indiquait un complément de verbe. Ce phénomène linguistique donnait à la syntaxe (la place des mots dans une phrase) une plus grande souplesse dans l'ordre des mots que dans le français moderne où la position du nom dans une phrase indique généralement sa fonction par rapport au verbe. Voici la première laisse de *La Chanson de Roland* en ancien français. Essayez de déchiffrer cette langue du XIIe siècle. La traduction en français moderne se trouve à la page 109.

I

Carles le reis, nostre emperere magnes,
Set ans tuz pleins ad estet en Espaigne;
Tresqu'en la mer cunquist la tere altaigne.
N'i ad castel ki devant lui remaigne;
Mur ne citet n'i est remés a fraindre,
Fors Sarraguce, ki est en une muntaigne.
Le reis Marsilie la tient, ki Deu nen aimet.
Mahumet sert e Apollin recleimet:
Nes poet guarder que mals ne l'i ateignet. AOI.

LEGGEWIE, *Anthologie de la littérature française*, Tome I, Troisième Edition, Oxford University Press, New York, 1990.

Découvertes culturelles

1. Quels mots de l'ancien français se comprennent très facilement à partir du français moderne?
2. Quel mot est l'équivalent de l'adverbe moderne «y»?
3. Combien de temps a duré le siège de Saragosse par Charlemagne? Pourquoi n'a-t-il pas pu prendre Saragosse?
4. La phrase «ki Deu nen aimet», veut-elle dire «qui n'aime pas Dieu» ou «que Dieu n'aime pas»? Comment le savez-vous?
5. En quoi le tout dernier vers de la laisse annonce-t-il, dès le début de la *Chanson,* le triomphe de Charlemagne sur les infidèles?

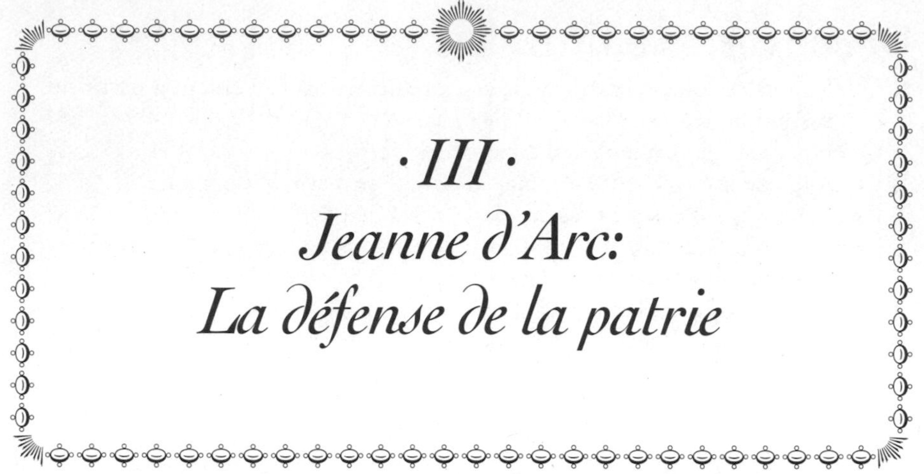

·III·
Jeanne d'Arc: La défense de la patrie

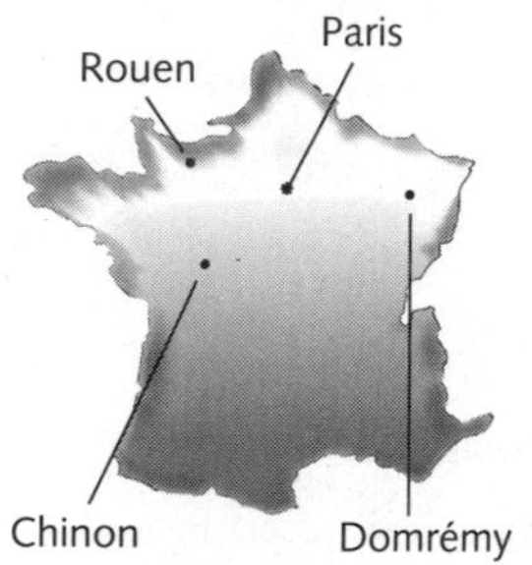

A la naissance de Jeanne d'Arc en 1412, sévissait une longue et sanglante guerre intermittente, plus tard appelée la guerre de Cent Ans. Ce conflit, qui a duré de 1337 à 1453, était en réalité la suite de luttes acharnées qui avaient opposé la France et l'Angleterre depuis le XIIe siècle. Les rois capétiens de France voulaient établir l'unité de leurs territoires et la dynastie anglaise des Plantagenêts avait pour ambition d'affaiblir le pouvoir de la monarchie française. Certaines régions du nord et du sud-ouest de la France vivaient sous l'occupation de l'armée anglaise. L'objectif des Français de cette époque était de libérer la patrie de cette présence étrangère. Mais les missions diplomatiques et militaires avaient échoué et la France cherchait un nouveau défenseur. Un personnage tout à fait inattendu allait jouer ce rôle.

Jeanne est née à Domrémy, dans les Vosges. Fille de paysans notables, elle est considérée par certains comme la demi-sœur naturelle de Charles VII. On

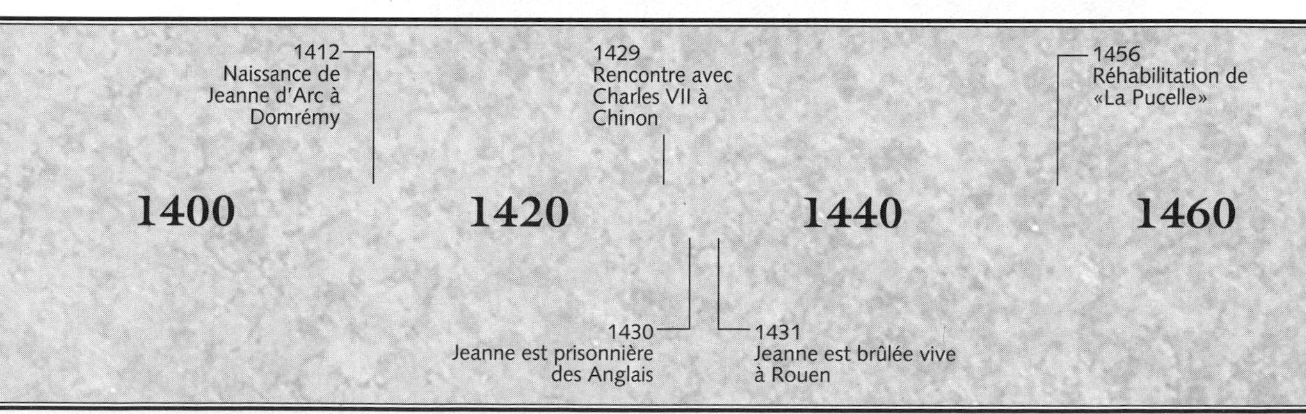

ignore tout, en fait, de son enfance en Lorraine jusqu'à l'âge de 13 ans. Selon son témoignage, elle a alors entendu la voix de l'archange Saint-Michel lui enjoignant de délivrer la France de l'occupation anglaise. En 1429, elle a été reçue par le futur roi Charles VII au château de Chinon. Elle a réussi à le convaincre qu'elle était l'envoyée de Dieu, que Charles était l'héritier légitime du trône de France, et qu'elle devait l'aider à chasser les Anglais hors de France. Cette jeune fille, «la Pucelle d'Orléans», nommée à la tête de l'armée de Charles VII, s'est alors coupé les cheveux, a revêtu des habits et une armure d'homme et mené plusieurs batailles victorieuses contre l'envahisseur. Mais en 1430, blessée, elle a été prise par les Bourguignons qui l'ont vendue à leurs alliés les Anglais.

Si Jeanne d'Arc a été victime de la domination anglaise, elle a surtout souffert des préjugés et des superstitions de son époque. Il était en effet impensable qu'une jeune fille soit l'interprète de la volonté de Dieu, surtout si elle devait agir contre nature en portant des vêtements masculins et en allant au combat. Condamnée par un tribunal ecclésiastique, et enfermée dans un cachot, Jeanne a été contrainte d'abandonner son armure et de renoncer à ses vêtements d'homme. Mais une première offense de ce genre n'étant pas sujette à la peine capitale, les Anglais, qui voulaient la mort de Jeanne, ont refusé de lui donner des vêtements féminins. Obligée de choisir entre la nudité devant ses geôliers anglais et le costume masculin, elle a opté pour ce dernier, s'exposant ainsi à la peine de mort comme «relapse», c'est-à-dire pour récidive. En 1431, elle a été brûlée vive sur le bûcher de la place publique à Rouen où les habitants avaient construit une muraille pour se protéger des cris et de la puanteur provenant des victimes.

Le passage de Jeanne d'Arc sur la très riche scène de la France médiévale a été bref. L'occupation anglaise allait durer encore plusieurs années après sa mort. Pourquoi donc mérite-t-elle d'avoir une présence si importante dans le cœur des Français? Elle représente d'abord le symbole de la France occupée. Elle est aussi une femme qui, malgré le dédain de ses compatriotes et les usages de la société, a poursuivi une mission. Jeanne, l'instrument de Dieu, incarne les principes fondamentaux du patriotisme. C'est Dieu lui-même qui voulait préserver la patrie et Jeanne lui a servi d'arme. Elle est souvent dépeinte portant l'armure des chevaliers, entourée d'une aura de sainteté et guidant ses soldats dans la défense du pays. Son courage exemplaire lui a permis de marcher sur les traces de Vercingétorix. Sa mission sacrée a fait d'elle l'héritière de Charlemagne. Son épée levée a montré la voie aux nombreuses générations de Français qui feraient le sacrifice suprême pour défendre la Patrie.

Découvertes culturelles

Complétez chacune des affirmations suivantes selon les informations du texte.

1. Pendant la guerre de Cent Ans, les Anglais...
2. Tout ce que l'on sait des origines de Jeanne d'Arc c'est que...
3. Après avoir eu sa vision, Jeanne...
4. Jeanne d'Arc a été condamnée à mort parce que...
5. «La Pucelle d'Orléans» symbolise...

Par quels détails cette illustration évoque-t-elle les qualités incarnées par Jeanne d'Arc dans la tradition française?

Témoignage culturel

Lecture

Portrait de Jeanne d'Arc

De même que le personnage de Vercingétorix a été redécouvert et, dans une certaine mesure, redéfini par la France nationaliste du XIXe siècle, la période du Moyen Age a elle aussi été remise en vogue et recréée par les romantiques dans les premières années du même siècle. S'appuyant alors sur des documents tout récemment rassemblés et commentés, ces artistes ont évoqué un Moyen Age dont l'image domine toujours notre vision de cette époque mystique, chevaleresque et aventureuse. En littérature, le meilleur exemple de cette idéalisation de la réalité par l'imagination demeure le roman *Notre-Dame de Paris*, de Victor Hugo. Dans le domaine de l'histoire, Jules Michelet, dans son *Histoire de France* (1833–1846 et 1855–1867) a lui aussi fait appel à la sensibilité et à l'imagination pour créer une évocation stylisée des grands lieux, monuments et personnages qui, pour lui, avaient donné naissance à l'âme de son pays. C'est d'ailleurs la Jeanne d'Arc recréée par Michelet qui est passée dans l'imaginaire collectif des Français pour devenir l'incarnation de l'innocence, de la ferveur mystique et du courage au service de la fierté et de la souveraineté françaises.

Elle traversait avec une sérénité héroïque tout ce pays désert ou infesté de soldats. Ses compagnons regrettaient bien d'être partis avec elle; quelques-uns pensaient que peut-être elle était sorcière; ils avaient grande envie de l'abandonner. Pour elle, elle était tellement paisible,° qu'à chaque ville elle voulait s'arrêter pour entendre la messe: «Ne craignez rien, disait-elle, Dieu me fait ma route; c'est pour cela que je suis née.» Et encore: «Mes frères de paradis me disent ce que j'ai à faire.»

calme

Le roi la reçut enfin, et au milieu du plus grand appareil;° on espérait apparemment qu'elle serait déconcertée. C'était le soir, cinquante torches éclairaient la salle, nombre de seigneurs, plus de trois cents chevaliers étaient réunis autour du roi. Tout le monde était curieux de voir la sorcière ou l'inspirée.

assemblage

La sorcière avait dix-huit ans; c'était une belle fille et fort désirable, assez grande de taille, la voix douce et pénétrante.

Elle se présenta humblement «comme une pauvre petite bergerette», démêla° au premier regard le roi, qui s'était mêlé exprès à la foule des seigneurs, et quoiqu'il soutînt d'abord qu'il n'était pas le roi, elle lui embrassa les genoux. Mais, comme il n'était pas sacré,° elle ne l'appelait que Dauphin: «Gentil Dauphin, dit-elle, j'ai nom Jehanne la Pucelle. Le Roi des cieux vous mande par moi que vous serez sacré et couronné en la ville de Reims, et vous serez lieutenant du Roi des cieux, qui est roi de France.» Le roi la prit alors à part, et après un moment d'entretien,° tous deux changèrent de visage; elle lui disait, comme elle l'a raconté depuis à son confesseur: «Je te dis de la part de Messire, que tu es vrai héritier de France et fils du roi.»

discerna

couronné

conversation

MICHELET, *Histoire de France*, Tome VI, *Jeanne d'Arc*, Calmann - Lévy, Paris, 1844.

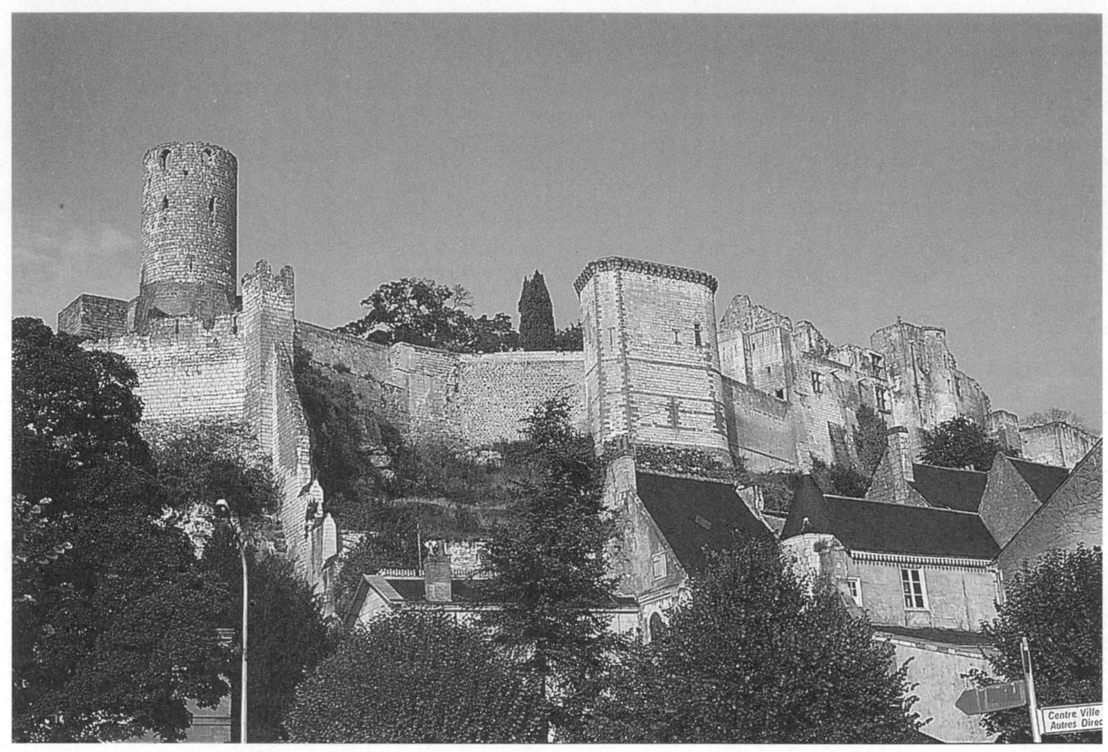

C'est dans une des salles énormes du château de Chinon que Jeanne d'Arc a pu reconnaître, parmi toute une foule de chevaliers, le futur roi Charles VII.

Découvertes culturelles

1. Dans le texte de Michelet, comment se révèle le courage de Jeanne d'Arc?
2. Comment l'historien souligne-t-il l'innocence et la jeunesse de Jeanne d'Arc?
3. Dans le texte de Michelet, comment est exprimé le caractère merveilleux de la présence de Jeanne à Chinon? Quels sont les éléments miraculeux de son arrivée à Chinon et de son entretien avec le futur Charles VII?
4. En quoi la version de Michelet constitue-t-elle une interprétation idéalisée du personnage de Jeanne d'Arc et de sa rencontre avec le roi?
5. Dans quelle mesure le personnage de Jeanne d'Arc peut-il être comparé à ceux de Vercingétorix et de Charlemagne?
6. En quoi Jeanne ressemble-t-elle à Roland dans *La Chanson de Roland*?

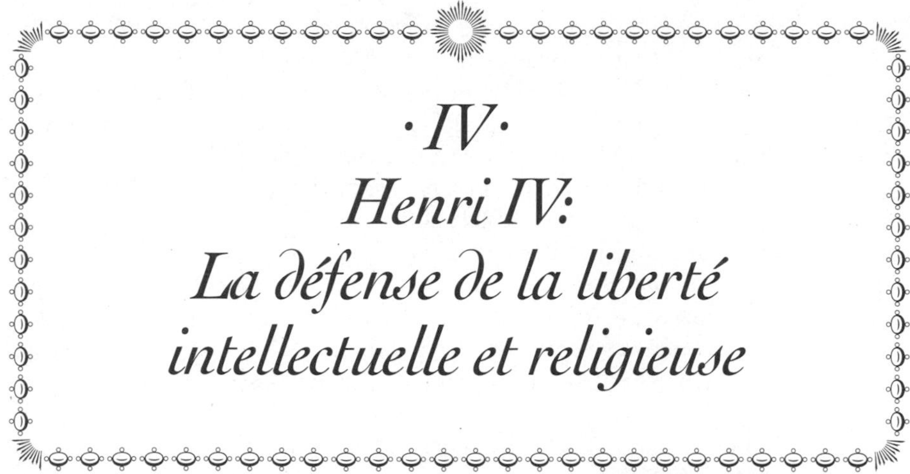

·IV·
Henri IV: La défense de la liberté intellectuelle et religieuse

Lorsqu'en 1499, l'armée du roi de France est entrée en Italie, ce pays connaissait une renaissance depuis près d'un siècle. La France a ainsi découvert un épanouissement intellectuel et artistique inconnu à l'intérieur de ses frontières. Lorsque François Ier a accédé au trône en 1515, inspiré par l'exemple italien, il s'est appliqué à encourager les lettres et les arts et à transmettre à son peuple une nouvelle vision de l'homme et du monde. Cette «Renaissance» française a introduit un nouveau style d'architecture noble et raffiné, celui des plus beaux châteaux de la Loire. Elle a favorisé un luxe nouveau et un déploiement de magnificence. Mais elle a aussi enrichi la pensée par une philosophie humaniste, centrée sur l'homme, et non plus sur Dieu comme au Moyen Age. La sagesse de l'Antiquité a été introduite en France, et l'idée du libre examen a fait naître un esprit critique qui s'est étendu à tous les aspects de la vie. Tout texte, y compris la Bible, était désormais sujet à

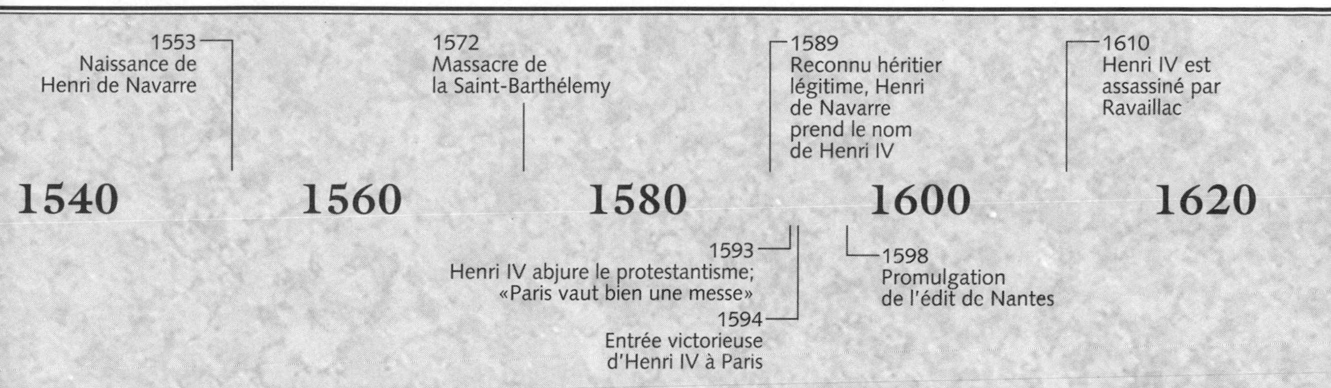
1553
Naissance de
Henri de Navarre
1572
Massacre de
la Saint-Barthélemy
1589
Reconnu héritier
légitime, Henri
de Navarre
prend le nom
de Henri IV
1610
Henri IV est
assassiné par
Ravaillac
1540
1560
1580
1600
1620
1593
Henri IV abjure le protestantisme;
«Paris vaut bien une messe»
1594
Entrée victorieuse
d'Henri IV à Paris
1598
Promulgation
de l'édit de Nantes

l'analyse et à la critique. Cette nouvelle attitude philosophique, fondée sur l'individualisme et la critique rationaliste, a bientôt donné lieu à une nouvelle religion, le protestantisme. Mais la naissance de cette religion a entraîné la France dans une suite de guerres (au moins huit entre 1560 et 1598) qui ont causé la mort de milliers de Français durant la seconde moitié du siècle.

Les guerres de religion en France, terribles, sanguinaires et dévastatrices aussi sur le plan moral, se sont doublées d'un caractère politique. Certains partis ont cherché à mettre à profit ces conflits religieux pour consolider leur pouvoir. Excès et abus ont alors été commis de tous les côtés, l'exemple le plus notoire étant le massacre des protestants, le 24 août 1572, jour de la Saint-Barthélemy. C'est dans cette atmosphère troublée que Henri de Navarre allait exercer une influence capitale qui marquerait surtout les dix dernières années du siècle.

A cette époque, parmi les différents prétendants au trône de France, Henri de Navarre, chef de la branche des Bourbons, a été reconnu comme héritier légitime d'Henri III. Mais il était protestant et s'était même battu contre les catholiques. Contraint de faire un choix, Henri a décidé d'abjurer le protestantisme en 1593, alléguant que «Paris vaut bien une messe»! Sacré à Chartres l'année suivante, il est entré à Paris où son arrivée a été interprétée comme un symbole de réconciliation et de restauration de la paix et de la stabilité. En avril 1598, Henri IV a publié l'édit de Nantes qui permettait aux protestants de pratiquer leur culte dans les lieux où la nouvelle religion s'était établie. Mais cette paix ménagée par Henri IV ne devait pas durer longtemps: moins de douze ans plus tard, en 1610, le roi était assassiné par Ravaillac, un déséquilibré fanatique peut-être inspiré par des partisans catholiques.

Henri IV a été le défenseur d'un principe plutôt que du territoire. Une fois de plus, la réalité de l'homme diffère de l'image que la culture populaire a conservée de lui. Homme astucieux et chef militaire courageux, il a parfois choqué par l'immodération de ses relations amoureuses et l'aspect rustique de ses habitudes personnelles. Mais avec le temps, son nom est devenu synonyme de liberté intellectuelle et de tolérance, même si la publication de l'édit de Nantes a surtout représenté pour lui un expédient politique. Si, ultérieurement, le spectre de la persécution religieuse est revenu hanter l'histoire de France, Henri IV a été le premier à défendre le principe de la liberté de pensée qui caractérise la vie intellectuelle française.

Découvertes culturelles

Vrai ou faux? Expliquez votre choix en ajoutant des renseignements supplémentaires.

1. La Renaissance est née en France.
2. François Ier a encouragé les arts.
3. La philosophie humaniste est une philosophie religieuse.

4. Le principe du libre examen a mené à la naissance du protestantisme.
5. Les guerres de religion n'ont duré que deux ou trois ans en France.
6. Au cours du massacre de la Saint-Barthélemy, ce sont les protestants qui ont exterminé des catholiques.
7. L'édit de Nantes a accordé la liberté religieuse aux protestants.
8. Henri de Navarre était catholique.

Henri IV incarne le principe de la tolérance.

Témoignages culturels

Lecture 1

Ce qu'on attendait d'Henri IV

Au moment où Henri IV est parti à la conquête de Paris, la capitale se trouvait sous la domination politique de catholiques zélés. Il avait, bien entendu, le soutien des «réformés», mais il était aussi appuyé par certains catholiques «modérés». Parmi ces derniers, un groupe de bourgeois parisiens, fatigués des longues années de guerre civile et de la confusion provoquée par les passions politiques et religieuses, avait décidé d'écrire le récit des événements récents. Le fruit de cette collaboration, intitulé *La Satire Ménippée*, est un pamphlet politique qui repose sur le bons sens, faisant appel à la raison et au sens de la mesure pour mettre fin à une période de grands troubles. Dans l'extrait qui suit, l'auteur, Pierre Pithou, dans le propos qu'il prête à d'Aubray, se concentre sur un seul désir, celui d'avoir pour roi légitime Henri IV. Le texte original, écrit en moyen français, est ici adapté en français moderne.

Nous aurons un Roi qui donnera ordre à tout, et retiendra tous ces tyranneaux° en crainte et en devoir; qui châtiera les violents, punira les réfractaires°, exterminera les voleurs et pillards, retranchera les ailes aux ambitieux, fera rendre gorge° à ces éponges° et larrons° des deniers° publics, fera contenir un chacun aux limites de sa charge, et conservera tout le monde en repos et tranquillité.

tyrants

résistants

soumettre / gens qui absorbent / voleurs / fonds

En un mot, nous voulons que Monsieur le Lieutenant [le duc de Mayenne] sache que nous reconnaissons pour notre vrai Roi légitime, naturel, et souverain seigneur, Henri de Bourbon, ci-devant Roi de Navarre. C'est lui seul, par mille bonnes raisons, que nous reconnaissons être capable de soutenir l'Etat de France et la grandeur de la réputation des Français; lui seul qui peut nous relever de notre chute, qui peut remettre la Couronne en sa première splendeur et nous donner la paix.

La Satire Ménippée, édition de 1664, imprimé à Ratisbonne (Regensburg, Allemagne).

La poule au pot

Lecture 2

Le nom du roi Henri IV est demeuré associé à «la poule au pot» car, pour exprimer son intention de donner un meilleur niveau de vie à tous les Français, il a choisi ce plat comme exemple du bien-être minimum auquel ils avaient droit.

L'ami Sully... ajoutait souvent une assiette° pour le roi, qui était sans façon: *Mon ami, disait Henri, je me trouve si bien ici que je veux y souper et y coucher...*

Et quand Sully, laboureur et pâtre,° demandait des ordres, le bon roi disait: *Je veux que les paysans mettent la poule au pot tous les dimanches.*

Gaston BONHEUR, *Qui a cassé le vase de Soissons?*, Robert Laffont, Paris, 1963.

invitait à dîner

berger

L'image d'Henri IV

Lecture 3

Le nom du roi Henri IV et les circonstances de sa mort aux mains de Ravaillac ont été popularisés par la tradition en France. Le voici tel qu'on le présente encore de nos jours.

On nous le présentait, non pas comme un roi, mais, en fait, comme l'ancêtre de nos présidents de la République. Il mourut d'ailleurs comme un président de la République: assassiné dans sa voiture. Et le nom de son assassin est finalement aussi célèbre, sinon plus, que celui de son ministre. Il est vrai que c'est presque un onomatopée du coup de poignard:° «Ravaillac».

Gravure représentant l'assassinat d'Henri IV par Ravaillac

Gaston BONHEUR, *Qui a cassé le vase de Soissons?*, Robert Laffont, Paris, 1963.

couteau

Lecture 4

Le mythe d'Henri IV

Après la démission, en 1969, du général de Gaulle comme président de la République, les Français ont élu Georges Pompidou pour lui succéder.

Lors de sa campagne présidentielle, Georges Pompidou, interrogé par un hebdomadaire° à grand tirage qui soutenait sa candidature, sur le personnage de l'histoire de France auquel il souhaitait ressembler répondait «Henri IV». Dans cette circonstance, ce n'était pas le signifié° primaire du terme «Henri IV» (roi de France de 1589 à 1610, etc.) qui était utilisé mais évidemment le signifié secondaire, à savoir les connotations culturelles liées dans l'imaginaire des Français de 1969 à la mythologie d'Henri IV, composée des éléments suivants:
—la réconciliation des Français déchirés par les guerres de religion...;
—le réalisme et le souci de la paix, contre-argument électoral de l'époque, utilisé pour rallier des électeurs centristes auxquels la politique de grandeur et de prestige international du général de Gaulle avait fini par sembler coûteuse, sinon aventureuse;°
—l'humanité, symbolisée par le mot d'Henri IV sur la «poule au pot», et contrastant avec une «certaine image de la France» gaullienne, passant avant° le confort et la prospérité individuelle des Français.

magazine

sens

risquée

ayant priorité sur

F. Debyser, *Mœurs et mythes*, Hachette, Paris, 1981.

Découvertes culturelles

1. Faites une liste de certaines des «mille bonnes raisons» citées par M. d'Aubray dans l'extrait de *La Satire Ménippée* pour justifier son choix d'Henri IV comme roi de France.
2. Quel aspect du caractère d'Henri IV est illustré par son vœu que les paysans puissent mettre «la poule au pot tous les dimanches»?
3. Pour le président Pompidou, que symbolisait le personnage d'Henri IV?
4. Dans quel sens Henri IV peut-il être considéré comme «l'ancêtre de nos présidents de la République»?
5. Décrivez les divergences entre l'homme qu'a été Henri IV et les valeurs qu'il incarne dans l'esprit des Français.
6. Quel rapprochement ironique pourrait-on faire entre les valeurs incarnées par Henri IV et la façon dont il est mort?

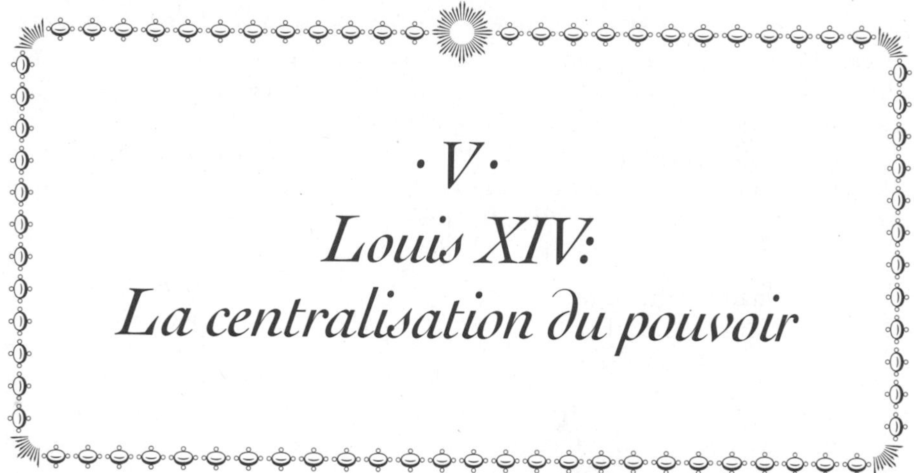

·V· Louis XIV: La centralisation du pouvoir

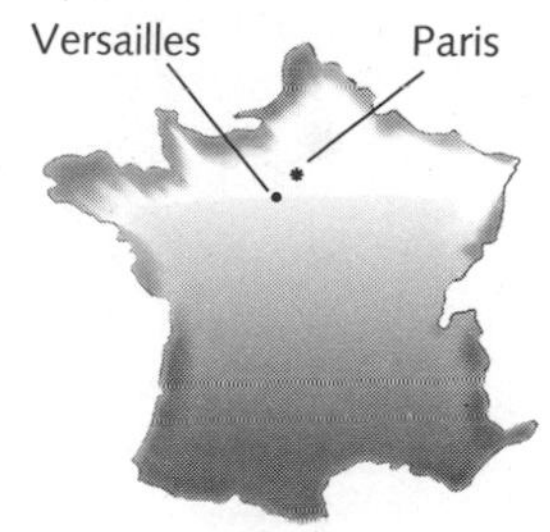

Parmi les personnages clés de l'histoire politique et culturelle de la France, aucun, à l'exception peut-être de Charlemagne, n'a eu d'influence plus marquée ni plus durable que Louis XIV. Depuis Charlemagne, une des grandes questions concernant l'organisation politique, sociale et culturelle de la France avait toujours été de déterminer si l'essentiel du pouvoir devait dépendre de la noblesse ou du roi. En Angleterre, la question avait été réglée dès 1215 lorsque la noblesse féodale avait obligé le roi Jean à signer la Grande Charte («Magna Carta») qui le soumettait à la loi et limitait le pouvoir royal en faveur de celui du Parlement. En France, l'efficacité de la monarchie dépendait, depuis plusieurs siècles, de l'aptitude du roi à établir les fondements de son pouvoir parmi les membres les plus puissants de la noblesse. Louis XIV a modifié définitivement ces rapports. En centralisant l'ensemble de l'administration du pays entre ses mains, il a obligé toutes les autorités à céder

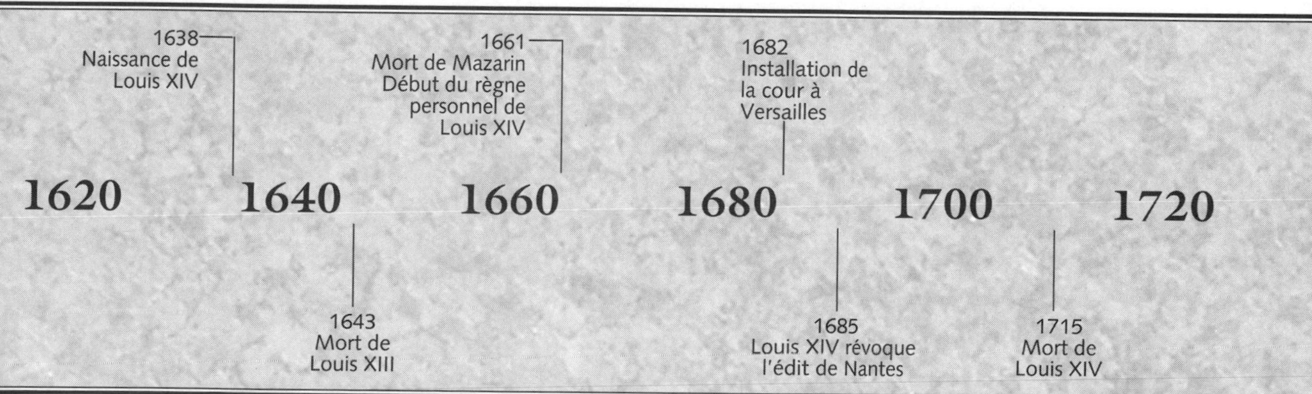

leur pouvoir au roi. Mais il a ainsi condamné la monarchie française à son déclin final car, en favorisant le pouvoir absolu du roi (l'absolutisme), il a ouvert la voie à la possibilité d'une autorité excessive qui allait marquer, à certaines périodes et jusqu'à nos jours, la politique française.

Cependant, Louis XIV a en fait hérité la notion de l'absolutisme monarchique; il ne l'a pas créée. Son père, Louis XIII (1601–1643), avait mené la plus grande partie de son règne (1610–1643) sous l'influence du cardinal de Richelieu, son ministre. C'est bien ce conseiller intime du roi d'ailleurs, qui avait jeté les bases de l'absolutisme en limitant le pouvoir des nobles et des parlements. A la mort de son père en 1643, Louis XIV n'avait que cinq ans. Jusqu'en 1654, la France a été gouvernée par le cardinal Mazarin, qui a continué la politique de Richelieu, surtout dans le domaine de la centralisation des affaires financières du royaume. L'idée d'une monarchie de droit divin, selon laquelle le roi tenait son pouvoir directement de Dieu, s'est progressivement installée en France. Le principe était admis que le roi règnait par la volonté de Dieu et qu'il était responsable seulement devant Dieu, et non devant le peuple. C'est Louis XIV qui allait mettre en pratique cette nouvelle orientation du pouvoir, transformant ainsi la conception que les Français se faisaient de l'autorité, tout en tirant profit de la centralisation socio-économique établie par Richelieu et Mazarin.

Louis le Grand, surnommé le Roi-Soleil, a exercé autour de lui une autorité et une influence semblables à celles du soleil sur le monde que nous habitons. Pour affirmer sa puissance, il a diminué celle de l'aristocratie de plusieurs façons. D'abord, il a mené de nombreuses guerres en Europe: contre les Pays-Bas, contre l'Autriche, contre l'Espagne. La noblesse devant fournir des chefs militaires pour les guerres, Louis XIV a ainsi pu éloigner les nobles les plus puissants du centre du pouvoir politique à Paris. Par ailleurs, il a lui-même quitté sa résidence officielle à Paris, et la cour a dû s'installer avec lui à Versailles dans le nouveau château qu'il avait fait construire à une vingtaine de kilomètres de Paris. En réalité, le palais de Versailles est devenu une prison dorée pour la noblesse. Les aristocrates qui ne participaient pas aux guerres européennes étaient forcés de passer à Versailles une grande partie de leur vie et de dépenser dans le service du roi des sommes souvent supérieures à leurs revenus. Ainsi, le seul groupe social susceptible de menacer l'autorité de Louis XIV était occupé à mériter des pensions royales, d'ailleurs insuffisantes, et divisé par des rivalités pour obtenir des privilèges comme celui d'assister chaque matin à la cérémonie du «lever du Roi», c'est-à-dire le moment où il sortait du lit. Les postes administratifs dans lesquels se concentrait le véritable pouvoir étaient accordés par le Roi-Soleil à certains membres de la bourgeoisie, classe inférieure par la naissance à l'aristocratie. Ainsi, la nomination par le roi de Colbert (1619–1683) comme contrôleur des finances a initié une tendance qui permettrait à la bourgeoisie d'accroître son influence sociale et économique en occupant les postes administratifs les plus importants du pays. La position sociale des bourgeois garantissait que ces roturiers ne contesteraient pas l'autorité royale. Lorsque Louis XIV a déclaré «l'Etat c'est moi», il ne s'agissait pas d'une exagération.

A la fin de son long règne, Louis XIV a laissé un double héritage. D'une part, il avait augmenté la puissance et l'influence de la France dans les domaines politique, militaire et culturel en Europe. Le XVIIe siècle a en effet marqué l'apogée du rayonnement de la France. La langue, la culture, la littérature, les arts et l'architecture français se sont imposés comme modèle dans l'Europe entière. D'autre part, la façon dont Louis XIV a pu imposer la grandeur de la France a reposé sur l'élaboration d'un système si centralisé et si autoritaire qu'il a touché au despotisme. La suprématie de la France a été établie en l'absence de toute notion démocratique et, pour beaucoup de Français, la grandeur du pays était désormais liée aux principes d'autorité et de centralisation.

Découvertes culturelles

1. Citez deux principes qui caractérisent la monarchie absolue.
2. Décrivez deux moyens que Louis XIV a utilisés pour diminuer le pouvoir de la noblesse.
3. Citez deux ou trois aspects de l'héritage laissé par le règne de Louis XIV.

Témoignages culturels

Lecture 1

La cour de Louis XIV

Nous connaissons bien l'image brillante, devenue légendaire, de Louis XIV, celle d'un monarque puissant, intelligent, et raffiné. C'est celle que nous donnent les récits officiels des œuvres accomplies par le Roi-Soleil ou les portraits qui le représentent dans toute sa majesté, comme le célèbre tableau d'Hyacinthe Rigaud. Mais que savons-nous de la personne de Louis XIV? C'est à l'auteur de *Mémoires* bien connus, le duc de Saint-Simon (1675–1755), que nous devons le portrait le plus intime du roi de France. Louis de Rouvroy, duc de Saint-Simon, avait commencé une carrière militaire comme beaucoup de jeunes nobles de son époque. Après dix ans de service, il a quitté l'armée et passé 20 ans à la cour du roi, dans le château de Versailles. Ses *Mémoires* critiquent la vie quotidienne dans l'entourage du roi.

Ses ministres, ses généraux, ses maîtresses, ses courtisans s'aperçurent,° bientôt après qu'il fût le maître, de son faible° plutôt que de son goût pour la gloire. Ils le louèrent à l'envi° et le gâtèrent. Les louanges, disons mieux,

remarquèrent
penchant
avec compétition

la flatterie lui plaisait à tel point, que les plus grossières étaient bien reçues, les plus basses encore mieux savourées.... C'est ce qui donna tant d'autorité à ses ministres, par les occasions continuelles qu'ils avaient de l'encenser,° surtout de lui attribuer toutes choses, et de les avoir apprises de lui. La souplesse, la bassesse, l'air admirant, dépendant, rampant, plus que tout l'air de néant° sinon par lui, étaient les uniques voies de lui plaire....

encenser: flatter avec excès
néant: rien

Les fêtes fréquentes, les promenades particulières à Versailles, les voyages furent des moyens que le roi saisit pour distinguer et pour mortifier en nommant les personnes qui à chaque fois en devaient être, et pour tenir chacun assidu et attentif à lui plaire....

Non seulement il était sensible° à la présence continuelle de ce qu'il y avait de distingué, mais il l'était aussi aux étages inférieurs.° Il regardait à droite et à gauche à son lever, à son coucher, à ses repas, en passant dans les appartements, dans ses jardins de Versailles, où seulement les courtisans avaient la

sensible: attentif
étages inférieurs: personnes de rang inférieur

liberté de le suivre; il voyait et remarquait tout le monde; aucun ne lui échappait, jusqu'à ceux qui n'espéraient pas même être vus. Il distinguait très bien en lui-même les absences de ceux qui étaient toujours à la cour, celles des passagers qui y venaient plus ou moins souvent; les causes générales ou particulières de ces absences, il les combinait, et ne perdait pas la plus légère occasion d'agir à leur égard en conséquence. C'était un démérite aux uns, et à tout ce qu'il y avait de distingué, de ne faire pas de la cour son séjour ordinaire,° aux autres d'y venir rarement, et une disgrâce sûre pour qui n'y venait jamais, ou comme jamais. Quand il s'agissait de quelque chose pour eux: «Je ne le connais point», répondait-il fièrement; sur ceux qui se présentaient rarement: «C'est un homme que je ne vois jamais»; et ces arrêts -là° étaient irrévocables....»°

habituel

jugements / irréversibles

Saint-Simon, *Mémoires, extraits,* Classiques Illustrés Vaubourdolle, Librairie Hachette, Paris, 1951.

Découvertes culturelles

1. Pourquoi les courtisans devaient-ils flatter Louis XIV?
2. Comment Louis XIV influençait-il le comportement des courtisans?
3. Quelle était la réaction de Louis XIV envers les nobles qui ne fréquentaient pas assidûment la cour?
4. Comparez l'image du Roi-Soleil que l'histoire tend à perpétuer et la réalité du personnage décrit par Saint-Simon.

Quels éléments de ce tableau représentent l'ambiance sous le règne de Louis XIV?

Lecture 2

Voltaire, «*Le Siècle de Louis XIV*»

En 1751, Voltaire a publié, sur le Grand Siècle, cet ouvrage historique qui est en même temps une critique du despotisme et du fanatisme.

empereur romain

On a comparé le siècle de Louis XIV à celui d'Auguste.° Ce n'est pas que la puissance et les événements personnels soient comparables. Rome et Auguste étaient dix fois plus considérables dans le monde que Louis XIV et Paris; mais il faut se souvenir qu'Athènes a été égale à l'empire romain dans toutes les choses qui ne tirent pas leur prix de la force et de la puissance. Il faut encore songer° que s'il n'y a rien aujourd'hui dans le monde tel que l'ancienne Rome et qu'Auguste, cependant toute l'Europe ensemble est très supérieure à tout l'empire romain. Il n'avait du temps d'Auguste qu'une seule nation et il y en a aujourd'hui plusieurs, policées,° guerrières, éclairées, qui possèdent des arts que les Grecs et les Romains ignorèrent; et de ces nations il n'y a aucune qui ait eu plus d'éclat° en tout genre, depuis environ un siècle, que la nation formée, en quelque sorte, par Louis XIV.

penser

civilisées

gloire

VOLTAIRE, *Le Siècle de Louis XIV*, dans Fellows & Torrey, *The Age of Enlightenment*, Appleton-Century-Crofts, New York, 1942.

Découvertes culturelles

1. Voltaire croit-il qu'on puisse comparer le siècle de Louis XIV au règne de l'empereur Auguste à Rome?
2. Quelle est la différence entre l'Europe de l'époque de Voltaire et l'empire romain d'Auguste?
3. Quelle est la place de la France parmi les nations d'Europe à l'époque de Louis XIV?
4. A votre avis, pourquoi Voltaire dit-il que la nation française a été formée «en quelque sorte» par Louis XIV?
5. En quoi l'action politique et sociale de Louis XIV peut-elle être comparée à celle de Charlemagne?
6. Citez une ou deux justifications de l'importance considérable accordée au personnage de Louis XIV dans l'histoire de France.

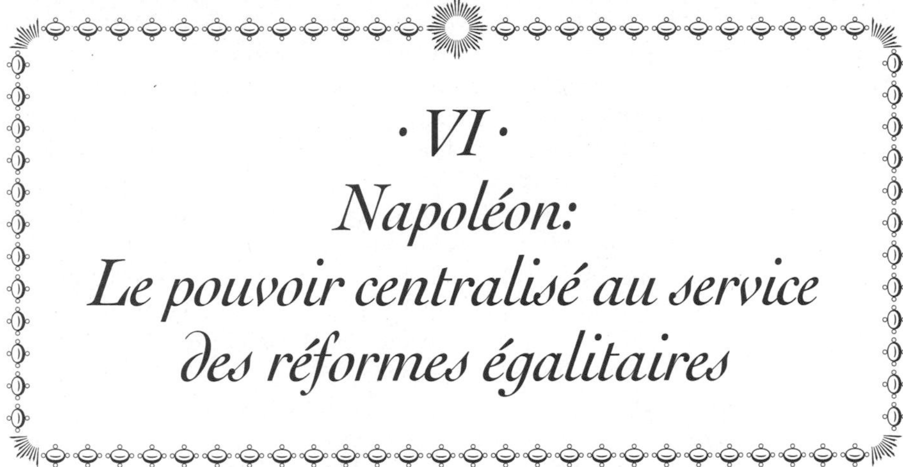

·VI· Napoléon: Le pouvoir centralisé au service des réformes égalitaires

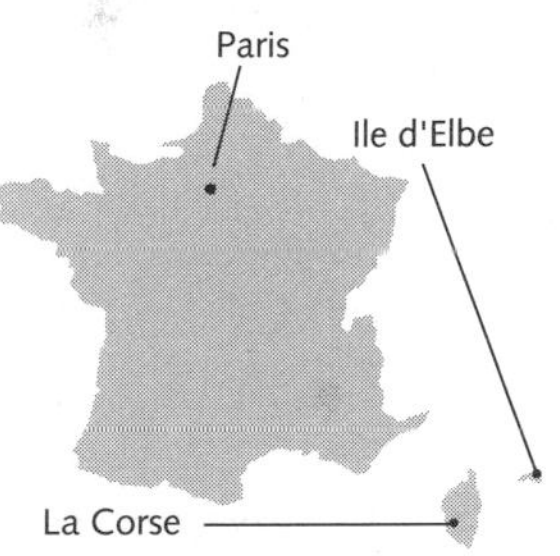
Paris
Ile d'Elbe
La Corse

Dans un sens, on peut dire que la monarchie absolue sous Louis XIV avait été fondée sur le principe de l'inflexibilité. Le roi régnait de manière autoritaire, et rien dans le système ne permettait d'envisager de possibilités de compromis, de changement ou d'évolution. La nature rigide du régime absolutiste a constitué un défaut que le caractère des successeurs de Louis XIV a encore aggravé. Souvent appelé le «despote éclairé du Siècle des lumières» (le XVIIIe siècle), Louis XV a été un chef militaire et politique sans grande efficacité. Par ses dépenses excessives, il a mené la France à sa ruine; il a attiré le scandale sur la monarchie par ses nombreuses liaisons amoureuses; enfin ses tentatives de réforme, en réalité assez modestes, sont venues trop tard pour arrêter le déclin de la monarchie. Lorsque Louis XVI a accédé au trône en 1774, la situation s'est encore détériorée. D'intelligence moyenne, timide, fragile de santé et plutôt dissipé, Louis XVI n'était pas le roi qu'il

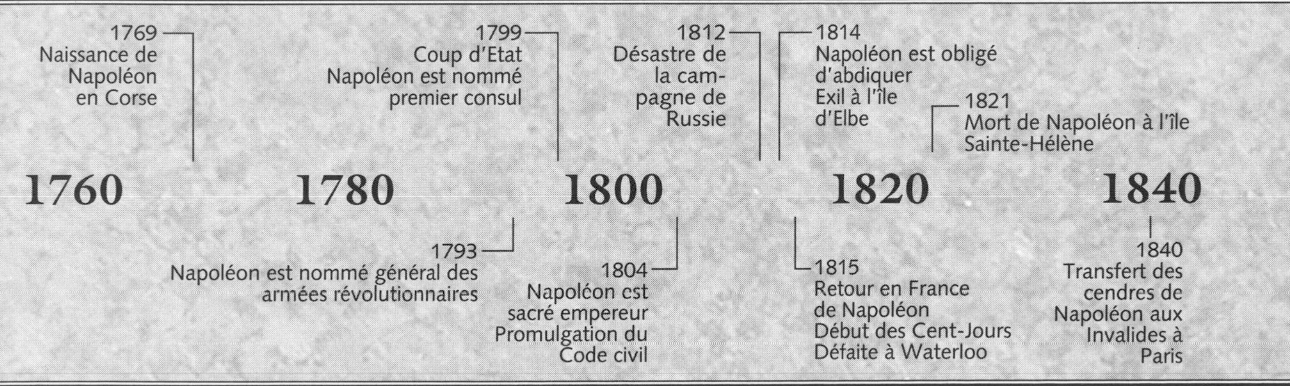
1769
Naissance de Napoléon en Corse
1799
Coup d'Etat
Napoléon est nommé premier consul
1812
Désastre de la campagne de Russie
1814
Napoléon est obligé d'abdiquer
Exil à l'île d'Elbe
1821
Mort de Napoléon à l'île Sainte-Hélène
1760
1780
1800
1820
1840
1793
Napoléon est nommé général des armées révolutionnaires
1804
Napoléon est sacré empereur
Promulgation du Code civil
1815
Retour en France de Napoléon
Début des Cent-Jours
Défaite à Waterloo
1840
Transfert des cendres de Napoléon aux Invalides à Paris

fallait pour faire face à la situation révolutionnaire qui s'est installée en France à partir de 1789. La monarchie s'est montrée incapable d'évoluer vers un modèle de type constitutionnel. Le caractère du roi et les excès de son épouse, Marie-Antoinette, ont en fait précipité la fin du régime monarchique. L'absolutisme en tant que système politique a ainsi disparu avec Louis XVI, guillotiné pendant La Terreur en 1793. Mais le principe de la centralisation, mis en place par Louis XIV comme moyen efficace de gouverner la France, allait être repris et développé par Napoléon Bonaparte (1769–1821).

Avant la fin des années 1790, la glorieuse Révolution qui avait promis «liberté, égalité, fraternité» au peuple français avait été mise en difficulté par la situation économique du pays aussi bien que par les attaques des royalistes, soutenus par des armées étrangères, contre le gouvernement révolutionnaire. A Paris, nombreux étaient les gens affamés, désenchantés, sans domicile, qui erraient dans les rues et menaçaient de se révolter de nouveau, cette fois contre la nouvelle démocratie. Il fallait à tout prix rétablir l'ordre, et cette tâche a été confiée à un jeune officier corse, Bonaparte, qui n'a pas hésité à diriger ses canons vers la foule révolutionnaire pour la disperser. Comprenant que Bonaparte, audacieux et ambitieux, constituait un danger en lui-même, le gouvernement républicain l'a éloigné du centre du pouvoir à Paris en l'envoyant combattre les Anglais en Egypte (1798–99). Les victoires qu'il y a remportées, cependant, n'ont servi qu'à augmenter sa gloire et, en 1799, il a été nommé premier consul aux côtés de Lebrun et Cambacérès, avec qui il a gouverné la France de 1799 à 1804. Bonaparte est bientôt devenu consul à vie et, en 1804, il a saisi le pouvoir et s'est fait proclamer empereur. Le pape était venu de Rome pour sacrer le nouveau maître de la France mais, pendant la cérémonie dans la cathédrale Notre-Dame de Paris, Napoléon a pris la couronne des mains du souverain pontife pour la placer lui-même sur sa propre tête, montrant par cet acte symbolique qu'il ne devait obéissance à personne et que son pouvoir ne dépendait que de lui-même.

Le pouvoir était donc à nouveau centralisé dans les mains d'un seul homme, mais la Révolution et les origines de Bonaparte garantissaient que son orientation serait sensiblement différente de celle de la monarchie de l'Ancien Régime.

Il faut considérer l'œuvre de Napoléon sous deux angles, militaire et administratif. Comme chef de l'armée française, alors appelée la Grande Armée, il a conquis une grande partie du monde connu des Européens au début du XIXe siècle. Aujourd'hui, sur un plan de Paris, on remarque beaucoup de rues, de places, de stations de métro nommées en souvenir des grandes victoires militaires de Napoléon comme Austerlitz (victoire de 1805 contre l'Autriche) ou Iéna (victoire de 1806 contre la Prusse). L'obélisque transporté à Paris de Louxor, en Egypte, se dresse sur la Place de la Concorde comme le symbole de la gloire militaire de la France impériale. Mais en Russie, Napoléon a sous-estimé les rigueurs de l'hiver. Plus de 500 000 soldats l'ont suivi pendant la campagne de Russie en 1812; moins de 60 000 en sont revenus. Pourtant, le charisme de Napoléon était tel qu'il a survécu à la catastrophe russe ainsi qu'à son exil à l'île d'Elbe, ordonné par le Sénat français en 1814. Ayant repris le pouvoir pendant les Cent-Jours (20 mars au 20 juin), il a été mis en échec par une seconde coalition réunissant l'Angleterre, l'Autriche, la Prusse et la Russie; cette ultime défaite a eu lieu à Waterloo en 1815. Napoléon a ensuite été exilé à l'île Sainte-Hélène où il est mort.

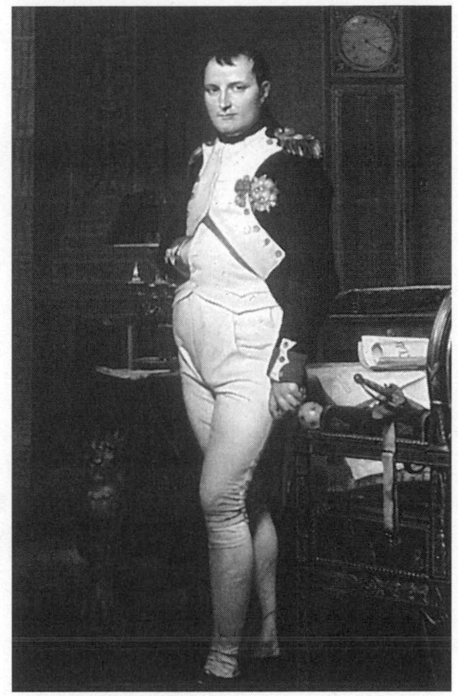

Napoléon

C'est dans le domaine administratif plutôt que dans le domaine militaire que l'influence de Napoléon continue de marquer la vie des Français aujourd'hui. Poussant plus loin le système de centralisation imaginé par Louis XIV, Napoléon a redéfini le découpage de la France en départements que la Révolution avait initié. Ces départements étaient administrés par un préfet et des fonctionnaires qu'il nommait directement lui-même, ce nouveau corps administratif se sentant dès lors responsable devant l'Etat plutôt que devant le peuple. Ce système administratif hautement centralisé allait rester en place jusqu'en 1982. Afin de fournir à l'Etat des fonctionnaires bien formés, Napoléon a réorganisé l'éducation nationale en créant les lycées et en reórganisant les Grandes Ecoles comme l'Ecole Polytechnique et l'Ecole des Ponts et chaussées. La France a été divisée en Académies, et l'enseignement secondaire et supérieur est passé sous le contrôle de l'Etat. Depuis Napoléon, le baccalauréat permet l'entrée à l'université, et les élèves des Grandes Ecoles sont recrutés sur concours. Aujourd'hui on reproche l'élitisme de certains aspects de l'enseignement supérieur, mais à l'époque, les réformes de Napoléon ont en fait permis de démocratiser l'enseignement en France. En effet, grâce à ses réformes, la réussite scolaire ne dépendait plus de la fortune, ni de l'influence de la famille, mais des capacités et du mérite de l'élève.

Bonaparte a appliqué les mêmes principes centralisateurs au système juridique. Le Code civil de 1804, aussi appelé Code Napoléon, a unifié le droit français en affirmant l'égalité de tous les citoyens devant la loi ainsi que la liberté individuelle. Il a aussi garanti la propriété et confié, dans le cadre de la famille, toute l'autorité au père et au mari. Napoléon a fait de l'Etat le trésorier du pays en accordant en 1803 à la Banque de France le monopole de l'émission des billets de banque. Il a encouragé la croissance économique en améliorant et en prolongeant les routes impériales et départementales afin de faciliter la circulation des gens et des biens entre Paris et la province.

Deux cents ans plus tard, il n'existe presque aucun aspect de la vie française qui n'ait été influencé par les réformes sociales et institutionnelles introduites par Napoléon à la suite de la Révolution.

Découvertes culturelles

1. Citez un ou deux défauts de Louis XV et de Louis XVI en tant que monarques.
2. Quelle était la situation à Paris à la fin des années 1790? Pourquoi le gouvernement a-t-il eu besoin de Napoléon?
3. Décrivez le couronnement de Napoléon comme empereur.
4. Sous chacune des rubriques suivantes faites une liste des principaux événements du règne de Napoléon.

   CAMPAGNES MILITAIRES   REFORMES SOCIALES

5. Donnez des exemples des aspects négatifs du règne de Napoléon.

Témoignages culturels

Lecture 1

Napoléon tel qu'il voulait vivre dans la mémoire des hommes

Dans *Le Mémorial de Sainte-Hélène*, le comte de Las Cases a noté, jour par jour et pendant 18 mois, ce que disait et faisait l'empereur exilé. Voici quelques extraits dans lesquels Napoléon parle de lui-même et de son rôle dans l'histoire de la France.

Caractère national de l'empereur

«Je suis tellement identifié avec nos prodiges,° nos monuments, nos institutions, tous nos actes nationaux, qu'on ne saurait plus m'en séparer sans faire injure à la France: sa gloire est à m'avouer;° et, quelque subtilité, quelque détour, quelque mensonge qu'on emploie pour essayer de prouver le contraire, je n'en demeurerai pas moins encore tout cela aux yeux de cette nation.»

prodiges: actions extraordinaires

m'avouer: reconnaître que j'ai été

Sur les idées nouvelles personnifiées par Napoléon

«Ah! quel malheur que je n'aie pu gagner l'Amérique! De l'autre hémisphère même j'eusse protégé la France contre les réacteurs!° La crainte de mon apparition eût tenu en bride leur violence et leur déraison; il eût suffi de mon nom pour enchaîner les excès et les frapper d'épouvante!»

réacteurs: réactionnaires

«La contre-révolution, même en la laissant aller, doit inévitablement se noyer° d'elle-même dans la révolution. Il suffit à présent de l'atmosphère des jeunes idées pour étouffer° les vieux féodalistes; car rien ne saurait désormais détruire ou effacer les grands principes de notre révolution; ces grandes et belles vérités doivent demeurer à jamais, tant nous les avons entrelacées de lustre, de monuments, de prodiges;... elles sont désormais immortelles. Sorties de la tribune française, cimentées du sang des batailles, décorées des lauriers de la victoire, saluées des acclamations des peuples, sanctionnées par les traités,... elles ne sauraient plus rétrograder.»

perdre

détruire

«... Et cette ère mémorable se rattachera... à ma personne; parce qu'après tout j'ai fait briller le flambeau, consacré les principes, et qu'aujourd'hui la persécution achève de m'en rendre le Messie. Amis et ennemis, tous m'en diront le premier soldat, le grand représentant. Aussi, même quand je ne serai plus, je demeurerai encore pour les peuples l'étoile polaire de leurs droits; mon nom sera le cri de guerre de leurs efforts, la devise° de leurs espérances.»

emblème

Comte de LAS CASES, «Le Mémorial de Sainte-Hélène», dans *La Correspondance de Napoléon I*, Tome trente-deuxième, Paris, Plon, 1870.

Découvertes culturelles

1. Quelles sont les idées nouvelles personnifiées par Napoléon?
2. Quelles allusions de Napoléon montrent qu'il est parfaitement conscient de sa double contribution à la civilisation française, sur le plan militaire et sur le plan administratif?
3. Comment Napoléon évalue-t-il sa propre contribution à l'histoire de la France?
4. Qu'aurait fait Napoléon s'il avait pu arriver en Amérique au lieu d'être exilé près de l'Europe sous la garde stricte des Anglais?
5. Napoléon est convaincu que son nom sera toujours associé à certains éléments de la civilisation française. A-t-il raison? Où voit-on aujourd'hui en France des manifestations de l'héritage napoléonien?

Lecture 2

Victor Hugo, «*L'Expiation*»

L'extrait du poème *L'Expiation* de Victor Hugo dépeint la retraite de la Grande Armée de Napoléon à la suite de la défaite à Moscou.

oiseau symbole de l'Empire

troupe passive

se réfugiaient

sentinelles

à cheval

Il neigeait. On était vaincu par sa conquête.
Pour la première fois l'aigle° baissait la tête.
Sombres jours! L'empereur revenait lentement,
Laissant derrière lui brûler Moscou fumant.
Il neigeait. L'âpre hiver fondait en avalanche.
Après la plaine blanche une autre plaine blanche.
On ne connaissait plus les chefs ni le drapeau,
Hier la grande armée, et maintenant troupeau.°
On ne distinguait plus les ailes ni le centre.
Il neigeait. Les blessés s'abritaient° dans le ventre
Des chevaux morts; au seuil des bivouacs désolés
On voyait des clairons° à leur poste gelés.
Restés debout, en selle° et muets, blancs de givre,
Collant leur bouche en pierre aux trompettes de cuivre.

Victor HUGO, *Les Châtiments*, «L'Expiation», dans *Victor Hugo, Poésies*, Tome I, Paris, Hachette, 1950.

Découvertes culturelles

1. Quelles images de ce poème soulignent la souffrance physique des soldats de la Grande Armée pendant la retraite de Russie?
2. Comment le poète exprime-t-il l'idée de la grande défaite que Napoléon a connue en Russie?

L'obélisque transporté à Paris à la suite des campagnes de Napoléon en Egypte se dresse sur la Place de la Concorde.

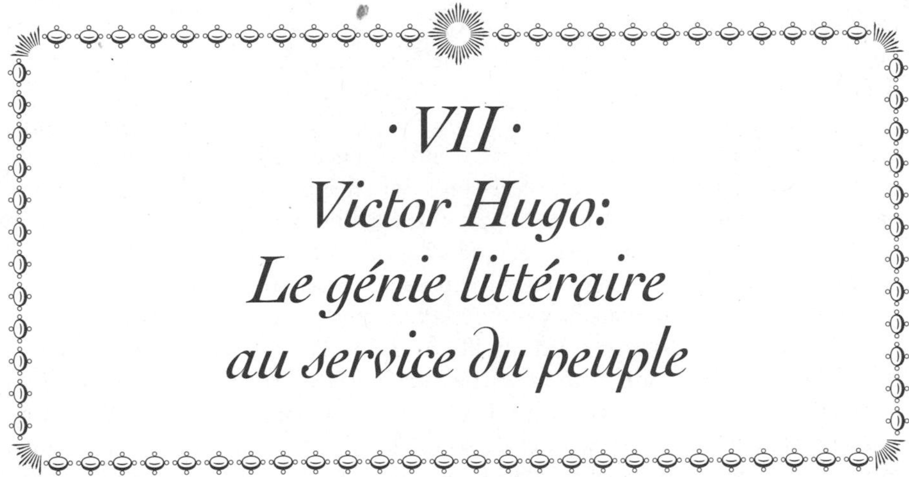

·VII· Victor Hugo: Le génie littéraire au service du peuple

L'histoire personnelle de Victor Hugo, écrivain et homme politique, est presque celle du XIXe siècle lui-même. Né en 1802 et mort en 1885, Victor Hugo a laissé, par sa vie active et dans son œuvre littéraire, une vue d'ensemble du paysage politique et littéraire de son époque. Comme Napoléon, Hugo a exalté les idéaux de «liberté, égalité, fraternité» dans l'esprit des Français, mais au moyen de la littérature, car du début jusqu'à la fin de sa carrière d'écrivain, il a été le poète des grands événements sociaux et politiques.

Victor Hugo a été un génie précoce, un enfant exceptionnellement doué, a-t-on dit au moment où il a publié ses premiers vers. A 20 ans, il était déjà l'un des chefs du mouvement romantique et est entré au cénacle de la *Muse française*, où se rencontraient tous les grands auteurs de l'époque. Son œuvre

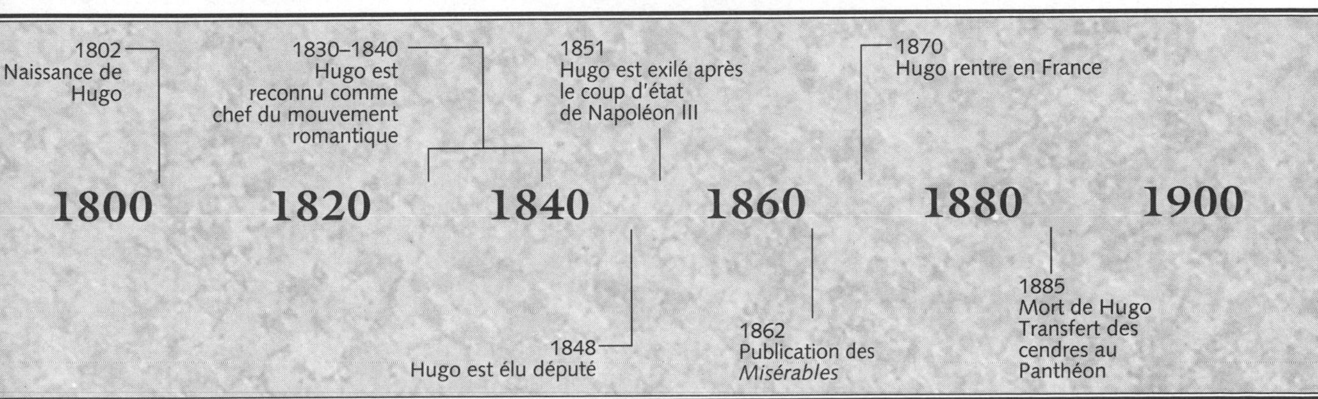
1802
Naissance de Hugo
1830–1840
Hugo est reconnu comme chef du mouvement romantique
1851
Hugo est exilé après le coup d'état de Napoléon III
1870
Hugo rentre en France
1800
1820
1840
1860
1880
1900
1848
Hugo est élu député
1862
Publication des *Misérables*
1885
Mort de Hugo
Transfert des cendres au Panthéon

s'est adaptée au courant politique: ses premières odes ont été publiées à l'époque réactionnaire et conservatrice de la restauration monarchique, après la défaite de Napoléon. Cependant, le poète était motivé d'instinct par la compassion: il défendait les pauvres, les démunis, et les opprimés. Sa philosophie personnelle était celle du romantisme. L'importance qu'il accordait à l'individu et le développement de son esprit libéral l'ont ainsi poussé, petit à petit, vers la gauche politique. Sa légendaire opposition à l'empereur Napoléon III, qui avait pris le pouvoir en 1851, et que Hugo avait surnommé «Napoléon le petit», a confirmé le caractère résolument progressiste de ses idées.

Mais c'est surtout dans ses œuvres théâtrales et romanesques qu'il a mis l'accent sur les vertus sociales de la liberté et de la tolérance ainsi que sur le thème de la richesse de l'individu. Les pièces *Hernani* (1830) et *Ruy Blas* (1838), par exemple, mettent en relief la valeur intrinsèque de l'individu, que celui-ci révèle à travers les qualités de son âme et la noblesse de ses actes plutôt que par les conditions de sa naissance. Hugo y a célébré la victoire de la noblesse de caractère sur les privilèges de l'héridité et de la fortune. Il a aussi appliqué son talent à accorder une revanche à ceux que la vie n'avait pas favorisés au depart. Dans les pages du roman *Notre-Dame de Paris* (1831), les défavorisés sont nombreux. Mais souvent, les êtres disgraciés, les parias, finissent par s'attirer le respect, l'admiration et même une certaine gloire. Ainsi, sous la déformation physique de Quasimodo rayonne une âme pure et noble, alors que le prêtre Claude Frollo cache sous le masque de la piété le visage du mal. Mais c'est un autre roman, *Les Misérables*, qui illustre peut-être le mieux le génie littéraire de Victor Hugo au service du peuple. Cette œuvre, qui nous touche aujourd'hui autant qu'à sa publication en 1862, décrit la condition humaine à tous les niveaux de la société. C'est en raison de la pauvreté, de la discrimination, de l'oppression que les protagonistes sont poussés au crime. Le héros Jean Valjean, échappé de prison et devenu philanthrope, doit se défendre contre des institutions conservatrices et répressives. Quand le peuple se soulève pour dresser des barricades pendant la révolution de 1830, c'est la mort de l'héroïque gamin parisien, Gavroche, qui annonce le dénouement tragique—la victoire passagère du conservatisme sur les valeurs libérales de la tolérance, de la justice et de l'égalité. Mais, à la fin, les efforts de tous ces héros populaires sont couronnés de succès: Jean Valjean accède à une meilleure vie; l'amour qui unit l'orpheline Cosette et Marius leur permet d'envisager l'avenir avec optimisme.

Victor Hugo

Le nom de Victor Hugo est sans doute le plus populaire de la littérature française. Sa poésie et son théâtre ont inspiré le mouvement romantique et encouragé l'essor de l'inspiration individuelle. On admire dans ses poèmes l'approfondissement des grands thèmes de la vie, de la mort, de la création et de ce long cheminement de l'humanité depuis l'ignorance et la servitude vers la vérité et la liberté. Mais la permanence et la profondeur des thèmes chers à Hugo ne suffit pas à expliquer l'émotion manifestée par des milliers de Français le jour des funérailles nationales du poète-prophète et de l'observateur visionnaire. Une foule de Français de toutes les classes sociales a regardé passer le cortège qui accompagnait les cendres de Victor Hugo de l'Arc de Triomphe au Panthéon, comme il l'avait souhaité. Cette foule vénérait en lui le créateur d'une œuvre qui condamnait l'injustice, attaquait la pauvreté et la discrimination, plaidait pour la réforme sociale et les droits fondamentaux, longtemps avant que l'expression de «droits civiques» n'entre dans le vocabulaire courant.

Découvertes culturelles

Décrivez les aspects de la carrière ou des idées de Victor Hugo qui se rattachent à chacun des termes suivants:

1. le Cénacle
2. Napoléon III
3. *Hernani* et *Ruy Blas*
4. *Notre-Dame de Paris*
5. *Les Misérables*

Témoignage culturel

Lecture

Victor Hugo, «*Les Misérables*»

Sans aucun doute, c'est dans le roman *Les Misérables* (1862) que se trouve le meilleur exemple de l'utilisation faite par Victor Hugo de son génie littéraire pour défendre la cause du peuple. Le style et le langage des *Misérables*, à la différence de la plupart des autres œuvres en prose d'Hugo, frappent par leur vigueur et un réalisme qui excellent à donner vie à certaines scènes. La description qui suit de Jean Valjean pourrait à elle seule résumer le message social du roman.

Jean Valjean était d'un caractère pensif sans être triste, ce qui est le propre° des natures affectueuses. Il avait perdu en très bas âge son père et sa mère. Il n'était resté à Jean Valjean qu'une sœur plus âgée que lui, veuve, avec sept enfants, filles et garçons. Cette sœur avait élevé Jean Valjean, et tant qu'elle eut son mari elle logea et nourrit son jeune frère. Le mari mourut. L'aîné des sept enfants avait huit ans, le dernier un an. Jean Valjean venait d'atteindre, lui, sa vingt-cinquième année. Il remplaça le père, et soutint° à son tour sa sœur qui l'avait élevé. Cela se fit simplement, comme un devoir, même avec quelque chose de bourru° de la part de Jean Valjean. Sa jeunesse se dépensait ainsi dans un travail rude et mal payé.

Il gagnait dans la saison de l'émondage° dix-huit sous par jour, puis il se louait comme moissonneur, comme manœuvre, comme garçon de ferme bouvier,° comme homme de peine. Il faisait ce qu'il pouvait. Sa sœur travaillait de son côté, mais que faire avec sept petits enfants? Il arriva qu'un hiver fut rude. Jean n'eut pas d'ouvrage. La famille n'eut pas de pain. Pas de pain. A la lettre. Sept enfants.

Un dimanche soir, Maubert Isabeau, boulanger sur la place de l'église, à Faverolles, se disposait à se coucher, lorsqu'il entendit un coup violent dans la devanture grillée et vitrée de sa boutique. Il arriva à temps pour voir un bras passé à travers un trou fait d'un coup de poing dans la grille et dans la vitre. Le bras saisit un pain et l'emporta. Isabeau sortit en hâte; le voleur s'enfuyait à toutes jambes; Isabeau courut après lui et l'arrêta. C'était Jean Valjean.

Ceci se passait en 1795. Jean Valjean fut traduit° devant les tribunaux du temps «pour vol avec effraction la nuit dans une maison habitée». Jean Valjean fut déclaré coupable. Les termes du Code étaient formels. Il y a dans notre civilisation des heures redoutables; ce sont les moments où la pénalité prononce un naufrage°. Quelle minute funèbre que celle où la société s'éloigne et consomme l'irréparable abandon d'un être pensant!° Jean Valjean fut condamné à cinq ans de galères....

Vers la fin de la quatrième année, le tour d'évasion de Jean Valjean arriva. Ses camarades l'aidèrent, comme cela se fait dans ce triste lieu. Il s'évada. Il erra deux jours en liberté dans les champs; si c'est être libre que d'être traqué; de tourner la tête à chaque instant; de tressaillir° au moindre bruit; d'avoir peur de tout, du toit qui fume, de l'homme qui passe, du chien qui aboie, du cheval qui galope, de l'heure qui sonne, du jour parce qu'on voit, de la nuit parce qu'on ne voit pas, de la route, du sentier, du buisson,° du sommeil. Le soir du second jour, il fut repris. Il n'avait ni mangé ni dormi depuis trente-six heures. Le tribunal maritime le condamna pour ce délit° à une prolongation de trois ans, ce qui lui fit huit ans. La sixième année, ce fut encore son tour de s'évader; il en usa, mais il ne put consommer sa fuite. Il avait manqué à l'appel. On tira le coup de canon, et à la nuit les gens de ronde le trouvèrent caché sous la

la tendance naturelle
aida
peu aimable
taille des arbres
garde de vaches
appelé
désastre
intelligent
s'agiter
petit arbre sauvage
crime

quille d'un vaisseau en construction; il résista aux garde-chiourme° qui le saisirent. Evasion et rébellion. Ce fait prévu par le code spécial fut puni d'une aggravation de cinq ans, dont deux ans de double chaîne. Treize ans. La dixième année, son tour revint, il en profita encore. Il ne réussit pas mieux. Trois ans pour cette nouvelle tentative. Seize ans. Enfin, ce fut, je crois, pendant la treizième année qu'il essaya une dernière fois et ne réussit qu'à se faire reprendre après quatre heures d'absence. Trois ans pour ces quatre heures. Dix-neuf ans. En octobre 1815 il fut libéré; il était entré là en 1796 pour avoir cassé un carreau et pris un pain.

surveillants

Victor HUGO, *Les Misérables*, ed. Buffum, Henry Holt and Co., New York, 1908.

Découvertes culturelles

1. Décrivez la situation familiale de Jean Valjean.
2. Comment Jean Valjean gagne-t-il sa vie?
3. Pourquoi Jean Valjean vole-t-il du pain? A quoi est-il condamné pour ce crime?
4. Pourquoi Jean Valjean va-t-il rester près de 20 ans en prison?
5. Quelle émotion Victor Hugo veut-il inspirer chez le lecteur en présentant ainsi la vie de Jean Valjean?
6. Que pense Hugo du crime de Jean Valjean? Comment l'attitude de l'auteur envers Jean Valjean exprime-t-elle son libéralisme et sa compassion?
7. Pourquoi la version des *Misérables* adaptée à la scène vers la fin du XXe siècle a-t-elle joui d'une si grande popularité non seulement à Paris, mais aussi à Londres, à New York et ailleurs?

Pourquoi, à votre avis, tant de français ont-ils voulu voir le transfert des cendres de Victor Hugo au Panthéon?

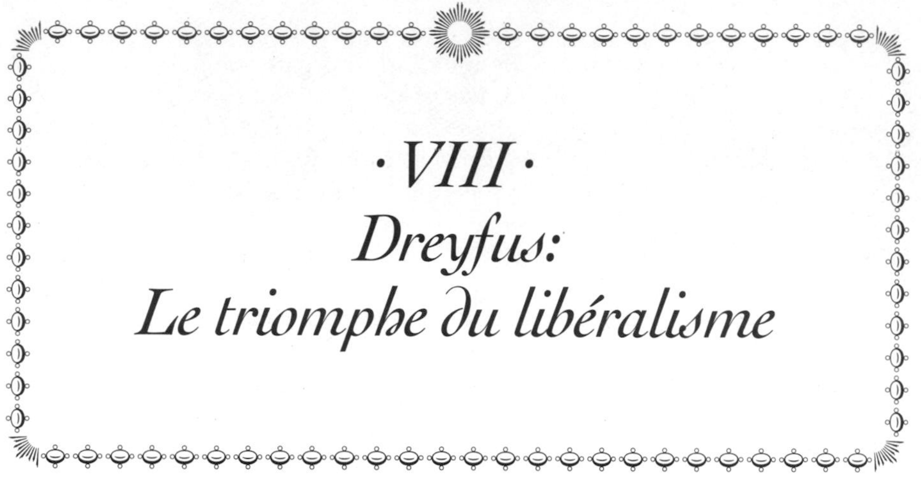

· VIII · Dreyfus: Le triomphe du libéralisme

L'opposition entre la droite conservatrice et la gauche progressiste, qui datait de la Révolution de 1789 et de la Ire République, s'est intensifié après la défaite de l'empereur Napoléon III et le début de la IIIe République en 1870. La droite prônait un patriotisme agressif, l'établissement d'un gouvernement puissant et le retour aux valeurs familiales et religieuses traditionnelles. La gauche, de son côté, défendait la République et les principes démocratiques, et s'opposait au militarisme de la droite ainsi qu'à toute alliance entre l'Eglise et l'Etat. C'est dans cette atmosphère de conflit politique qu'a eu lieu, en 1894, la plus grande polémique morale que connaîtrait la France moderne: l'affaire Dreyfus. Evénement catalyseur, cette affaire a ravivé toute l'hostilité qui existait depuis des années entre la droite et la gauche.

Certains membres de l'état-major de l'armée, ayant découvert des documents prouvant qu'un officier français avait transmis des renseignements à

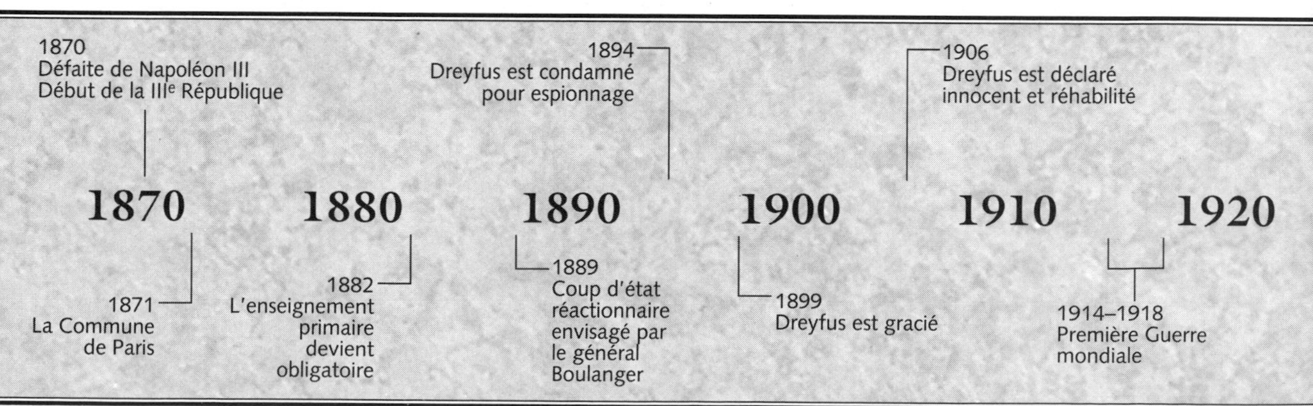
1870
Défaite de Napoléon III
Début de la IIIe République
1894
Dreyfus est condamné pour espionnage
1906
Dreyfus est déclaré innocent et réhabilité
1870
1880
1890
1900
1910
1920
1871
La Commune de Paris
1882
L'enseignement primaire devient obligatoire
1889
Coup d'état réactionnaire envisagé par le général Boulanger
1899
Dreyfus est gracié
1914–1918
Première Guerre mondiale

l'Allemagne, ont accusé le jeune capitaine Alfred Dreyfus (1859–1935). Dreyfus était juif, et c'est surtout à cela qu'il a dû d'être jugé sommairement et condamné à la dégradation militaire et à la déportation à vie dans la prison de l'île du Diable, en Guyane. Ni Dreyfus ni son avocat n'ont eu accès aux documents sur lesquels reposait l'accusation. La France entière s'est alors divisée entre les «dreyfusards» et les «antidreyfusards». Les dreyfusards, qui défendaient l'innocence de Dreyfus en réclamant «la justice et la vérité», étaient antimilitaristes et anticléricaux, et la gauche s'est identifiée à ce courant. A droite, les antidreyfusards se sont servis de Dreyfus pour dénoncer les tendances et les mentalités qui avaient causé la défaite française lors de la guerre de 1870 et l'annexion allemande de l'Alsace et la Lorraine. Les autorités militaires et ecclésiastiques se sont ralliées aux monarchistes, aux bonapartistes et à la droite antisémite et nationaliste pour mettre en cause l'anticléricalisme, l'anticatholicisme et l'antipatriotisme des valeurs incarnées par la trahison dont Dreyfus était accusé. Le plus célèbre des défenseurs de Dreyfus, l'écrivain Emile Zola, a attaqué violemment les antidreyfusards dans un article intitulé «J'accuse...!», publié dans le journal *L'Aurore*. A la suite de cet article, Zola a été condamné à la prison et a dû s'exiler. Aucun aspect de la vie française n'a été à l'abri de la polémique politique et religieuse qui polarisait à ce moment les énergies que le pays aurait dû mettre au service de la réforme sociale. Les familles se disputaient, les amitiés se brisaient, on se battait en duel pour défendre l'innocence ou la culpabilité de Dreyfus. La tragédienne Sarah Bernhardt a raconté, par exemple, un dîner chez elle où l'un des invités avait eu le malheur de parler de l'affaire Dreyfus: aussitôt, les passions s'étaient déchaînées, donnant lieu à une querelle ardente! Malgré la découverte, en 1896, de documents prouvant l'innocence de Dreyfus, sa condamnation n'a pas été révisée. En 1898, le colonel Henry a avoué avoir fabriqué le document qui avait servi à accuser Dreyfus. En 1899, Dreyfus a été jugé coupable avec circonstances atténuantes, puis gracié quelques jours plus tard. Enfin, il a été déclaré innocent et réhabilité en 1906, c'est-à-dire un an après la séparation officielle de l'Eglise et de l'Etat qui, en 1905, avait instauré une République laïque.

Le capitaine Dreyfus

Les conséquences de l'affaire se sont fait sentir immédiatement. Les radicaux et le «Bloc des gauches», c'est-à-dire les forces de la démocratie et de la tolérance qui avaient pour objectif la réforme sociale, ont occupé le pouvoir pendant 20 ans. L'armée, gravement atteinte dans sa crédibilité ainsi que par la désunion du corps des officiers, est sortie affaiblie de cette crise à la veille de la Grande Guerre de 1914. La droite politique, blessée par sa défaite, s'est reconstituée en donnant naissance à divers groupes tels que l'Action française, dont le but était de diffuser une philosophie conservatrice défendant un patriotisme ultra-nationaliste, parfois antisémite et souvent xénophobe. De telles idées et attitudes politiques ont continué à se manifester en France, surtout dans les périodes de crise. Pourtant, la conséquence la plus durable de l'affaire Dreyfus pour la France a été d'acquérir la réputation d'un pays pour lequel comptent avant tout la justice et la défense contre l'oppression, même s'il doit sacrifier sa paix et sa tranquillité intérieure pour les faire prévaloir. Au cours du XXe siècle, la France aurait d'ailleurs souvent l'occasion d'être la terre d'accueil de réfugiés politiques et de jouer le rôle de médiateur dans les conflits mondiaux.

Découvertes culturelles

1. Faites une liste des attitudes qui caractérisent les deux courants politiques créés à la suite de la Révolution:

   LA GAUCHE　　LA DROITE

2. Contre qui la France a-t-elle mené la guerre de 1870?
3. Qui était Dreyfus? De quoi a-t-il été accusé?
4. Quelles ont été les attitudes de la gauche et de la droite lors de l'affaire Dreyfus?

Témoignages culturels

Lecture 1

Emile Zola, «*J'accuse…!*»

Voici un extrait de la «Lettre ouverte au président de la République» rédigée par Zola. En défendant Dreyfus et en condamnant certains officiers de l'Etat-Major, Zola commettait ce qu'on a appelé alors «le plus grand acte révolutionnaire du siècle». La lettre de Zola a explosé comme une bombe lorsqu'elle a été publiée sous le titre «J'accuse…!» dans le journal *L'Aurore* du 13 janvier 1898.

Voilà un an... que le général Billot, que les généraux de Boisdeffre et Gonse savent que Dreyfus est innocent et ils ont gardé pour eux cette effroyable chose. Et ces gens-là dorment! Et ils ont des femmes et des enfants qu'ils aiment!...

J'accuse le général Billot d'avoir eu entre les mains les preuves certaines de l'innocence de Dreyfus, et de les avoir étouffées, de s'être rendu coupable du crime de lèse-justice°, dans un but politique et pour sauver l'Etat-Major° compromis.

violation de la justice
commandement

J'accuse le général de Boisdeffre et le général Gonse de s'être rendus complices du même crime, l'un sans doute par passion cléricale, l'autre peut-être par cet esprit de corps qui fait des bureaux de la guerre l'arche sainte, inattaquable.

Je n'ignore pas que je me mets sous le coup des articles... de la loi sur la presse du 29 juillet 1881 qui punit les délits de diffamation et c'est volontairement que je m'expose. J'attends.

Emile ZOLA, «J'accuse...!», *L'Affaire Dreyfus*, ed. Pierre Miquel, eds. «Que sais-je?», PUF, Paris, 1964.

Cinq Centimes

ERNEST VAUGHAN

L'AURORE

Littéraire, Artistique, Sociale

ERNEST VAUGHAN

J'Accuse...!

LETTRE AU PRÉSIDENT DE LA RÉPUBLIQUE

Par ÉMILE ZOLA

LETTRE A M. FÉLIX FAURE

Président de la République

Découvertes culturelles

1. De quoi Zola accuse-t-il les généraux de l'Etat-Major?
2. Que risquait Zola en écrivant «J'accuse...!»?
3. Pourquoi a-t-on choisi d'accuser Dreyfus alors qu'il y avait si peu de pièces à conviction et aucune preuve sûre?
4. Décrivez le «dreyfusard» et «l'antidreyfusard» de l'époque.

Lecture 2

«Les répercussions de l'affaire Dreyfus»

Raymond Aron, intellectuel français, a connu quelques-uns des plus grands personnages de son époque. Dans ses *Mémoires*, il aborde les grandes questions du vingtième siècle, y compris celles de l'antisémitisme et du rôle des Juifs français.

En dehors des romans,... que je dévorai encore enfant, la bibliothèque de mon père, ou plutôt les armoires fermées au-dessous des rayons de livres, m'offrirent des livres, des tracts, des journaux sur l'affaire Dreyfus, *J'accuse*, une brochure de Jaurès.° Je me plongeai dans l'Affaire sans y percevoir une mise en question des Juifs et de leur statut en France. C'était pendant la guerre et mes parents partageaient les passions patriotiques de tous. Passions? Oui, les parents, les oncles et les tantes avaient donné à l'Etat leur or.° Mon père, âgé de quarante-trois ans à la déclaration de guerre, mobilisé dans la territoriale, resta quelques mois dans une caserne° à Toul. Démobilisé pendant l'hiver de 1914–1915, il reprit son activité ordinaire. Je me souviens avec quelque honte de mon indifférence aux malheurs des autres, à l'horreur des tranchées.° Indifférence? Oui, en ce sens que mes études et mes jeux... me touchaient plus que les communiqués officiels ou les récits des journaux.

L'affaire Dreyfus ne troubla pas mes sentiments de petit Français. Mon père me surprit quand il rapprocha° la guerre de l'affaire Dreyfus: l'Affaire, plus encore que la guerre, avait servi d'épreuve et permis de juger les hommes et leur caractère. Bien sûr, je savais que j'étais juif et j'entendis bien souvent de la bouche des bourgeois israélites l'expression: Ce sont ces gens-là qui créent l'antisémitisme. Quels gens-là? Des personnes, dites vulgaires, qui parlaient haut en public, riaient fort, se faisaient remarquer.... Ces propos me gênaient,° m'irritaient sourdement. Ils me devinrent insupportables quand j'accédai à l'âge de raison. Les réactions de nombre de Juifs français... à l'arrivée des Juifs allemands après 1933 m'indignèrent sans me surprendre. Après tout, c'était vrai: ils étaient des «boches»;... Les Israélites français, pour la plupart, n'éprouvaient aucun sentiment de solidarité avec les Juifs allemands. Ils ignoraient, ils voulaient ignorer que leur temps viendrait....

Peut-être suis-je enclin à me présenter trop naïf, avant le contact avec l'Allemagne préhitlérienne, à peine conscient d'appartenir au judaïsme, citoyen français en toute sérénité. Et pourtant... Un professeur d'histoire, d'opinion de droite, proche de l'Action française, traitait de la IIIe République en classe de première ou de philosophie. Il nous enseigna que l'on ne savait pas, même avec le recul du temps, si Dreyfus avait été coupable ou innocent, qu'au reste cette question importait peu, que

chef du mouvement socialiste

argent

logement des militaires

champs de bataille de la Grande Guerre

associa

troublaient

l'Affaire avait créé l'occasion ou le prétexte d'un déchaînement de passions partisanes, celles des ennemis de l'armée ou de la religion.... Je discutai de mon mieux avec le professeur.... Dans le dialogue avec le professeur, ni l'un ni l'autre, autant que je m'en souvienne, n'avaient mentionné ou, en tout cas, souligné que Dreyfus était juif et que moi aussi je l'étais....

Les élèves de la classe n'ignoraient pas—comme de bien entendu—que j'étais juif. Avec quels sentiments? Je ne le savais pas à l'époque et probablement je ne tenais pas à le savoir....

Raymond ARON, *Mémoires*, Julliard, Paris, 1983.

Découvertes culturelles

1. Est-ce que le jeune Raymond Aron se voit plutôt comme juif ou comme français?
2. Selon le père de Raymond, pourquoi l'affaire Dreyfus était-elle plus importante que la Première Guerre mondiale?
3. Quelle était, pendant les années 1930, l'attitude des Juifs français envers les Juifs allemands réfugiés du régime de Hitler?
4. Quelle conclusion faut-il tirer du fait que le professeur avec qui Aron a discuté de l'affaire Dreyfus ait été proche de l'Action française? Quel est le point de vue de ce professeur sur l'affaire?
5. Comment l'affaire Dreyfus a-t-elle influencé la séparation de l'Eglise et de l'Etat?
6. Pourquoi, à votre avis, discutait-on toujours de l'affaire Dreyfus à l'époque de la jeunesse de Raymond Aron, dans les années 1930?
7. Dans les années 1990, un ministre a été accusé d'avoir négligé son devoir envers la société, et le président Mitterrand a répondu en disant qu'on voulait faire de ce ministre «un nouveau Dreyfus». Quelle idée le président de la République voulait-il transmettre au public français par cette remarque?

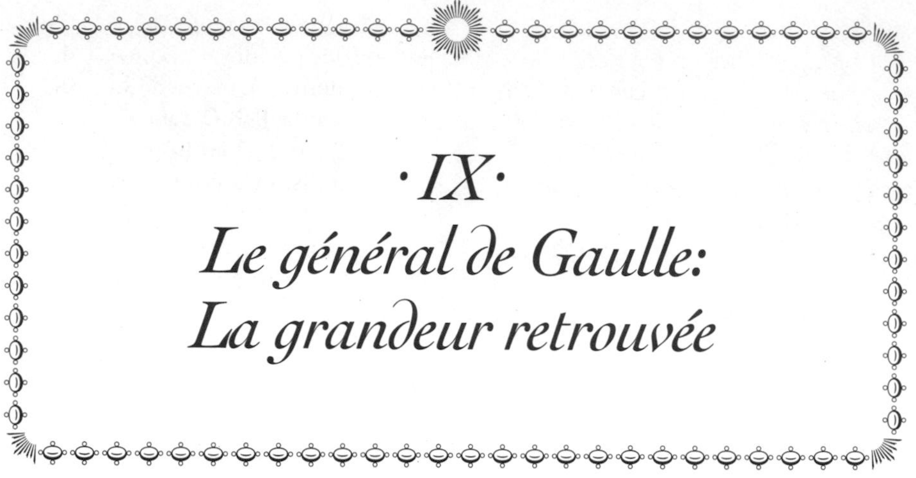

·IX· Le général de Gaulle: La grandeur retrouvée

Du fond du chaos provoqué par la défaite des Français et l'occupation de leur pays, en 1940, par l'armée allemande, une voix s'est élevée pour rappeler à la France la gloire de son passé et ranimer l'espoir de retrouver la liberté et l'honneur. Cette voix était celle de Charles de Gaulle, qui allait incarner la fierté des Français pendant la Seconde Guerre mondiale, avant de fonder la Ve République, en 1958.

Né en 1890 dans une famille de soldats et de fonctionnaires, de Gaulle venait de terminer ses études à l'école militaire de Saint-Cyr quand la Première Guerre mondiale a éclaté. Officier courageux, il a été blessé trois fois et fait prisonnier. La guerre terminée, convaincu de la nécessité de transformer l'armée française en une force professionnelle, mécanisée et offensive, il a formulé cette nouvelle stratégie militaire dans plusieurs livres. Nommé général en

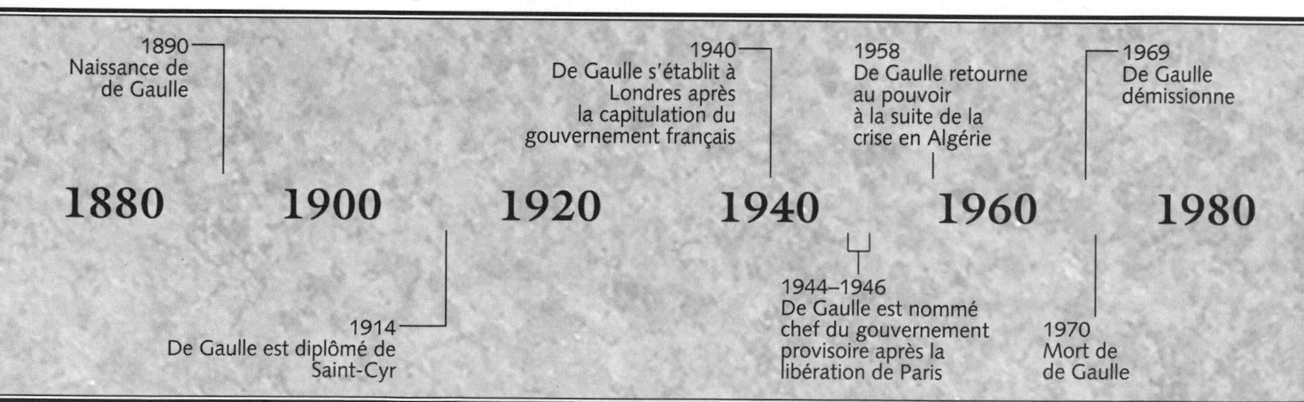
1890
Naissance de de Gaulle
1940
De Gaulle s'établit à Londres après la capitulation du gouvernement français
1958
De Gaulle retourne au pouvoir à la suite de la crise en Algérie
1969
De Gaulle démissionne
1880
1900
1920
1940
1960
1980
1914
De Gaulle est diplômé de Saint-Cyr
1944–1946
De Gaulle est nommé chef du gouvernement provisoire après la libération de Paris
1970
Mort de de Gaulle

1940, de Gaulle a refusé d'accepter la défaite française imposée par l'Allemagne et l'armistice qui divisait la France en deux zones, la zone occupée et la zone «libre», administrée par le gouvernement du maréchal Pétain à Vichy. Il est parti pour Londres où, sur les ondes de la B.B.C., il a lancé son fameux appel du 18 juin 1940, exhortant les Français à abandonner le gouvernement de Vichy qui collaborait avec les Allemands, et à continuer la lutte pour préserver l'honneur et l'intégrité de la patrie. De Gaulle, reconnu «chef de tous les Français libres», a organisé la Résistance contre les Allemands, en France, et les Forces françaises libres, qui ont participé à la guerre contre Hitler en Afrique. Leur symbole, la croix de Lorraine, serait affiché sur les chars qui rouleraient vers Paris, en août 1944, pour libérer la France. L'image du général de Gaulle, héros de la Résistance, passant à pied sous l'Arc de Triomphe et descendant les Champs-Elysées entouré de la foule joyeuse des Parisiens libérés, est restée imprimée depuis ce moment dans la mémoire collective des Français.

A la libération de la ville de Paris, le général de Gaulle passe sous l'Arc de Triomphe pour descendre les Champs-Elysées.

Charles de Gaulle a été, cependant, beaucoup plus qu'un chef militaire habile. Homme d'état d'une stature exceptionnelle, il a redonné à la France une position éminente sur la scène internationale et des institutions politiques qui ont garanti la stabilité de la Ve République. Après avoir été chef du gouvernement provisoire au moment de la libération en 1945, il a démissionné en 1946, mécontent de l'influence de la gauche qui désirait limiter le budget militaire et s'opposait au projet de constitution visant à renforcer le pouvoir exécutif. De Gaulle s'est retiré dans sa maison de Colombey-les-Deux-Eglises dans l'est de la France, où il a vécu dans une obscurité relative après avoir essayé de revenir au pouvoir à la tête d'un nouveau parti politique, le Rassemblement du peuple français (RPF).

En temps de crise en France, un chef puissant s'impose—selon un principe qui remonte à Vercingétorix et à Charlemagne. Pour maintenir la présence française en Indochine, les dirigeants de la IVe République (1946–1958) ont mené sans succès une guerre qui s'est terminée par la défaite de Diên Biên Phû au Viêt-nam en 1954. Les colonies françaises en Afrique réclamaient leur indépendance. En Afrique du Nord, le Maroc et la Tunisie l'ont obtenue en 1956 mais les Français de l'Algérie (appelés familièrement «Pieds-noirs») se sont efforcés désespérément de maintenir ce pays sous domination française. Les Français de la métropole étaient divisés entre la droite conservatrice qui désirait maintenir l'empire et la gauche progressiste anti-impérialiste. Le conflit d'Algérie a poussé la France au bord de la guerre civile. C'est après une émeute à Alger, le 11 mai 1958, que le gouvernement a demandé à de Gaulle de revenir au pouvoir pour «sauver la France».

Le Général disposait alors de pouvoirs qui, en cet état d'urgence, étaient presque illimités. Il a préparé sans délai une nouvelle constitution qui conférait le pouvoir principal du Parlement au président et la Ve République est née sous son inspiration. Comme Napoléon Bonaparte et Louis XIV avant lui, «le grand Charles» détenait le pouvoir immense d'une autorité centralisée. De Gaulle a alors entrepris de rendre à la France sa stabilité et sa prospérité. L'indépendance a été accordée aux autres colonies, puis à l'Algérie en 1962. Par ailleurs, la création d'une «force de frappe» militaire fondée sur la puissance nucléaire a permis à de Gaulle de promouvoir la grandeur de la France dans sa politique étrangère. Si, sur le plan économique, la France a tiré nombre d'avantages du Marché commun, de Gaulle a préservé jalousement l'indépendance du pays, en Europe comme partout dans le monde. Quand l'opposition a remis en question la politique du général, il a fait appel directement aux Français en leur proposant un référendum, certain du soutien que le peuple accorderait à celui qui avait restauré la grandeur de la France.

Si Napoléon, en son temps, avait été la victime de forces extérieures, de Gaulle, lui, allait succomber aux forces de l'intérieur. Les manifestations des étudiants et la grève générale des ouvriers en mai 1968 ont montré à quel point, malgré la nouvelle prospérité de la France, la réforme sociale avait été négligée. Ces événements ont aussi été l'indice que la centralisation du pouvoir devait céder la place à la participation aux décisions. De Gaulle est parvenu à rétablir le gouvernement et à mettre fin aux grèves et aux occupations dans les universités et les usines en accordant des augmentations de salaire aux ouvriers, en promettant aux étudiants une réforme du système éducatif et en appelant de nouvelles élections parlementaires. En avril 1969, à peine un an plus tard, il a fait du succès d'un référendum sur la régionalisation et sur la réforme du sénat la condition de son maintien au pouvoir. Mais cette fois, de Gaulle a perdu son pari. La majorité des Français ont voté «non». De Gaulle a démissionné le 10 avril 1969. La France s'est trouvée alors au seuil d'une société nouvelle où la présence d'un chef tout-puissant ne semblait plus indispensable. Son successeur, le président Georges Pompidou, résumerait ainsi en 1970, à l'occasion de la mort de de Gaulle, la contribution exceptionnelle que celui-ci avait apportée à l'histoire de la France:

«Françaises, Français,

Le général de Gaulle est mort. La France est veuve.

En 1940, de Gaulle a sauvé l'honneur. En 1944, il nous a conduits à la libération et à la victoire. En 1958, il nous a épargné la guerre civile. Il a donné à la France actuelle ses institutions, son indépendance, sa place dans le monde... »

Découvertes culturelles

1. Que représentaient en 1940 le maréchal Pétain et son gouvernement à Vichy?
2. Que représentait de Gaulle? Où était-il? Que voulait-il rétablir?
3. Pourquoi de Gaulle a-t-il démissionné de son poste de chef du gouvernement provisoire en 1946?
4. Quelle crise a ramené de Gaulle au pouvoir en 1958?
5. Dans quel sens peut-on dire que le gouvernement de de Gaulle a suivi la tradition des régimes de Louis XIV et de Napoléon?
6. Quelle crise a provoqué la démission de de Gaulle en 1969?
7. Qu'est-ce qui a permis à de Gaulle de centraliser à nouveau le pouvoir aux mains de l'exécutif?
8. Qu'a fait de Gaulle pour favoriser la modernisation de la France?
9. Expliquez chacune des allusions faites à la carrière de de Gaulle par le président Pompidou.

Témoignages culturels

Lecture 1

«*Une certaine idée de la France*»

Dans ses *Mémoires de Guerre*, le général de Gaulle raconte ses expériences et ses impressions pendant cette période turbulente et difficile. Ce qui l'a souvent guidé ou inspiré c'est la conception qu'il avait de sa patrie.

Toute ma vie, je me suis fait une certaine idée de la France. Le sentiment me l'inspire aussi bien que la raison. Ce qu'il y a, en moi, d'affectif imagine naturellement la France, telle la princesse des contes ou la madone aux fresques des murs, comme vouée° à une destinée éminente et exceptionnelle. J'ai, d'instinct, l'impression que la Providence l'a créée pour des succès achevés ou des malheurs exemplaires. S'il advient que la médiocrité marque, pourtant, ses faits et gestes, j'en éprouve la sensation d'une absurde anomalie, imputable° aux fautes des Français, non au génie de la patrie. Mais aussi, le côté positif de mon esprit me convainc que la France n'est réellement elle-même qu'au premier rang; que, seules, de vastes entreprises sont susceptibles de compenser les ferments de dispersion que son peuple porte en lui-même; que notre pays, tel qu'il est, parmi les autres, tels qu'ils sont, doit, sous peine de danger mortel, viser° haut et se tenir droit. Bref, à mon sens, la France ne peut être la France sans la grandeur.

vouée: consacrée
imputable: attribuable
viser: diriger ses efforts

Charles DE GAULLE, *Mémoires de Guerre. L'Appel*, Plon, Paris, 1954.

Découvertes culturelles

1. Quel mot, à la fin du texte, exprime cette «certaine idée» que de Gaulle a de la France?
2. Relevez les termes du texte qui expriment la mission ou le destin de la France selon de Gaulle.

Lecture 2

«L'appel du 18 juin»

En juin 1940, Charles de Gaulle était sous-secrétaire d'Etat à la Guerre quand il a quitté la France envahie par l'armée allemande pour Londres, d'où il a lancé à ses concitoyens un appel à la résistance. Cet acte lui vaudrait une condamnation à mort et la confiscation de tous ses biens par le gouvernement de Vichy.

«Les chefs qui, depuis de nombreuses années, sont à la tête des armées françaises ont formé un gouvernement.»

«Ce gouvernement, alléguant la défaite de nos armées, s'est mis en rapport avec l'ennemi pour cesser le combat.»

«Certes, nous avons été, nous sommes submergés par la force mécanique, terrestre et aérienne de l'ennemi.»

«Infiniment plus que leur nombre, ce sont les chars,° les avions, la tactique des Allemands qui nous font reculer. Ce sont les chars, les avions, la tactique des Allemands qui ont surpris nos chefs au point de les amener là où ils en sont aujourd'hui.»

«Mais le dernier mot est-il dit? L'espérance doit-elle disparaître? La défaite est-elle définitive? Non!»

«Cette guerre n'est pas limitée au territoire malheureux de notre pays. Cette guerre n'est pas tranchée° par la bataille de France. Cette guerre est une guerre mondiale. Toutes les fautes, tous les retards, toutes les souffrances, n'empêchent pas qu'il y a, dans l'univers, tous les moyens pour écraser un jour nos ennemis. Foudroyés° aujourd'hui par la force mécanique, nous pourrons vaincre dans l'avenir par une force mécanique supérieure. Le destin du monde est là.»

«La France a perdu une bataille!»

«Mais la France n'a pas perdu la guerre!»

«Des gouvernants de rencontre ont pu capituler, cédant à la panique, oubliant l'honneur, livrant le pays à la servitude. Cependant, rien n'est perdu!»

«Rien n'est perdu, parce que cette guerre est une guerre mondiale. Dans l'univers libre, des forces immenses n'ont pas encore donné. Un jour, ces forces écraseront° l'ennemi. Il faut que la France, ce jour-là, soit présente à la victoire. Alors, elle retrouvera sa liberté et sa grandeur. Tel est mon but, mon seul but!»

«Voilà pourquoi je convie tous les Français, où qu'ils se trouvent, à s'unir à moi dans l'action, dans le sacrifice et dans l'espérance.»

«Notre patrie est en péril de mort.»

»Luttons tous pour la sauver!»

«Vive la France!»

France-Amérique, 14–20 juin, 1990.

tanks (chars) · *terminée* (tranchée) · *frappés* (Foudroyés) · *vaincreront* (écraseront)

Découvertes culturelles

1. Pourquoi, selon de Gaulle, les Nazis seront-ils probablement vaincus?
2. Quelles idées de Gaulle utilise-t-il pour rendre l'espoir aux Français et pour les inspirer?
3. Comment de Gaulle rappelle-t-il aux Français le mythe du héros résistant?
4. Pourquoi de Gaulle, dans son «Appel du 18 juin» insiste-t-il sur la force mécanique et la tactique de l'ennemi?
5. A la fin de son discours à la radio, comment de Gaulle envisage-t-il sa mission? A quels autres personnages historiques pensait-il peut-être en se donnant cette mission particulière?

Le général de Gaulle

Activités d'expansion

Repères culturels

A. Au cours d'un voyage à travers la France et ses pays voisins, vous rencontrez les noms de lieux suivants. A quels personnages importants de l'histoire de France associez-vous chacun de ces endroits? Expliquez votre choix. A l'aide d'une carte géographique, situez les lieux en question.

1. le château de Chinon
2. Alésia
3. Nantes
4. Domrémy et Rouen
5. Roncevaux
6. l'île d'Elbe
7. Versailles
8. Waterloo

B. Choisissez dans la liste de personnages de droite celui que vous associez à l'un des repères historiques numérotés à gauche. Il est possible d'utiliser plusieurs fois le nom d'un même personnage. Expliquez votre choix.

1. les Francs
2. la séparation de l'Eglise et de l'Etat
3. le Saint-Barthélemy
4. l'an 800
5. l'Action française
6. le baccalauréat
7. le Code civil
8. «L'Etat c'est moi.»
9. les Forces françaises libres
10. Richelieu et Mazarin
11. la Ve République
12. le fonctionnariat
13. l'édit de Nantes
14. les manifestations des étudiants à Paris

de Gaulle
Dreyfus
Charlemagne
Napoléon
Louis XIV
Henri IV

Quelques liens culturels

Discussion

1. Parmi les personnages clés présentés dans ce dossier, lesquels incarnent la notion d'autorité et de centralisation du pouvoir? Quelles différences distinguent ces personnages les uns des autres?
2. Lesquels de ces personnages historiques Victor Hugo aurait-il le plus appréciés?
3. Quels personnages symbolisent pour les Français la tolérance et la liberté intellectuelle?
4. Si Vercingétorix représente le «mythe du héros résistant», quels autres personnages ont perpétué cette tradition?
5. Connaissez-vous d'autres personnages féminins de l'histoire qui sont entourés de la même mystique que Jeanne d'Arc?
6. Quelle image de la France l'affaire Dreyfus a-t-elle donnée au monde?
7. «En temps de crise, en France, un chef puissant s'impose.» Citez des exemples de ce principe.
8. Comment le principe du pouvoir provenant d'une autorité centralisée a-t-il contribué au prestige de Louis XIV, Napoléon et de Gaulle comme hommes d'Etat?

Mise en scène

A. Imaginez la rencontre entre Jeanne d'Arc et le futur roi Charles VII. Que lui dit-elle?

B. Table ronde: Charlemagne, Louis XIV, Napoléon et Charles de Gaulle se disputent le titre du «plus grand personnage de l'histoire de France». Imaginez l'argument que chacun va invoquer pour remporter ce titre.

Activités écrites

1. Charles de Gaulle a souvent été comparé à Louis XIV. Rédigez une petite étude comparée de ces deux personnages clés.
2. Quelle aurait été l'attitude d'Henri IV au sujet de l'affaire Dreyfus? Qu'aurait-il dit au public du XIXe siècle?
3. Lequel de ces personnages clés admirez-vous le plus? Pourquoi?

Perspectives interculturelles

A. Dressez une liste de cinq personnages clés de votre pays. Comparez votre liste à celles des autres étudiants. Expliquez vos choix.

B. La centralisation du pouvoir a-t-elle joué un rôle important dans l'histoire de votre pays? Si oui, donnez-en un exemple. Si non, dites pourquoi.

C. Henri IV, qui incarnait les valeurs de la réconciliation et de la tolérance, est mort assassiné par un fanatique. Quels personnages dans l'histoire de votre pays ont subi le même destin?

Traduction

«La Chanson de Roland»

I

Le roi Charles, notre empereur, le Grand, sept ans tous pleins est resté dans l'Espagne: jusqu'à la mer il a conquis la terre hautaine. Plus un château qui devant lui résiste, plus une muraille à forcer, plus une cité, hormis° Saragosse, qui est sur une montagne. Le roi Marsile la tient, qui n'aime pas Dieu. C'est Mahomet qu'il sert, Apollin qu'il prie. Il ne peut pas s'en garder: le malheur l'atteindra.

sauf

De la monarchie à la République

De la monarchie à la République

«Nous vivons dans l'histoire comme des poissons dans l'eau», a écrit Jean-Paul Sartre. En effet, une caractéristique particulière des Français est leur attachement à l'histoire et aux traditions formées à travers les siècles. Le souvenir des grands événements qui ont jalonné le développement de leur nation continue à influencer profondément la conscience collective et le comportement politique des Français. Ils sont fiers de leur passé et leur histoire est intégrée à la vie de tous les jours: dans la conversation et dans la presse, ils font souvent des allusions aux événements et aux personnages historiques.

L'histoire de la France présente certaines lignes de force qui permettent de retracer et de comprendre son évolution: la succession de périodes de stabilité et d'instabilité; le conflit entre l'aspiration à l'ordre et le désir de changement; le mouvement cyclique d'un régime autoritaire provoquant une révolution, suivie elle-même d'une réaction conservatrice; le passage tumultueux du pouvoir de l'aristocratie à la bourgeoisie et au peuple; la disparition de la monarchie et le triomphe définitif d'une république démocratique garantissant les libertés des citoyens et des citoyennes.

Le roi Louis XVI devient prisonnier de l'Assemblée constituante le 10 août 1792.

(Page précédente) Le règne de Louis XIV à l'apogée de l'Ancien Régime

·I· Développement de la monarchie

L'INSTALLATION DE LA MONARCHIE:
De l'occupation romaine à Henri IV

Pour une représentation visuelle de la géographie politique de la France au cours des ages, voir les cartes aux pages P7–P8.

L'histoire nationale de la France a commencé avec la Gaule, pays des Celtes, appelés Gaulois par les Romains. La défaite imposée au chef gaulois Vercingétorix par Jules César, en 52 avant J.-C., a assuré la domination romaine de la Gaule et marqué le début de trois siècles de prospérité. Le système administratif mis en place par les Romains a entraîné l'unification de la Gaule pour la première fois. Mais cette unification s'est effondrée au Ve siècle, suite aux grandes migrations des peuples «barbares» venus de l'autre côté du Rhin. Parmi les peuples qui se sont installés en Gaule, les Wisigoths, les Burgondes et les Francs, ces derniers, devenus les plus puissants, ont établi en 448 la première dynastie des rois francs, les Mérovingiens. Le premier roi, Mérovée, a vaincu l'envahisseur Attila, roi des Huns, en 451. Le troisième roi mérovingien, Clovis, s'étant converti au christianisme, s'est fait baptiser à Reims en 496. Gagnant ainsi le soutien de l'Eglise, il est devenu le maître de la majeure partie de la Gaule. Toutefois, des rivalités dynastiques ont bientôt divisé le pays, qui a connu à cette époque une succession de rois faibles. Les musulmans, partant d'Espagne, ont alors entrepris la conquête de la Gaule, mais leur invasion a été arrêtée à Poitiers en 732, par Charles Martel. En 751, son fils Pépin le Bref a fondé la dynastie des Carolingiens.

Pépin le Bref a été sacré par le pape «roi des Francs par la grâce de Dieu». C'est donc avec lui qu'a pris naissance la tradition du sacre des rois par l'Eglise, qui se maintiendrait jusqu'au couronnement du dernier roi de France en 1830. Devenant roi de droit divin, le souverain ajoutait ainsi un pouvoir religieux à son pouvoir politique.

Le fils de Pépin le Bref, Charlemagne, roi de 768 à 814 et chrétien fervent, a renforcé l'unité et la stabilité de la France. Désireux de reformer l'empire romain, Charlemagne, à la tête de son armée victorieuse, a rassemblé l'Europe occidentale en un seul empire avant d'être, en 800, sacré empereur d'Occident à Rome. Souverain temporel tout-puissant de la chrétienté, il a installé sa capitale à Aix-la-Chapelle et créé une administration efficace au sein de laquelle des fonctions importantes ont été accordées à des envoyés royaux (*missi dominici*) et à l'aristocratie. Après la mort de Charlemagne, les disputes entre ses successeurs ont abouti à la division de son empire en trois royaumes: l'Italie, la Germanie et la Gaule, qui a pris le nom de France. A partir de Charles II (le Chauve), premier roi de France (840–877), le pouvoir royal s'est affaibli à mesure que la nouvelle société féodale rendait la monarchie plutôt symbolique. De plus en plus, c'étaient les seigneurs dans leurs châteaux forts qui détenaient le vrai pouvoir militaire et économique du pays. En outre, des invasions étrangères comme celle des Normands qui s'étaient installés en Normandie, et qui avaient menacé Paris en 886, ont précipité la perte de l'autorité royale.

En 987, les Carolingiens se sont vus remplacés par une nouvelle dynastie, celle des rois capétiens, qui allaient peu à peu reconstituer l'unité du royaume et restaurer le pouvoir monarchique. Hugues Capet, roi de droit divin (987–996), a fait sacrer son fils afin de garantir l'hérédité de la monarchie. Les grands seigneurs demeuraient, cependant, très puissants et le pouvoir réel du roi se limitait à la région de l'Ile-de-France, autour de Paris.

Philippe Auguste (roi de 1180–1223) a accru le pouvoir royal en annexant la Normandie, la Bretagne, l'Anjou, le Maine, la Touraine, l'Artois, la Picardie et l'Auvergne. Paris est devenu la véritable capitale du royaume et Philippe Auguste y a construit le château du Louvre. En 1214, la victoire de Bouvines, près de Lille, remportée par une coalition de grands vassaux français contre l'Angleterre et l'Allemagne, a créé pour la première fois en France un vrai sentiment national en faveur du roi.

Louis IX (roi de 1226–1270), appelé Saint Louis en raison de sa piété et de sa participation à deux croisades des chrétiens contre les infidèles, a mis en

place dans le royaume un système de justice universel qui a inspiré le respect, tout en augmentant le prestige du roi.

Philippe le Bel (roi de 1285–1314) a continué de consolider le pouvoir royal à travers un système juridique et administratif très centralisé. En 1302, il a établi les Etats généraux, sorte de parlement composé de nobles et de bourgeois, mais l'Etat est resté fortement contrôlé par le roi.

Après cette période d'unification nationale pendant laquelle le roi s'est imposé comme le vrai souverain et le pouvoir administratif s'est centralisé à Paris, la guerre de Cent Ans (1337–1453), qui a opposé la France et l'Angleterre, a divisé le pays et affaibli de nouveau le pouvoir royal. Les Anglais, soutenus par le duc de Bourgogne qui était l'ennemi du roi, ont occupé une grande partie de la France. Par ailleurs, la situation économique désastreuse provoquait des révoltes populaires chez les paysans, à cause de la famine, et chez les bourgeois, à cause des impôts. En 1356, les Etats généraux ont réclamé la constitution d'un conseil royal élu. La bourgeoisie, devenue une véritable force économique, voulait accroître son rôle politique dans le royaume mais les victoires des Anglais alliés au duc de Bourgogne n'ont fait que fragmenter le pays. A la mort de Charles VI (roi de 1380–1422), devenu fou en 1392, son fils Charles VII n'a pas pu entrer dans Paris où un roi d'Angleterre a été proclamé roi de France. En fait, le roi Charles VII ne possédait que quelques villes sur la Loire quand Jeanne d'Arc (1412–1431) l'a incité à reprendre la lutte contre les Anglais. Le succès de cette campagne a réveillé le sentiment nationaliste. Charles VII, qui a régné jusqu'en 1461, a libéré le pays de la présence anglaise et reconstitué les finances nationales. L'autorité royale, déjà plus considérable, s'est vue encore renforcée en 1477 par la victoire de Louis XI (roi de 1461–1483) sur Charles le Téméraire, duc de Bourgogne, le duché de Bourgogne étant enfin rattaché au royaume de France en 1482. Louis XI dominait les grands seigneurs, ses agents provinciaux imposant ses instructions administratives. Avec lui, la société féodale a été brisée et l'Etat s'est affirmé. Le mariage de son fils Charles VIII avec la duchesse Anne de Bretagne, en 1491, a permis d'incorporer la Bretagne au royaume. A la fin du XVe siècle, l'unification du territoire de la France était ainsi réalisée.

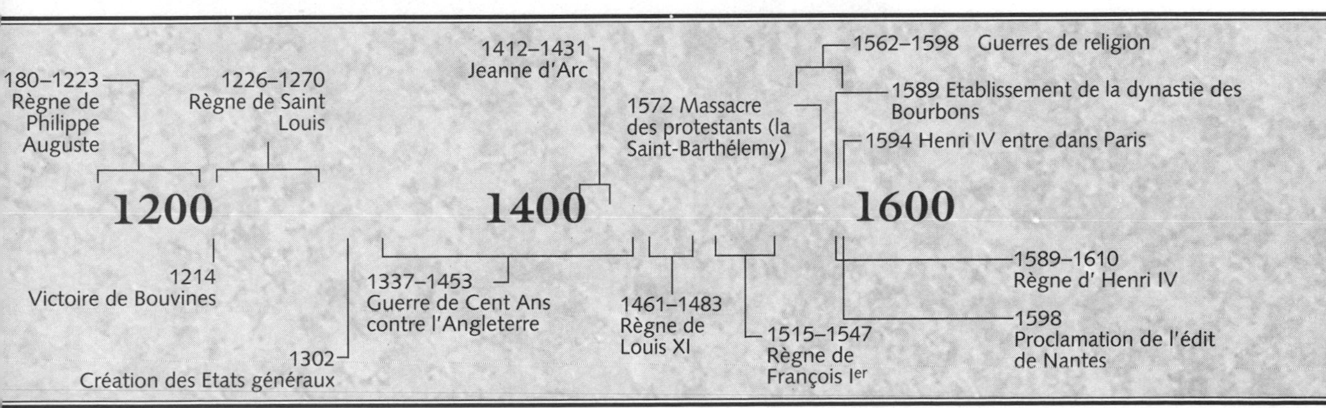

Au XVIe siècle, François Ier (roi de 1515–1547) et son fils Henri II (héritier du trône de 1547–1559) ont renforcé l'autorité de la monarchie et la centralisation de l'administration de l'Etat. Dans les provinces, le roi était représenté par des gouverneurs.

François I^{er,} roi de France de 1515 à 1547

Cependant, les guerres de religion (1562–1598) ont détruit la stabilité du royaume et affaibli l'autorité monarchique. Cette guerre civile entre catholiques et protestants a créé dans la société française une fracture profonde qui se manifeste encore de nos jours à l'occasion de querelles idéologiques opposant l'Eglise et la République laïque, la droite conservatrice et la gauche libérale. Le mouvement religieux de la Réforme, inspiré par Luther et Calvin et appelé protestantisme, critiquait les excès et les abus de l'Eglise catholique. Celle-ci a réagi par la Contre-Réforme et la création de l'ordre religieux des jésuites. La haine violente entre les papistes (les catholiques) et les huguenots (les protestants) a abouti au massacre de la Saint-Barthélemy (le 23 août 1572) à Paris, au cours duquel Charles IX, à l'instigation de sa mère, Catherine de Médicis, a donné l'ordre de tuer tous les protestants. Mais cette guerre religieuse a aussi été une guerre politique: le catholicisme était la religion du roi, symbole du droit divin et de l'unité de l'Etat. Le protestantisme représentait la dissidence et de ce fait menaçait l'autorité royale.

La Ligue catholique estimant que le roi Henri III se montrait trop favorable aux protestants, celui-ci a été assassiné en 1589. Avec son successeur Henri IV (roi de 1589–1610) a commencé la dynastie des Bourbons. Le nouveau roi, protestant, a dû lutter pendant cinq ans contre ses adversaires et accepter de devenir catholique (1593) avant de pouvoir entrer dans la capitale (1594), déclarant que «Paris vaut bien une messe!» En 1598, la proclamation de l'édit de Nantes par Henri IV a mis fin à la guerre civile et établi le principe de la tolérance religieuse en donnant aux protestants les mêmes droits qu'aux catholiques. Henri IV a rétabli l'autorité de la monarchie et, grâce à son ministre des finances, Sully, la France a retrouvé la prospérité. Une nouvelle période de stabilité est apparue avec le début du XVIIe siècle. Elle serait marquée par l'avènement de la monarchie absolue sous Louis XIV.

Découvertes culturelles

1. Quand la Gaule a-t-elle été unifiée pour la première fois?
2. Quelles ont été les principales périodes de stabilité politique entre 768 et 1610?
3. Quelle forme de gouvernement a caractérisé ces périodes?
4. Quelles ont été les principales périodes d'instabilité entre 768 et 1610?
5. Une même cause est-elle à l'origine de ces différentes périodes d'instabilité? Expliquez.
6. Pourquoi le sacre du roi constitue-t-il un symbole important?
7. Au cours de cette période où la monarchie s'est établie en France, qu'est-ce qui a pu menacer l'autorité royale?
8. A quels moments le sentiment national a-t-il pu aider le roi à imposer son autorité? Citez des exemples.
9. En quoi le protestantisme représentait-il une menace pour l'autorité royale? Pourquoi Henri IV s'est-il senti obligé de se convertir au catholicisme?
10. Comment s'appellent les quatre dynasties monarchiques qui se sont succédé entre la fin de l'occupation romaine de la Gaule et l'avènement d'Henri IV?

Témoignages culturels

Lecture 1

Comment naît l'idée de nation

Au Ve siècle, un nouveau système politique et économique s'est mis en place avec le début de la dynastie des Mérovingiens. A la civilisation gallo-romaine s'est ajoutée l'influence germanique des Francs et de Charlemagne qui a choisi Aix-la-Chapelle comme capitale. Le pays qui s'appellerait la France s'est peu à peu détourné de la Méditerranée pour devenir plus continental. Par ailleurs, le christianisme et les croisades y ont incorporé une influence orientale. La période qui a suivi la fin de la guerre de Cent Ans entre les Français et les Anglais en 1453 a marqué la transition entre l'époque médiévale et les temps modernes. Mais l'unité de ces onze siècles a été faite par l'Eglise plutôt que par les rois. C'est pourquoi le sentiment national a évolué lentement pour ne s'exprimer réellement en France qu'au XVe siècle.

La nation française... ne se formera que très lentement. Le sentiment d'appartenance commune, sans doute en germe dès le temps des Mérovingiens, sera favorisé par les croisades: au XIIe siècle, en Terre sainte, les Occidentaux sont dénommés «Francs». Au XIIIe, il se cristallise autour de quelques symboles surtout compris des intellectuels et des hommes politiques: la Couronne, l'oriflamme,° la monnaie et la justice royales. On sacralise le roi, et l'émergence de Paris comme capitale contribue, au XIIIe et surtout au XIVe, à la prise de conscience de l'unité nationale. Ajoutons, hélas, l'impôt royal; tout le monde paie pour des charges communes et il y faut le consentement de tous, représentés en principe par les états généraux.

bannière rouge des rois de France, XIIe–XVe s.

Et la guerre? Au début, la guerre de Cent Ans reste étrangère au sentiment national: elle n'est qu'un conflit féodal entre princes qui ont chacun leur clientèle et qui sont portés à concéder leur appui à un roi ou un autre en termes d'alliances seulement. Mais au XVe siècle, l'Anglais, écrit Jean Favier, *«n'est plus perçu comme le soldat d'un prince candidat à la Couronne de France mais comme le soldat d'un souverain étranger venu conquérir le royaume de France. A partir des années 1430—et Jeanne d'Arc est ici un reflet de la situation autant qu'une cause de son évolution—, l'Anglais, d'abord simple allié des Bourguignons, apparaît comme un occupant qui multiplie les maladresses»*. Bientôt, les Français qui restent dans le camp anglais sont pris pour des traîtres. Et quand des gens sont qualifiés de traîtres, c'est qu'un certain sentiment national est né.

L'Evénement du jeudi, 10 au 16 février 1994.

Découvertes culturelles

1. Le sentiment d'appartenance à une même nation était-il très prononcé à l'époque des rois mérovingiens?
2. Qu'est-ce qui a contribué au développement de ce sentiment… a) au XIIe siècle, b) au XIIIe siècle, c) au XIVe siècle?
3. En quoi l'impôt royal créait-il une certaine solidarité?
4. Comment le sentiment national a-t-il évolué pendant la guerre de Cent Ans?
5. Que révèle l'usage du mot «traître» quant au sentiment d'appartenance à une nation?

Lecture 2

Les guerres de religion menacent la monarchie

A partir de la fondation de la dynastie des Capétiens par Hugues Capet en 987, le pouvoir monarchique s'est peu à peu renforcé. Au début du XVIe siècle, la monarchie était une institution solide. Au cours du siècle, cependant, la guerre civile entre catholiques et protestants a déchiré le pays et menacé la structure politique de cette institution. La division religieuse qui fait éclater familles et paroisses a mis en question le principe du droit divin au cœur de l'autorité royale.

Au sommet de l'édifice social, coiffant les cadres subalternes: famille et paroisse,° assurant l'encadrement administratif en provinces,... la royauté constitue le cadre politique à l'échelle du pays.

Autorité suprême et toujours plus respectée, malgré de fréquents heurts,° elle bénéficie de la protection de l'Eglise catholique, son alliée... qui sacre les rois Très Chrétiens, leur reconnaît une place privilégiée en son sein.... Depuis les temps lointains où les premiers descendants de Hugues Capet s'imposaient à grand-peine aux petits châtelains de l'Ile-de-France..., la monarchie n'a cessé d'affermir° son pouvoir et de l'étendre: progression continue, qui fait des successeurs de Saint Louis et de Philippe le Bel, à la fin du XVe siècle, les maîtres incontestés d'un des

paroisse: communauté chrétienne, subdivision du diocèse

heurts: conflits

affermir: consolider

juristes

plus vastes domaines européens. En leur faveur a joué la naissance lentement affirmée à travers guerres et occupations étrangères du sentiment national—tout comme le savant travail des légistes,° qui ont puisé dans le droit romain les principes de la puissance publique: le roi est empereur en son royaume, il apparaît même plus respecté et écouté que l'empereur du Saint-Empire romain germanique.

Au terme de cet affermissement de l'autorité royale patiemment poursuivi pendant cinq siècles, se profilent les perspectives de la royauté absolue, telle que François Ier l'a peut-être rêvée dans les premières années de son règne entre 1515 et 1525: renforcer les liens entre le gouvernement et l'administration locale, améliorer le rendement de l'impôt royal, mettre sur pied une armée nombreuse, solide et permanente.... Au milieu du XVIe siècle déjà, il n'est plus question de ce bel édifice, lentement construit: la savante théorie de la monarchie de droit divin est

A l'instigation de sa mère, Catherine de Médicis, Charles IX a ordonné le massacre de 3000 protestants auquel on a donné le nom de la Saint-Barthélemy (23 août 1572).

contestée avec violence au cœur des guerres civiles; deux rois sont assassinés par des sujets persuadés que les tyrans ne peuvent continuer à régner; la souveraineté royale est bafouée° par les hommes d'Eglise qui ont le plus contribué à la sanctifier naguère:° une foi, une loi, un roi, la vieille formule qui fonde depuis si longtemps cette autorité, n'a plus de sens dans la France déchirée; à grand-peine, Henri IV a pu rétablir la paix en faisant reconnaître la division religieuse des Français, en imposant l'accord précaire qu'est l'Edit de Nantes....

ridiculisée
récemment

A cette époque, le roi n'est pas, comme nous sommes tentés de l'imaginer à l'instar° des monarques d'aujourd'hui, un chef d'Etat, rouage° d'une Constitution. Il est le souverain, et plus profondément, le garant de la prospérité, le palladium° de la nation. C'est lui, c'est la vertu du sang qui coule dans ses veines, qui fait vivre ses sujets, qui assure aux siens les succès de la guerre, les réussites culturelles. La royauté est une conception mystique.

la manière
pièce d'un mécanisme
la sauvegarde

Robert MANDROU, *Introduction à la France moderne (1500–1640)*, Editions Albin Michel, Paris, 1974.

Découvertes culturelles

1. Quelle place occupait la royauté dans la société?
2. Décrivez le rapport entre l'Eglise catholique et la monarchie durant cette période.
3. Quelle différence territoriale existe-t-il entre le royaume de Hugues Capet et celui de Louis IX (Saint Louis)?
4. Citez les deux raisons avancées pour expliquer la consolidation de l'autorité royale.
5. Quelle était la situation de la monarchie quand François Ier est devenu roi?
6. Quels changements sont intervenus dans cette situation au milieu du siècle?
7. Comment Henri IV a-t-il sauvé la monarchie?
8. Pourquoi peut-on dire qu'à cette époque «la royauté est une conception mystique»?

LA MONARCHIE ABSOLUE:
De Louis XIII à Louis XVI

Au début du XVIIe siècle, le premier roi Bourbon, Henri IV, et son ministre principal, Sully, avaient posé les bases de la monarchie absolue. Quand Henri IV a été assassiné en 1610, son fils Louis XIII, qui n'avait que neuf ans, est devenu roi sous la régence de la reine-mère Marie de Médicis, entourée de son homme de confiance Concini—que Louis XIII ferait assassiner en 1617—et de Richelieu, qu'elle a fait nommer cardinal. La régence a été une période de guerres civiles et la convocation des Etats généraux en 1614 n'a pas permis de rétablir la paix. Louis XIII est devenu roi à part entière en 1617 et a régné jusqu'à sa mort en 1643. Le cardinal de Richelieu, devenu chef du Conseil du roi en 1624, a gouverné avec Louis XIII jusqu'en 1642, poursuivant un double objectif: restaurer l'autorité royale et établir la puissance du royaume en Europe. Richelieu a privé les protestants de leur indépendance politique et les a obligés à reconnaître l'autorité du roi. Il a réprimé sévèrement les complots des nobles contre le roi, tout comme les révoltes des paysans contre les impôts très lourds, justifiant la répression au nom de «la raison d'Etat». Il a centralisé encore davantage le pouvoir en créant dans les provinces un réseau d'intendants loyaux qui étaient de puissants représentants du roi. Richelieu a créé un Etat fort pour soutenir une monarchie puissante.

Louis XIV, fils de Louis XIII, a régné de 1643 à 1715. En 1643, il n'avait que cinq ans. Sa mère, Anne d'Autriche, assurant la régence, a nommé le cardinal Mazarin premier ministre. Comme Richelieu, Mazarin a dû défendre l'autorité royale contre les nobles. Désireux de reprendre les droits féodaux qu'ils avaient perdus sous Louis XIII, ceux-ci avaient organisé la Fronde (1648–1652). C'est grâce au soutien des bourgeois que Mazarin et le jeune roi ont pu triompher de cette révolte. Après la mort de Mazarin en 1661, Louis XIV a régné seul, en monarque absolu, sans premier ministre. Le «Roi-Soleil» était un souverain suprême et possédait tous les pouvoirs: «L'Etat, c'est moi», proclamait-il avec raison. Quant aux nobles, obligés de participer à la vie de la cour de Versailles où une étiquette cérémonieuse exaltait la grandeur du roi, ils

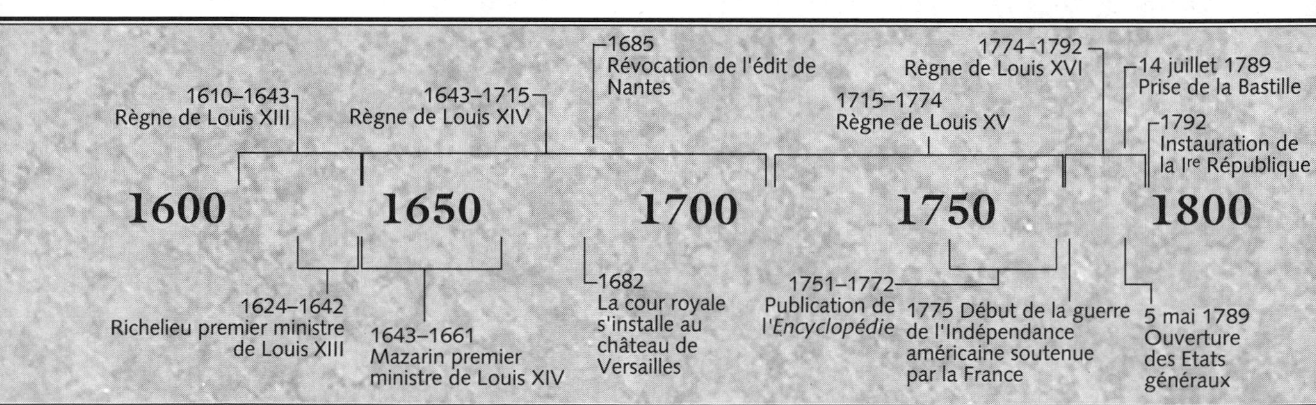

ont perdu beaucoup de leur pouvoir. Symbole du droit divin, Louis XIV a révoqué l'édit de Nantes en 1685, jugeant la religion protestante subversive et dangereuse pour l'autorité royale. Le pouvoir central s'en est trouvé renforcé, et le royaume a été réduit à l'obéissance.

Louis XIV a choisi parmi la bourgeoisie des ministres pour administrer le pays. Ainsi, en 1661, il a nommé Jean-Baptiste Colbert intendant des Finances. Colbert a créé des industries financées par l'Etat et encouragé le commerce et les exportations. L'agriculture est redevenue une source de richesse nationale. La prospérité résultant de la politique économique de Colbert a permis de financer la vie somptueuse du roi au château de Versailles ainsi que ses nombreuses guerres en Europe, destinées à faire rayonner l'influence française. Le peuple cependant n'a pas profité de cette prospérité et a continué à vivre dans la pauvreté. La France était le pays le plus peuplé d'Europe. Cependant, 80 pour cent des habitants vivaient à la campagne où la plupart des terres appartenaient à la noblesse ou au clergé, et les paysans supportaient de plus en plus mal les augmentations d'impôts qui les touchaient cruellement.

Le règne de Louis XIV, qui a duré 72 ans, a représenté l'apogée de la monarchie absolue. Après la mort du roi en 1715, cette forme de gouvernement allait être de plus en plus critiquée au cours du XVIIIe siècle. Louis XV, qui avait cinq ans en 1715, a régné de 1723 à 1774, après la Régence du duc d'Orléans de 1715 à 1723. Louis XV s'intéressait moins à l'exercice du pouvoir que Louis XIV et préférait laisser ses ministres et sa maîtresse, la marquise de Pompadour, assumer ce rôle. Malgré la prospérité de l'économie, assurée grâce au commerce avec les colonies, l'autorité royale est devenue fragile: le développement du commerce augmentait le pouvoir de la bourgeoisie; quant aux nobles, ils essayaient de récupérer leurs anciens privilèges, refusant la réorganisation des impôts et les réformes financières proposées par le roi. De plus, les attitudes intellectuelles évoluaient: les valeurs traditionnelles et la monarchie étaient soumises à l'analyse de la raison. Des philosophes comme Voltaire (1694–1778), Diderot (1713–1784) et d'Alembert (1717–1783) ont donné voix à l'esprit critique et à la recherche de la vérité qui se sont manifestés à cette époque, exprimant leurs idées dans les 17 volumes de l'*Encyclopédie*. Cette œuvre prônant la raison scientifique et le progrès, constituait une réflexion philosophique en plus d'une présentation exhaustive des découvertes scientifiques et des connaissances techniques. Louis XV a d'ailleurs essayé d'interdire la publication de l'*Encyclopédie* qui, selon lui, menaçait l'autorité royale en encourageant l'esprit d'indépendance et de révolte.

Dans *De l'Esprit des lois* (1748), Montesquieu a critiqué la monarchie absolue, proposant la séparation des pouvoirs exécutif, législatif et judiciaire pour garantir les libertés et éviter la dictature et la tyrannie. Comme la plupart des philosophes du «Siècle des lumières», Montesquieu était favorable à la monarchie constitutionnelle. Dans son *Contrat social* (1762), Jean-Jacques Rousseau a analysé les rapports entre l'individu et la société, observant que l'homme, né libre, était devenu partout victime de la société. C'est pourquoi il devait se libérer de la tyrannie (de la monarchie absolue) en fixant pour objectifs aux lois la liberté et l'égalité, la liberté ne pouvant pas exister sans l'égalité. Ces principes démocratiques allaient inspirer l'esprit révolutionnaire, d'autant que la défense des droits de l'homme par les philosophes trouvait un écho profond dans l'opinion publique. La société, désireuse de justice sociale, acceptait de moins en moins les abus de la monarchie absolue. Louis XV, qui n'était plus respecté, est mort très impopulaire en 1774. Son petit-fils, Louis XVI, a été le dernier roi de l'Ancien Régime. L'opposition à l'autorité du roi ne cessait d'augmenter, et l'agitation de la bourgeoisie a incité Louis XVI à essayer d'introduire des réformes, mais il y a renoncé devant les protestations des nobles.

La participation à la guerre d'Indépendance en Amérique (1775–1783) a donné du prestige à la France mais aussi occasionné des dépenses publiques qui se sont ajoutées au gaspillage de la cour royale. La situation économique s'est encore aggravée en raison des mauvaises récoltes, de la récession et de la famine. L'impôt principal, la taille, était payé par le tiers état, c'est-à-dire par la bourgeoisie et le peuple, les nobles n'acceptant pas de payer des impôts. Incapable d'instituer des réformes et de trouver une solution à la crise financière, Louis XVI a convoqué les Etats généraux en mai 1789. Cette assemblée composée de trois «états», la noblesse, le clergé et le tiers état, devait être réunie par le roi pour approuver de nouveaux impôts. Elle n'avait pas été réunie depuis 1614, au début du règne de Louis XIII. La convocation des Etats généraux a dirigé sur la noblesse le mécontentement de la bourgeoisie et du peuple: chaque état avait droit à une voix. La bourgeoisie jugeait que le tiers état, plus représentatif de la population, devait disposer d'un plus grand nombre de voix. Le 20 juin 1789, les députés du tiers état ont prêté le serment du Jeu de paume, jurant de ne pas se séparer avant d'avoir donné une constitution à la France. Avec l'appui d'un petit groupe libéral de la noblesse et du clergé, ils se sont proclamés Assemblée constituante. Louis XVI a fait appel à l'armée pour rétablir son autorité, mais les Parisiens se sont révoltés et ont formé une Garde nationale. La Bastille a été attaquée le 14 juillet 1789, et la prise de cette prison royale a symbolisé la fin de la monarchie absolue. Les institutions de l'Ancien Régime étaient périmées et Louis XVI a été obligé d'accepter la monarchie constitutionnelle; mais la Révolution a continué et la Ire République serait proclamée en 1792.

Découvertes culturelles

Choisissez dans la liste le nom du personnage qui correspond à chacune des définitions suivantes. Un nom peut être employé plus d'une fois. Justifiez vos choix.

Marie de Médicis	Anne d'Autriche	Madame de Pompadour
Mazarin	Colbert	Louis XIII
Louis XIV	Louis XVI	Louis XV
Henri IV		

1. Premier roi Bourbon, il est mort assassiné.
2. Mère de Louis XIII, elle a assuré la régence jusqu'à la majorité du roi.
3. Mère de Louis XIV, elle aussi a assuré une régence au XVIIe siècle.
4. Ce premier ministre a contribué à établir l'autorité absolue du roi.
5. «L'Etat, c'est moi.»
6. Ce roi a révoqué l'édit de Nantes.
7. Ce ministre des Finances a rétabli la prospérité économique.
8. Cette maîtresse du roi a exercé un important pouvoir politique.
9. Ce roi a essayé de supprimer l'*Encyclopédie*.
10. Ce roi a été le dernier souverain de l'Ancien Régime.
11. Il a convoqué les Etats généraux.
12. Ce roi a choisi ses ministres parmi les bourgeois.
13. Surnommé le «Roi Soleil», il a fait construire le château de Versailles.

Le cardinal de Richelieu, homme d'Etat sous Louis XIV, a renforcé l'absolutisme royal et aidé à centraliser l'administration du pays.

Témoignages culturels

Lecture 1

Louis XIV: mise en place de l'absolutisme royal

En 1661 a commencé le règne personnel de Louis XIV. Le monarque a immédiatement procédé à la réorganisation de l'administration politique afin d'exercer son «métier de roi» comme maître absolu de son royaume. Désormais, tout dépendait de lui. Le droit divin justifiait son pouvoir suprême sur tous ses sujets qui lui devaient une soumission totale. «La nation réside entière dans la personne du roi», affirmait-il lui-même.

La première tâche a été la refonte° totale du système de gouvernement. Il [Louis XIV] supprima complètement et définitivement la fonction de premier ministre, «rien n'étant plus indigne que de voir d'un côté toutes les fonctions, et de l'autre le seul titre de Roi».... Là réside sans doute l'acte essentiel du jeune monarque qu'on a pu appeler, avec quelque emphase, «le grand révolutionnaire du XVIIe siècle». Du Conseil du Roi, cohue° comprenant trop de commis et trop de personnages bien nés, il chassa presque tout le monde, même sa mère. Il y admit seulement trois hommes: Le Tellier, Lionne, et Fouquet, surveillé et bientôt remplacé par Colbert. Eux seuls furent ministres: aucun prélat, aucun grand, aucun prince du sang, pas même l'illustre et sage Turenne, n'entrèrent à ce qu'on appela bientôt le «Conseil d'En-Haut», où se décidaient toutes les grandes affaires de l'Etat. Les trois hommes avaient en commun une naissance obscure, de l'expérience, une fidélité éprouvée; tous trois avaient été les hommes de Mazarin; tous trois allaient devoir au Roi leur fortune et leur avancement; aucun ne dominait, aucun ne signait quoi que ce fût sans l'aveu du Roi. Celui-ci précise: «Il n'était pas de mon intérêt de prendre des sujets d'une qualité plus éminente... mon intention n'était pas de partager mon autorité avec eux.»

refonte: remise à neuf

cohue: multitude

Pierre Goubert, *Louis XIV et vingt millions de Français*, Librairie Arthème Fayard, Paris, 1966.

Découvertes culturelles

1. Pourquoi Louis XIV ne voulait-il pas de premier ministre?
2. Comment a-t-il réorganisé le Conseil du Roi?
3. Qu'avaient en commun les trois hommes qu'il a nommés au Conseil du Roi?
4. Pourquoi n'a-t-il pas choisi des hommes de la noblesse?

Lecture 2

Les principes de la monarchie absolue

Malgré l'agitation politique et la résistance croissante à la monarchie absolue, Louis XV, dans un discours prononcé en 1766, a affirmé la prééminence du souverain et énuméré les principes de l'absolutisme.

La magistrature ne forme point un corps, ni un ordre séparé des trois ordres du royaume: les magistrats sont mes officiers, chargés de m'acquitter du devoir vraiment royal de rendre la justice à mes sujets...

Comme s'il était permis d'oublier que c'est en ma personne seule que réside la puissance souveraine dont le caractère propre est l'esprit de conseil, de justice et de raison; que c'est de moi seul que mes cours° tiennent leur existence et leur autorité; que la plénitude de cette autorité, qu'elles n'exercent qu'en mon nom, demeure toujours en moi et que l'usage n'en peut jamais être tourné contre moi; que c'est à moi seul qu'appartient le pouvoir législatif, sans dépendance et sans partage; que c'est par ma seule autorité que les officiers de mes cours procèdent non à la formation, mais à l'enregistrement, à la publication et à l'exécution de la loi et qu'il leur est permis de me remontrer° qui est du devoir de bons et fidèles conseillers; que l'ordre public tout entier émane de moi; que j'en suis le gardien suprême; que mon peuple n'est qu'un avec moi et que les droits et les intérêts de la nation, dont on ose faire un corps séparé du monarque, sont nécessairement unis avec les miens et ne reposent qu'en mes mains. Je suis persuadé que les officiers de mes cours ne perdront jamais de vue ces maximes sacrées et immuables° qui sont gravées dans le cœur de tout sujet fidèle.

cours: *tribunaux*
remontrer: *faire une critique raisonnée*
immuables: *invariables*

Texte cité par Jean Carpentier et François Lebrun (éd.), *Histoire de France*, Editions du Seuil, Paris, 1987.

Découvertes culturelles

1. Louis XV aurait-il accepté que les magistrats constituent une association indépendante de lui?
2. Selon ce discours, en qui réside la puissance souveraine? Qu'est-ce qui caractérise cette puissance?
3. Qui détient tous les pouvoirs?
4. D'après Louis XV, qu'est-ce qui constitue «la nation»?

Lecture 3

La séparation des pouvoirs

Ayant passé deux ans à Londres, Montesquieu est devenu un admirateur fervent de la constitution anglaise. Dans *De l'Esprit des lois* (1748), il a analysé les mécanismes des gouvernements et montré la nécessité de la séparation des trois pouvoirs: les pouvoirs exécutif, législatif et judiciaire. Ce principe de la séparation des pouvoirs, sur lequel la constitution américaine est fondée, est resté un élément important de la théorie constitutionnelle en France depuis la fin de l'Ancien Régime.

Il y a, dans chaque Etat, trois sortes de pouvoirs: la puissance législative, la puissance exécutrice des choses qui dépendent du droit des gens, et la puissance exécutrice de celles qui dépendent du droit civil.

Par la première, le prince ou le magistrat fait des lois pour un temps ou pour toujours, et corrige ou abroge° celles qui sont faites. Par la seconde, il fait la paix ou la guerre, envoie ou reçoit des ambassades, établit la sûreté, prévient les invasions. Par la troisième, il punit les crimes ou juge les différends° des particuliers. On appellera cette dernière la puissance de juger, et l'autre, simplement la puissance exécutrice de l'Etat.

annule

disputes

La liberté politique dans un citoyen est cette tranquillité d'esprit qui provient de l'opinion que chacun a de sa sûreté; et pour qu'on ait cette liberté, il faut que le gouvernement soit tel qu'un citoyen ne puisse pas craindre un autre citoyen.

Lorsque, dans la même personne ou dans le même corps de magistrature, la puissance législative est réunie à la puissance exécutrice, il n'y a point de liberté; parce qu'on peut craindre que le même monarque ou le même sénat ne fasse des lois tyranniques pour les exécuter tyranniquement.

Il n'y a point encore de liberté si la puissance de juger n'est pas séparée de la puissance législative et de l'exécutrice. Si elle était jointe à la puissance législative, le pouvoir sur la vie et la liberté des citoyens serait arbitraire: car le juge serait législateur. Si elle était jointe à la puissance exécutrice, le juge pourrait avoir la force d'un oppresseur.

Tout serait perdu si le même homme, ou le même corps des principaux, ou des nobles, ou du peuple, exerçaient ces trois pouvoirs: celui de faire les lois, celui d'exécuter les résolutions publiques, et celui de juger les crimes ou les différends des particuliers.

MONTESQUIEU, «De La Constitution d'Angleterre», *De l'Esprit des lois*, Livre XI, Chapitre VI, Editions sociales, Paris, 1969.

Découvertes culturelles

1. Quelles sont, selon Montesquieu, les fonctions de chacun des trois pouvoirs?
2. Pourquoi la séparation des pouvoirs garantit-elle la liberté politique?
3. Quels aspects de la monarchie absolue ont conduit les philosophes tels que Montesquieu à attaquer cette forme de gouvernement?
4. On a dit que les philosophes voulaient tout examiner à la lumière de la raison. En quoi, selon cette analyse de Montesquieu, la séparation des pouvoirs paraît-elle logique et raisonnable?
5. En quoi, au contraire, la monarchie absolue ne semble-t-elle pas «raisonnable»? Comparez, par exemple, ces idées de Montesquieu au concept de gouvernement de Louis XV (Voir Lecture 2, page 127).

·II· Révolution

L'année 1789 marque le début de la France contemporaine. La Révolution qui a commencé cette année-là a transformé définitivement les structures politiques, sociales, juridiques et administratives du pays. La souveraineté est passée du roi à l'Etat et à ses institutions.

Après le serment du Jeu de paume, le 20 juin 1789, la Constituante, assemblée chargée de préparer une constitution pour la France, a remplacé les Etats généraux. Le 14 juillet, la chute de la Bastille symbolisant la fin de la monarchie absolue de l'Ancien Régime, a déclenché une longue période d'instabilité révolutionnaire. Le 4 août, l'abolition des privilèges du système féodal a permis l'essor de la bourgeoisie qui allait prendre la succession de la noblesse en tant que classe dirigeante. Le 26 août, la *Déclaration des droits de l'homme et du citoyen* affirmait les principes de la démocratie et de la séparation des pou-

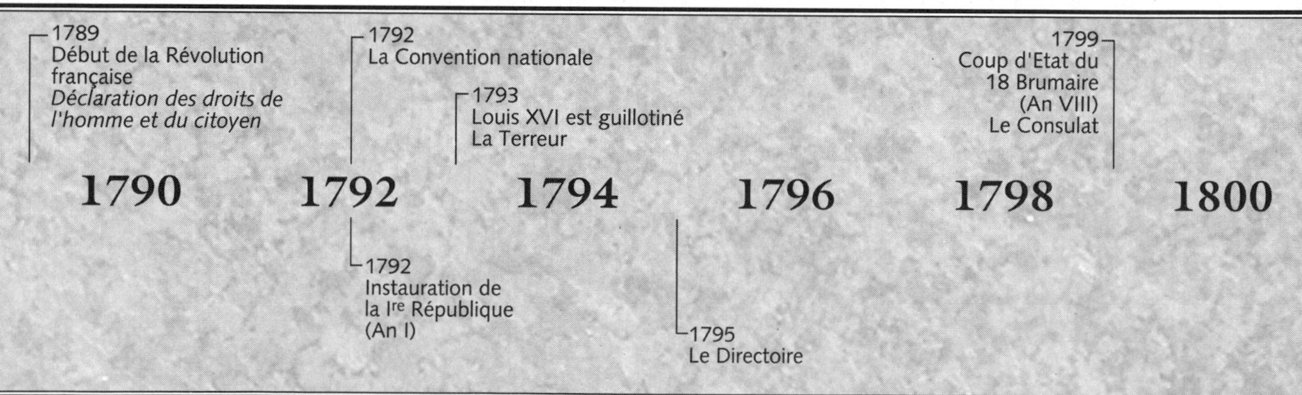

voirs législatif, exécutif et judiciaire. Le 22 décembre, une nouvelle organisation administrative basée sur 83 départements remplaçait les anciennes provinces. C'était le début de l'Etat jacobin, qui allait centraliser l'administration du pays sur Paris. Cette centralisation a d'ailleurs caractérisé l'Etat jusqu'en 1982, année des lois sur la décentralisation votées par le gouvernement socialiste.

L'Assemblée nationale constituante a aussi aboli les privilèges de l'Eglise qui garantissait le pouvoir divin du roi. L'Eglise, perdant ainsi son autonomie, est devenue dépendante de l'Etat, et la propriété du clergé a été nationalisée. En 1791, la Constituante a voté une constitution qui établissait une monarchie constitutionnelle accordant à l'Assemblée certains des pouvoirs jusque là réservés au roi. Beaucoup de nobles ont alors émigré à l'étranger d'où ils ont organisé des complots contre la Révolution. En juin 1791, Louis XVI lui-même a essayé de s'enfuir vers l'étranger mais il a été arrêté à Varennes par les révolutionnaires. Cette fuite a condamné la monarchie: le roi était maintenant considéré comme un traître par les révolutionnaires qui réclamaient une République à la place de la monarchie constitutionnelle. La Prusse et l'Autriche (pays d'origine de la reine Marie-Antoinette, femme de Louis XVI) ayant explicitement condamné la Révolution, la nation française a choisi de déclarer la guerre à l'Autriche. Mais les premières opérations militaires ayant donné lieu à une suite de défaites pour les Français, l'ennemi a commencé à envahir le pays. Face à cette menace étrangère et à l'insurrection du peuple de Paris, la Constituante, suspendant les fonctions du roi, s'est transformée le 21 septembre 1792 en Convention nationale élue au suffrage universel (par les hommes seulement puisque les femmes n'obtiendraient le droit de vote qu'en 1944). Le même jour, la Convention proclamait la Ire République. Louis XVI, symbole de l'Ancien Régime, serait guillotiné en public en janvier 1793, et la reine Marie-Antoinette en octobre 1793.

La Ire République a inauguré une nouvelle époque dans l'histoire de France. Les révolutionnaires ont marqué cette rupture avec le passé par des innovations symboliques: la France a adopté un nouveau drapeau (le drapeau tricolore), un nouveau calendrier (1792 est devenu l'An I et les mois et les jours ont changé de nom), un nouveau système de poids et mesures (le système métrique), une chanson patriotique (la *Marseillaise*, désormais hymne national) et la célèbre devise «Liberté, Egalité, Fraternité» que l'on a inscrite sur tous les bâtiments publics. La Convention, qui a duré de 1792 à 1795, a aussi lancé un grand mouvement de déchristianisation: les fêtes religieuses ont été remplacées par des fêtes civiques, et on a instauré une nouvelle religion de la Raison et de la Vertu. Ce mouvement laïc est resté étroitement associé à l'idée républicaine jusqu'à nos jours.

A l'intérieur de la Convention, un conflit de plus en plus marqué est apparu entre les modérés (les Girondins liés à la grande bourgeoisie et qui siégeaient à droite de l'Assemblée) et les extrémistes soutenus par le peuple parisien (les Montagnards), qui siégeaient à gauche. Cette disposition des sièges entre la droite, les partis conservateurs, et la gauche, les partis

Les Jacobins, qui sous la Révolution professaient une doctrine démocratique et centralisatrice, tenaient leurs séances dans l'ancien couvent des Jacobins (Dominicains) à Paris.

radicaux, s'est d'ailleurs maintenue jusqu'à nos jours à l'Assemblée nationale de Paris. Parmi les extrémistes se trouvaient les grands noms de la Révolution: Robespierre (1758–1794), Saint-Just (1767–1794), Marat (1743–1793) et Danton (1759–1794). Guidés par la volonté fanatique de sauver la République contre ses ennemis de la Contre-Révolution, Robespierre et Saint-Just ont instauré en 1792 la Terreur qui se terminerait par les six semaines de la Grande Terreur et la chute de Robespierre, le 9 Thermidor an II (le 27 juillet 1794). Les excès de la Terreur avaient entraîné l'exécution de plus de 40 000 personnes condamnées par le Tribunal révolutionnaire. La fin de la Convention montagnarde allait provoquer le retour à une république bourgeoise et modérée.

Une nouvelle constitution a instauré le Directoire entre 1795 et 1799. Cinq directeurs exerçaient le pouvoir exécutif et deux assemblées étaient chargées du pouvoir législatif. Toutefois la République était toujours menacée par des insurrections non seulement de la part des royalistes mais aussi de la part des révolutionnaires déçus. Pour maintenir l'ordre, l'armée s'est alors imposée dans la vie politique. Devenu général des armées révolutionnaires en 1793, Napoléon Bonaparte a réprimé l'insurrection royaliste contre le Directoire le 5 octobre 1795. Par la suite, le succès de ses campagnes militaires en Italie (1797) et en Egypte (1798–1799) allait augmenter sa gloire et sa popularité.

Le Directoire connaissait des difficultés grandissantes, et la réputation de la République était gravement atteinte par l'instabilité politique. Grâce au désir généralisé de voir rétablir l'ordre social, Napoléon a pu profiter de son prestige auprès de l'opinion publique pour organiser le coup d'Etat du 18 Brumaire (9 novembre 1799) et mettre fin à la Révolution. Le Directoire a cédé la place à un gouvernement assuré par trois consuls et c'est au cours de cette période du Consulat (1799–1804) que Napoléon a imposé son autorité en concentrant le pouvoir exécutif entre ses mains. La stabilité retrouvée a permis à la bourgeoisie de consolider sa position en tant que classe dominante. Le Consul

Napoléon a poursuivi la réorganisation administrative commencée par la Révolution, qui visait à augmenter le pouvoir de l'Etat en établissant une administration civile. Il a renforcé la centralisation en nommant lui-même les préfets responsables de l'administration des départements. Il a créé l'Université d'Etat et la division de la France en Académies: l'enseignement secondaire et supérieur sont passés sous le contrôle de l'Etat, et la centralisation de l'enseignement national lui a permis de former les nouveaux fonctionnaires de l'Etat qui provenaient en majorité des rangs de la bourgeoisie. Il a fait rédiger le Code civil, appelé plus tard Code Napoléon, qui unifiait le droit en France et reconnaissait un principe fondamental de la Révolution: l'égalité des citoyens devant la loi.

La Révolution et la Ire République marquent encore la mémoire collective de la France moderne. En dix ans, de 1789 à 1799, les changements profonds qui ont transformé complètement le système politique français ont posé les bases et créé la nouvelle nation, ainsi que les symboles qui définissent encore aujourd'hui l'identité de la France. Les «droits de l'homme» sont devenus une référence idéologique constante. En déclarant l'égalité des citoyens devant la loi, la Révolution a institué la liberté individuelle et mis fin de façon définitive à la féodalité qui était au cœur de l'organisation politique et sociale de l'Ancien Régime. De plus, les révolutionnaires républicains ont enraciné cette nouvelle nation dans l'esprit des citoyens en remplaçant la religion associée à la monarchie de droit divin par le culte de la République civile avec ses rites, ses traditions, ses héros et ses héroïnes. La Révolution a promu le peuple au rang de participant actif au processus politique et donné naissance à deux mouvements politiques qui allaient s'opposer pendant les siècles suivants: d'un côté la gauche, inspirée par le désir de justice et d'égalité, et de l'autre, fondée sur le désir d'ordre et de stabilité, la droite conservatrice. Enfin, aux yeux du monde, la Révolution a imposé l'image de la France comme le pays de la liberté et des droits de l'homme.

Découvertes culturelles

Vrai ou faux? Justifiez vos choix en ajoutant des renseignements supplémentaires.

1. La fête nationale française du 14 juillet marque l'anniversaire du serment du Jeu de paume.
2. La Révolution a d'abord essayé d'établir une monarchie constitutionnelle.
3. Louis XVI a réussi à s'évader à l'étranger.
4. Beaucoup de symboles qui caractérisent la France contemporaines sont apparus au moment de la Révolution.
5. Les révolutionnaires se sont efforcés de supprimer le pouvoir et l'influence de l'Eglise.
6. Robespierre et Danton étaient des Girondins modérés.
7. Le fait que Napoléon ait sauvé la Révolution lui a permis de venir au pouvoir.
8. La division droite-gauche qui domine la vie politique française est un phénomène moderne qui date du XXe siècle.

Témoignages culturels

Lecture 1

«Déclaration des droits de l'homme et du citoyen»

Déclaration des droits de l'homme et du citoyen ou *Déclaration de 1789:* texte de base des constitutions républicaines de la France et de la Constitution monarchique de 1791, affirmant les droits fondamentaux de liberté, propriété et égalité.

Article premier. Les hommes naissent et demeurent libres et égaux en droits. Les distinctions sociales ne peuvent être fondées que sur l'utilité commune.
Article 2. Le but de toute association politique est la conservation des droits naturels et imprescriptibles de l'homme. Ces droits sont la liberté, la propriété, la sûreté et la résistance à l'oppression.
Article 3. Le principe de toute souveraineté réside essentiellement dans la Nation. Nul corps, nul individu ne peut exercer d'autorité qui n'en émane expressément.
Article 4. La liberté consiste à pouvoir faire tout ce qui ne nuit pas à autrui: ainsi, l'exercice des droits naturels de chaque homme n'a de bornes° que celles qui assurent aux autres membres de la société la jouissance de ces mêmes droits. Ces bornes ne peuvent être déterminées que par la loi.
Article 5. La loi n'a le droit de défendre° que les actions nuisibles à la société. Tout ce qui n'est pas défendu par la Loi ne peut être empêché, et nul ne peut être contraint à faire ce qu'elle n'ordonne pas.
Article 6. La loi est l'expression de la volonté générale. Tous les citoyens ont droit de concourir personnellement, ou par leurs représentants, à sa formation. Elle doit être la même pour tous, soit qu'elle protège, soit qu'elle punisse. Tous les citoyens, étant égaux à ses yeux, sont également admissibles à toutes dignités, places et emplois publics, selon leur capacité, et sans autre distinction que celle de leurs vertus et de leurs talents.
Article 7. Nul homme ne peut être accusé, arrêté ni détenu que dans les cas déterminés par la Loi, et selon les formes qu'elle a prescrites. Ceux qui sollicitent, expédient, exécutent ou font exécuter des ordres arbitraires doivent être punis; mais tout citoyen appelé ou saisi en vertu de la Loi doit obéir à l'instant: il se rend coupable par la résistance.
Article 8. La loi ne doit établir que des peines strictement et évidemment nécessaires, et nul ne peut être puni qu'en vertu d'une loi établie et promulguée antérieurement au délit, et légalement appliquée.

limites

interdire

Article 9. Tout homme étant présumé innocent jusqu'à ce qu'il ait été déclaré coupable, s'il est jugé indispensable de l'arrêter, toute rigueur qui ne serait pas nécessaire pour s'assurer de sa personne doit être sévèrement réprimée.
Article 10. Nul ne doit être inquiété pour ses opinions, même religieuses, pourvu que leur manifestation ne trouble pas l'ordre établi par la Loi.
Article 11. La libre communication des pensées et des opinions est un des droits les plus précieux de l'homme; tout citoyen peut donc parler, écrire, imprimer librement, sauf à répondre de l'abus de cette liberté dans les cas déterminés par la Loi.
Article 12. La garantie des droits de l'Homme et du Citoyen nécessite une force publique; cette force est donc instituée pour l'avantage de tous et non pour l'utilité particulière de ceux auxquels elle est confiée.
Article 13. Pour l'entretien de la force publique, et pour les dépenses d'administration, une contribution commune est indispensable: elle doit être également répartie entre tous les citoyens, en raison de leurs facultés.°
Article 14. Tous les citoyens ont le droit de constater par eux-mêmes ou par leurs représentants, la nécessité de la contribution publique, de la consentir librement, d'en suivre l'emploi, et d'en déterminer la quotité,° l'assiette,° le recouvrement et la durée.
Article 15. La société a le droit de demander compte à tout agent public de son administration.
Article 16. Toute société dans laquelle la garantie des droits n'est pas assurée, ni la séparation des pouvoirs déterminée, n'a point de constitution.
Article 17. La propriété étant un droit inviolable et sacré, nul ne peut en être privé, si ce n'est lorsque la nécessité publique, légalement constatée, l'exige évidemment, et sous la condition d'une juste et préalable indemnité.

capacités

proportion

matière sur laquelle porte l'impôt

Découvertes culturelles

La *Déclaration des droits de l'homme et du citoyen* est un document qui vise des abus spécifiques de l'Ancien Régime et de la monarchie absolue. Dégagez de la *Déclaration* les principes qui cherchent à garantir...

1. la liberté individuelle du citoyen.
2. l'égalité.
3. la liberté de la presse.
4. la liberté religieuse.
5. la participation des citoyens aux affaires du pays.
6. la séparation des pouvoirs.

Louis David, peintre néo-classique, a immortalisé le couronnement de Bonaparte devant le Pape dans le Sacre de Napoléon.

Lecture 2

Profil de la Révolution

Les événements et les régimes qui se sont succédé entre le début de la Révolution de 1789 et la fin de l'Empire napoléonien en 1815 reflètent les luttes entre les différents groupes sociaux. Les privilèges de la noblesse de l'Ancien Régime ont été balayés par un vaste mouvement en faveur de la liberté et de l'égalité des droits. «Il n'y a plus, pour aucune partie de la nation ni pour aucun individu, aucun privilège ni exception au droit commun de tous les Français» proclamait le préambule de la Constitution de 1791. Pour la bourgeoisie et pour le peuple, cependant, les objectifs de la Révolution étaient différents. Les institutions qui ont remplacé la monarchie absolue, allant de la monarchie constitutionnelle à la République et à l'Empire, ont été autant de tentatives pour résoudre la crise politique qui a fait disparaître l'Ancien Régime et mis en place une société nouvelle.

De 1789 à 1794, la Révolution est un mouvement continu de l'avant: premières solutions rapidement dépassées, compromis remis en question; sans doute l'année 1789 a-t-elle été décisive, mais une fois l'ancien régime abattu et le nouveau construit par la Constituante, il reste que de Varennes à janvier 1793, par la volonté royale et par la pression de la guerre étrangère, la monarchie constitutionnelle bâtie par les modérés de 1789 s'est trouvée contestée, puis abattue; au delà du printemps 1793, dans le court espace d'un an (juillet 1793–juillet 1794), la Convention montagnarde,° forte d'appuis populaires nécessaires au salut de la Patrie et de la République en danger, esquisse° même une démocratie sociale, sans lendemain; Thermidor est le point d'arrêt capital. Au-delà et jusqu'en 1815, les tenants bourgeois du régime nouveau, renonçant aux appuis populaires sans se rallier pour autant à l'ancien état de choses, s'essaient à stabiliser la Révolution, à lui donner une forme aussi acceptable

montagnarde: jacobine
esquisse: fixe le plan

que l'était le compromis de 1791. Napoléon s'en est mêlé, qui a imposé sa propre solution et relancé la conquête de l'Europe, cette libération rêvée par les soldats de l'An II et les législateurs de 1792.... Régime personnel, mais aussi éloigné de la Tradition que de la Révolution en France, l'Empire napoléonien a une autre résonance à travers l'Europe, où il signifie bouleversements politiques et sociaux (difficultés économiques aussi parfois); et toujours une «francisation» à la place de traditions européennes non moins ancestrales que l'ancien régime français: d'où en 1813–1815, cette grande révolte des «peuples»...

Quelle que soit l'importance de ces compromis—République directoriale, Consulat, Empire—quelle que soit la postérité de certaines réalisations de la période 1794–1815 (la Légion d'honneur, l'Université impériale par exemple), ce sont les débuts de la Révolution qui, en France, ont pesé le plus lourdement sur le destin contemporain; l'année 1789, où s'effondrent° les cadres sociaux et politiques de la France monarchique, y tient une place d'honneur. Une bonne part de l'avenir français s'inscrit entre le 5 mai et le 20 octobre, où les hésitations royales, les scrupules des six cents «avocats» qui composaient la représentation du Tiers Etat, et l'enthousiasme des classes populaires parisiennes ont pris place sur l'avant-scène, acteurs de premier plan pour cette année et les années à venir.

tombent

G. Duby et R. Mandrou, *Histoire de la civilisation française*, Tome 2, Librairie Armand Colin, Paris, 1968.

Découvertes culturelles

1. Relevez dans le texte le nom des Assemblées et des formes de gouvernement qui se sont succédé entre 1789 et 1815.
2. Pourquoi peut-on faire une distinction entre la période de 1789 à 1794 et celle de 1794 à 1815?
3. Sur quelle forme de gouvernement a débouché la Constituante?
4. Trouvez dans le texte une allusion à la fuite de la famille royale en 1791.
5. En quoi la fin du règne de la Terreur de Thermidor (juillet 1794) a-t-elle représenté un moment décisif dans l'évolution de la Révolution?
6. Trouvez dans le texte deux allusions au nouveau calendrier républicain qui commence en 1792 (An I), avec l'instauration de la Ire République.
7. Quel groupe social a été à l'origine de la stabilisation de la Révolution après 1794?
8. Grâce aux victoires remportées par l'empereur Napoléon, l'Europe est devenue «française» vers 1810. Comment les pays européens ont-ils réagi?
9. Pourquoi l'année 1789 est elle particulièrement célèbre dans l'histoire de la France?
10. En quoi les événements de la Révolution ont-ils constitué un immense bouleversement social?

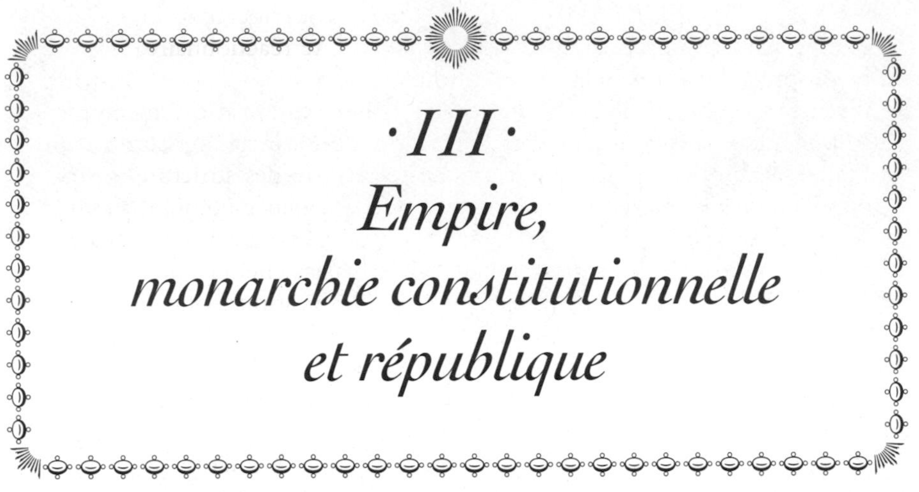

·III·
Empire, monarchie constitutionnelle et république

Au cours du XIXe siècle, la Révolution commencée en 1789 a continué à secouer l'ordre établi. Les conservateurs, opposés au changement, ont peu à peu cédé devant le progrès des idées démocratiques et républicaines. On a donc assisté à un va-et-vient entre des régimes autoritaires et des régimes libéraux ou révolutionnaires, jusqu'à l'établissement de la IIIe République, qui durerait de 1870 à 1940.

La gauche et la droite n'adopteraient pas l'organisation de partis politiques avant la fin du siècle. Jusque-là, il s'agirait plutôt de deux mouvements pour ou contre le changement, composés de groupes divers. A l'intérieur de la gauche, ces groupes, allant des extrémistes jusqu'aux libéraux, défendaient des conceptions différentes de la Révolution: pour les extrémistes, les valeurs égalitaires et

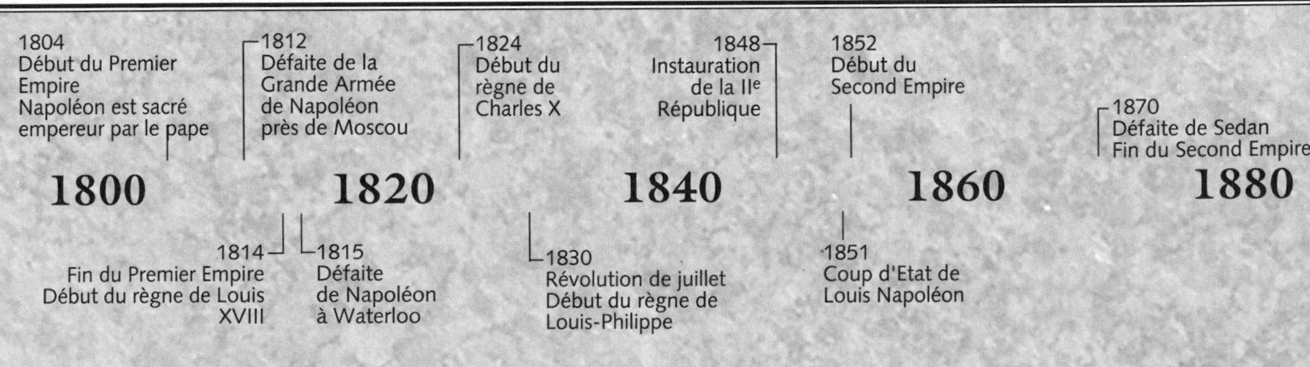

les droits du peuple étaient primordiaux, alors que les libéraux s'inspiraient des principes démocratiques de 1789. Quant à la droite réactionnaire, elle désirait la restauration d'une monarchie catholique absolue.

Le Premier Empire (1804–1814) et la Restauration monarchique (1815–1830) ont été des régimes autoritaires. Le triomphe du conservatisme s'explique aussi par la lenteur de l'évolution des structures sociales et économiques qui étaient encore, comme sous l'Ancien Régime, dominées par l'agriculture et la manufacture artisanale. Ce n'est qu'à partir des années 1840 que la machine à vapeur, les mines de charbon et les chemins de fer, en transformant la production industrielle et les communications, ont diminué l'importance de la vie rurale en faveur des villes et du nouveau prolétariat. En 1851, 3 pour cent de la population habitait Paris, contre 10 pour cent en 1911. Par ailleurs, la croissance des villes s'est accompagnée d'une diminution de l'influence de l'Eglise.

LE PREMIER EMPIRE ET LA RESTAURATION (1804–1830)

Le Premier Empire a été proclamé en 1804. Napoléon Bonaparte, prenant le nom Napoléon Ier, s'est fait couronner empereur des Français par le pape dans la cathédrale Notre-Dame de Paris. Si cette cérémonie a symbolisé la fin de la période révolutionnaire commencée en 1789, certains droits acquis par tous les citoyens pendant cette période sont restés en place grâce aux réformes faites par Napoléon pendant le Consulat. Le régime a adopté un style de plus en plus monarchique et autoritaire lors des conquêtes menées en Europe par l'empereur Napoléon. La «Grande Armée» l'a emporté contre l'Autriche et la Prusse qui rejetaient les idées de la Révolution française, mais la guerre contre la Russie s'est terminée par la défaite devant Moscou en 1812. En 1814, la France était envahie par ses ennemis européens et le traité de Paris a obligé Napoléon à abdiquer. Le roi Louis XVIII l'a remplacé mais Napoléon, revenant en triomphe de son exil, a repris le pouvoir pendant les «Cent-Jours», du 20 mars au 22 juin, date de sa seconde abdication après la défaite de Waterloo en 1815. La coalition européenne victorieuse s'est alors prononcée en faveur de la réinstallation du roi.

Bien que Louis XVIII ait été le frère du roi Louis XVI guillotiné par les révolutionnaires en 1793, il ne s'est pas agi d'un retour à la monarchie absolue. Le système mis en place était celui d'une monarchie constitutionnelle selon laquelle le pouvoir de Louis XVIII (1815–1824) et de son successeur Charles X (1824–1830) était limité par une Assemblée élue. Le principe républicain de l'égalité des citoyens devant la loi a aussi été conservé. Mais le roi Charles X s'est comporté de plus en plus comme un roi de l'Ancien Régime, et les défenseurs de la liberté, observant que les principes du gouvernement démocratique étaient gravement menacés, ont inspiré l'insurrection de juillet 1830.

LES «TROIS GLORIEUSES» ET LA MONARCHIE DE JUILLET (1830–1848)

Les Parisiens se sont révoltés contre une ordonnance du roi Charles X suspendant la liberté de la presse. Pendant trois jours surnommés les «Trois Glorieuses» (les 27, 28 et 29 juillet), les révolutionnaires ont dressé des barricades dans les rues et occupé l'Hôtel de Ville, contraignant Charles X à abdiquer. Mais la bourgeoisie libérale redoutait une nouvelle révolution de 1789 et c'est avec enthousiasme qu'elle a accueilli le nouveau roi, Louis-Philippe, qui acceptait de respecter les principes d'une monarchie constitutionnelle et d'accorder plus de pouvoir à l'Assemblée. Le droit de vote a été accordé à une plus grande partie de la population masculine mais la petite bourgeoisie, les paysans et les ouvriers sont restés exclus du processus politique. On a appelé Louis-Philippe le «roi-citoyen» en raison de sa vie simple et de l'absence de luxe à la cour. Pendant son règne, la grande bourgeoisie a continué son ascension.

LES POIRES,

Faites à la cour d'assises de Paris par le directeur de la CARICATURE.

Vendues pour payer les 6,000 fr. d'amende du journal le *Charivari*.

(CHEZ AUBERT, GALERIE VERO-DODAT.)

Le «roi-citoyen» Louis-Philippe a souvent été représenté sous forme de poire par les caricaturistes de l'époque. Non sans risque, cependant.

Les «Trois Glorieuses» de 1830 avaient signalé la réapparition du peuple sur la scène politique. Pendant la monarchie de Juillet, les militants républicains et les ouvriers se sont unis pour réclamer des réformes sociales et une société plus égalitaire. La révolution industrielle créait un prolétariat très pauvre chez qui se développait une conscience de classe, et c'est ainsi que s'est élargie la base du mouvement populaire en faveur d'une république.

LA IIe REPUBLIQUE (1848–1852)

Comme la Ire République, la IIe République a été le résultat d'une Révolution. «La liberté ou la mort!» s'écriaient les révolutionnaires de février 1848, comme ceux de 1789. Une fois encore, le peuple dressait des barricades dans les rues de Paris pour manifester contre le régime d'une élite. Cependant, cette fois, l'élite visée n'était pas l'aristocratie mais la grande bourgeoisie. Sous la poussée révolutionnaire, le roi Louis-Philippe a dû abdiquer, et la monarchie constitutionnelle a été remplacée par un gouvernement provisoire formé par des républicains. On a proclamé une République démocratique et sociale qui restaurait la liberté de la presse et de réunion. Le suffrage universel (pour les hommes) instauré en 1792 a été rétabli: sous Louis-Philippe, 250 000 hommes seulement avaient le droit de voter; lors des élections d'avril 1848, 10 millions d'hommes pouvaient voter et 84 pour cent d'entre eux ont exercé ce droit.

La proclamation du nouveau régime a provoqué une forte réaction de peur chez les monarchistes et les conservateurs pour qui la République signifiait le retour de la Terreur de 1793 à 1794. Une lutte de pouvoir s'est alors engagée entre la bourgeoisie propriétaire, défenseur de l'ordre et de l'Eglise, et le peuple révolutionnaire qui ne possédait rien et voulait renverser l'ordre social et religieux. La droite et la gauche se dressaient l'une contre l'autre, et l'agitation grandissait. Face à la montée de ce «péril rouge», les modérés et les conservateurs de l'Assemblée ont adopté la nouvelle constitution du 4 novembre 1848, qui accordait au président de la République un pouvoir exécutif fort. Le prince Louis Napoléon Bonaparte, neveu de Napoléon Ier, a été élu à ce poste. Profitant du désordre social pour répandre la peur d'une catastrophe nationale, la droite a alors entrepris un programme de répression politique dans le cadre duquel les républicains ont été persécutés. La situation était donc favorable au prince-président Bonaparte pour réussir un coup d'Etat le 2 décembre 1851 et imposer un régime autoritaire.

Ainsi, pour la deuxième fois, un homme appelé Bonaparte, soutenu par l'armée, mettait fin à la République et aux espoirs des républicains. L'élite bourgeoise, fière d'une «victoire gagnée pour la cause de l'ordre, de la famille, de l'humanité et de la civilisation», conservait ses privilèges. La libération du prolétariat visée par les révolutionnaires de 1848 n'avait pas eu lieu.

LE SECOND EMPIRE (1852–1870)

Le 2 décembre 1852, le prince-président devenait l'empereur Napoléon III, portant le titre de «Son Altesse Impériale Monseigneur le Prince-Président». Son pouvoir était énorme grâce à la centralisation de l'exécutif. Par contre, celui du Parlement, qui avait augmenté petit à petit depuis 1815, s'est de nouveau vu réduit car les ministres de l'empereur n'étaient pas responsables devant le corps législatif. L'empereur s'est allié avec les conservateurs, les réactionnaires et l'Eglise, prétendant mettre fin à la période révolutionnaire en satisfaisant les besoins légitimes des citoyens. La nouvelle stabilité politique a engendré une période de prospérité favorisée par le développement économique.

A la différence du régime de l'empereur Napoléon Ier qui avait évolué vers un style de plus en plus autoritaire, le régime de Napoléon III est devenu plus libéral à partir de 1860. Napoléon III a fait des concessions en rendant un certain pouvoir au Parlement, en accordant plus de liberté à la presse et en amnistiant certains républicains. Les républicains modérés comme Gambetta essayaient de convaincre la bourgeoisie et les paysans, effarés par la menace de révolution socialiste, que la république n'était pas synonyme de révolution. Ces républicains modérés constituaient une opposition parlementaire qui a attiré les libéraux craignant les conséquences politiques de grèves industrielles. En même temps, le maintien de l'ordre social a renforcé la popularité de l'empereur et le plébiscite qu'il a proposé en mai 1870 pour approuver les réformes libérales introduites depuis 1860 a été approuvé par une majorité écrasante.

L'effondrement du Second Empire en 1870 serait donc tout à fait inattendu par la plupart des Français. En fait, la chute de Napoléon III allait être provoquée par sa politique étrangère: en juillet, l'empereur déclarait la guerre à la Prusse alors dirigée par Bismarck. Mais le 2 septembre 1870, à la suite d'une série de défaites, l'armée de Napoléon III devait capituler à Sedan, face aux Prussiens qui avaient envahi la France. De cette défaite militaire allait naître la IIIe République.

Découvertes culturelles

1. Expliquez brièvement les origines, les tendances et la fin:
   a) du Premier Empire, b) de la Restauration, c) de la monarchie de Juillet, d) de la IIe République, e) du Second Empire.
2. Quelles sont les deux tendances politiques qui se sont opposées pendant la majeure partie du XIXe siècle? Citez un ou deux exemples précis.
3. Comment ont évolué les institutions pendant le Premier Empire?
4. En quoi la monarchie de 1815 à 1830 a-t-elle différé de la monarchie absolue?
5. Comparez les conséquences politiques de la révolution de 1830 et de celle de 1848.
6. En quoi le pouvoir personnel exercé par Napoléon III a-t-il constitué une réaction contre le régime républicain précédent?

7. Pourquoi le Second Empire s'est-il effondré brusquement? En quoi la fin de ce régime a-t-elle été surprenante?
8. Quelle classe sociale a renforcé son pouvoir et son influence pendant la monarchie de Juillet et le Second Empire? Pourquoi l'essor de cette classe serait-il important pour l'avenir de la France?

La Liberté guidant le peuple *par Delacroix. Scène des barricades de 1830. A quelle œuvre de Victor Hugo ce tableau fait-il penser?*

Témoignages culturels

Lecture 1

La révolution de 1830

L'insurrection du peuple parisien à la suite des ordonnances répressives proclamées par le roi Charles X a relancé le mouvement révolutionnaire en faveur d'une République. Les conséquences politiques de cette révolution de rue ont effrayé les députés mais ils sont parvenus à écarter le danger en nommant un nouveau roi qui appartenait à une dynastie différente (la branche orléaniste des Bourbons) et qui affichait une réputation de libéralisme. Louis-Philippe, modèle du «roi citoyen», a instauré une monarchie bourgeoise.

De l'emeute a la revolution

Dans la nuit du 27 au 28 juillet, le mouvement est devenu révolutionnaire, partout des barricades se sont élevées dans la moitié est de Paris, les jeunes républicains ont servi de cadres au petit peuple venu des faubourgs Saint-Antoine, guidant le pillage des boutiques d'armurerie, l'abattage° des arbres des boulevards (auquel contribuèrent concierges et propriétaires des maisons voisines).

abattage: destruction

C'est contre 8 000 hommes en armes au moins que se heurtent les troupes de Marmont. L'armée de ligne, dont les cadres subalternes sont souvent issus des armées de la Révolution et de l'Empire, est sensible à l'idée nationale dont se réclament les émeutiers, et elle fraternise souvent avec eux. Les trois colonnes qui doivent converger vers l'Hôtel de Ville se trouvent bloquées.

Pendant ce temps l'opposition parlementaire propose un arbitrage, une délégation avec Laffitte et Casimir Périer. Les généraux Lobau et Gérard demandent au maréchal Marmont de faire cesser le feu mais se heurtent à un refus, toutefois le chef des forces de l'ordre transmit l'objet de leur démarche au roi. Mais Charles X auprès de qui le baron de Vitrolles s'est entremis rejette toute demande de retrait des ordonnances....

Paris est désormais aux mains des révolutionnaires, qui ont eu près de 800 tués et près de 4 000 blessés (les troupes eurent moins de 200 tués et 800 blessés).

La solution orleaniste

Le roi Charles X ne s'est résolu que trop tard, le 29 juillet au soir, à un changement de ministère, la rumeur d'une marche populaire sur Saint-Cloud précipite le départ du roi et de la cour dans la nuit du 30 au 31 vers Rambouillet. Trop tardive aussi devait être la nomination du duc d'Orléans comme lieutenant général du royaume et l'abdication le lendemain 2 août....

Cet effacement des Bourbons de la branche aînée ne profita point aux républicains qui, maîtres de la rue, souhaitaient le 30 juillet proclamer le lendemain la République en offrant la présidence au général La Fayette; on chante *Ça ira* sur les boulevards. Le 30 juillet, une proclamation rédigée par Thiers et quelques autres avait été diffusée dans Paris: «Charles X ne peut plus rentrer dans Paris, il a fait couler le sang du peuple. La République nous exposerait à d'affreuses divisions: elle nous brouillerait avec l'Europe. Le duc d'Orléans est un prince dévoué à la cause de la révolution. Le duc d'Orléans est un roi citoyen»....

La proposition fut d'autant mieux accueillie par les députés de l'opposition, que la majorité de ceux-ci avaient multiplié les tentatives de conciliation, tant l'avenir les inquiétait.... Le 31 juillet Louis-Philippe d'Orléans adressait aux habitants de Paris une proclamation...; il acceptait les fonctions de lieutenant général et déclarait: «La Charte sera désormais une vérité.» Le même jour, il se rendit à l'Hôtel de Ville où La Fayette et la commission municipale l'accueillirent. Du balcon de l'Hôtel de Ville, cette présentation symbolique tenait lieu de couronnement populaire.

Après avoir déclaré le trône vacant le 7 août les députés allèrent au Palais-Royal annoncer officiellement au duc d'Orléans son élection de roi des Français. La cérémonie officielle d'intronisation° eut lieu le 9 août au Palais-Bourbon; celui qui devenait Louis-Philippe Ier jura d'observer la Charte révisée; les fleurs de lys avaient été remplacées par des drapeaux tricolores.

installation sur le trône

Les interpretations de la revolution de juillet

Pour les Français..., du moins pour ceux qui... acceptaient le nouveau régime, deux interprétations se présentèrent très tôt. Pour les uns—on les appela le parti du Mouvement, mais il ne faut pas s'abuser sur ce terme de parti qui ne correspondait nullement à une organisation structurée comme le suggère aujourd'hui ce mot—, la révolution de Juillet n'est pas achevée en 1830; elle doit se prolonger, élargir son action. Révolution libérale, elle doit être aussi nationale (et aider les aspirations des nationalités opprimées) et sociale; l'élément populaire, au moins à Paris, a commencé à prendre conscience de sa force....

Une fraction importante des anciens opposants libéraux de la Restauration présente une interprétation très différente de la révolution de Juillet; pour Casimir Périer, pour Salvandy et surtout pour Guizot qui se fit, avec les doctrinaires, le théoricien de cette résistance au mouvement révolutionnaire (plus tard seulement on devait parler du «parti de l'ordre»), il n'y a pas eu révolution, mais réaction à un coup d'Etat de Charles X perpétré par les ordonnances;... le mouvement de 1830 est—selon eux—l'aboutissement des principes de 1789. Des journaux libéraux comme *Le Constitutionnel...* défendent cette opinion qui souhaite surtout appliquer le programme de la gauche libérale de la Restauration: assurer l'exercice des libertés publiques.

A. Jardin et A.-J. Tudesq, *La France des notables (1815–1848)*, Editions du Seuil, Paris, 1973.

Découvertes culturelles

1. Qui faisait partie des révolutionnaires?
2. Quelle a été envers eux l'attitude d'une partie de l'armée qui devait réprimer l'insurrection? Pourquoi?
3. Quelle a été la réaction du roi Charles X?
4. Pourquoi, au lieu d'instaurer une république, a-t-on proposé le duc d'Orléans comme roi?

5. Quelle est la signification symbolique de l'adoption du drapeau tricolore à la place du drapeau orné de fleurs de lys?
6. Montrez comment les deux interprétations de cette révolution illustrent des conceptions différentes des objectifs de la Révolution de 1789 chez les libéraux. Quelle interprétation favorise une monarchie constitutionnelle? Laquelle penche pour une république?

Lecture 2

L'empire de Napoléon III

Louis Napoléon Bonaparte, neveu de Napoléon Ier, a organisé un coup d'Etat le 2 décembre 1851, date anniversaire de la bataille d'Austerlitz, grande victoire de son oncle, et aussi du couronnement de Napoléon Ier. Beaucoup de républicains qui s'y sont opposés ont été arrêtés ou exilés. Le plébiscite du 21 décembre a approuvé le coup d'Etat et autorisé Louis Napoléon à garder le poste de président de la République pendant dix ans.

L'évolution vers l'Empire est rapide. Une courte Constitution, de type consulaire, en janvier 1852, reconnaît les grands principes de 1789 et institue un régime présidentiel autoritaire: nommé pour dix ans, le président de la République jouit de la totalité du pouvoir exécutif et n'est responsable que devant le peuple par voie de plébiscite. Il a seul l'initiative des projets de loi, face à un pouvoir législatif affaibli et éclaté entre le Conseil d'Etat qui prépare les lois, le Corps législatif qui les vote sans les discuter, et le Sénat conservateur pourvu de pouvoirs constituants.

Louis Napoléon n'a plus qu'à annoncer le rétablissement de l'Empire en novembre 1852. Il est approuvé par un plébiscite triomphal. Par le mariage de Napoléon III avec Eugénie de Montijo et la naissance du prince impérial en 1856, l'Empire paraît fondé solidement. Les premières années sont comblées° de succès dans les domaines militaire et diplomatique aussi bien qu'à l'intérieur. L'empereur règne sans contestation sur une administration bien en main, dont les fonctionnaires prêtent serment. La presse est muselée° par un droit de timbre° élevé et surtout par le régime habile des avertissements: au bout de trois avertissements, le journal incriminé est supprimé. La presse doit donc pratiquer l'autocensure. D'une façon générale, toutes les grandes libertés sont suspendues.

remplies

réduite au silence / taxe

Régime autoritaire, l'Empire repose certes sur le principe démocratique du suffrage universel, mais celui-ci est orienté par l'administration, qui suscite le «candidat officiel», seul à avoir droit à l'affiche blanche réservée aux proclamations officielles.

Jean CARPENTIER et François LEBRUN, *Histoire de France*, Editions du Seuil, Paris, 1987.

Découvertes culturelles

1. Comment Louis Napoléon a-t-il choisi la date de son coup d'Etat? Pourquoi?
2. Comment la constitution de 1852 distribuait-elle le pouvoir exécutif et le pouvoir législatif?
3. Pourquoi le président Louis Napoléon Bonaparte a-t-il pu rétablir l'Empire sans difficulté?
4. Comment les électeurs ont-ils réagi au rétablissement de l'Empire?
5. En quoi les premières années de l'Empire ont-elles été «comblées de succès»?
6. Comment une certaine illusion de démocratie a-t-elle été conservée par ce régime autoritaire?

Lecture 3

Evolution de la démocratie

Alexis de Tocqueville (1805–1859) est l'auteur d'un ouvrage historique intitulé *De la démocratie en Amérique* (1835–1840), dans lequel il a analysé les conditions et les principes du gouvernement démocratique. En voici un extrait tiré de l'introduction.

Une grande révolution démocratique s'opère parmi nous; tous la voient, mais tous ne la jugent point de la même manière. Les uns la considèrent comme une chose nouvelle, et la prenant pour un accident, ils espèrent pouvoir encore l'arrêter; tandis que d'autres la jugent irrésistible, parce qu'elle leur semble le fait le plus continu, le plus ancien et le plus permanent que l'on connaisse dans l'histoire....

Lorsqu'on parcourt les pages de notre histoire, on ne rencontre pour ainsi dire pas de grands événements qui, depuis sept cents ans, n'aient tourné au profit de l'égalité.

Les croisades et les guerres des Anglais déciment les nobles et divisent leurs terres; l'institution des communes introduit la liberté démocratique au sein de la monarchie féodale; la découverte des armes à feu égalise le vilain° libre et le noble sur le champ de bataille; l'imprimerie offre d'égales ressources à leur intelligence; la poste vient déposer la lumière sur le seuil° de la cabane du pauvre comme à la porte des palais; le protestantisme soutient que tous les hommes sont également en état de trouver le chemin du ciel. L'Amérique, qui se découvre, présente à la fortune mille routes nouvelles, et livre à l'obscur aventurier les richesses et le pouvoir.

vilain: paysan libre
seuil: l'entrée

Si, à partir du XIe siècle, vous examinez ce qui se passe en France de cinquante en cinquante années, au bout de chacune de ces périodes, vous ne manquerez point d'apercevoir qu'une double révolution s'est opérée dans l'état de la société. Le noble aura baissé dans l'échelle sociale, le non-noble

participer

dans un désordre complet

sans en avoir conscience

roturier° s'y sera élevé; l'un descend, l'autre monte. Chaque demi-siècle les rapproche et bientôt ils vont se toucher.

Et ceci n'est pas seulement particulier à la France. De quelque côté que nous jetions nos regards, nous apercevons la même révolution qui se continue dans tout l'univers chrétien.

Partout on a vu les divers incidents de la vie des peuples tourner au profit de la démocratie; tous les hommes l'ont aidée de leurs efforts: ceux qui avaient en vue de concourir° à ses succès et ceux qui ne songeaient point à la servir, ceux qui ont combattu pour elle, et ceux mêmes qui se sont déclarés ses ennemis; tous ont été poussés pêle-mêle° dans la même voie, et tous ont travaillé en commun, les uns malgré eux, les autres à leur insu,° aveugles instruments dans les mains de Dieu.

Le développement graduel de l'égalité des conditions est donc un fait providentiel, il en a les principaux caractères: il est universel, il est durable, il échappe chaque jour à la puissance humaine; tous les événements, comme tous les hommes, servent à son développement.

Serait-il sage de croire qu'un mouvement social qui vient de si loin pourra être suspendu par les efforts d'une génération? Pense-t-on qu'après avoir détruit la féodalité et vaincu les rois, la démocratie reculera devant les bourgeois et les riches? S'arrêtera-t-elle maintenant qu'elle est devenue si forte et ses adversaires si faibles?

Où allons-nous donc? Nul ne saurait le dire; car déjà les termes de comparaison nous manquent: les conditions sont plus égales de nos jours, parmi les chrétiens, qu'elles ne l'ont jamais été dans aucun temps ni dans aucun pays du monde; ainsi la grandeur de ce qui est déjà fait empêche de prévoir ce qui peut se faire encore.

Alexis DE TOCQUEVILLE, *De la démocratie en Amérique*, Librairie Gallimard, Paris, 1951.

Découvertes culturelles

1. Comment Tocqueville caractérise-t-il les attitudes envers la révolution démocratique?
2. Selon l'auteur, quels grands événements de l'histoire ont mené peu à peu à l'égalité?
3. En quoi le rapport entre la noblesse et la classe paysanne a-t-il changé?
4. D'après Tocqueville, qu'est-ce qui indique que le développement de la démocratie est une manifestation de la volonté de Dieu?
5. Qu'est-ce qui constitue la force du «mouvement social» qu'est la démocratie?

·IV· La IIIe République (1870–1940)

Comme à la fin du premier Empire, la France était encore envahie quand le nouveau régime s'est mis en place. Cette fois-ci, c'est une république, la troisième, qui est née en pleine crise nationale. Malgré ses débuts sanglants dans la guerre civile (la Commune de Paris, 1871), d'autres crises graves (le Boulangisme, 1886–1889 et l'affaire Dreyfus, 1894–1906), la Première Guerre mondiale de 1914 et la crise économique mondiale suite au krach boursier de 1929, la IIIe République allait apporter une longue période de stabilité constitutionnelle qui durerait 70 ans, jusqu'à la capitulation de la France en 1940 devant l'invasion allemande, au début de la Seconde Guerre mondiale.

Après la défaite de l'empereur Napoléon III à Sedan, dans l'est de la France, le 2 septembre 1870, l'Assemblée incitée par Gambetta a proclamé la

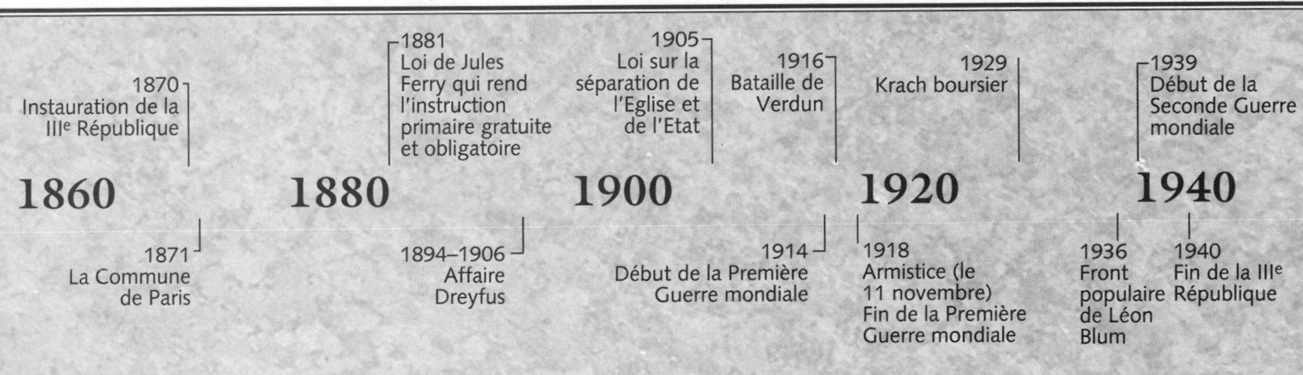

République le 4 septembre et le nouveau gouvernement provisoire s'est transformé en gouvernement de la Défense nationale. Le 19 septembre, l'armée prussienne victorieuse mettait Paris en état de siège, situation qui ne prendrait fin qu'à la signature de la capitulation, le 28 janvier 1871: l'armistice qu'acceptait le chef du gouvernement, Thiers, imposait des conditions très dures comprenant l'annexion allemande de la région française de l'Alsace-Lorraine.

Mais le peuple parisien mené par les révolutionnaires socialistes a refusé cet armistice, et les insurgés ont élu un conseil municipal appelé la Commune de Paris. Cette insurrection a donné lieu à une véritable guerre civile entre les communards et les troupes du gouvernement de Thiers qui a durement réprimé la Commune: pendant la «semaine sanglante» de mai 1871, plus de 30 000 Parisiens communards sont morts, des milliers d'autres ont été mis en prison ou déportés. Le sort de la Commune a institutionnalisé pour l'avenir l'opposition de deux cultures politiques. Aux yeux de la gauche, la Commune, en exprimant une réaction patriotique face à une guerre perdue et la volonté du peuple de continuer la lutte contre l'injustice, a prolongé la Révolution de 1789. La répression sanglante de la Commune par une droite championne de l'ordre et de la hiérarchisation de la société a alimenté le mythe socialiste de l'héroïsme révolutionnaire aussi bien que la peur conservatrice de l'insurrection populaire.

Entre mars et mai 1871, un gouvernement révolutionnaire, appelé la Commune, s'est installé à Paris. Quels éléments de cette scène devant l'Hôtel de ville montrent l'état de siège de la capitale?

Avant la crise de la Commune, la nouvelle République avait connu le risque d'un retour à la monarchie constitutionnelle. La majorité des députés élus à l'Assemblée de février 1871 était favorable à la restauration monarchique. Mais le futur roi, petit-fils de

Charles X, voulait remplacer le drapeau tricolore, emblème de la Révolution, par le drapeau blanc orné de la fleur de lys, emblème des rois de l'Ancien Régime. L'idée républicaine avait suffisamment progressé au cours du siècle pour rendre un tel projet inacceptable. La tentative de restauration monarchique s'est pourtant poursuivie sous la présidence du maréchal Mac-Mahon, qui a succédé à Thiers en 1873; mais enfin, en 1875, les républicains modérés ont fait voter un amendement à la Constitution établissant de façon définitive la République. Malgré les crises politiques postérieures traversées par la République, le républicanisme était désormais implanté dans la mentalité française et la monarchie ne serait jamais rétablie.

Après la démission de Mac-Mahon en 1879, les bases de la République démocratique et laïque ont été consolidées par les républicains modérés à l'Assemblée. Les libertés publiques ont été garanties: liberté de la presse (1881), liberté d'association et de réunion (1884), y compris la formation de syndicats. Les grèves industrielles ont été réprimées moins durement. La conception d'une République protégeant le bien-être matériel des citoyens s'enracinait. L'Etat s'affirmait grâce à la centralisation et à la réduction des différences régionales et sociales. Les lois de Jules Ferry (1881–1882) rendant l'enseignement primaire gratuit et obligatoire ont beaucoup contribué à ce phénomène. De plus, en rendant l'instruction publique laïque, elles ont eu pour conséquence d'éliminer le rôle de l'Eglise dans les écoles. Les instituteurs exerçaient désormais une influence majeure en diffusant l'esprit de la laïcité et les principes républicains de 1789 parmi toute la population jeune. La droite, qui soutenait l'Eglise, était opposée à la laïcité, alors que les républicains étaient en majorité anticléricaux. En 1905, ces derniers ont voté la séparation de l'Eglise et de l'Etat; par cette loi symbolique, le principe fondamental de la République laïque qui caractérise la France depuis cette date était donc établi.

Plusieurs crises internationales provoquées par l'affrontement d'ambitions colonialistes, comme celle entre la France et l'Allemagne au Maroc, ont marqué le début du XXe siècle. Dans ce climat de tension, certains socialistes pacifistes comme Jean Jaurès ont mené campagne contre la guerre mondiale qui s'annonçait. La droite, qui n'avait jamais accepté l'humiliation imposée à la France en 1870 par la perte de l'Alsace-Lorraine, leur a opposé une politique patriotique visant à s'opposer au «péril socialiste international». Cependant, lorsque la Première Guerre mondiale s'est déclarée en 1914, la gauche et la droite se sont associé dans une «union sacrée» face à l'envahisseur allemand. L'appel à la mobilisation patriotique allait faire naître un sentiment d'unité nationale malgré les divisions politiques. Une guerre de tranchées (1915–1917) a eu lieu entre les Allemands et les soldats français (surnommés les «poilus») le long d'un front traversant le nord de la France. Les troupes françaises commandées par Pétain ont remporté la bataille de Verdun (1916) mais les pertes ont été énormes de chaque côté. En 1918, l'entrée des

Etats-Unis dans le combat a entraîné la défaite de l'Allemagne, qui a signé le 11 novembre l'armistice restituant l'Alsace-Lorraine à la France. Les institutions républicaines avaient résisté aux souffrances des Français et aux vicissitudes de cette guerre. Cependant la mort de 16,6 pour cent des 8 millions de soldats français, dont 27 pour cent de la tranche d'âge de 18 à 27 ans, avait affaibli l'avenir démographique et économique du pays.

L'entre-deux-guerres (1919–1939) a été une période d'instabilité politique et financière, durant laquelle l'opposition entre la droite et la gauche s'est intensifiée et la monnaie française a souvent été dévaluée. La politique de la droite qui défendait les privilèges des grands industriels et propriétaires est devenue de plus en plus nationaliste, et des mouvements d'extrême-droite comme l'Action française et les Croix de feu ont attiré de nombreux adhérents. La société française est restée trés inégalitaire et les réformes sociales proposées par la gauche ont été accusées par la droite de servir la cause du bolchevisme.

Le krach de 1929 a touché sévèrement la France à partir de 1931, provoquant de très nombreuses fermetures d'usines, un vaste chômage ouvrier ainsi que l'effondrement des valeurs boursières et du commerce extérieur. La gauche attribuait la cause de cette crise aux méfaits du capitalisme, alors que pour la droite, la raison en était l'échec de la démocratie parlementaire. Il fallait donc, selon la droite, remplacer cette République inefficace. La montée du fascisme a incité les partis de gauche à former une alliance, le Front populaire, pour défendre les institutions de la République démocratique. Le gouvernement du Front populaire, élu en 1936 et présidé par un socialiste, Léon Blum, a entrepris d'améliorer les conditions de vie des travailleurs: augmentation des salaires, création de la semaine de travail de 40 heures, et institution de deux semaines de congés payés annuels. Cependant il n'a pas pu empêcher la détérioration des finances nationales, dont la droite a profité pour revenir au pouvoir en 1938.

Finalement, la IIIe République, qui avait survécu à la guerre de 1914–1918, n'a pas pu survivre à celle qui a commencé en 1939. Elle est tombée en 1940, non pas sous les attaques de la droite politique mais en raison de la défaite imposée à la France par l'armée de Hitler, peu après la déclaration de la Seconde Guerre mondiale. Les institutions républicaines de la IIIe République avaient résisté à toutes sortes de crises, provoquées d'abord par les monarchistes et l'armée, puis par les conflits entre la droite et la gauche, pendant 70 ans.

Découvertes culturelles

Vrai ou faux? Justifiez vos choix.

1. La IIIe République a été très instable et n'a pas duré longtemps.
2. Les conditions en France à la suite de la défaite de Sedan étaient très difficiles.
3. La Commune de Paris a été une insurrection dirigée par les conservateurs.

4. La monarchie n'a pas été restaurée en France à cause d'une histoire de drapeau.
5. Même après l'établissement de la IIIe République, il y a eu d'autres tentatives, dans l'histoire de la France, pour restaurer la monarchie.
6. Les républicains modérés ont fait passer beaucoup de réformes démocratiques au début de la IIIe République.
7. L'Eglise et l'Etat sont séparés en France depuis la Révolution de 1789.
8. La Première Guerre mondiale a aggravé les divisions politiques qui existaient déjà.
9. Le maréchal Pétain a été un des grands héros de la Première Guerre mondiale.
10. La guerre a eu des résultats désastreux en France du point de vue démographique.
11. Il a existé en France plusieurs mouvements d'extrême-droite dans la période de l'entre-deux-guerres.
12. Le Front populaire a beaucoup fait pour améliorer la condition de la classe ouvrière.

Témoignages culturels

Lecture 1

Une perspective républicaine de l'histoire

Un manuel d'histoire écrit par Ernest Lavisse (1842–1922), publié en 1876 et réédité en 1884, 1895 et 1912, a beaucoup contribué, sous la IIIe République, à enraciner les idées républicaines dans la mentalité des élèves de l'école primaire. Le «petit Lavisse» (son nom familier) racontait l'histoire en soulignant les qualités morales et l'amour de la patrie liés à l'esprit républicain. Les élèves apprenaient ainsi que l'établissement définitif de la République française terminait le cycle des révolutions et constituait la fin logique de l'histoire de France. Voici quelques citations tirées du «petit Lavisse».

Ainsi Vercingétorix est mort pour avoir défendu son pays contre l'ennemi. Il a été vaincu, mais il a combattu tant qu'il a pu. Dans les guerres, on n'est jamais sûr d'être vainqueur; mais on peut sauver l'honneur en faisant son devoir de bon soldat. Tous les enfants de la France doivent se souvenir de Vercingétorix et l'aimer.

Dans aucun pays on ne trouve une aussi belle histoire que celle de Jeanne d'Arc. Tous les Français doivent aimer et vénérer le souvenir de cette jeune fille qui aima tant la France et qui mourut pour nous.

Les rois ont réuni petit à petit les duchés et comtés de France à leur domaine. Ainsi s'est formé le territoire de la France.

En obéissant au même roi, les Français ont commencé à comprendre qu'ils étaient un même peuple.

Dans ce peuple, les prêtres et les nobles comptèrent seuls pendant longtemps; tous ceux qui travaillaient étaient méprisés;...

Quand Philippe le Bel réunit les Etats généraux, les représentants du peuple de France se trouvèrent assemblés pour la première fois.

Peu après, en 1328, un roi d'Angleterre voulut devenir roi de France. Une très grande guerre commença. La France fut d'abord vaincue; elle souffrit de grands maux. Jeanne d'Arc lui rendit courage. Les Français, en combattant les Anglais, apprirent à mieux aimer la France.

Notre patrie pourtant n'était pas achevée. Les différentes provinces se connaissaient mal les unes les autres. Elles avaient des lois particulières. L'unité n'était pas faite.

Pour créer un peuple comme le peuple français, il faut des quantités de générations qui travaillent les unes après les autres pendant des siècles.

Nos pères ont travaillé quelquefois dans la joie et plus souvent dans la peine et dans la douleur.

C'est pourquoi nous devons les aimer, aimer la patrie qu'ils nous ont faite, travailler comme ils ont travaillé, pour que cette patrie devienne encore plus belle et plus noble.

Rappelez-vous qu'au temps de la guerre de Cent Ans, des Français s'étaient battus contre des Français. Le duc de Bourgogne avait fait alliance avec les Anglais. Un roi d'Angleterre fut un moment roi de France.

Ainsi les guerres civiles, c'est-à-dire les guerres de Français contre Français, ont été très utiles aux étrangers. La France a été en danger de perdre son indépendance.

Il faut avoir horreur des guerres civiles. Une guerre de Français contre Français est un très grand crime.

A la fin de la guerre de Cent Ans, la France était ruinée. Quelques années après, au temps de Louis XI, elle était redevenue riche et forte.

Après les guerres de religion, la France était ruinée. Sous le règne d'Henri IV, elle redevint riche et forte.

Cela prouve qu'il y a dans notre pays beaucoup de ressources et beaucoup d'énergie.

On n'a jamais le droit de désespérer de la France.

C'est après la Révolution que la France est vraiment une patrie. La Révolution a supprimé les trois ordres: le clergé, la noblesse, le Tiers Etat, entre lesquels le peuple était divisé.

Elle a effacé les différences qui existaient entre les différentes provinces. Les provinces avaient des lois particulières. La Constituante, la Législative et surtout la Convention ont préparé les lois qui furent achevées sous le Consulat et l'Empire.

Ces lois ont été faites pour tous les Français de tous les pays de France. La France est devenue, comme disaient nos pères, une et indivisible.

La Révolution a mis dans les âmes françaises l'amour de la justice, de l'égalité, de la liberté. Nos pères ont cru que la France allait délivrer tous les peuples des maux dont ils souffraient. Ils étaient fiers d'être un grand peuple qui doit montrer le chemin aux autres peuples.

Enfin, la guerre, les dangers, les défaites, les victoires ont inspiré à tous les Français «l'amour sacré de la patrie», comme chante la Marseillaise.

La France est la plus juste, la plus libre, la plus humaine des patries.

Ernest Lavisse, *Histoire de France, Cours moyen*, A. Colin, édition de 1912 dans Raoul Girardet, *Le Nationalisme français 1871–1914*, Librairie Armand Colin, Paris, 1966.

Découvertes culturelles

1. Selon Lavisse, pourquoi faut-il admirer Vercingétorix et Jeanne d'Arc?
2. Pour cet historien, comment les rois avaient-ils contribué à la formation de la patrie? Pourquoi, cependant, la société de l'Ancien Régime était-elle injuste?
3. Qui Lavisse considérait-il comme les vrais responsables du développement de la patrie?
4. Pourquoi, selon lui, fallait-il toujours croire à l'avenir prospère de la France?
5. Quand la France est-elle devenue «une et indivisible»?
6. Comment fallait-il juger la Révolution?
7. Relevez les préceptes moraux illustrés dans ces citations.
8. En quoi cette présentation de l'histoire de France devait-elle inspirer le patriotisme chez les élèves?

Lecture 2

Le Front populaire

Le Front populaire est une épisode célèbre dans l'histoire de la gauche en France. Voici comment une célèbre encyclopédie française rappelle aux Français cette période qui continue à représenter pour la gauche d'aujourd'hui une victoire symbolique.

Front populaire, rassemblement des forces de gauche qui permit en France l'accès au pouvoir, en 1936, d'une coalition regroupant les socialistes, les communistes et les radicaux. Ce succès de la gauche répond à une prise de conscience de la menace fasciste à l'extérieur comme à l'intérieur et aux difficultés économiques graves que la France traverse depuis 1930. Les étapes de la réalisation du Front sont: les rassemblements des 9 et 12 févr. 1934 en protestation contre les émeutes anti-parlementaires du 6 févr., la création par des intellectuels du «comité d'action anti-fasciste et de vigilance» (5 mars), la signature d'un pacte d'unité d'action par la S.F.I.O.° et le parti communiste, la manifestation monstre du 14 juillet 1935 (500 000 personnes à Paris), le retournement des radicaux en faveur de la gauche, l'élaboration d'un programme commun (janv. 1936) et l'unité syndicale entre C.G.T.° et C.G.T.U.° en mars. Après la victoire aux élections du mois de mai (386 sièges à la gauche contre 222 à la droite), Léon Blum forme un cabinet et entreprend la réalisation de son programme: de grandes lois instituent les congés payés ainsi que la semaine des quarante heures et opèrent des nationalisations (Banque de France, industries de guerre, chemins de fer). En outre, sous la pression des grèves et sous l'égide du gouvernement, le patronat° signe avec les syndicats les accords de Matignon (7 juin 1936) annonçant la conclusion de conventions collectives, la reconnaissance des libertés syndicales et la mise en place des délégués ouvriers. Mais la gravité de la situation économique et financière (chômage, dévaluation, fuite des capitaux), les grèves, le redoublement de l'agitation antisémite et d'extrême droite, l'apparition de dissensions sérieuses au sein du Front (notamment sur la question de l'intervention en Espagne contre Franco, souhaitée par les communistes), le refus du Sénat de donner à Blum les pleins pouvoirs financiers sont autant d'éléments qui contraignent ce dernier à la démission (juin 1937). Le cabinet Chautemps (juin 1937–mars 1938), l'échec du deuxième cabinet Blum (mars 1938) et enfin le gouvernement Daladier, auquel les socialistes refusent de participer, marquent la dislocation du Front.

Section française de l'Internationale ouvrière (parti socialiste)

Confédération générale du travail / C.G.T. Unifiée

chefs d'entreprise

Grand Larousse en 5 volumes, Librairie Larousse, Paris, 1991.

Découvertes culturelles

1. Contre quoi le Front populaire a-t-il constitué une réaction?
2. Qu'est-ce qui a précédé la victoire du Front populaire?
3. Qu'est-ce que le Front populaire a accompli une fois au gouvernement?
4. Pourquoi le Front populaire s'est-il effondré?
5. En quoi le Front populaire représente-t-il à la fois un espoir et une désillusion pour la gauche?

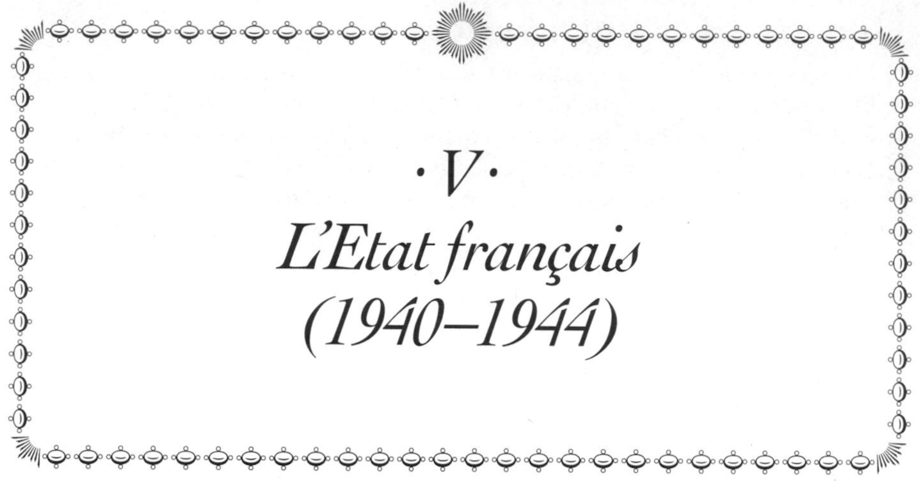

·V· L'Etat français (1940–1944)

La guerre a été déclarée contre l'Allemagne le 3 septembre 1939. Jusqu'en mai 1940, le conflit est demeuré dans une phase latente, surnommée «la drôle de guerre». Les Français avaient construit la ligne Maginot pour se défendre contre l'offensive allemande. Mais l'armée de Hitler a soudainement contourné cette ligne de fortifications et la France a très vite été vaincue.

Le 16 juin 1940, le maréchal Pétain, ancien héros de la bataille de Verdun en 1916, à l'âge de 84 ans était nommé chef du gouvernement et demandait l'armistice aux Allemands victorieux. Le lendemain, le général de Gaulle a quitté la France pour Londres d'où il a lancé un appel à la résistance («l'Appel du 18 juin») et organisé le mouvement de la «France libre». La défaite militaire et l'armistice ont déclenché l'exode des Français du nord vers le sud du pays. La France, qui avait de nouveau perdu l'Alsace-Lorraine annexée par

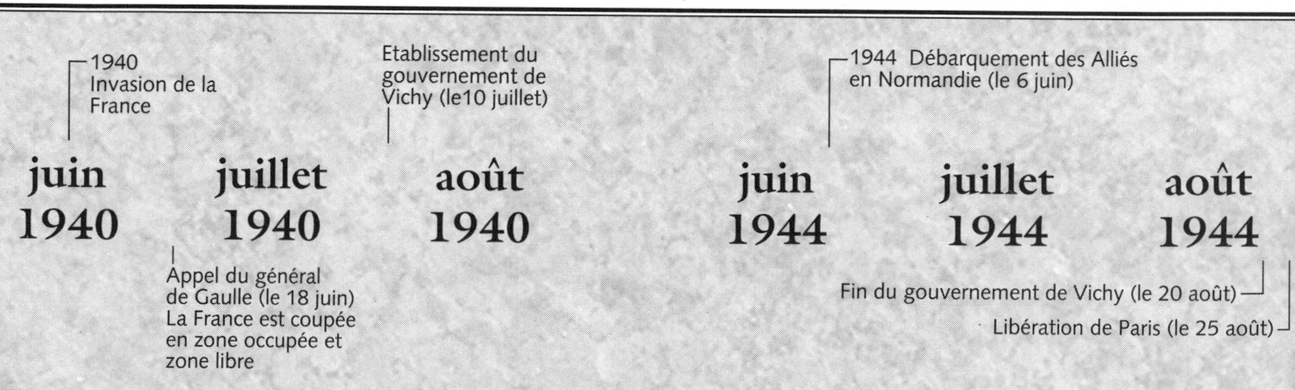

l'Allemagne, a été divisée en deux zones: celle du nord et de la côte atlantique, occupée par les Allemands et celle du sud, appelée zone libre. Paris se trouvait dans la zone occupée. Le gouvernement de Pétain, qui collaborait avec les Allemands, s'est installé dans la ville de Vichy en zone non-occupée.

Avec l'installation du gouvernement de Pétain, la France a cessé de s'appeler la République française pour devenir l'Etat français et la devise républicaine «Liberté, Egalité, Fraternité» a été remplacée par la devise «Travail, Famille, Patrie». Le nouveau régime s'est allié avec l'Eglise pour restaurer l'ordre moral que le Front populaire avait, selon la droite, laissé se déteriorer. Pétain estimait que la «Révolution nationale» qu'il instituait, en rétablissant les valeurs conservatrices traditionnelles, s'inscrivait dans l'héritage légitime de la IIIe République discréditée: «Notre défaite est venue de nos relâchements. L'esprit de jouissance a détruit ce que l'esprit de sacrifice a édifié. C'est à un redressement intellectuel et moral que, d'abord, je vous convie» (Pétain, le 25 juin 1940). Par ailleurs, la collaboration avec les Allemands faisait partie pour Pétain de la lutte contre le progrès du communisme international en Europe. A partir de 1942, ce sont les Allemands qui ont dicté la politique du gouvernement de Vichy, mais la Résistance patriotique contre l'occupation nazie s'est développée, les résistants risquant leur vie en montant de courageuses attaques contre les occupants allemands et leurs collaborateurs français souvent d'extrême-droite. Les résistants ont aussi établi des réseaux pour cacher les juifs,

Le maréchal Pétain

victimes de l'antisémitisme nazi, et essayer d'empêcher ainsi leur déportation dans les camps de concentration.

Le 6 juin 1944, le débarquement en Normandie des forces alliées commandées par le général Eisenhower a marqué le début de la libération de la France. Paris a été libéré le 25 août. L'Etat français a été remplacé par un gouvernement provisoire d'unité nationale (1944–1946) présidé par de Gaulle et composé de tous les partis, y compris le parti communiste, qui avaient participé à la Résistance. Dans la perspective du conflit qui opposait depuis 1789 les deux France, celle des privilégiés et de l'Eglise et celle des démocrates républicains, la fin de l'Etat français a signalé l'effondrement de la politique réactionnaire de la droite qui, s'appuyant sur l'Eglise, protégeait les élites au détriment des milieux sociaux défavorisés. Le nouveau gouvernement allait introduire des réformes importantes telles que la création de la Sécurité sociale et la nationalisation d'entreprises essentielles à la vie de tous les citoyens, comme celles concernant les transports, l'énergie et la banque.

Découvertes culturelles

1. Pourquoi le maréchal Pétain a-t-il signé l'armistice avec les Allemands?
2. Quelle a été la conséquence de cet armistice sur la vie en France?
3. Pourquoi le gouvernement de Pétain a-t-il changé la devise républicaine?
4. Au contraire des Français qui ont suivi la politique de collaboration officielle du régime de Vichy, qu'ont fait les résistants?
5. Qu'est-ce qui a provoqué la chute de l'Etat français?

Témoignage culturel

Lecture

Le gouvernement de Vichy: Principes et institutions

L'armistice signé avec les Allemands par le maréchal Pétain, chef de l'Etat français, a divisé la France en deux zones. Le gouvernement de l'Etat français, appelé gouvernement de Vichy, s'est installé dans la ville de Vichy, au sud de la Loire, en zone dite «libre».

Vichy abolit la République, puisque le régime s'appelle officiellement «Etat français». Il est une véritable monarchie sans monarque, le maréchal Pétain, chef de l'Etat, chef du gouvernement, possède tous les pouvoirs (plus que n'en avait Louis XIV, a-t-on pu écrire), et il est l'objet d'un véritable culte; or cela n'est pas justifié par la nécessité prétendue d'une dictature provisoire et circonstancielle, mais par principe, parce que l'autorité est bonne, et le suffrage mauvais. C'est à tous les échelons que la nomination est ainsi substituée à l'élection, du «Conseil national» aux mairies de villages. Le régime prend une revanche—dans le court terme—sur la gauche triomphante du Front populaire, dont les chefs, notamment Blum et Daladier, sont arrêtés, inculpés comme «responsables de la défaite» et jugés en «cour de justice» à Riom (le procès tourne d'ailleurs à la confusion de l'accusation et les accusés sont purement et simplement internés à nouveau, octobre 1940). A plus long terme, la revanche est contre la République elle-même, voire contre la Révolution de 1789; au civisme républicain traditionnel se substituent en effet les thèmes d'un traditionalisme, d'un antiégalitarisme, d'un antilibéralisme venus de l'Ordre moral de 1850 ou de 1873, et rajeunis par Maurras. La devise Travail-Famille-Patrie remplace Liberté-Egalité-Fraternité. Bien entendu, la contestation° syndicale n'est pas plus admise que la contestation parlementaire; le régime se veut social mais dans un sens paternaliste et corporatiste.... L'allégeance morale et l'aide matérielle à l'Eglise catholique se substituent à la laïcité.

vive opposition

Enfin, cette contre-révolution à la française, loin de chercher à se distinguer des fascistes vainqueurs, accepte encore de leur ressembler sur le point le plus détestable, l'antisémitisme. Dès le 3 octobre 1940, les citoyens d'origine juive reçoivent un statut spécial; les fonctionnaires juifs sont révoqués. Avec eux le sont aussi les francs-maçons, mais pour d'autres raisons (comme tous les régimes de droite, Vichy leur attribue la qualité d'aile marchante° de la République et de la modernité révolutionnaire). Bien entendu les communistes sont la troisième «bête noire»—mais cela est moins original, la législation utilisée d'abord contre eux datant de 1939. Les grandes catégories sociales ont leur destin: les instituteurs sont suspects, les anciens combattants sont choyés°—pour ne citer que deux exemples significatifs.

minorité active

favorisés

Maurice AGULHON et André NOUSCHI, *La France de 1940 à nos jours*, Editions Fernand Nathan, Paris, 1972.

Découvertes culturelles

1. En quoi l'exercice du pouvoir dans le cadre de l'Etat français s'est-il écarté du modèle républicain?
2. Quelle a été l'attitude du gouvernement de l'Etat français en ce qui concerne: a) l'autorité, b) le suffrage et l'élection, c) la République?
3. Comment pourriez-vous décrire les valeurs qui ont alors remplacé les valeurs républicaines?
4. Pourquoi peut-on parler d'une «contre-révolution» à la française à propos de l'Etat français?
5. A quelles catégories sociales s'est attaqué le gouvernement de Vichy? Pourquoi? A l'inverse, quelle catégorie a-t-il favorisée?

·VI· La IVe République (1946–1958)

A la fin de la Seconde Guerre mondiale, le général de Gaulle, héros de la France libre qui avait résisté à l'occupation nazie de la France, jouissait d'un très grand prestige. De Gaulle voulait rendre à la France la grandeur qu'elle avait perdue pendant la période de l'Etat français. Il était nécessaire de préparer une nouvelle constitution pour remplacer l'Etat français (appelé aussi gouvernement de Vichy et présidé par le maréchal Pétain) qui avait collaboré avec les Nazis. Cette constitution allait mettre en place la IVe République.

De Gaulle a donc proposé une nouvelle constitution selon laquelle le président aurait plus de pouvoir que le Parlement pour décider de la politique de la nation. Il pensait que la tendance naturelle des Français était de se disperser au lieu de s'unir. Aussi, selon lui, un président fort pourrait rassembler les Français autour de grands projets nationaux et ainsi rétablir la France au

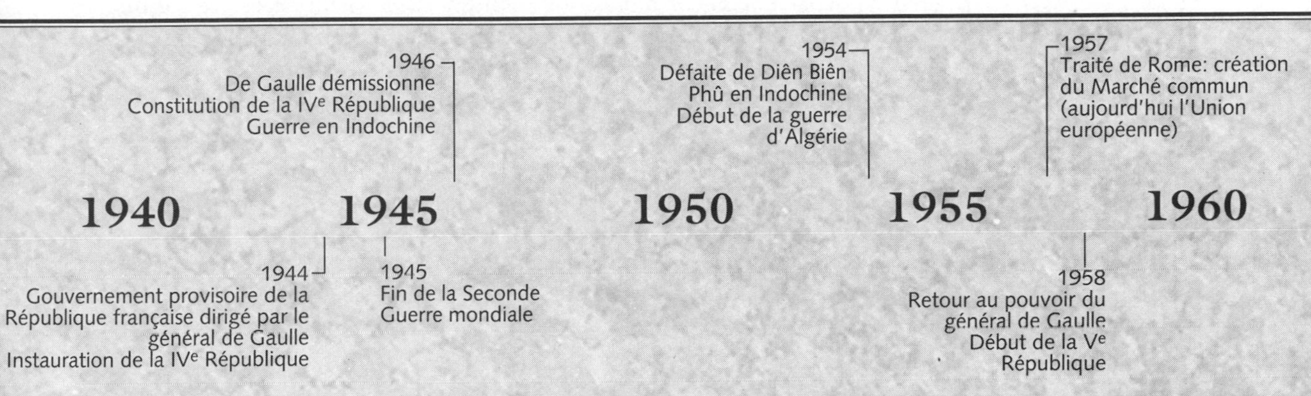

premier rang des pays du monde. «La France ne peut être la France sans la grandeur», écrivait-il. Cependant la proposition constitutionnelle faite par de Gaulle n'était pas jugée acceptable par la majorité des partis politiques pour lesquels, dans une démocratie, le pouvoir de l'Assemblée nationale composée de députés élus au suffrage universel devait être le plus important. De Gaulle a démissionné en janvier 1946 de la présidence du gouvernement provisoire. Par la suite, les Français ont approuvé par référendum, le 13 octobre 1946, la constitution de la nouvelle République selon laquelle le président, élu par le Parlement, dépendait donc de lui. Les deux présidents de la IVe République, Vincent Auriol (président de 1947–1954) et René Coty (président de 1954–1959) ont eu de ce fait peu de pouvoir réel.

En outre, la IVe République a connu une grande instabilité politique. Le système du vote proportionnel dans les élections nationales, encourageant les petits partis politiques assurés d'avoir un certain nombre de leurs candidats élus au Parlement, a rendu très difficile la formation d'une majorité gouvernementale stable. Le président du Conseil (nom donné au premier ministre sous la IVe République) devait organiser des alliances entre de nombreux partis pour obtenir une majorité au Parlement. Ces alliances ne duraient pas longtemps et le gouvernement tombait car il n'était plus capable d'obtenir le vote de confiance au Parlement. Il y a eu 25 changements de gouvernement au cours des 12 années de cette République. En raison de cette instabilité, le Parlement n'a pas pu définir de politique durable pour les grandes questions de la vie nationale, comme celle de la décolonisation.

Les colonies de l'Empire français établies au XIXe siècle ont commencé à réclamer leur indépendance après la Seconde Guerre mondiale. En 1946, une guerre d'indépendance a éclaté dans la colonie d'Indochine. En 1954, l'armée française a subi une grande défaite à Diên Biên Phû qui a obligé les Français à accorder son indépendance à l'Indochine. Selon les accords de paix, le Viêt-minh gouvernait le nord du Viêt-nam. Les Américains ont alors entrepris une guerre pour défendre le sud du Viêt-nam après le départ des troupes françaises. L'année de la défaite de Diên Biên Phû a aussi été marquée par le début d'une guerre d'indépendance en Algérie: l'Algérie avait été rattachée à la France, divisée en départements et administrée comme une partie de la France même. C'est pourquoi, aux yeux de beaucoup de Français, elle n'était pas une colonie comme les autres à laquelle on pourrait accorder l'indépendance.

La faiblesse du Parlement, où de nombreux partis continuaient de se disputer sur des points idéologiques, ainsi que l'incapacité des gouvernements successifs à trouver à la guerre d'Algérie une solution acceptable pour une majorité des Français, avaient créé un vide politique. C'est alors qu'on a fait appel au général de Gaulle, lui demandant de quitter sa retraite pour sauver l'honneur de la France, comme il l'avait fait à l'occasion de la Seconde Guerre mondiale. Mais de Gaulle a posé une condition essentielle à son retour: il fallait préparer une nouvelle constitution qui donnerait au pouvoir du président la priorité sur celui du Parlement. C'est ainsi que la IVe République a cédé la place à la Ve République en 1958.

Malgré l'instabilité politique de la IVe République, les principes démocratiques institués par la Révolution française de 1789 n'avaient pas été remis en cause. La IVe République avait entrepris le redressement économique nécessaire après la destruction du pays pendant la guerre, et elle avait été marquée par le début des «Trente Glorieuses», trente années d'expansion économique qui ont entraîné une transformation économique et sociale profonde: la France, de pays rural qu'elle était, est devenue un pays industriel et technologique moderne. Sur le plan de la société, c'est aussi la IVe République qui a apporté une réforme indispensable à l'aboutissement de la démocratie, en accordant aux Françaises le droit de vote en 1944.

Découvertes culturelles

1. Pourquoi le général de Gaulle a-t-il été le chef du gouvernement provisoire qui a remplacé l'Etat français?
2. Pourquoi la préparation de la constitution de la IVe République a-t-elle donné lieu à un désaccord entre de Gaulle et d'autres membres du gouvernement provisoire?
3. Qui détenait le pouvoir le plus important sous la IVe République, le président ou le Parlement?
4. Pourquoi le gouvernement a-t-il souvent changé au cours de la IVe République?
5. Qu'est-ce qui a provoqué la fin de la IVe République?

Témoignage culturel

Lecture

Le discours de Bayeux

Après la fin de la Seconde Guerre mondiale, le général de Gaulle a quitté le gouvernement provisoire parce qu'il ne réussissait pas à faire accepter sa proposition constitutionnelle pour la IVe République. Il s'est opposé à ce qu'il appelait la «République des partis» dans laquelle la rivalité entre les nombreux partis politiques rendait le Parlement instable et empêchait le bon fonctionnement d'un Etat fort. Dans un discours prononcé le 16 juin 1946 à Bayeux en Normandie, de Gaulle a expliqué pourquoi, à ses yeux, la France avait besoin d'un chef d'Etat dont l'autorité ne dépende pas de coalitions hasardeuses entre les partis et qui soit capable d'assurer ainsi la stabilité et l'indépendance nationales. La conception gaulliste d'un président fort, placé au-dessus du Parlement, est l'élément fondamental de la constitution de la Ve République qui a remplacé, en 1958, la IVe République épuisée par des années d'instabilité politique.

→→←←

commotions
extraordinaires
prend
se voilent
évident
troubles

Au cours d'une période de temps qui ne dépasse pas deux fois la vie d'un homme, la France fut envahie sept fois et a pratiqué treize régimes, car tout se tient dans les malheurs d'un peuple. Tant de secousses° ont accumulé dans notre vie publique des poisons dont s'intoxique notre vieille propension gauloise aux divisions et aux querelles. Les épreuves inouïes° que nous venons de traverser n'ont fait, naturellement, qu'aggraver cet état de choses. La situation actuelle du monde où, derrière des idéologies opposées, se confrontent des Puissances entre lesquelles nous sommes placés, ne laisse pas d'introduire dans nos luttes politiques un facteur de trouble passionné. Bref, la rivalité des partis revêt° chez nous un caractère fondamental, qui met toujours tout en question et sous lequel s'estompent° trop souvent les intérêts supérieurs du pays. Il y a là un fait patent,° qui tient au tempérament national, aux péripéties de l'Histoire et aux ébranlements° du présent, mais dont il est indispensable à l'avenir du pays et de la démocratie que nos institutions tiennent compte et se gardent, afin de préserver le crédit des lois, la cohésion des Gouvernements, l'efficience des administrations, le prestige et l'autorité de l'Etat....

Certes, il est de l'essence même de la démocratie que les opinions s'expriment et qu'elles s'efforcent, par le suffrage, d'orienter suivant leurs conceptions l'action publique et la législation. Mais aussi tous les principes et toutes les expériences exigent que les pouvoirs publics: législatif, exécutif, judiciaire, soient nettement séparés et fortement équilibrés et qu'au-dessus des contingences politiques soit établi un arbitrage national qui fasse valoir la continuité au milieu des combinaisons.

Il est clair et il est entendu que le vote définitif des lois et des budgets revient à une Assemblée élue au suffrage universel et direct. Mais le premier mouvement d'une telle Assemblée ne comporte pas nécessairement une clairvoyance et une sérénité entières. Il faut donc attribuer à une deuxième Assemblée, élue et composée d'une autre manière, la fonction d'examiner publiquement ce que la première a pris en considération, de formuler des amendements, de proposer des projets....

Du Parlement, composé de deux Chambres et exerçant le pouvoir législatif, il va de soi que le pouvoir exécutif ne saurait procéder, sous peine d'aboutir à° cette confusion des pouvoirs dans laquelle le Gouvernement ne serait bientôt plus rien qu'un assemblage de délégations....

de s'achever dans

C'est donc du chef de l'Etat, placé au-dessus des partis, élu par un collège qui englobe le Parlement, mais beaucoup plus large et composé de manière à faire de lui le Président de l'Union française en même temps que celui de la République, que doit procéder le pouvoir exécutif. Au chef de l'Etat la charge d'accorder l'intérêt général quant au choix des hommes avec l'orientation qui se dégage du Parlement. A lui la mission de nommer les ministres et, d'abord, bien entendu, le Premier, qui devra diriger la politique et le travail du Gouvernement. Au chef de l'Etat la fonction de promulguer les lois et de prendre les décrets, car c'est envers l'Etat tout entier que ceux-ci et celles-là engagent les citoyens. A lui la tâche de présider les Conseils du Gouvernement et d'y exercer cette influence de la continuité dont une nation ne se passe pas.

Stéphane RIALS, *Textes politiques français (1789–1958)*, PUF, Collection «Que sais-je?», Paris, 1983.

Découvertes culturelles

1. A quelle caractéristique nationale de Gaulle attribue-t-il l'instabilité politique?
2. Trouvez dans le premier paragraphe une référence: a) à la Seconde Guerre mondiale, b) à la guerre froide entre les puissances mondiales.
3. Selon de Gaulle, qu'est-ce qui en France peut nuire aux intérêts supérieurs du pays et à l'autorité de l'Etat?
4. Quel doit être, selon de Gaulle, le rôle de chacune des deux Assemblées du Parlement?
5. Comment de Gaulle propose-t-il de séparer le pouvoir législatif et le pouvoir exécutif?
6. Dans ce discours, de Gaulle redéfinit les fonctions du chef de l'Etat. Expliquez ces fonctions et indiquez l'objectif général qu'elles illustrent.

Activités d'expansion

Repères culturels

A. Choisissez dans la liste ci-dessous le nom du personnage que vous associez à chacun des événements qui suivent.

Vercingétorix	Louis XIV	Napoléon III
Charlemagne	Louis XVI	Jules Ferry
Charles VII	Robespierre	Pétain
François Ier	Napoléon Ier	Léon Blum
Henri IV	Louis-Philippe	de Gaulle

1. la guerre de Cent Ans
2. le coup d'Etat du 18 Brumaire
3. le pouvoir de la bourgeoisie capitaliste
4. la victoire des Romains sur les Gaulois
5. la Terreur
6. le sacre de l'empereur d'Occident
7. la bataille de Verdun
8. le Front populaire
9. l'enseignement primaire obligatoire et gratuit
10. la Renaissance
11. la mort par la guillotine
12. l'édit de Nantes
13. le château de Versailles
14. la France libre
15. la bataille de Sedan

Le mariage de l'empereur Napoléon Ier avec Marie-Louise d'Autriche en 1810

B. Rétablissez la chronologie: 1) des dynasties et 2) des personnages suivants. Ajoutez quelques précisions sur la période représentée.

1) les Bourbons
   les Carolingiens
   les Mérovingiens
   les Capétiens

2) Jeanne d'Arc	Jules Ferry
Clovis	Robespierre
Louis XV	Philippe Auguste
Vercingétorix	Napoléon III
Richelieu	de Gaulle
Saint Louis	Louis-Philippe
Henri IV	François Ier
Charlemagne	Mazarin

C. Répondez avec précision aux questions suivantes ayant trait à l'histoire républicaine.

1. Quelles sont les dates de: a) la Ire République, b) la IIe République, c) la IIIe République, d) la IVe République?
2. Quelle est la devise de la République française?
3. Comment s'appelle le drapeau de la République? Pourquoi?
4. Comment s'appelle l'hymne national de la République?

D. A quel siècle ou à quelle période de l'histoire correspondent les événements historiques suivants? Expliquez pourquoi ils sont importants.

1. la défaite de Vercingétorix
2. la monarchie de Juillet
3. la guerre de Cent Ans
4. le Premier Empire
5. l'apogée de la monarchie absolue
6. la IIe République
7. le gouvernement de Vichy
8. les guerres de religion
9. l'occupation de la France par les Allemands
10. la Commune
11. le Consulat
12. le débarquement en Normandie

E. Reliez chacune des dates de la liste ci-dessous à un des événements historiques proposés. Expliquez vos choix.

800	1792	1870	le 25 août 1944
1302	1804	1871	1944
1598	1815	1905	1954
1685	1830	1914	
1789	1848	1936	
le 14 juillet 1789	1851	le 18 juin 1940	

1. la chute de la Bastille
2. les Cent-Jours
3. le début de la Première Guerre mondiale
4. le sacre de l'empereur Charlemagne
5. le sacre de l'empereur Napoléon Ier
6. l'établissement du suffrage universel pour les hommes
7. l'attribution du droit de vote aux femmes
8. la défaite de Sedan
9. la Ire République
10. l'édit de Nantes
11. la révocation de l'édit de Nantes
12. la loi sur la séparation de l'Eglise et de l'Etat
13. le Front populaire
14. l'établissement des Etats généraux
15. l'appel du général de Gaulle
16. les Trois Glorieuses
17. le début de la guerre d'Algérie
18. le coup d'Etat de Louis Napoléon
19. l'annexion de l'Alsace-Lorraine par l'Allemagne
20. la libération de Paris

F. Expliquez si les concepts suivants sont liés plutôt à l'Ancien Régime ou à la République. Justifiez vos choix.

1. la monarchie absolue
2. les droits féodaux
3. la démocratie
4. le principe du droit divin
5. la séparation des pouvoirs
6. le catholicisme comme religion officielle de l'Etat
7. la loi comme expression de la volonté du peuple
8. l'égalité
9. la séparation de l'Eglise et de l'Etat
10. les privilèges de la noblesse
11. le pouvoir présidentiel
12. la notion de citoyenneté

Quelques liens culturels

Discussion

1. Quelles sont les raisons principales pour lesquelles les rois ont mis si longtemps à réaliser l'unification géographique et politique de la France?
2. En quoi les attitudes et le gouvernement de Louis XIV représentent-ils l'apogée du principe de la centralisation du pouvoir?
3. Quelles ont été les causes principales de la chute de l'Ancien Régime?
4. Discutez le jugement suivant: «La démocratie ne s'installe en France qu'après avoir détruit la féodalité et vaincu les rois.»
5. Qu'est-ce que la Révolution française représente pour vous?
6. Expliquez brièvement et comparez les institutions suivantes: a) la monarchie absolue, b) la monarchie constitutionnelle, c) la république, d) l'empire.
7. Citez et analysez des exemples qui illustrent comment la tension entre la gauche et la droite, apparue au moment de la Révolution, a continué à influencer l'histoire française au cours des XIXe et XXe siècles.
8. Comparez le Premier Empire et le Second Empire.
9. Le début de la Ire République a été étroitement lié à la Révolution. Quels principes de la Révolution ont continué à se manifester au cours des siècles suivants?
10. Retracez l'évolution des pouvoirs du Parlement à travers les différents régimes depuis la Ire République jusqu'à la IVe République.
11. Pourquoi, à votre avis, la France a-t-elle, dans le monde, la réputation d'être le pays de la liberté et des droits de l'homme?
12. Quelles ont été les conséquences politiques en France des trois guerres entre la France et l'Allemagne en 1870, en 1914 et en 1939?
13. On a observé qu'en temps de crise nationale, les Français se tournent vers un homme fort. Trouvez dans l'histoire de France depuis la Révolution des exemples qui illustrent cette observation.

Mise en scène

1. Imaginez une conversation: a) entre Jeanne d'Arc et le général de Gaulle au sujet du patriotisme, b) entre Louis XIV et le général de Gaulle au sujet de l'exercice du pouvoir exécutif en France.
2. Vous êtes journaliste et vous organisez pour une émission de télévision un débat à propos de la commémoration d'un grand événement de l'histoire française. Choisissez un événement et des participants qui parleront des différents aspects de l'événement choisi.
3. Vous êtes guide touristique et vous faites visiter un monument français important. Evoquez pour les touristes les souvenirs historiques qui y sont associés ainsi que la vie de l'époque.

Activités écrites

1. Choisissez un des grands personnages de l'histoire de France et expliquez ce qu'il ou elle représente pour vous.
2. Discutez d'un événement ou d'un personnage qui vous permette de comparer les principes de la monarchie et ceux de la démocratie dans l'histoire française.
3. Commentez ce jugement de Claude Manceron: «En 1789, il s'est passé en France un certain nombre d'événements à partir desquels rien dans le monde et dans la conscience des hommes n'a plus jamais été comme avant.»
4. Etes-vous d'accord pour affirmer que l'histoire de la France est caractérisée par un mouvement cyclique de périodes de stabilité et de périodes d'instabilité liée à une crise nationale qui aboutit souvent à une révolution? Justifiez votre réponse à l'aide d'exemples précis.

Perspectives interculturelles

A. Comparez la naissance des institutions politiques de votre pays et celle des institutions françaises. Est-ce que la mise en place de ces institutions a suivi une évolution similaire?

B. Comparez les rapports entre la religion et l'Etat en France et dans votre pays.

C. Choisissez un moment capital de l'histoire de votre pays et comparez cet événement à un grand moment de l'histoire française. Les problèmes et les conséquences de ces moments importants ont-ils été similaires ou différents?

D. Le plus grand événement de l'histoire française a sans doute été le passage progressif d'une monarchie à une république. L'histoire de votre pays a-t-elle connu une telle transformation? Justifiez votre réponse.

La société

La société

Vers 450 après J.-C., un moine de la Gaule romaine a écrit ceci:

«Lorsque de petits propriétaires ont perdu leur maison et leur lopin de terre à la suite d'un brigandage, ou ont été chassés par les agents du fisc, ils se réfugient dans le domaine des riches et deviennent colons... Tous les gens installés sur les terres des riches se métamorphosent... et deviennent esclaves.» [1]

Que révèle ce témoignage sur la société gallo-romaine? Il nous apprend tout d'abord que, sur cette terre qui s'appellerait un jour la France, il existait déjà une hiérarchie, imitée de l'empire romain, où les classes fortes exerçaient une domination sur les classes faibles en leur offrant une certaine protection contre la misère. Mais cette sécurité s'est peu à peu achetée au prix de leur indépendance. Le statut de ces petits paysans qui, libres au début, sont devenus «colons» dans les grands domaines, était assez proche de celui des esclaves. Nous savons d'ailleurs que chez les Celtes, et plus encore chez les peuples méditerranéens, l'esclavage était omniprésent. Or, dans toute société où l'esclavage dépend d'un régime fort et autoritaire, les troubles se déclarent tôt ou tard lorsque les gens pauvres, exploités par les puissants, se révoltent. De fait, la Gaule romaine a connu de ces insurrections paysannes qui sont toujours le signe d'une société en mauvaise santé. Au cours de l'histoire, d'autres groupes tels que les bourgeois, les ouvriers et les femmes s'élèveraient à leur tour contre un même esprit d'assujettissement et d'asservissement.

[1]Cité par Fernand BRAUDEL, dans *L'Identité de la France*, Vol. II, Editions Arthaud, Paris, 1986.

(page précédente)
Gravure représentant les trois états de la société sous l'Ancien Régime.

·I· Seigneurs et serfs

Au Ve siècle, l'invasion des barbares, et surtout des Francs venus d'outre-Rhin, s'est accompagnée de deux phénomènes qui ont peu à peu bouleversé la société gallo-romaine. D'abord, les grands domaines évoqués plus haut, qu'on appelait *villae*, ont souvent disparu lorsque les forces germaniques les ont pillés et détruits. Ils ont été remplacés par des villages et des hameaux, ce qui a grandement modifié la vie et les activités rurales. Ensuite, beaucoup de soldats barbares se sont progressivement intégrés à la population paysanne; certains ont même servi dans l'armée romaine où ils sont devenus officiers et donc citoyens romains. Ceux qui appartenaient à l'aristocratie franque se sont mêlés à l'aristocratie gallo-romaine, devenant ainsi les ancêtres des futurs nobles de l'Ancien Régime. Une seconde modification s'est donc opérée sur le plan social: le renforcement de la hiérarchie.

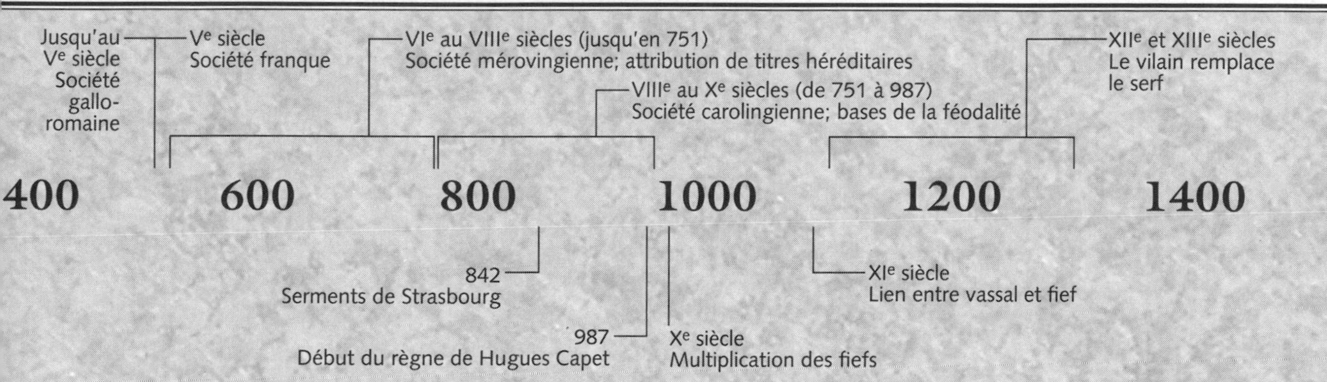

Au contact des barbares, l'empire romain allait mourir. La longue détérioration de l'influence romaine a abouti à une sorte de fusion entre les sociétés gallo-romaine et franque, qui a consolidé certaines pratiques sociales. Cette période, la première dynastie des rois francs, est appelée l'époque mérovingienne. Elle a duré du VIe siècle jusqu'au milieu du VIIIe siècle et apparaît globalement comme une période de déclin. Il est vrai qu'une paix relative a permis le développement du commerce extérieur aussi bien qu'intérieur en France; pourtant, l'agriculture a souffert, en raison du manque de paysans. La population rurale diminuant, ce phénomène a dû être arrêté par une mesure qui allait avoir des conséquences durables: l'Etat a commencé à récompenser par des terres les services dont il avait besoin. Le domaine royal s'est ainsi fragmenté. Par surcroît, les Mérovingiens accordaient ces terres à titre héréditaire; l'Etat était donc en train de créer des unités territoriales qu'il risquait de ne plus jamais récupérer.

A partir du milieu du VIIIe siècle jusqu'au début du règne de Hugues Capet en 987, la France carolingienne (du nom latin *Carolus* de Charlemagne) a affirmé les principes de base de la féodalité déjà esquissés par les Mérovingiens. Mais les premiers Carolingiens ont apporté d'importantes modifications aux pratiques de leurs prédécesseurs. Les concessions de terres ont cessé d'être héréditaires. Par ailleurs, tous les hommes libres étaient liés par serment au souverain et devaient servir, à leurs frais, dans l'armée du roi. Toutefois, après la mort de Charlemagne en 814, les rois sont revenus aux pratiques antérieures et ont adopté de nouveau le système de propriété héréditaire.

Les terres appartenaient donc aux seigneurs, mais elles étaient peuplées surtout par des paysans. Jusqu'au Xe siècle, on y trouvait même encore des esclaves, derniers vestiges de la société romaine. Mais l'esclavage allait bientôt être remplacé par le servage. En quoi ce nouveau statut différait-il de celui de l'esclave? D'abord, le serf possédait une maison, une famille et de la terre, même s'il y était attaché. Il avait donc plus de liberté qu'un esclave, et le fait de posséder son champ l'encourageait à travailler et à produire ainsi un surplus. C'est d'ailleurs cet excédent qui allait stimuler l'économie et permettre de développer les échanges commerciaux. En fait, le serf était parfois plus à l'aise que le petit propriétaire libre qui, lui, ne pouvait bénéficier de la protection du seigneur. Aussi y avait-il des paysans libres très pauvres et des serfs assez aisés qui produisaient pour leurs maîtres mais aussi pour eux-mêmes.

A partir du Xe siècle, ce qui pourrait s'appeler une vaste colonisation intérieure s'est opérée en France. Elle a été assurée par les seigneurs et les paysans, ainsi que par les ecclésiastiques, car les souverains avaient aussi concédé des terres aux ordres religieux. La hiérarchie des fiefs religieux ressemblait beaucoup à celle des nobles, et les moines ont été à l'origine de grands progrès dans le secteur agraire. Vu l'importance et la dimension de cette tentative de colonisation, on pouvait s'attendre à une nouvelle intensification du lien féodal entre protecteurs et protégés.

Le paysan avait l'obligation de fournir un travail sur la terre de son seigneur.

La contrepartie de l'expansion des domaines seigneuriaux a été l'apparition d'une vague d'attaques et d'agressions entre les propriétaires nobles. Les châteaux étaient fortifiés, certains hommes étaient armés pour la défense, et la protection dominait toute autre considération. Mais l'économie agricole avait produit une population désarmée et, dans les villes, l'urbanisation avait déshabitué les citadins à porter des armes. Il fallait désormais compter sur la protection de plus puissant que soi. Le seigneur a donc accepté de protéger ceux qui, en retour, lui promettaient leur fidélité et leurs services. Au niveau de la société, ces liens étaient semblables à ceux qui unissaient les membres d'une famille. Ce système de droits et de devoirs a donné lieu à un véritable code de l'honneur alors exprimé par un contrat verbal depuis le Ve siècle. Au XIe siècle, cet engagement s'appelait «l'hommage» et se définissait ainsi:

«Il consiste en une dation des mains: le vassal... à genoux met ses mains dans les mains du seigneur qui est debout: «Je deviens votre homme. —Je vous reçois et prends à homme.» A quoi s'ajoute souvent l'*osculum*, le baiser sur la bouche.» [2]

Peu à peu, ce lien à l'origine purement personnel et moral s'est accompagné de la concession d'un fief généralement constitué d'une terre et de droits seigneuriaux sur d'autres personnes, le plus souvent des paysans. Le lien et le fief sont devenus, à leur tour, héréditaires, ce qui a permis au système de se perpétuer. Cette association du lien vassalique et du fief, concédés en même temps et de manière durable, a constitué, vers le XIe siècle, la grande innovation de la société féodale du Moyen Age. Mais qu'allait-il advenir de ce réseau structuré qui reposait sur l'assujettissement des uns par les autres?

Les XIIe et XIIIe siècles ont apporté une réponse assez prévisible à cette question. Le servage reposait sur deux principes parallèles: le paysan avait l'obligation de fournir un travail sur la terre de son seigneur, en échange de quoi il recevait le droit de cultiver une petite parcelle de terre pour lui-même. Pour des raisons qui semblent s'expliquer par une caractéristique de la nature humaine, le travail que le paysan effectuait librement sur sa propre parcelle était souvent de qualité supérieure et donnait donc de meilleurs résultats que celui qu'il faisait au titre de la «corvée» qu'il devait au maître. Selon l'historien Pierre Chaunu, c'est l'apparition de cette motivation d'entrepreneur qui allait mener à une révolution sociale, lente et silencieuse, puis à la disparition du servage, car: «Le travail libre chasse, casse, démantèle le travail commandé. Et le vilain (paysan qui cultive sa parcelle pour lui-même) peu à peu chasse le serf, plus exactement le serf devient vilain, et le serf devenu vilain acquiert, au prix de toujours plus d'effort, un peu plus d'initiative, de responsabilité, de liberté chèrement payées.» [3]

C'est aussi un principe dont les paysans se souviendraient en 1789, lorsqu'ils défendraient leur droit à décider librement de l'avenir de leurs parcelles, de cette terre, de cette «glèbe» à laquelle ils ne comptaient pas renoncer.

[2]J.-F. Lemarignier, *La France médiévale, institutions et société*, A. Colin, 1970.

[3]Pierre Chaunu, *La France: Histoire de la sensibilité des Français à la France*, Laffont, 1982.

Découvertes culturelles

1. Quel est le sens du terme «colons» employé pour décrire certains membres des classes pauvres à l'époque gallo-romaine?
2. Y a-t-il eu des mouvements paysans au Moyen Age?
3. Décrivez les deux phénomènes qui ont bouleversé la société gallo-romaine à l'époque des invasions barbares.
4. Pourquoi les Mérovingiens ont-ils commencé à distribuer des terres? Quel a été le double effet de ce phénomène?

5. Décrivez la situation d'un serf.
6. Quelles étaient les responsabilités du seigneur envers ses vassaux sous le système féodal?
7. En quoi consistait la «corvée»?
8. Expliquez comment un serf pouvait devenir un «vilain».

Témoignages culturels

Lecture 1

Les Serments de Strasbourg

En l'an 842, deux des petits-fils de Charlemagne, Charles II (le Chauve), roi de France, et Louis II, futur roi de Germanie, ont affirmé solennellement leur désir de se défendre mutuellement contre leur autre frère Lothaire, roi d'Italie et de Lorraine. Charles a prêté serment en langue tudesque (francique) devant les soldats de son frère Louis, qui a prêté serment en langue romane. Il s'agissait encore d'une langue assez proche du latin mais qui possédait déjà les caractéristiques de ce que nous appelons l'ancien français. Voici le serment de Louis, suivi de sa traduction en français moderne.

«Pro Deo amur et pro christian poblo et nostro commun salvament, d'ist di en avant, in quant Deus savir et podir me dunat, si salvarai eo cist meon fradre Karlo, et in aiudha et in cadhuna cosa, si cum om per dreit son fradra salvar dift, in o qui il mi altresi fazet et ab Ludher nul plaid numquam prindrai, qui, meon vol cist meon fradre Karle in damno sit.»

Traduction

Pour l'amour de Dieu et pour le peuple chrétien et notre salut° commun, à partir d'aujourd'hui, en tant que Dieu me donnera savoir et pouvoir, je secourrai° ce mien frère Charles par mon aide et en toute chose, comme on doit, selon l'équité, secourir son frère, à condition qu'il fasse de même pour moi, et avec Lothaire je ne prendrai aucun arrangement qui, de ma volonté, puisse être dommageable à mon frère Charles.

salut°: bonheur éternel
secourrai°: tirerai du danger

André Mary, *La Fleur de la prose française*, Editions Garnier, 1954.

Découvertes culturelles

1. Qui étaient Charles II et Louis II (Louis le Germanique)?
2. Contre qui Charles et Louis voulaient-ils se défendre?
3. En quelles langues ce serment a-t-il été prononcé? Pourquoi?
4. En quoi le rapport entre ces personnages est-il caractéristique de certains aspects de la société féodale?

Lecture 2

La vie des paysans et des seigneurs

Les historiens spécialistes du Moyen Age ont comparé les documents de cette époque afin de retracer l'évolution de la société. L'un d'entre eux, Marcelin Defourneaux, nous propose le tableau suivant de la vie paysanne en France au début du XVe siècle, en précisant que les conditions d'existence de ce groupe étaient restées à peu près inchangées entre le règne de Saint Louis, au XIIIe siècle, et l'époque de Jeanne d'Arc, au XVe.

Malheureusement, la vie quotidienne des campagnes a laissé peu de traces dans les textes littéraires ou dans les chroniques du temps. Les chroniqueurs, tout occupés à narrer les «faits» chevaleresques, ne font que quelques allusions méprisantes aux «vilains», et le portrait stéréotypé qu'en donnent les écrivains et les moralistes rassemble toujours les mêmes traits: grossièreté, avarice, lâcheté....

Mais l'art des miniaturistes, ce merveilleux reflet du temps, nous conduit parfois à travers la campagne, et les calendriers des livres d'heures nous racontent les «travaux et les mois» de l'existence paysanne. Documentation incomplète—puisque ce sont toujours les mêmes motifs: la moisson, la vendange, la glandée,° qui réapparaissent d'un calendrier à l'autre—mais infiniment précieuse par le réalisme des détails.... Tous ces aspects de la vie quotidienne qu'ont reproduits les miniaturistes semblent avoir l'éternité des choses non créées. Seul le costume rappelle parfois qu'il s'agit d'un autre siècle: le paysan porte une blouse, ou une veste courte que prolonge une sorte de jupe recouvrant le haut des chausses;° par les chaleurs de l'été, il ne conserve parfois, avec le chapeau de paille qui lui protège la tête, que sa chemise. Les femmes sont vêtues d'une longue robe cintrée, au corsage appliqué, dont elles relèvent la jupe pour travailler, laissant voir un jupon blanc....

glandée: ramassage du fruit du chêne

chausses: la culotte

Dès la fin du Moyen Age, les paysans sont en majeure partie propriétaires du sol qu'ils cultivent. Sans doute ne s'agit-il pas d'un droit de propriété absolu, au sens que le droit romain et plus tard le Code Napoléon ont donné à ce terme. La terre reste engagée dans le système de dépendance qui caractérise, du point de vue social, le régime féodal. Elle reste une «tenure»° dont la jouissance implique, de la part du tenancier,° le paiement des redevances dues au seigneur et fixées de façon immémoriale par la coutume. Mais sous cette condition, le paysan a le droit de léguer, vendre, voire morceler son domaine. En fait, la limitation du droit de propriété n'est guère plus marquée que celle qu'impose, dans les sociétés modernes de structure libérale, l'intervention de l'Etat, qui prélève l'impôt sur la terre et ses produits et exige des droits de transmission en cas de vente ou d'héritage....

terre concédée par le seigneur / serf

La maison villageoise est généralement une masure° grossièrement construite, aux murs de terre, d'argile ou de torchis° où s'entrelacent des lattis° de bois. Les toits de tuiles ou d'ardoises se voient surtout dans les villes; dans les campagnes, le toit est fait de chaume°, et, dans les régions forestières, d'aisseules.° Les ouvertures sont rares et petites, et parfois seule la porte éclaire l'intérieur. Le verre à vitre qui, même en ville, reste un luxe, n'est pas utilisé dans les campagnes. C'est le papier, ou le parchemin huilé, qui en tient lieu. En hiver, et faute d'une véritable cheminée, le feu est allumé au milieu de la pièce principale, la fumée s'échappant par un trou ménagé au plafond; pour garder la chaleur, on bouche parfois toutes les ouvertures, sauf la porte, avec du foin. Le mobilier est très sommaire: le lit même est un luxe que ne connaissent pas les paysans les plus pauvres, qui couchent dans la paille; les meubles consistent surtout en coffres et huches à pain. Chez les paysans aisés, on trouve parfois des buffets et vaisseliers garnis de vaisselle d'étain, et quelquefois d'argent. Mais les ustensiles de ménage sont généralement en terre.

cabane

mortier composé d'argile et de foin / planches

paille

petites lattes de bois

Le domaine du seigneur selon l'art des miniaturistes

Le cadre de la vie individuelle apparaît donc extrêmement médiocre. Mais l'historien révèle une chose plus surprenante: la classe aristocratique elle-même ne mène pas une vie beaucoup plus confortable!

Le manoir de Fontaine-lès-Nangis, appartenant à la famille de Meignelay, est loin d'évoquer un palais: il se compose d'une grande salle «contenant trois chambres dessus et deux dessous à quatre cheminées»; d'un grand grenier avec une étable, d'une cuisine, d'une chapelle et d'une dispense, le tout couvert de tuiles... C'est sur ce modèle qu'il convient de se représenter la majeure partie des résidences seigneuriales.... Ce qu'évoquent... les miniatures du temps, c'est la vie brillante et raffinée à laquelle peuvent prétendre seulement les princes et les très grands seigneurs, et où s'exprime le goût de l'époque pour la magnificence et la somptuosité.

Marcelin Defourneaux, *La Vie quotidienne au temps de Jeanne d'Arc*, Hachette, 1952.

Découvertes culturelles

1. Quels aspects de la vie médiévale sont évoqués dans la littérature et les chroniques de l'époque?
2. A quoi se résume le portrait stéréotypé des «vilains» dans la littérature du Moyen Age?
3. Où peut-on trouver une évocation plus réaliste de la vie des paysans?
4. Décrivez ces différents aspects de la vie des paysans au Moyen Age: a) les vêtements, b) le logement, c) la propriété, d) le travail.
5. Qui habitait des châteaux magnifiques et menait une vie raffinée? Décrivez le style de vie de la plupart des nobles.

·II· Aristocrates et bourgeois

La noblesse

La période que nous appelons «Ancien Régime» a coïncidé avec l'évolution de la monarchie absolue et recouvre les structures socio-culturelles qui l'ont accompagnée. Il s'agit d'un ordre social ancestral, fondé sur l'inégalité et les privilèges, qui s'est constitué au XVIe siècle et a atteint son apogée au XVIIe siècle avant d'être mis à mal par la Révolution, au XVIIIe siècle.

Inégalitaire, la société de l'Ancien Régime l'était certes, puisqu'elle était divisée en trois ordres hiérarchisés. Les deux premiers—le clergé (l'ensemble des ecclésiastiques) et la noblesse (à l'origine, ceux qui portaient les armes; en fait, ceux qui n'étaient pas roturiers)—étaient des ordres privilégiés. Le troisième, le «tiers état», était essentiellement composé de travailleurs et représentait 98 pour cent de la population. Mais cette définition est trop simpliste pour rendre compte de la réalité sociale. La bourgeoisie, par exemple, appartenait au tiers état mais possédait certains privilèges qui la distinguaient,

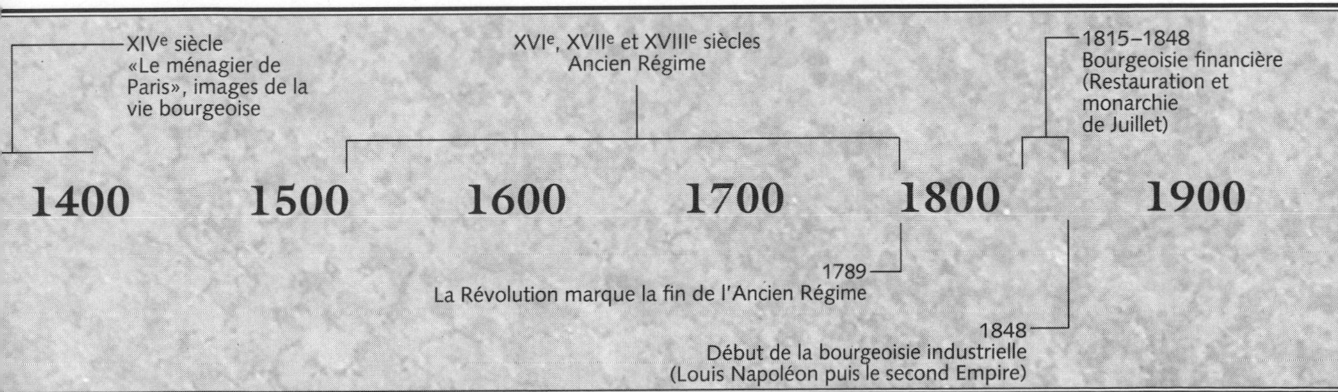

en fait, du reste du peuple. Par ailleurs, si le clergé était, en principe, le premier ordre, la véritable aristocratie était la noblesse, qui concentrait la plupart des privilèges.

Qu'est-ce que la noblesse? La tradition a longtemps voulu attribuer la qualité de noble aux descendants des Francs, les guerriers conquérants de l'époque gallo-romaine, alors que les non-nobles, les roturiers, auraient été issus des Gaulois, le peuple vaincu. En fait, fort peu des familles nobles de l'Ancien Régime pouvaient faire remonter leurs origines au début du Moyen Age. Il est vrai, cependant, que les premiers nobles étaient, comme les «preux» de *La Chanson de Roland*, ceux qui défendaient le seigneur en obéissant aux principes de la féodalité. Mais, au cours des siècles, les familles descendant de ces nobles guerriers sont devenues de moins en moins nombreuses, faute d'héritiers mâles, puisque la noblesse se transmettait de façon héréditaire et par le seul lien de parenté masculine. Aussi, pour pouvoir se perpétuer, cette catégorie sociale a-t-elle dû recourir à d'autres moyens et, comme le roi seul pouvait conférer des titres de noblesse, a-t-il fallu trouver de nouvelles justifications pour accorder l'anoblissement.

Au cours des trois siècles de l'Ancien Régime, un système de «charges anoblissantes» s'est ainsi développé. Il s'agissait de fonctions qui permettaient à leurs titulaires, après un bon nombre d'années de service, de se voir conférer un titre de noblesse par «lettre royale». Parmi ces fonctions, on comptait les charges de haut commandement dans l'armée (toutefois, la plupart de ces postes étaient déjà occupés par des nobles); celle de magistrat au Parlement; et même parfois celle de maire ou de conseiller municipal d'une ville. Dans la deuxième moitié du XVIIIe siècle, cette évolution inquiétante pour la noblesse ancienne, désireuse de se réserver les grandes charges de l'Etat qui, depuis un siècle, avaient permis aux roturiers d'accéder à la noblesse, serait d'ailleurs à l'origine d'un mouvement de réaction aristocratique.

Le noble devait accepter certaines responsabilités en retour des privilèges qui lui étaient accordés. Parmi ces obligations, il devait ajouter au prestige et à la puissance de sa maison, ce qu'il faisait souvent en mariant son fils à une héritière de bonne famille pour consolider le réseau de familles nobles. Lorsque la fortune de la famille était en déclin, il lui arrivait même de «redorer son blason» en mariant son fils à une fille de bourgeois riches. Dans la pratique, la noblesse se caractérisait aussi par son mode de vie, et c'est souvent sa façon de se loger qui la distinguait du reste de la société.

La grande majorité des nobles habitait à la campagne. La petite noblesse possédait une seigneurie qui se composait parfois de l'ancien château féodal accompagné de petites maisons, de granges et d'autres dépendances. Mais assez souvent, il n'y avait pas de château, et la famille habitait un manoir, une gentilhommière ou une grande maison. Selon les privilèges nobiliaires, seule la demeure d'un noble pouvait être surmontée d'une girouette ou posséder un colombier. Le noble exploitait personnellement la partie de ses terres appelée la «réserve», qui entourait sa demeure, ou la confiait à un fermier. Le reste des terres sur lesquelles il jouissait d'un droit était confié à des propriétaires «réels» qui les exploitaient mais devaient lui verser, en échange, une sorte de loyer. Le seigneur protégeait les paysans, mais il pouvait aussi exercer sur eux les droits seigneuriaux qui consistaient, en plus d'un loyer, en «banalités» comme l'obligation d'utiliser le four, le moulin ou le pressoir du seigneur moyennant une redevance. Il détenait aussi le pouvoir d'exercer la justice sur ses terres en cas de délit ou de conflit mineur (les crimes de sang et les délits graves étaient généralement réservés au tribunal royal). Ces hobereaux (nobles campagnards) n'étaient pas tous fortunés, cependant, et les moins aisés menaient un style de vie qui n'était pas très différent de celui d'un bon laboureur. Les plus riches, il est vrai, possédaient un château et, souvent, un hôtel particulier en ville. Mais dans l'un et l'autre cas, la noblesse rurale n'était généralement pas très instruite et ne s'intéressait guère aux mouvements intellectuels.

La ville aussi avait ses nobles, mais il s'agissait essentiellement de ce qu'on appelle «la noblesse de robe». En effet, à partir de la deuxième moitié du XVIe siècle, les moyens traditionnels de mériter l'anoblissement (l'armée ou la terre) ont commencé à régresser, depuis que le roi avait accepté de vendre des offices, créant ainsi une nouvelle voie pour accéder à la noblesse. Ces hommes de loi (avocats, petits juges, officiers seigneuriaux), tous éminents notables des

Chacun des personnages symbolise un ordre social. Lequel?

grandes villes, ont ainsi formé le corps de la nouvelle noblesse apparue entre le XVIe et le XVIIIe siècles. À la différence de la noblesse ancienne, la noblesse de robe a constitué une élite intellectuelle, acquérant des bibliothèques importantes et profitant des découvertes de la science, surtout au XVIIIe siècle, pour moderniser ses terres qu'elle faisait exploiter et administrer par des fermiers. Dans l'ensemble, cette noblesse disposait de revenus assez élevés, surtout dans la période qui a précédé la Révolution.

Au sommet de la pyramide aristocratique se trouvaient les «Grands», peu nombreux mais toujours influents sous l'Ancien Régime. Il s'agissait de la noblesse dite «immémoriale», soit féodale (si la famille remontait au XIe siècle) soit chevaleresque (si les titres de noblesse dataient d'avant le XIVe siècle). Il y avait d'abord les «princes du sang», comme les Condé et les Conti, qui étaient parents du roi, et les ducs. Leurs fortunes étaient vastes, en général, mais certains d'entre eux vivaient très au-dessus de leurs moyens et étaient souvent endettés. C'est d'eux que nous avons gardé l'image d'une classe entièrement vouée aux plaisirs, dilapidant sa fortune par son goût du luxe et ses mœurs libertines, et minée par de nombreux scandales à la veille de la Révolution. Pourtant, si l'on considère que, sous l'Ancien Régime, les grands nobles ne représentaient que quelques centaines de personnes et leurs familles, il est d'autant plus étonnant que le peuple ait associé à l'aristocratie entière les pratiques d'une très petite minorité.

Néanmoins, le pouvoir de l'aristocratie, au cours du XVIIIe siècle, a subi de graves atteintes. Comme nous le verrons, la bourgeoisie s'est enrichie, souvent au détriment de la noblesse, et a commencé à prendre sa place sur le plan économique. Mais la noblesse a réagi en tentant d'écraser la bourgeoisie sur le plan politique: l'aristocratie se réservait le haut commandement de l'armée, et la haute magistrature et les cours souveraines n'admettaient que des nobles dans leur sein. De la même manière, le haut clergé ne se recrutait que parmi la haute et la moyenne noblesses. La bourgeoisie, désireuse d'occuper une position politique qui corresponde à sa puissance économique et intellectuelle, a donc lutté pour une réforme profonde du système politique; mais elle s'est heurtée à l'opposition des nobles qui, voyant assez souvent leur pouvoir économique décliner, entendaient défendre jalousement leurs privilèges. En entreprenant une réaction seigneuriale, les nobles ont également provoqué la colère des paysans propriétaires qu'ils obligeaient toujours à payer des droits remontant à la féodalité et pourtant sortis depuis longtemps de l'usage. Les paysans, aux côtés du peuple des villes, allaient ainsi rejoindre la bourgeoisie dans une révolution qui, en 1789, mettrait fin à un ordre social dont les origines remontaient à la féodalité de l'époque gallo-romaine.

L'article premier de la *Déclaration des Droits de l'homme et du citoyen* de 1789 affirmerait: «Les hommes naissent et demeurent libres et égaux en droits; les distinctions sociales ne peuvent être fondées que sur l'utilité commune.» Ce principe supprimait donc la noblesse héréditaire et tous les titres, mais ils réapparaitraient en fait avec Napoléon, sous une nouvelle forme appelée «noblesse d'Empire». Par la suite, le régime monarchique de la Restauration permettrait à la noblesse ancienne de reprendre ses titres et à la nouvelle de conserver les siens.

De nos jours, la noblesse existe toujours mais elle n'est plus qu'une «qualité», sans existence réelle devant la loi. Dans la France actuelle, environ trois mille familles peuvent se dire «d'ascendance noble ou titrée». Leurs titres sont reconnus juridiquement, même si leur «noblesse» ne l'est pas. Depuis 1975, en vertu d'une mesure prise par l'ancien président de la République Valéry Giscard d'Estaing, dont les ancêtres appartenaient à l'aristocratie d'Ancien Régime, toute mention de titres, même authentiques, a été supprimée dans les réceptions de l'Elysée, à l'exception de certains titres royaux ou impériaux comme celui du comte de Paris (prétendant au trône de France, aîné des descendants du dernier roi des Français, Louis-Philippe).

Découvertes culturelles

Commentez chacune des affirmations suivantes en ajoutant des renseignements supplémentaires.

1. Le terme «Ancien Régime» correspond à une certaine période du développement de la société française.
2. Sous l'Ancien Régime, il y avait trois «états» en France.
3. A l'époque de l'Ancien Régime, il restait assez peu de nobles descendants de l'aristocratie médiévale.
4. Un système de «charges anoblissantes» s'est développé.
5. Etre noble signifiait bénéficier de certains privilèges.
6. Le noble acceptait certaines responsabilités en retour des privilèges qui lui étaient accordés.
7. Un noble issu d'une famille en déclin pouvait «redorer son blason».
8. La grande majorité des nobles habitait à la campagne et menait une vie relativement modeste.
9. La «noblesse de robe» formait une élite intellectuelle.
10. Les pratiques des Grands ont souvent été attribuées par le peuple à toute l'aristocratie.
11. Au cours du XVIIIe siècle, l'aristocratie a subi une diminution de ses pouvoirs.
12. L'ordre social détruit au moment de la Révolution de 1789 remontait à l'époque féodale.
13. De nos jours, la noblesse existe toujours en France, mais en tant que «qualité» seulement.

Témoignages culturels

Lecture 1

Louis de Rouvroy, duc de Saint-Simon, «*Mémoires*»

Membre de la très haute noblesse, le duc de Saint-Simon a donné dans ses *Mémoires* son point de vue personnel sur la transformation de la noblesse dont il a été le témoin sous le règne de Louis XIV.

dévalorisés
détruits

Il est vrai que les titres de comte et de marquis sont tombés dans la poussière° par la quantité de gens de rien, et même sans terres, qui les usurpent, et par là tombés dans le néant:° si bien même que les gens de qualité qui sont marquis ou comtes, qu'ils me permettent de le dire, ont le ridicule d'être blessés qu'on leur donne ces titres en parlant à eux. Il reste pourtant vrai que ces titres émanent d'une érection de terre et d'une grâce du Roi, et, quoique cela n'ait plus de distinction, ces titres, dans leur origine et bien longtemps depuis, ont eu des fonctions, et que leurs distinctions ont duré bien au-delà de ces fonctions....

Louis de Rouvroy, duc de SAINT-SIMON, *Mémoires*, Paris, Editions Gallimard, la Pléiade, Tome I, 1983.

Découvertes culturelles

1. Selon Saint-Simon, pourquoi certains titres sont-ils en déclin?
2. Saint-Simon pense-t-il que ce sont les fonctions ou les distinctions de la noblesse qui se sont maintenues? Expliquez.

Lecture 2

Voltaire, «*Lettres philosophiques*»

Grand anglophile, Voltaire a souvent comparé la société anglaise à la situation sociale en France sous Louis XV. L'argent et le commerce étaient respectés par les Anglais qui reconnaissaient les mérites de la bourgeoisie.

Bourgeois d'origine, «Monsieur de Voltaire», dont la particule nobiliaire n'était pas authentique, n'a jamais pu se faire admettre à plein titre par la noblesse d'Ancien Régime, protectrice de ses prérogatives sociales. Le ton de ses remarques peut donc aussi s'expliquer par le sentiment d'humiliation qu'il en a éprouvé.

En France est marquis qui veut; et quiconque arrive à Paris du fond d'une province avec de l'argent à dépenser et un nom en *ac* ou en *ille*, peut dire: «Un homme comme moi, un homme de ma qualité», et mépriser souverainement un négociant.° Le négociant entend lui-même parler si souvent avec dédain de sa profession, qu'il est assez sot pour en rougir. Je ne sais pourtant lequel est le plus utile à un Etat, ou un seigneur bien poudré qui sait précisément à quelle heure le roi se lève, à quelle heure il se couche, et qui se donne des airs de grandeur en jouant le rôle d'esclave dans l'antichambre d'un ministre, ou un négociant qui enrichit son pays, donne de son cabinet des ordres à Surate° et au Caire, et contribue au bonheur du monde.

commerçant

en Inde

VOLTAIRE, *Lettres philosophiques*, Lettre X «Sur le commerce», Oxford, 1961.

Découvertes culturelles

1. Selon Voltaire, comment peut-on acquérir un titre au XVIIIe siècle?
2. Pourquoi ce genre de noble méprise-t-il les négociants?
3. Comment la noblesse d'Ancien Régime passe-t-elle son temps?
4. Pourquoi Voltaire donne-t-il sa préférence au négociant?

La bourgeoisie

Comment définir le terme de «bourgeois»? Au sens étymologique, le bourgeois est l'habitant d'un «bourg», c'est-à-dire d'une ville. Au XIe et au XIIe siècles, quand les villes ont commencé à prendre de l'importance, elles ont absorbé la majorité des artisans qui y ont établi leurs boutiques et créé un marché intérieur, développant bientôt un commerce extérieur. Un certain style de vie est apparu dans ces centres urbains, autour des commerçants et artisans pour qui l'argent, la monnaie, ont représenté une véritable innovation sur le plan économique.

Lorsque, vers la fin du XIVe siècle, un riche bourgeois parisien a composé, à l'usage de sa jeune femme, un traité sur l'art de diriger une maison intitulé *Le Ménagier de Paris*, il nous a par la même occasion laissé un témoignage précieux sur les mœurs de la bourgeoisie parisienne de son époque. Selon cet ouvrage, le bourgeois type jouissait d'une maison assez grande (une ou deux grandes salles et quelques chambres) mais meublée plutôt sommairement. On y mangeait bien et l'atmosphère était, somme toute, confortable. Le bourgeois veillait sur sa fortune, qu'il administrait avec soin. Il évitait cependant de déployer toute magnificence pour ne pas être accusé d'ostentation comme l'étaient souvent les membres de la classe aristocratique. Néanmoins, certains bourgeois opulents, les banquiers surtout, avaient pris l'habitude de mener une vie de grand luxe. Au XVIe siècle, beaucoup d'entre eux, d'ailleurs, aspirant à la noblesse, useraient de leur fortune pour acheter leur anoblissement.

Quelle qu'ait été sa fortune, le bourgeois se définissait par certaines caractéristiques: il était généralement citadin; il occupait un rang social supérieur à l'intérieur du tiers-état grâce à ses propriétés et aux revenus qu'il épargnait avec soin pour se protéger contre le besoin; il exerçait aussi un certain pouvoir; en fait, il n'appartenait ni à la noblesse ni au peuple. Pourtant, il était souvent méprisé par les aristocrates pour son manque de raffinement et sa petitesse d'esprit. Mais sans doute cette image a-t-elle été produite par les gens nouvellement anoblis de la fin du XVIe siècle jusqu'au XVIIe siècle, pour qui le bourgeois constituait un rappel trop évident de leurs propres origines «ignobles», c'est-à-dire non-nobles. Le peuple voyait en lui, par contre, quelqu'un qui ne se distinguait pas sensiblement des aristocrates.

La bourgeoisie était une catégorie sociale hétérogène, cependant; il y avait d'abord les «rentiers», c'est-à-dire ceux qui vivaient du revenu de leurs investissements et de leurs propriétés foncières. Il s'agissait souvent d'anciens commerçants ou artisans, ou bien d'héritiers ou de veuves. Cette bourgeoisie ne travaillait pas et ses revenus étaient, en général, plutôt modestes. Elle ressemblait, en cela, à la bourgeoisie rurale: notaires de village, riches paysans, fermiers généraux ou intendants du seigneur; mais cette bourgeoisie des champs était assez méprisée par celle de la ville. Un second type de bourgeois, qui lui aussi possédait des propriétés et des rentes, vivait de ses activités professionnelles. On trouvait dans cette catégorie les officiers municipaux, responsables de l'administration fiscale, par exemple, et les membres des professions libérales: médecins, avocats (souvent appelés «robins»), notaires, professeurs d'université. Tous jouissaient d'une vie confortable et aisée, mais ne disposaient pas de fortunes énormes. Leur milieu était cultivé; ils lisaient beaucoup, achetaient des livres et des journaux, allaient au concert et au théâtre et montraient une vive curiosité pour les mouvements intellectuels. Enfin, ceux qui ont le plus marqué cette catégorie sociale, et qu'on pourrait appeler les grands bourgeois, possédaient une fortune souvent égale ou supérieure à celle de la haute noblesse avec laquelle ils étaient d'ailleurs liés financièrement. C'étaient les grands négociants ou financiers dont les filles faisaient parfois l'objet d'un mariage avec le fils d'un aristocrate désireux de «redorer son blason». Cette classe, si ouverte aux progrès technologiques, économiques et intellectuels, allait connaître une ascension remarquable pendant l'Ancien Régime, surtout au XVIIIe siècle.

On peut dire que la Révolution de 1789 a mis fin à l'Ancien Régime, mais le bouleversement d'un système aussi enraciné que celui-ci ne s'est pas fait en l'espace d'un jour. La bourgeoisie, devenue de plus en plus nombreuse, a voulu augmenter ses privilèges et son influence à la mesure de son importance grandissante. Elle n'avait pas l'intention de chasser la noblesse mais demandait plutôt une réforme de la société qui offrirait à la classe moyenne les possibilités qu'elle pensait mériter. Elle souhaitait, par exemple, pouvoir accéder aux postes importants de l'armée et de l'Eglise, pour lesquels la bourgeoisie professionnelle, qu'on appelait aussi «bourgeoisie à talents», se sentait parfaitement qualifiée. Elle avait fait preuve de ses capacités dans l'administration depuis le règne de Louis XIV. Pourquoi ne pas lui permettre alors de jouir de certains privilèges?

Curieusement, c'est l'aristocratie elle-même qui a précipité l'arrivée de la Révolution en refusant d'accorder à la bourgeoisie le rapprochement que celle-ci réclamait. Sans doute la noblesse croyait-elle ainsi préserver des privilèges dont la bourgeoisie se montrait un peu trop avide. Il en est résulté une situation paradoxale qui a poussé cette bourgeoisie, si proche de la noblesse psychologiquement et économiquement, à revendiquer l'égalité de tous les propriétaires. Toutes les catégories ont ainsi fini par s'opposer à un système dont la classe moyenne aurait pu s'accommoder si l'aristocratie avait seulement accepté des concessions. Mais ce rapprochement n'a pas eu lieu et les bourgeois se sont alliés avec les masses populaires urbaines et rurales. Les ambitions bourgeoises ont été reprises et théorisées par les principes de liberté et d'égalité prônés par les philosophes du *Siècle des lumières.*

Dans les années qui ont suivi 1789, la «bourgeoisie à talents» a obtenu ce que la réaction nobiliaire d'avant la Révolution lui avait refusé. La nouvelle République a ouvert la voie à ces ambitieux qui, surtout parmi les grands bourgeois, se sont enrichis par le commerce et l'industrie tout en restant, à l'image des nobles, des propriétaires terriens. L'individualisme, la liberté d'entreprise et de profit peuvent donc être considérés comme le résultat direct de l'esprit de la Révolution qui a, pour ainsi dire, fondé le capitalisme moderne.

Le XIXe siècle, pour la bourgeoisie française, a marqué un tournant. Après avoir traversé la Révolution et les régimes post-révolutionnaires qui lui étaient quelquefois hostiles, elle s'est maintenue sous Napoléon, qui avait besoin de son esprit d'initiative comme de sa fortune, et est devenue la classe dominante en France. Le profit commercial, la spéculation financière, l'industrialisation naissante, tous ces facteurs économiques ont assuré l'ascension de la bourgeoisie dans les nouveaux modes de production après 1815. Un ministre de Louis-Philippe, François Guizot, n'a-t-il pas conseillé aux Français, en 1843: «Enrichissez-vous par le travail, par l'épargne et la probité»? Les innovations dans la vie économique et politique ont aussi entraîné un changement dans les rapports sociaux. C'est le principe essentiel de la célèbre étude des sociétés capitalistes faite, en partie en France, par Karl Marx dans *Le Capital.* La société française évoluait vers une économie fondée sur l'industrie. Or, le contrôle des moyens de production se trouvait désormais entre les mains de la bourgeoisie qui, en raison de l'accélération du développement de la grande industrie, allait avoir de plus en plus besoin d'ouvriers. Marx a vu là la cause d'un antagonisme irréductible entre la bourgeoisie et la classe ouvrière. Par ailleurs, pour beaucoup de Français du XIXe et même du XXe siècle, le mode de vie bourgeois est devenu une source d'envie, la preuve d'une ascension sociale.

La haute bourgeoisie et la noblesse étaient souvent associées dans les affaires comme dans la vie sociale.

Au moment de la Révolution de 1848, lorsque la bourgeoisie dite «industrielle» a remplacé la bourgeoisie «financière» qui avait prospéré surtout sous le règne de Louis-Philippe, le terme de «bourgeois» s'est redéfini pour distinguer diverses catégories qui sont encore en vigueur de nos jours: la haute ou grande bourgeoisie, la moyenne bourgeoisie, et la petite bourgeoisie.

La haute bourgeoisie comprenait ceux qui disposaient de grands revenus et d'un train de vie qui leur permettait de faire étalage de leur fortune: les industriels, les gros commerçants, les grands médecins et avocats, les hauts fonctionnaires et les artistes illustres. Cette élite s'est souvent mêlée à la noblesse à laquelle elle s'est associée dans les affaires comme dans la vie sociale.

Le bourgeois moyen, bien que ses ressources aient été plus limitées que celles du grand bourgeois, vivait dans une aisance qu'il tirait de ses propriétés terriennes, de ses rentes, ou de sa fonction. Très attaché à la notion de propriété, il gérait ses biens avec une grande prudence. Assez instruit mais d'esprit conservateur, il suivait les événements quotidiens en évitant toute position politique, financière ou morale qui aurait risqué de compromettre sa situation ou sa tranquillité. Il était fier d'appartenir à une classe importante et de plus en plus nombreuse en France.

La troisième des sous-classes de la bourgeoisie a d'abord été définie par Karl Marx. Elle regroupait selon lui les petits commerçants et les artisans, si répandus en France, que l'industrialisation capitaliste menaçait de prolétarisation. Employés de bureau ou de commerce, petits fonctionnaires, agents ou représentants, ils menaient une vie modeste, routinière et très ordonnée. S'ils croyaient à la démocratie, ils voulaient avant tout défendre le principe de la propriété privée. L'ambiguïté de leur situation économique, qui les rapprochait du peuple, explique qu'ils se soient alliés avec diverses classes politiques. Ils étaient avec le prolétariat et la bourgeoisie industrielle en 1848 pour renverser la bourgeoisie financière de Louis-Philippe. Mais ils ont combattu le prolétariat lorsque celui-ci a mis en cause l'idée de la propriété privée, et se sont opposés à la grande bourgeoisie lorsqu'elle leur a imposé des emprunts qui les ont couverts de dettes et menacés de ruine.

Le terme de «bourgeois» a donc subi, au cours des siècles, une transformation considérable, depuis sa première définition d'«habitant de bourg» jusqu'à celle qui s'applique encore de nos jours pour désigner quiconque ne vit pas d'un travail manuel. La littérature nous offre de nombreuses illustrations non seulement de la position sociale ou politique de la bourgeoisie mais aussi des attitudes qui se sont formées autour de son statut et de son rôle dans la société à travers les siècles. Au XVIIe siècle, par exemple, Molière s'est moqué de son Monsieur Jourdain, le «bourgeois gentilhomme» qui voulait devenir marquis. Ce personnage caricatural ne serait finalement élevé qu'à la dignité ridicule de grand «mamamouchi», mais son désir d'ascension sociale correspondait à celui de beaucoup de ses contemporains roturiers. Au XVIIIe siècle, Diderot a voulu introduire dans la littérature ce qu'il appelait «le drame bourgeois», c'est-à-dire un théâtre qui présenterait au public bourgeois qui venait se distraire au spectacle, des situations et des problèmes de la vie quotidienne. Mais ce genre n'a jamais réussi auprès d'une classe qui préférait voir sur une scène un prince et un roi plutôt que son propre reflet. Au moment où la bourgeoisie était à l'apogée de sa puissance, pendant la Restauration (Louis XVIII et Charles X) et la monarchie de Juillet (Louis-Philippe), son ascension et les drames qu'elle a provoqués ont été décrits dans les romans de Balzac. Un peu plus tard, Eugène Labiche a introduit sur la scène, avec *Le Voyage de Monsieur Perrichon*, un personnage comique qui incarnait le bon bourgeois de 1860: très attaché à son milieu et à ses habitudes; protecteur de sa famille; ignorant de ses défauts; égoïste, mais avec naïveté; et désireux d'impressionner les autres par le montant de ses dépenses!

Découvertes culturelles

1. Que voulait dire le mot «bourgeois» au Moyen Age?
   Décrivez brièvement le style de vie de cette nouvelle classe médiévale.
2. Quelles caractéristiques permettent de définir la bourgeoisie en tant que classe?
3. Qu'est-ce qu'un «rentier»?

4. Quelle catégorie de bourgeois vivait de ses activités professionnelles? Définissez le terme de «grand bourgeois».
5. Quelle était la situation de la bourgeoisie au XVIIIe siècle? Quelles étaient ses aspirations?
6. En quoi est-il paradoxal que la bourgeoisie, au moment de la Révolution de 1789, ait revendiqué l'égalité de tous les citoyens?
7. Pourquoi le XIXe siècle a-t-il marqué un tournant pour la bourgeoisie?
8. Décrivez la situation de la haute bourgeoisie, de la bourgeoisie moyenne et de la petite bourgeoisie pendant la deuxième moitié du XIXe siècle.
9. Quelles attitudes semblent caractériser la bourgeoisie? Donnez des exemples tirés de la littérature.
10. Quelle classe a été la rivale traditionnelle de la bourgeoisie? Quel nouvel antagonisme Karl Marx a-t-il annoncé dans *Le Capital*?

Témoignage culturel

Lecture

Emile Augier et Jules Sandeau, «*Le Gendre° de M. Poirier*»

beau-fils

En 1854, Emile Augier et Jules Sandeau ont mis en scène une comédie sociale, *Le Gendre de M. Poirier*, le plus grand succès de son temps. Cette satire dénoncait la rivalité traditionnelle entre une bourgeoisie riche et active, et une noblesse ruinée et oisive.

Le marquis Gaston de Presles, membre d'une famille de la noblesse d'Ancien Régime, a gaspillé sa fortune avant d'épouser la fille de Monsieur Poirier, riche marchand de drap. A la suite de son mariage, il vit aux frais de son beau-père qui dépense une fortune pour lui obtenir un poste d'ambassadeur. Mais le marquis refuse d'abandonner sa vie de loisirs, alors que Monsieur Poirier doit faire des économies pour couvrir les dettes de son gendre.

(ACTE III, SCÈNE 2)

GASTON Eh bien! cher beau-père, comment gouvernez-vous ce petit désespoir? Etes-vous toujours furieux contre votre panier percé de gendre? Avez-vous pris votre parti?°

Vous êtes-vous résigné?

POIRIER Non, monsieur; mais j'ai pris un parti.°

une décision

GASTON Violent?

POIRIER Nécessaire.

GASTON Y a-t-il de l'indiscrétion à vous demander...?

POIRIER Au contraire, monsieur, c'est une explication que je vous dois... (*Il lui montre un siège; ils s'asseyent tous deux...*) En vous donnant ma fille et un million, je m'imaginais que vous consentiriez à prendre une position.

GASTON Ne revenons pas là-dessus, je vous prie.

POIRIER Je n'y reviens que pour mémoire... Je reconnais que j'ai eu tort d'imaginer qu'un gentilhomme consentirait à s'occuper comme un homme, et je passe condamnation.° Mais, dans mon erreur, je vous ai laissé mettre ma maison sur un ton que je ne peux pas soutenir à moi seul; et, puisqu'il est bien convenu que nous n'avons à nous deux que ma fortune, il me paraît juste, raisonnable et nécessaire de supprimer de mon train ce qu'il me faut rabattre de mes espérances. J'ai donc songé à quelques réformes que vous approuverez sans doute.

j'avoue mon tort

GASTON Allez, Sully! Allez, Turgot!... coupez, taillez, j'y consens! Vous me trouvez en belle humeur, profitez-en!

POIRIER Je suis ravi de votre condescendance. J'ai donc décidé, arrêté, ordonné...

GASTON Permettez, beau-père: si vous avez décidé, arrêté, ordonné, il me paraît superflu que vous me consultiez.

POIRIER Aussi ne vous consulté-je pas; je vous mets au courant, voilà tout.

GASTON Ah! vous ne me consultez pas?

Vous vous êtes trompé de mot

vous moquer de moi / but de votre raillerie

préoccupations

POIRIER Cela vous étonne?

GASTON Un peu; mais, je vous l'ai dit, je suis en belle humeur.

POIRIER Ma première réforme, mon cher garçon...

GASTON Vous voulez dire, mon cher Gaston, je pense? La langue vous a fourché.°

POIRIER Cher Gaston, cher garçon... c'est tout un... De beau-père à gendre, la familiarité est permise.

GASTON Et, de votre part, monsieur Poirier, elle me flatte et m'honore... Vous disiez donc que votre première réforme?...

POIRIER (*se levant*) C'est, monsieur, que vous me fassiez le plaisir de ne plus me gouailler.° Je suis las de vous servir de plastron.°

GASTON Là, là, monsieur Poirier, ne vous fâchez pas!

POIRIER Je sais très bien que vous me tenez pour un très petit personnage et pour un très petit esprit; mais...

GASTON Où prenez-vous cela?

POIRIER Mais vous saurez qu'il y a plus de cervelle dans ma pantoufle que sous votre chapeau.

GASTON Ah! fi! voilà qui est trivial... Vous parlez comme un homme du commun.

POIRIER Je ne suis pas un marquis, moi!

GASTON Ne le dites pas si haut, on finirait par le croire.

POIRIER Qu'on le croie ou non, c'est le cadet de mes soucis.° Je n'ai aucune prétention à la gentilhommerie, Dieu merci! Je n'en fais pas assez de cas pour cela.

GASTON Vous n'en faites pas de cas?

POIRIER Non, monsieur, non! Je suis un vieux libéral, tel que vous me voyez; je juge les hommes sur leur mérite, et non sur leurs

	titres; je me ris des hasards de la naissance; la noblesse ne m'éblouit° pas, et je m'en moque comme de l'an quarante: je suis bien aise de vous l'apprendre.	*impressionne*
GASTON	Me trouveriez-vous du mérite, par hasard?	
POIRIER	Non, monsieur, je ne vous en trouve pas.	
GASTON	Non? Alors, pourquoi m'avez-vous donné votre fille?	
POIRIER	(*interdit*) Pourquoi je vous ai donné...	
GASTON	Vous aviez donc une arrière-pensée?	
POIRIER	Une arrière-pensée?	
GASTON	Permettez! Votre fille ne m'aimait pas quand vous m'avez attiré chez vous; ce n'étaient pas mes dettes qui m'avaient valu l'honneur de votre choix; puisque ce n'est pas non plus mon titre, je suis bien obligé de croire que vous aviez une arrière-pensée.	
POIRIER	(*se rasseyant*) Quand même, monsieur!... quand j'aurais tâché de concilier mes intérêts avec le bonheur de mon enfant, quel mal y verriez-vous? Qui me reprochera, à moi qui donne un million de ma poche, qui me reprochera de choisir un gendre en état de me dédommager° de mon sacrifice, quand d'ailleurs il est aimé de ma fille? J'ai pensé à elle d'abord, c'était mon devoir; à moi ensuite, c'était mon droit.	*compenser*
GASTON	Je ne conteste pas, M. Poirier. Vous n'avez eu qu'un tort, c'est de manquer de confiance en moi.	
POIRIER	C'est que vous n'êtes pas encourageant.	
GASTON	Me gardez-vous rancune de quelques plaisanteries? Je ne suis peut-être pas le plus respectueux des gendres, et je m'en accuse; mais dans les choses sérieuses, je suis sérieux. Il est très juste que vous cherchiez en moi l'appui° que j'ai trouvé en vous.	*support*
POIRIER	(*à part*) Comprendrait-il la situation?	
GASTON	Voyons, cher beau-père, à quoi puis-je vous être bon? Si tant est que je puisse être bon à quelque chose.	

résidence du souverain

idée fixe

POIRIER Eh bien, j'avais rêvé que vous iriez aux Tuileries.°

GASTON Encore! C'est donc votre marotte° de danser à la Cour?

POIRIER Il ne s'agit pas de danser. Faites-moi l'honneur de me prêter des idées moins frivoles. Je ne suis ni vain, ni futile.

GASTON Qu'êtes-vous donc, ventre-saint-gris! Expliquez-vous.

POIRIER (*piteusement*) Je suis ambitieux!

GASTON On dirait que vous en rougissez; pourquoi donc? Avec l'expérience que vous avez acquise dans les affaires, vous pouvez prétendre à tout. Le commerce est la véritable école des hommes d'Etat.

POIRIER C'est ce que Verdelet me disait ce matin.

GASTON C'est là qu'on puise cette hauteur de vues, cette élévation de sentiments, ce détachement des petits intérêts qui font les Richelieu et les Colbert.

POIRIER Oh! je ne prétends pas...

GASTON Mais qu'est-ce qui pourrait donc bien lui convenir, à ce bon monsieur Poirier? Une préfecture? fi donc! Le conseil d'Etat? non! Un poste diplomatique? justement l'ambassade de Constantinople est vacante...

comprends

POIRIER J'ai des goûts sédentaires; je n'entends° pas le turc.

chambre haute du Parlement

GASTON Attendez! (*Lui frappant sur l'épaule.*) Je crois que la pairie° vous irait comme un gant.

POIRIER Oh! croyez-vous?

GASTON Mais, voilà le diable! vous ne faites partie d'aucune catégorie... Vous n'êtes pas encore de l'Institut...

POIRIER Soyez donc tranquille! Je payerai, quand il le faudra, trois mille francs de contributions directes. J'ai à la banque trois millions qui n'attendent qu'un mot de vous pour s'abattre sur de bonnes terres.

GASTON Ah! Machiavel! Sixte-Quint! vous les roulerez° tous! *duperez*

POIRIER Je crois que oui.

GASTON Mais j'aime à penser que votre ambition ne s'arrête pas en si bon chemin? Il vous faut un titre.

POIRIER Oh! je ne tiens pas à ces hochets° de la vanité: je suis, comme je vous le disais, un vieux libéral. *petits jouets*

GASTON Raison de plus. Un libéral n'est tenu de mépriser que l'ancienne noblesse; mais la nouvelle, celle qui n'a pas d'aïeux°... *ancêtres*

POIRIER Celle qu'on ne doit qu'à soi-même!

GASTON Vous serez comte.

POIRIER Non. Il faut être raisonnable. Baron, seulement.

GASTON Le baron Poirier!.. cela sonne bien à l'oreille.

POIRIER Oui, le baron Poirier!

GASTON (*le regardant et partant d'un éclat de rire*) Je vous demande pardon; mais là, vrai! c'est trop drôle! Baron! monsieur Poirier!... baron de Catillard.

POIRIER (*à part*) Je suis joué!...

(ACTE III, SCÈNE 3)

GASTON Arrive donc, Hector! arrive donc! Sais-tu pourquoi Jean-Gaston de Presles a reçu trois coups d'arquebuse° à la bataille d'Ivry? Sais-tu pourquoi François-Gaston de Presles est monté le premier à l'assaut de La Rochelle? Pourquoi Louis-Gaston de Presles s'est fait sauter à La Hogue? Pourquoi Philippe Gaston de Presles a pris deux drapeaux à Fontenoy? Pourquoi mon grand-père est mort à Quiberon? C'était pour que Monsieur Poirier fût un jour pair de France et baron! *d'arme à feu*

LE DUC HECTOR DE MONTMEYRAN	Que veux-tu dire?
GASTON	Voilà le secret du petit assaut qu'on m'a livré ce matin.
LE DUC	(*à part*) Je comprends.
POIRIER	Savez-vous, monsieur le duc, pourquoi j'ai travaillé quatorze heures par jour pendant trente ans? pourquoi j'ai amassé, sou par sou, quatre millions, en me privant de tout? C'est afin que Monsieur le marquis Gaston de Presles, qui n'est mort ni à Quiberon, ni à Fontenoy, ni à La Hogue, ni ailleurs, puisse mourir de vieillesse sur un lit de plume, après avoir passé sa vie à ne rien faire.

Le marquis et la marquise finiront par habiter le château de Presles, racheté par le parrain de la jeune femme. Poirier, lui, achètera une propriété dans les environs du château, deviendra député et, deux ans plus tard, pair de France!

Emile AUGIER et Jules SANDEAU, *Le Gendre de M. Poirier*, American Book Company, 1903.

Découvertes culturelles

1. Au début de la scène 2, qu'a résolu de faire M. Poirier?
2. Pourquoi Gaston est-il irrité par le fait que M. Poirier l'appelle «mon cher garçon»? Qu'indique son attitude sur les rapports qu'il entretient avec son beau-père, M. Poirier?
3. Pourquoi M. Poirier a-t-il choisi le marquis Gaston de Presles pour gendre?
4. Vers la fin de cette scène, M. Poirier admet qu'il est «ambitieux». Quelles sont ses ambitions?
5. Comment la scène 3 résume-t-elle les tensions entre la bourgeoisie et la noblesse?
6. D'après ce que vous avez appris sur la situation de la bourgeoisie vers la deuxième moitié du XIXe siècle, pourquoi cette pièce a-t-elle eu un si grand succès en son temps?

·III· Campagnards et citadins

Campagnards

Jusqu'au milieu du XXe siècle, la société française est restée profondément rurale. Ce phénomène explique peut-être un goût prononcé pour la propriété qui se manifeste encore chez les Français d'aujourd'hui. On se souvient de ses racines paysannes. On reste très attaché à son territoire, même s'il n'a plus l'étendue de celui de ses ancêtres.

Le monde rural, nous l'avons vu, s'est trouvé à la base de la féodalité du Moyen Age, et son importance n'a pas cessé d'augmenter entre la Renaissance et la Révolution de 1789. Sous l'Ancien Régime, plus de 80 pour cent des Français étaient des ruraux, dont les trois-quarts appartenaient à la paysannerie. La campagne produisait la majeure partie des richesses du royaume mais, la société française étant profondément inégalitaire, les paysans étaient généralement dominés.

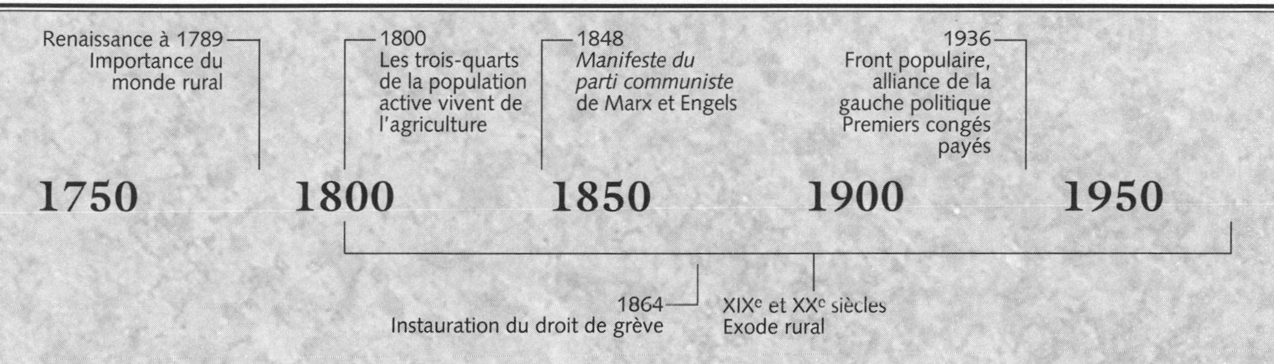

Habiter la campagne a longtemps voulu dire vivre de la terre. Mais le monde rural n'a jamais été homogène: la richesse ou la pauvreté du sol, la qualité variable des récoltes, les droits de succession inégalitaires (dans le Midi, un seul héritier était désigné alors qu'ailleurs, les biens étaient partagés entre les enfants) ne sont que quelques-uns des éléments qui permettent d'expliquer les origines de cette hétérogénéité.

Le premier clivage est celui qui séparait, d'une part, les seigneurs et les propriétaires, et d'autre part, ceux qui cultivaient les terres. Dans la France d'avant 1789, plus de la moitié des surfaces cultivées n'appartenaient pas aux paysans mais aux nobles et aux bourgeois urbains qui en étaient propriétaires. Cependant, parmi les petits propriétaires, nombreux étaient ceux qui devaient augmenter leurs revenus en s'engageant comme journaliers ou comme hommes de corvée chez les gros laboureurs. A ces salariés s'ajoutaient les domestiques, valets et servantes, qui n'avaient rien d'autre que leurs gages et se louaient par termes de six mois, essentiellement dans les grandes fermes. Il y avait aussi les artisans et les marchands: meuniers, aubergistes, maçons, sabotiers, etc., qui occupaient à peu près le même rang social que les petits propriétaires. Enfin, pour compléter le panorama du monde rural sous l'Ancien Régime, il ne faut pas oublier les pauvres et les errants, dont le nombre est difficile à établir puisqu'ils ne payaient pas d'impôts, mais qui semblent avoir représenté entre 5 et 20 pour cent de la population, selon l'époque et le lieu. Ils vivaient de la charité et se recrutaient surtout parmi les journaliers, les personnes âgées, les veuves, etc. Les vagabonds étaient souvent des hommes jeunes, ce qu'on appellerait aujourd'hui des «marginaux». Sans doute cette catégorie a-t-elle toujours existé, surtout en période de crise économique et de chômage.

La France rurale a toujours été conservatrice. Les agriculteurs ont longtemps vécu à l'écart de ce qui se passait ailleurs dans le monde et même à l'intérieur de leur propre pays. Habitués à vivre modestement, ils ont fait de la frugalité un mode de vie qui leur a permis de se satisfaire à peu de frais. Mais l'agriculture était si importante pour l'économie française qu'elle ne pouvait pas espérer rester éternellement à l'abri des autres secteurs faisant partie, comme elle, d'un monde de plus en plus complexe.

En 1800, les trois-quarts de la population active travaillaient dans l'agriculture. Aujourd'hui, les agriculteurs ne représentent plus que 7 pour cent des actifs. Toutefois, ce déclin de l'activité agricole n'a pas été rapide. Il a débuté dès 1815, lorsque la France s'est engagée dans la révolution industrielle. L'industrie, activité urbaine presque par définition, a alors commencé à remplacer petit à petit l'agriculture au cœur de l'économie française. Dans un sens, c'est le conservatisme du monde rural qui l'a rendu incapable de se maintenir face au progrès de l'industrie: il y a eu une révolution industrielle mais jamais de révolution agricole. Les exploitants ruraux ont conservé des structures de production dignes de l'Ancien Régime, alors que les industriels mettaient en œuvre les principes du capitalisme. La population paysanne est restée étonnamment stable pendant ces années de déclin, ce qui a causé une situation de surpeuplement dans un monde qui s'appauvrissait. Même si on estime qu'au début du XXe siècle, 35 mille hommes et femmes ont quitté chaque année le secteur agricole, l'exode rural a été en quelque sorte masqué par deux facteurs: l'arrivée de nombreux travailleurs agricoles immigrés qui ont remplacé les paysans qui partaient; et un accroissement démographique dû à la régression de la mortalité. Pourtant, les nouvelles orientations de l'économie française ont bien été à l'origine d'un exode rural: lorsqu'on décidait de quitter la campagne, ce n'était pas parce qu'on n'aimait plus la terre, mais parce qu'on n'arrivait plus à en vivre. A partir de 1914, les villes allaient donc absorber un nombre croissant d'anciens paysans, mais il faudrait attendre 1945 et la mécanisation qui a marqué les 30 années suivantes pour voir baisser radicalement le chiffre de la population agricole. Avec la quasi-disparition de cette classe, une partie de la France traditionnelle est morte car, pour la grande majorité des Français d'aujourd'hui, ce sont leurs propres racines familiales qui se sont perdues pour toujours.

La vie campagnarde au XVIIIe siècle

Découvertes culturelles

Complétez chacune des affirmations suivantes en choisissant la réponse appropriée. Expliquez votre choix.

1. La France est restée paysanne et rurale...
   a) jusqu'en 1789.
   b) jusqu'au début du XXe siècle.
2. Sous l'Ancien Régime,...
   a) les Français étaient en majorité des ruraux.
   b) l'exode rural a commencé.
3. Le monde rural a toujours été marqué par...
   a) une grande homogénéité de pratiques et de coutumes.
   b) une grande variété de pratiques et de coutumes.

4. Avant la Révolution de 1789,...
   a) la majorité des terres appartenait aux nobles et aux bourgeois.
   b) tous les paysans étaient propriétaires.
5. La France rurale a toujours été...
   a) libérale, s'adaptant facilement aux changements sociaux.
   b) conservatrice et très attachée aux traditions.
6. Vers le milieu du XIXe siècle,...
   a) la France a connu une révolution agricole comparable à la révolution industrielle.
   b) le monde agricole conservait les mêmes structures de production que sous l'Ancien Régime.
7. Pendant la période d'exode rural qui a eu lieu vers la fin du XIXe siècle...
   a) très peu de gens ont quitté la campagne pour aller vers les villes.
   b) beaucoup de gens ont quitté la campagne mais ils ont été remplacés par des travailleurs immigrés et de nouvelles générations de paysans.
8. Il y a eu une nette baisse de la population agricole...
   a) après la guerre de 1939–1945, quand l'agriculture a commencé à se mécaniser.
   b) après la guerre de 1914–1918, parce que les Français n'aimaient plus la terre.

Témoignage culturel

Lecture

Une région rurale en évolution

L'historien Jean-François Soulet étudie depuis plusieurs années l'évolution des mentalités au sein des populations pyrénéennes. Voici quelques extraits des conclusions qu'il a tirées de ses enquêtes sur la vie quotidienne des Pyrénéens d'autrefois.

Le XIXe siècle s'acheva, céda le pas au XXe siècle... Comme beaucoup de nos régions françaises, les Pyrénées semblent alors immobiles. Les révolutions, qu'elles soient politiques, sociales, ou industrielles, ne bouleversent profondément, ici, aucune structure. La coutume de transmission de l'héritage à l'aîné des enfants persiste, sous des formes déguisées, en dépit du Code civil. Aux communautés pastorales d'Ancien Régime se substituent sans heurts° des «syndicats de vallée», aux buts et à l'organisation presque identiques. Famille, village et communauté de vallée demeurent

difficulté

toujours les grandes citadelles de la vie du montagnard. Celui-ci continue à emprunter les mêmes sentiers sinueux que ses pères, conduisant les longues files d'animaux vers les mêmes alpages° et se rendant aux foires, dont l'emplacement et la date n'ont pas changé depuis des siècles. Tandis que dans le bas pays l'outillage° agricole se modernise, que l'alimentation se diversifie et s'améliore, la montagne ignore ou boude° ces changements....

Cette fidélité étonnante aux croyances, aux usages et aux traditions masque cependant les profondes mutations qui affectent la région pyrénéenne durant cette période. En dépit des apparences, la montagne bouge. Il lui faut, en effet, trouver une solution immédiate à ses problèmes propres et à ceux qu'engendre la conjoncture nationale et internationale. Arrive le moment, entre 1831 et 1846, où, dans l'impossibilité de nourrir ses trop nombreux habitants, elle commence à déverser par à-coups° une partie d'entre eux dans les plaines avoisinantes. Que survienne une maladie de la pomme de terre, que persistent les difficultés de la métallurgie au bois et la crise forestière, l'exode se déclenche, les hautes vallées se dépeuplent. Désormais, il faudra s'habituer à ces villages haut perchés et à demi vides, à ces hameaux abandonnés, enveloppés dans un épais bocage° et autour desquels prairies et herbages ont presque étouffé toute culture. Il faudra oublier le bruit cadencé des navettes° des métiers à tisser° et ceux plus sourds des forges et des moulins qui naguère retentissaient dans les villages...

Ceux qui ont choisi de rester au pays s'organisent tant bien que mal. Les migrations saisonnières vers les régions plus favorisées s'accentuent. Les Pyrénéens partent de plus en plus nombreux, de plus en plus loin, de plus en plus longtemps, faucher,° moissonner,° vendanger, défricher,° garder le bétail... Les plus malins se muent en colporteurs° saisonniers. Une caisse ou un sac sur le dos, hommes et femmes quittent leur vallée à la Toussaint, pour revenir au printemps, au début des grands travaux. [Ils parcourent] non seulement le Midi de la France, mais le Nord et l'Est, ainsi qu'une partie de l'Espagne...

Colportage, petits métiers, mendicité°... permirent à une partie de la population pyrénéenne de survivre. Ils ne pouvaient en aucune manière servir de solution aux problèmes de la montagne. La construction de routes et de voies ferrées, l'aménagement hydro-électrique de la chaîne,° amorcé° très tôt dans la partie orientale, le développement du thermalisme et du tourisme apparurent, à juste titre, comme de bien meilleurs remèdes. Mais... les vallées pyrénéennes ne retrouvèrent ni leur élan, ni leur population d'antan.°

Jean-François Soulet, *La Vie quotidienne dans les Pyrénées sous l'Ancien Régime du XVIe au XVIIIe siècle*, Hachette, 1974.

pâturages en montagne

équipement

montre son mécontentement envers

de façon intermittente

terrain boisé

instrument permettant de tisser / fabriquer les tissus

couper les céréales / récolter / préparer la terre à la culture / marchands ambulants

état de la personne qui demande la charité

des montagnes

mis en train

autrefois

Découvertes culturelles

1. Décrivez la vie traditionnelle dans les villages ruraux des Pyrénées.
2. A votre avis, pourquoi la vie dans cette région n'a-t-elle pas connu de grands changements pendant longtemps?
3. Pourquoi y a-t-il eu un dépeuplement de ces villages vers la fin du XIXe siècle?
4. Comment ceux qui avaient choisi de rester dans les Pyrénées ont-ils pu survivre?
5. Qu'est-ce qui donne aujourd'hui une nouvelle vie à ces villages?

Citadins

Les statistiques indiquent que les Français qui habitaient la ville ne représentaient que 25 pour cent de la population totale en 1850. En 1980, ils étaient près de 75 pour cent. Ces chiffres prouvent que, jusqu'à une époque assez récente (la croissance urbaine semble s'être ralentie depuis les années 1980), les villes n'ont cessé d'attirer de nouveaux habitants, souvent au détriment des campagnes.

Dans la France de la première moitié du XIXe siècle, les villes étaient peuplées de gens appartenant aux groupes sociaux traditionnels: petite et grande noblesse; petite, moyenne et grande bourgeoisie; et, enfin, le peuple, cette dernière catégorie étant numériquement supérieure à chacune des précédentes. Mais il est vrai qu'elle n'était pas facile à définir; Karl Marx a eu tendance à y confondre, dans une énorme masse qu'il a appelée «prolétariat», tous ceux qui devaient travailler en vendant leur force de travail à d'autres. Dans leur *Manifeste du parti communiste* de 1848, Marx et Engels ont défini le prolétariat comme «cette classe des ouvriers modernes qui n'ont de moyens d'existence qu'autant qu'ils trouvent du travail et qui ne trouvent du travail qu'autant que leur travail accroît le capital». Si, pour la deuxième moitié du XIXe siècle, on ajoute à ces ouvriers les autres catégories de «travailleurs»: paysans, artisans et employés (employés de commerce, de bureau, etc.), on parvient à un chiffre qui correspond au quart de la population environ, sans compter les familles. Mais qui étaient les membres de cette classe ouvrière française et comment vivaient-ils?

Par rapport à l'Angleterre, la France a été très lente à s'industrialiser. Ce n'est, à vrai dire, qu'au moment de la IIe République qu'elle a pris conscience des premières conséquences sociales du développement de son industrie, lorsque les conflits de classe ont éclaté, de 1848 à 1851, entre le prolétariat et la bourgeoisie industrielle. La classe ouvrière, surtout celle des manufactures et des usines, était déçue: le travail industriel ne lui avait valu que des salaires insuffisants et de longues heures de travail. Mais, signe de la puissance croissante des salariés, le régime de Napoléon III allait leur reconnaître le droit de grève en 1864, et certaines conditions de travail connaîtraient une légère amélioration. Pourtant, le cadre de vie de la majorité des membres de la classe ouvrière allait rester fort morose. Il faudrait attendre le gouvernement du Front populaire de 1936 (l'alliance politique des radicaux de gauche, des socialistes et des communistes) pour que ces milliers de travailleurs puissent profiter des premiers congés payés (deux semaines par an) et échapper à la routine abrutissante de la vie quotidienne.

Ceux qui étaient venus s'installer dans les villes, ces anciens paysans et artisans, ne se sont pas tous orientés vers le travail en usine. Bon nombre se sont engagés comme domestiques, certains sont restés à la ville après y avoir fait leur service militaire, d'autres y ont été attirés par les possibilités qu'offraient l'expansion des chemins de fer ou les travaux de transformation à Paris et dans d'autres grandes villes. Ils habitaient souvent de vieux quartiers populaires qui constituaient des sortes de ghettos, ou allaient s'installer dans des logements médiocres, dans les faubourgs. Parmi les citadins, les ouvriers salariés étaient les plus nombreux; ils se levaient tôt, déjeunaient rapidement, devaient souvent effectuer un long trajet vers l'usine, la mine, la manufacture, l'atelier, le bureau ou la boutique. Leur journée de 12 heures n'était ponctuée que par le repas de midi et se poursuivait jusqu'à sept heures du soir. Les distractions étaient rares. Pour beaucoup de ces gens, le cabaret représentait le seul moyen de s'évader de cette vie extrêmement dure. Mais c'est aussi dans ces lieux de divertissement populaire que s'est développé l'alcoolisme qui a fait de véritables ravages dans la société française à la fin du XIXe siècle.

Parmi les personnes exerçant un métier artisanal ou commercial, il y avait des ouvriers et des ouvrières qui travaillaient seuls à domicile ou, sous les ordres d'un patron, dans un petit établissement comptant deux ou trois autres salariés. Ils menaient une vie que le manque de contacts avec le monde extérieur rendait très routinière. Par ailleurs, l'absence d'organisation efficace dans ces petits groupes d'ouvriers a rendu difficile l'amélioration de leurs conditions de travail même si le besoin s'en faisait sentir. Les ouvriers de la grande industrie auraient moins de mal à constituer des groupes de pression pour lutter contre les injustices de la condition ouvrière.

Le dernier groupe de salariés qu'il faut considérer est celui des domestiques. Il se distinguait des précédents de plusieurs façons, dont la plus frappante était, sans doute, un manque quasi total de liberté. Les domestiques, encore nombreux en France au début du XXe siècle, constituaient une catégorie sociale presque sans rapport avec les autres groupes d'ouvriers, sinon qu'ils effectuaient comme eux un travail exclusivement manuel. Avec la progression financière des classes bourgeoises au XIXe siècle, le nombre d'emplois à pourvoir dans la domesticité avait augmenté, mais les rapports étaient demeurés aussi paternalistes que sous l'Ancien Régime, rappelant encore les origines esclavagistes du service domestique. Toutefois, les employés de maison connaissaient une sécurité relative par rapport aux ouvriers; ils étaient nourris par leurs maîtres et recevaient un salaire qui leur permettait parfois d'épargner un peu d'argent à la fin du mois. Le rôle de cette catégorie sociale dans la vie quotidienne a souvent été souligné dans la littérature française: beaucoup d'auteurs, les caricaturant parfois, les ont présentés comme des personnages pivots, à la fois ancrés dans la tradition par leur statut et animés par un bon sens salutaire. Dans la société du XXe siècle, la bonne à tout faire, le valet et la cuisinière ont peu à peu disparu de la vie quotidienne, remplacés par

La diversité des professions à Paris sous l'Ancien Régime

la femme de ménage, souvent d'origine étrangère et payée «au noir», c'est-à-dire sans que son travail soit officiellement déclaré. Cette évolution a-t-elle constitué un véritable progrès? La question reste ouverte.

Les trois catégories de la classe ouvrière que nous venons d'évoquer formaient donc une population salariée qui n'a pas cessé de croître au cours des XIXe et XXe siècles. Dans le même temps, le prolétariat s'est amenuisé au profit des classes moyennes, à l'encontre des thèses de Marx qui avait prévu la prolétarisation de cette «petite bourgeoisie». Le secteur des services a remplacé, petit à petit, celui de l'industrie, mais l'importance des mouvements ouvriers (surtout des associations et des syndicats) a protégé la force ouvrière contre la paupérisation. Il faut admettre, cependant, qu'une partie du monde ouvrier est demeurée exclue du monde du travail. Les chômeurs et tous ceux dont les moyens de subsistance étaient instables et précaires, surtout avant l'époque des protections sociales et des aides gouvernementales, sont vite tombés dans la misère. La région parisienne et les grandes villes industrielles du Nord ont été particulièrement touchées par ce phénomène, surtout au début du XXe siècle et avec l'exode rural qui a amené de plus en plus de gens de la campagne vers les centres urbains. Une politique de centralisation, en vigueur en France jusqu'en 1970, a maintenu dans ces régions industrielles la présence d'un véritable prolétariat dont les chiffres n'ont diminué que très lentement.

La société française a pris conscience de sa classe ouvrière vers le milieu du XIXe siècle. Depuis cette époque, l'évolution de ce groupe a occupé l'attention des sociologues, et c'est grâce à leurs recherches que nous avons pu suivre les progrès et les reculs de cette catégorie sociale jusqu'à nos jours. Peut-on dire que les conditions de vie des ouvriers et des ouvrières français se sont améliorées? Voici ce qu'en disent les experts:

«Bien qu'ils soient de plus en plus diversifiés, les modes de vie des ouvriers se différencient de ceux des autres catégories sociales. Leurs horaires et leurs conditions de travail sont en général plus pénibles. Leurs revenus sont plus limités ainsi que leur patrimoine; le phénomène est d'ailleurs renforcé par le fait qu'ils se marient souvent entre eux, sont issus de familles nombreuses et reçoivent donc des héritages plus modestes.

Par rapport aux autres catégories sociales, les ouvriers sont plus renfermés sur eux-mêmes: ils invitent peu à leur table et sont peu invités à l'extérieur; ils vont rarement au spectacle et participent peu aux associations. Dans le couple, hommes et femmes ont rarement des activités en commun, car le café, la chasse ou la pêche sont des occasions de se retrouver entre hommes. A la maison, les tâches domestiques ne sont guère partagées. Pourtant, les dépenses de chacune des catégories ouvrières se rapprochent plus de celles des ménages à revenu comparable que de celles des autres catégories ouvrières. D'une manière générale, la part de l'alimentation diminue ainsi que celle de l'habillement, au profit de l'habitation, des transports et des loisirs. Les dépenses des ouvriers tendent vers le même modèle de répartition que celui des milieux plus aisés. Cette évolution est d'autant plus remarquable que les disparités de revenus n'ont guère diminué.»[1]

Que dire, en somme, de l'évolution de la situation de la classe ouvrière par rapport aux autres groupes sociaux depuis le XIXe siècle? On serait tenté, pour répondre à cette question, de se servir du vieux dicton: «Plus ça change, plus c'est pareil»...

Découvertes culturelles

Développez chacune des affirmations suivantes en ajoutant des renseignements supplémentaires.

1. Jusqu'à une époque très récente, les villes françaises attiraient de plus en plus d'habitants.
2. Ce que Marx a appelé «prolétariat» comprenait plusieurs catégories d'ouvriers.
3. Pendant la période de l'industrialisation de la France, il y a eu très peu de changements dans la condition des classes ouvrières.
4. Le style de vie des ouvriers était pénible et routinier.
5. Les personnes exerçant un métier artisanal ou commercial étaient moins capables d'améliorer leurs conditions de travail.
6. Les domestiques avaient en général une meilleure situation que les ouvriers industriels.
7. Les chômeurs ont toujours mené une vie précaire.
8. La classe ouvrière a toujours disposé de revenus limités.

[1]Gérard MERMET, *Francoscopie*, Larousse, 1988.

9. Les ouvriers ont encore tendance à être plus renfermés sur eux-mêmes.
10. La nature des dépenses de la classe ouvrière a évolué.

Témoignages culturels

Lecture 1

Emile Zola, «*Le Ventre de Paris*»

Emile Zola, le plus grand des romanciers «naturalistes» français, s'est penché sur les défauts et les misères de ses concitoyens pour les peindre dans une immense fresque qui nous présente le tableau de son époque. Par sa représentation très réaliste des milieux pauvres de la capitale, *Le Ventre de Paris* constitue à la fois un monument littéraire et un document socio-culturel sur les conditions de vie du peuple vers la fin du XIXe siècle.

Mademoiselle Saget était une habituée du square des Innocents. Chaque après-midi, elle y passait une bonne heure, pour se tenir au courant des bavardages du menu peuple.° Là, aux deux côtés, il y a une longue file demi-circulaire de bancs mis bout à bout. Les pauvres gens qui étouffent dans les taudis° des étroites rues voisines s'y entassent: les vieilles desséchées, l'air frileux,° en bonnet fripé; les jeunes en camisole, les jupes mal attachées, les cheveux nus, éreintées,° fanées déjà de misère; quelques hommes aussi, des vieillards proprets,° des porteurs aux vestes grasses, des messieurs suspects à chapeau noir; tandis que, dans l'allée, la marmaille° se roule, traîne des voitures sans roues, emplit des seaux° de sable, pleure et se mord, une marmaille terrible, déguenillée,° mal mouchée, qui pullule° au soleil comme une vermine. Mademoiselle Saget était si mince, qu'elle trouvait toujours à se glisser sur un banc. Elle écoutait, elle entamait la conversation avec une voisine, quelque femme d'ouvrier toute jaune, raccommodant du linge, tirant d'un petit panier, réparé avec des ficelles, des mouchoirs et des bas troués comme des cribles.° D'ailleurs, elle avait des connaissances. Au milieu des piaillements° intolérables de la marmaille et du roulement continu des voitures, derrière, dans la rue Saint-Denis, c'étaient des cancans° sans fin, des histoires sur les fournisseurs,° les épiciers, les boulangers, les bouchers, toute une gazette du quartier, enfiellée° par les refus de crédit et l'envie sourde

prolétariat

logements misérables

craintif

très fatiguées

d'une simplicité correcte

les enfants / récipient

mal habillée

prolifère

percés de nombreux trous

cris aigus

bavardages

marchands

acrimonieuse

du pauvre. Elle apprenait, surtout, parmi ces malheureuses, les choses inavouables, ce qui descendait des garnis louches,° ce qui sortait des loges noires des concierges, les saletés de la médisance, dont elle relevait,° comme d'une pointe de piment, ses appétits de curiosité. Puis, devant elle, la face tournée du côté des Halles, elle avait la place, les trois pans° de maisons, percées de leurs fenêtres, dans lesquelles elle cherchait à entrer du regard; elle semblait se hausser, aller le long des étages, ainsi qu'à des trous de verre, jusqu'aux œils-de-bœuf des mansardes; elle dévisageait° les rideaux, reconstruisait un drame sur la simple apparition d'une tête entre deux persiennes,° avait fini par savoir l'histoire des locataires de toutes ces maisons, rien qu'à en regarder les façades.

chambres meublées suspectes

épiçait

murs

regardait fixement

volets

Emile ZOLA, *Le Ventre de Paris,* Paris, Fasquelle, Livre de Poche, 1980.

Découvertes culturelles

Dégagez du texte les éléments qui décrivent...
a) les conditions de vie dans ce quartier industriel.
b) l'apparence des gens.
c) les «divertissements» de Mlle Saget.

Lecture 2

Marguerite Audoux, «*L'Atelier de Marie-Claire*»

Marguerite Audoux, d'abord bergère dans sa Sologne natale, est «montée» à Paris où elle est devenue couturière. Le fait d'avoir été «petite main» dans une maison de couture et d'avoir pu devenir écrivain lui a valu l'attention du monde littéraire. Son premier roman *Marie-Claire*, paru en 1909, a été traduit dans toutes les langues. Vingt ans plus tard, elle en a publié la suite, *L'Atelier de Marie-Claire*, qui offre, comme son précédent ouvrage, une perspective exceptionnelle sur le monde ouvrier de l'époque et sur les ateliers de couture en particulier.

La fin de décembre ramena la morte saison et il fallut nous séparer encore une fois.

Bouledogue quitta la première, pour s'embaucher° dans une fabrique de conserves alimentaires.

être employée

Jusqu'à présent, elle avait employé son temps de chômage à faire de la lingerie fine avec une amie, mais l'amie venait de partir à l'étranger et Bouledogue ne savait à qui s'adresser pour avoir le même travail.

C'était elle qui faisait vivre sa grand-mère avec laquelle elle habitait. Son gain était vite dépensé et les moindres journées perdues condamnaient les deux femmes à toutes les privations....

Le jour de son départ, elle tourna les yeux vers les planches vides, comme si elle leur gardait une mauvaise rancune, et sa voix eut un large grondement pendant qu'elle disait:

—Lorsque grand-mère ne mangeait pas à sa faim pour me permettre d'apprendre un joli métier, elle ne se doutait pas qu'il me faudrait aller quand même à l'usine....

fabricant de vêtements de fourrure

Je partis à mon tour et, dès le lendemain, j'entrais chez un fourreur° qui demandait des ouvrières pour un coup de main....

grosse aiguille coupante

Mes doigts eurent peu de peine à manier l'aiguille carrelée,° mais j'éprouvai tout de suite une grande difficulté à respirer. Des milliers et des milliers de poils fins s'échappaient des fourrures et s'envolaient dans l'air de la pièce.

irritation

Un chatouillement° insupportable me prit à la gorge, et je toussais sans arrêt.

Les autres me conseillaient de boire des grands verres d'eau. Mais la toux recommençait une minute après. Au bout de quelques heures, je fus prise d'un violent saignement de nez. Et le soir même, le patron me mit à la porte:

—Allez-vous en... Vous n'êtes bonne à rien ici.

La crainte d'un long chômage me fit chercher un nouvel emploi.

réparation de vêtements

Je le trouvai dans une maison de stoppage° où je m'appliquai de toute ma volonté. Mais là aussi je trouvais un grave inconvénient. Devant la boutique déjà peu éclairée où je m'alignais avec les autres stoppeuses, des hommes de tous âges s'arrêtaient à chaque instant. Certains d'entre eux s'approchaient si près et restaient si longtemps à barrer le jour, qu'il m'arriva de ne plus voir la trame° des fils et d'embrouiller° mes reprises. Et malgré mon désir de bien faire, je dus partir pour ne plus entendre les reproches de la patronne.

l'ensemble / emmêler

Lasse de chercher à m'employer selon mes capacités, je me décidai à entrer dans une maison que venait de quitter ma vieille voisine, Mlle Herminie. Il s'agissait de coudre des bandes de cuir et de flanelle sur des rouleaux servant à l'imprimerie. C'était un dur travail qu'il fallait faire debout et qui n'avait pas mis trois mois à rendre bossue° Mlle Herminie. Je l'abandonnai à la fin de la première semaine, car je sentis que je deviendrais bossue aussi.

déformée du dos

Marguerite AUDOUX, *L'Atelier de Marie-Claire*, Paris, Fasquelle, 1920.

Découvertes culturelles

1. En quoi la migration vers Paris de Marguerite Audoux est-elle typique de l'exode rural du XIXe siècle?
2. Comment Bouledogue dépense-t-elle l'argent qu'elle gagne?
3. Pourquoi Bouledogue est-elle partie de chez le fourreur?
4. Quel inconvénient Bouledogue a-t-elle rencontré dans la maison de stoppage? Pourquoi a-t-elle dû abandonner ce travail?
5. Décrivez les conditions de travail des ouvriers au début du XXe siècle.

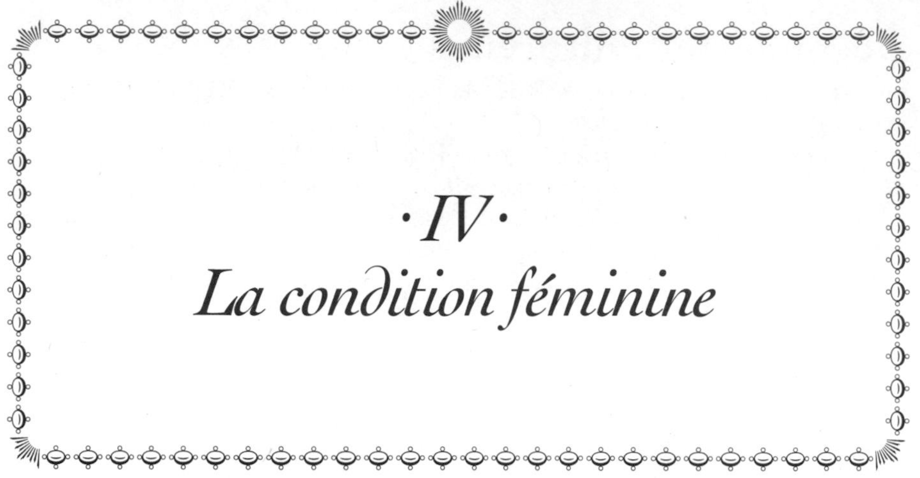

·IV· La condition féminine

La condition des femmes a connu, au XXe siècle, une transformation comparable à celle de la condition ouvrière au XIXe siècle, avec l'émergence d'une conscience sociale au sein d'un groupe important, la contestation des valeurs responsables de son oppression, la revendication de ses droits, et l'obtention d'une garantie d'égalité devant la loi. La première moitié du XXe siècle a surtout été marquée par des changements dans les droits des femmes, et la deuxième par une évolution dans les mentalités de la société à leur égard.

Le féminisme n'est pas un phénomène récent en France. Un rapide tour d'horizon de la condition des femmes à travers les âges le montre bien. La France gallo-romaine, comme l'indique ce terme, était à la croisée de deux traditions. Celle de l'empire romain était assez hostile à la femme qui devait surtout s'occuper du foyer, même si, dans la Rome antique, elle avait acquis le droit de parler au Forum. Le fait que la femme reste au foyer indiquait déjà

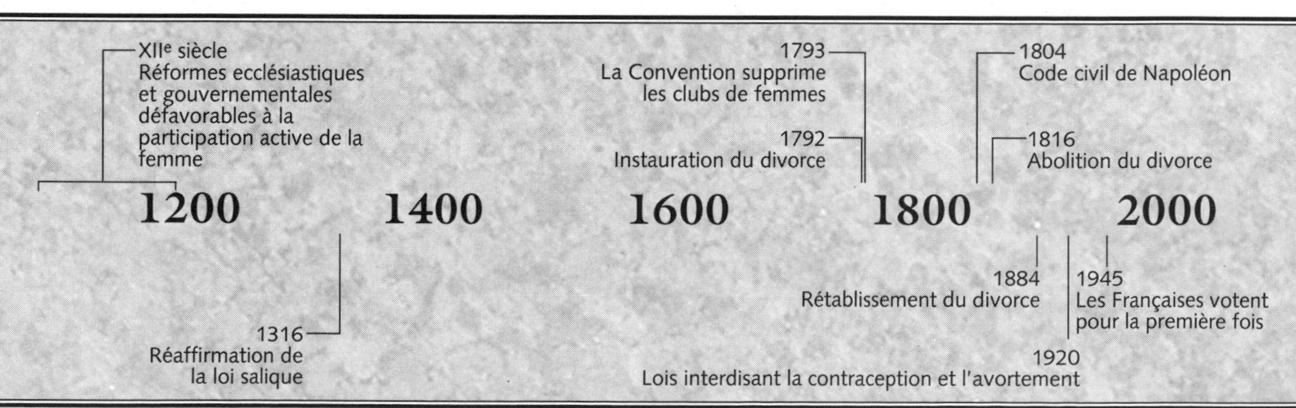

chez les Romains une certaine aisance financière. Ces positions, caractéristiques d'une société dominée par les classes moyennes, se manifesteraient d'ailleurs de nouveau en France lorsque Napoléon établirait son *Code civil* sur les bases du droit romain. Mais dans la Gaule du Ve siècle, l'arrivée des tribus germaniques et franques a modifié le rôle des femmes dont beaucoup étaient des prêtresses et des guerrières. Lorsque le peuple gallo-romain s'est converti au christianisme, les monastères, dirigés de manière égalitaire par les moines et par les religieuses, ont exercé une influence considérable sur l'éducation ainsi que sur l'administration des vastes terres qui leur appartenaient. Mais, sous le règne de Charlemagne, les religieuses se sont vues privées du droit de s'occuper de l'instruction des garçons. La période carolingienne a été d'ailleurs autrement défavorable aux femmes en les écartant de la vie politique; toutefois, elles ont pu conserver, du moins chez les aristocrates, le contrôle des finances et de la gestion des domaines. Chez les paysannes aussi, qui participaient pleinement au travail agricole et artisanal, on appréciait les qualités ménagères des femmes jusqu'à leur confier la garde des cordons de la bourse.

La première période du féodalisme n'a pas imposé de réel obstacle aux femmes nobles, qui partageaient avec leurs époux les responsabilités seigneuriales. A partir du XIIe siècle, cependant, en raison de certaines réformes ecclésiastiques et gouvernementales, elles ont commencé à perdre plusieurs de leurs anciens pouvoirs. A cette époque, le développement des villes s'est esquissé; l'Eglise a fait construire des cathédrales, mais aussi des écoles et des universités. Or, les filles étaient exclues de ces centres d'instruction, ce qui leur interdisait d'accéder aux professions libérales. Avec l'expansion des villes est apparue une nouvelle bureaucratie et les responsables de la politique, suivant l'exemple de l'Eglise, ont refusé d'admettre les femmes dans leur nouvelle hiérarchie. Leur statut s'est encore aggravé au XIVe siècle lorsqu'a été instauré le privilège de la masculinité dans la succession royale. En 1316, le roi Louis X est mort sans fils légitime. Selon la coutume qui permettait qu'un fief soit transmis à une fille, sa fille Jeanne aurait dû être proclamée reine. Mais une pratique ancienne des Francs Saliens, qui excluait les femmes du droit de succession à la terre ancestrale, appelée *terra salica,* a été remise en vigueur. Ce principe serait connu sous le nom de *loi salique* et la couronne du royaume passerait désormais au fils légitime du roi ou, s'il ne laissait que des filles, à un autre descendant ou parent mâle (petit-fils, frère ou neveu).

Face aux transformations radicales opérées par les hommes dans les domaines politique, religieux et économique, les femmes ont résisté en tentant de créer de nouvelles sphères dans lesquelles elles pourraient éviter la domination masculine. Ainsi, la société courtoise, influencée surtout par Aliénor d'Aquitaine (1122–1204), a représenté, chez les nobles, une espèce de contre-culture en marge du schéma que l'Eglise voulait imposer. Par ailleurs, les paysannes et les artisanes des villes ont mené de nombreuses révoltes contre ceux qui voulaient les éliminer par la concurrence ou par la force. Mais l'adversaire était de taille! L'Eglise a trouvé dans l'Inquisition le moyen de faire taire les contestataires en les accusant de sorcellerie, et le monde politique a fait perdre aux femmes tout droit à l'administration des biens de la famille. Les actes législatifs, répudiant les pratiques du haut Moyen Age, ont imité le droit romain en décrétant la femme légalement «incapable». Le mari est ainsi devenu une sorte de monarque absolu chez lui et allait exercer la même emprise dans le domaine économique et politique. L'aire d'influence des femmes était donc sévèrement réduite et la société bourgeoise, par sa politique paternaliste, a établi solidement dans la société française le principe de la «femme au foyer».

Certaines ont trouvé, cependant, le courage de réagir contre cette limitation du rôle des femmes. L'exemple le plus célèbre est celui de Jeanne d'Arc, au XVe siècle, mais l'héroïne de la Guerre de Cent Ans a dû payer ses audaces de sa vie. Une centaine d'années plus tard, les voix de Louise Labbé (1524–1566) et de Marie de Gournay (1566–1645), nièce de Montaigne, se sont élevées pour dénoncer l'infériorité de la condition féminine. *L'Egalité des hommes et des femmes* de Marie de Gournay date de 1622. C'est bien sûr dans les milieux intellectuels que ces protestations en faveur des droits de l'individu, si vantés pendant la Renaissance, ont été le mieux accueillies. Dans la tradition de Louise Labbé et de Marie de Gournay, mais aussi de Christine de Pisan avant elles (1364–1430), qui avait lutté pour l'éducation des filles, le féminisme en tant que doctrine est ainsi apparu.

L'influence des femmes s'est aussi fait valoir lorsqu'un nombre de femmes de l'aristocratie et de la haute bourgeoisie du XVIIe et du XVIIIe siècles ont ouvert leurs salons aux penseurs et aux artistes. Elles ont ainsi été directement à l'origine de la transformation des goûts littéraires et esthétiques mais également de la propagation des idées révolutionnaires des philosophes. La marquise de Condorcet et son mari, célèbre mathématicien, philosophe et homme politique, ont lutté pour l'égalité des sexes et le droit des femmes à prendre part, comme les hommes, aux affaires du pays. On doit au marquis le premier texte français qui ait revendiqué les droits politiques de la femme: les *Lettres d'un bourgeois de Newhaven à un citoyen de Virginie* (1787). Cet ouvrage a été suivi, en 1790, par sa *Déclaration des droits et l'admission des femmes au droit de cité.* Olympe de Gouges (née en 1748, guillotinée en 1793), qui avait organisé un club politique réservé aux femmes, a publié en 1791 sa *Déclaration des droits de la femme et de la citoyenne.* Dans les milieux populaires, à Paris et ailleurs en France, les femmes sont descendues dans la rue pour soutenir les principes de la Révolution. L'enthousiasme du moment leur a permis d'exercer plus de pouvoir que jamais dans la société française.

Mais les dirigeants du mouvement révolutionnaire, se tournant enfin vers les questions essentielles du gouvernement de la France dans ce nouveau climat politique, ont vite mis fin aux belles aspirations des femmes. En 1793, la Convention a supprimé les sociétés et les clubs de femmes. Les grands principes de la *Déclaration des droits de l'homme et du citoyen*, qui affirmait pourtant «l'égalité politique et sociale de tous les citoyens», n'étaient-ils donc que des mots? Le *Code civil des Français* (mieux connu sous le nom de *Code Napoléon*) de 1804 semble l'avoir confirmé, du moins pour les femmes mariées, puisqu'il a décrété que, si la femme célibataire jouissait en théorie de la plénitude de ses droits civils, la femme mariée et l'ensemble de ses biens étaient sous la tutelle de son mari. Le testament était le seul acte qu'elle pouvait rédiger sans le consentement du conjoint. Le *Code Napoléon* représentait donc pour elle une véritable «mort civile».

Beaucoup de femmes ont participé aux événements de la révolution.

Le mouvement féministe allait passer plus d'un siècle à recouvrer les droits politiques, économiques et sociaux que le régime napoléonien avait oblitérés. Ses plus grands succès ont eu lieu dans le domaine de l'éducation: les femmes ont en effet conquis le droit d'accès aux écoles primaires, puis secondaires. Il s'agissait d'abord d'écoles de filles et d'un enseignement secondaire qui ne menait pas au baccalauréat, et il a fallu attendre 1924 pour que les programmes du secondaire deviennent identiques pour les garçons et pour les filles. Pourtant, en 1842, les femmes ont été autorisées à devenir médecins et dentistes, mais les licenciées en droit ont dû patienter jusqu'en 1900 pour pouvoir exercer la profession d'avocate.

L'enseignement supérieur ne concernait qu'une petite minorité de la population féminine (et masculine, d'ailleurs) au XIXe siècle. La plus grande partie des Français luttait dans d'autres secteurs et surtout pour obtenir des droits aux travailleurs. Flora Tristan (1803–1844), une activiste qui a défendu le rôle des femmes dans les mouvements ouvriers, a publié en 1843 son *Union ouvrière* dans laquelle elle réclamait la libération de la femme («la prolétaire du prolétaire»), comme celle de tous les travailleurs, l'accès à l'instruction pour les femmes de toutes les classes, et tout un programme de protection sociale pour les enfants d'ouvriers, les accidentés du travail, les infirmes et les personnes âgées. Seul le droit au travail pour tous les citoyens serait retenu dans les déclarations du gouvernement de la IIe République (1848) qui, par ailleurs, a interdit aux femmes d'assister aux réunions politiques. Il faut noter que le féminisme a dû supporter, en plus de l'hostilité de l'Etat, celle d'un groupe avec lequel il aurait dû former une alliance naturelle, c'est-à-dire les socialistes. Les syndicalistes de l'époque se montraient souvent très sexistes lorsqu'il s'agissait de défendre le droit au travail, n'hésitant pas à se mettre en grève lorsque les industries, obéissant pourtant à la loi, embauchaient des femmes. En raison de l'interdiction qui empêchait les femmes de se réunir politiquement, l'organisation de groupes de pression semblait difficile, sinon impossible, à réaliser. Toutefois, le second Empire, qui n'avait pas beaucoup fait pour elles, leur a finalement accordé le droit de se réunir en 1868.

Ce n'est, à vrai dire, que sous la IIIe République que les femmes ont acquis toute une série de droits déterminants quant à leur statut dans la société. En 1881, par exemple, la femme a pu demander et utiliser un livret de Caisse d'épargne sans la permission de son mari. Une loi de 1884 a rétabli le divorce, qui avait été institué en 1792, puis aboli en 1816. Toutefois, cette loi n'était pas encore parfaitement égalitaire, puisqu'elle punissait l'adultère de l'homme par une amende et celui de la femme par la prison. Pour ce qui est des époux qui vivaient séparés de corps, la femme retrouvait ses pleins droits civils; qu'ils soient divorcés ou séparés de corps, chacun des époux avait désormais un poids égal dans les décisions concernant le mariage de leurs enfants. La femme mariée, toujours en retard sur la femme célibataire devant la loi, a dû attendre 1907 pour pouvoir gérer librement ses économies comme les produits de son travail.

Vers la fin du XIXe siècle, le féminisme français, en s'ouvrant vers l'extérieur, s'est internationalisé. Une véritable solidarité s'est manifestée dans tous les domaines à travers le monde féministe alors que, dans les sphères politiques, toujours régies par les hommes, les tensions nationalistes ne cessaient de s'accroître. Avec la Première Guerre mondiale, les distinctions entre les rôles attribués de fait à chacun des deux sexes se sont estompées. Les hommes partis au Front, les femmes se sont occupées de tout—sauf toutefois du gouvernement et de la direction de la guerre. Après 1918, fortes de la position sociale que la guerre leur avait permis d'occuper, les femmes ont cru pouvoir maintenir leurs acquis. Dans le domaine de l'éducation, leurs espoirs ont été confirmés: les filles pourraient désormais passer le bac et l'agrégation. Mais les vieilles idées bourgeoises ont repris le dessus dans d'autres domaines, comme l'emploi et le mariage. La nation a exprimé sa profonde reconnaissance aux femmes pour leurs courageux efforts pendant la guerre, mais tout en leur faisant savoir qu'elles devaient maintenant rentrer chez elles. Pourquoi priver un ouvrier de son emploi au nom du droit au travail alors que le pays dont la population masculine avait été décimée avait besoin de se repeupler? L'Etat a interdit, en 1920, tout contrôle des naissances et puni sévèrement l'avortement. Le rôle de la femme avait été de produire, pendant la guerre; il fallait désormais reproduire. Par ailleurs, on a continué à refuser aux femmes le droit de vote. Ce n'est qu'en 1945 qu'elles ont pu participer pour la première fois à des élections, après s'être dévouées par milliers aux efforts de la Résistance. La Constitution de la IVe République (1946) a instauré l'égalité des droits entre hommes et femmes dans tous les domaines, mais l'Etat a maintenu son adhésion à la législation napoléonienne, refusant d'abolir les restrictions concernant l'administration des biens du ménage par les femmes. Ce n'est qu'en 1970 que le pouvoir du père serait enfin remplacé par l'autorité parentale.

Il est certain que des progrès ont été réalisés dans la condition féminine au cours des siècles, mais l'image de la femme ne s'est pas fondamentalement transformée en France avant le mouvement de libération qui a commencé après le choc de mai 1968. Pourtant, en 1949, Simone de Beauvoir (1908–1986) avait déjà résumé son ouvrage remarquable, *Le Deuxième Sexe*, par ces mots: «On ne naît pas femme, on le devient.» Tout un programme, tout un projet reposait sur ces quelques mots.

Découvertes culturelles

1. Quels éléments permettent de dire que le mouvement des femmes s'apparente à celui des ouvriers qui l'a précédé?
2. Quelle influence la notion romaine de la «femme au foyer» a-t-elle eue sur l'évolution de la société française?
3. Qu'est-ce que la *loi salique*?
4. Situez dans le temps les personnages suivants. Résumez, en une phrase ou deux, l'importance de chacun pour le mouvement des femmes.

Simone de Beauvoir	Olympe de Gouges
Jeanne d'Arc	Flora Tristan
Christine de Pisan	Louise Labbé
Marie de Gournay	Condorcet

Témoignages culturels

Lecture 1

Olympe de Gouges, *«Déclaration des droits de la femme et de la citoyenne»*

L'histoire traditionnelle de la Révolution a retenu ou négligé certains faits selon qu'ils entraient ou non dans la perspective des historiens. Olympe de Gouges a fait l'objet d'un oubli presque immédiat de la part des hommes responsables de la transmission des faits historiques de cette époque. Certains événements ou personnages, négligés jusqu'à nos jours, sont enfin sortis de l'obscurité si longtemps imposée aux événements qui ont concerné les femmes. En voici un témoignage.

Toute femme naît et demeure libre et égale à l'homme en droits; les distinctions sexuelles ne peuvent être fondées que sur l'utilité commune.

qu'on ne peut pas supprimer

Le but de toute association politique est la conservation des droits naturels et imprescriptibles° de la femme et de l'homme. Ces droits sont la liberté, la propriété, la société et surtout la résistance à l'oppression.

Le principe de toute souveraineté réside essentiellement dans la nature qui n'est que la réunion de la femme et de l'homme. Nul corps, nul individu ne peut exercer d'autorité qui n'en émane expressément.

limites

La liberté et la justice consistent à rendre tout ce qui appartient à autrui. Ainsi l'exercice du droit naturel de la femme n'a de bornes° que la tyrannie perpétuelle que l'homme lui oppose. Ces bornes doivent être réformées par les lois de la nature et de la raison.

collaborer

La loi doit être l'expression de la volonté générale. Toutes les citoyennes comme tous les citoyens doivent concourir° personnellement ou par leurs représentants à sa formation. Elle doit être la même pour tous.

Toutes les citoyennes et tous les citoyens étant égaux à ses yeux doivent être également admis à toutes les dignités, places et emplois publics selon leurs capacités et sans aucune distinction que celle de leurs vertus et de leurs talents.

d'être guillotinée

Nul ne peut être inquiété pour ses opinions: la femme a le droit de monter à l'échafaud,° elle doit avoir également celui de monter à la tribune, pourvu que ses réclamations ne troublent pas l'ordre établi par la loi.

La garantie des droits de la femme est pour l'utilité de tous et non pour l'avantage de celle à qui elle est accordée.

La femme concourt ainsi que l'homme à l'impôt public, elle a le droit ainsi que lui de demander compte à tout agent public de son administration.

Pour l'entretien de la force publique et pour les dépenses de l'administration, les contributions de l'homme et celles de la femme sont égales. Elle a part à toutes les corvées, à toutes les tâches pénibles, elle doit donc de même avoir place à la distribution des places, des emplois, des charges et des dignités.

Olympe DE GOUGES, «Déclaration des droits de la femme et de la citoyenne»,
citée par Christiane MENASSEYRE, *Les Françaises d'aujourd'hui*, Hatier, 1978.

Découvertes culturelles

1. Quels sont les droits «naturels et imprescriptibles de la femme et de l'homme» selon Olympe de Gouges?
2. Expliquez sa célèbre déclaration: «La femme a le droit de monter à l'échafaud, elle doit avoir également celui de monter à la tribune».
3. En quoi le titre de cette «Déclaration» diffère-t-il d'une autre déclaration contemporaine?

Lecture 2

Simone de Beauvoir, «*Le Deuxième Sexe*»

Simone de Beauvoir, écrivain existentialiste, a joué un rôle capital dans l'expansion du mouvement des droits des femmes. Elle a surtout fait appel à la dignité féminine en insistant sur la nécessité, pour les femmes, de se libérer de l'état de subordination qui limitait leurs potentialités.

«La femme se perd. Où sont les femmes? les femmes d'aujourd'hui ne sont pas des femmes»; on a vu quel était le sens de ces mystérieux slogans. Aux yeux des hommes—et de la légion de femmes qui voient par ces yeux—il ne suffit pas d'avoir un corps de femme ni d'assumer comme amante, comme mère, la fonction de femelle pour être une «vraie femme»; à travers la sexualité et la

S. de Beauvoir et J.-P. Sartre au café des Deux Magots à l'apogée de l'existentialisme.

maternité, le sujet peut revendiquer son autonomie; la «vraie femme» est celle qui s'accepte comme Autre. Il y a dans l'attitude des hommes d'aujourd'hui une duplicité qui crée chez la femme un déchirement° douloureux; ils acceptent dans une assez grande mesure que la femme soit une semblable, une égale; et cependant ils continuent à exiger qu'elle demeure l'inessentiel; pour elle, ces deux destins ne sont pas conciliables; elle hésite entre l'un et l'autre sans être exactement adaptée à aucun et c'est de là que vient son manque d'équilibre. Chez l'homme il n'y a entre vie publique et vie privée aucun hiatus: plus il affirme dans l'action et le travail sa prise° sur le monde, plus il apparaît comme viril; en lui valeurs humaines et valeurs vitales sont confondues; au lieu que les réussites autonomes de la femme sont en contradiction avec sa féminité puisqu'on demande à la «vraie femme» de se faire objet, d'être l'Autre. Il est très possible que sur ce point la sensibilité, la sexualité même des hommes se modifie. Une nouvelle esthétique est déjà née. Si la mode des poitrines plates et des hanches maigres—de la femme-éphèbe°—n'a eu qu'un temps, on n'en est cependant pas revenu à l'opulent idéal des siècles passés. On demande au corps féminin d'être chair, mais discrètement; il doit être mince et non alourdi de graisse; musclé, souple, robuste, il faut qu'il indique la transcendance; on le préfère non pas blanc comme une plante de serre mais ayant affronté le soleil universel, hâlé° comme un torse de travailleur. En devenant pratique, le costume de la femme ne l'a pas fait apparaître comme asexuée: au contraire, les jupes courtes ont mis en valeur beaucoup plus que naguère jambes et cuisses. On ne voit pas pourquoi le travail la priverait de son attrait érotique. Saisir à la fois la femme comme un personnage social et comme une proie° charnelle peut être troublant: dans une série de dessins de Peynet parus récemment,[1] on voyait un jeune fiancé délaisser sa promise parce qu'il était séduit par la jolie mairesse° qui se disposait à célébrer le mariage; qu'une femme exerce un «office viril» et soit en même temps désirable, ç'a été longtemps un thème de plaisanteries plus ou moins graveleuses;° peu à peu le scandale et l'ironie se sont émoussés° et il semble qu'une nouvelle forme d'érotisme soit en train de naître: peut-être engendrera-t-elle de nouveaux mythes.

Ce qui est certain, c'est qu'aujourd'hui il est très difficile aux femmes d'assumer à la fois leur condition d'individu autonome et leur destin féminin; c'est là la source de ces maladresses, de ces malaises qui les font parfois considérer comme «un sexe perdu». Et sans doute il est plus confortable de subir un aveugle esclavage que de travailler à s'affranchir:° Les morts aussi sont mieux adaptés à la terre que les vivants. De toute façon un retour au passé n'est pas plus possible qu'il n'est souhaitable. Ce qu'il

douleur morale

moyen d'agir

qui ressemble à un garçon

bronzé

victime

maire qui est une femme

licencieuses
devenus moins aigus

se libérer

[1]En novembre 1948

faut espérer, c'est que de leur côté les hommes assument sans réserve la situation qui est en train de se créer; alors seulement la femme pourra la vivre sans déchirement...

Simone DE BEAUVOIR, *Le Deuxième Sexe: Les Faits et les mythes*, Vol. I, Editions Gallimard,1949.

Découvertes culturelles

1. En quoi consiste la «duplicité» que Simone de Beauvoir signale chez les hommes de son temps?
2. Pourquoi n'y a-t-il pas de conflit chez l'homme entre vie publique et vie privée?
3. Faites une liste de ce qu'on demande aux femmes de faire pour répondre à la nouvelle esthétique.
4. Cet extrait du *Deuxième Sexe* représente la conclusion de la partie intitulée «Mythes». Quels sont les «mythes» qui sont évoqués dans ce passage?

Activités d'expansion

Repères culturels

A. Expliquez chacune des notions suivantes dans le contexte du système féodal.

1. la hiérarchie sociale dans la société gallo-romaine
2. les révoltes paysannes
3. l'invasion des barbares au Ve siècle
4. l'attribution de terres pour récompenser des services pendant la période mérovingienne
5. le fief
6. l'«hommage»
7. les fiefs religieux
8. la «corvée»
9. le vilain
10. la «glèbe»

B. Pour chacun des éléments suivants de la société française, dites s'il se rattache plutôt à la noblesse ou à la bourgeoisie, et expliquez votre choix.

1. l'Ancien Régime
2. le «tiers état»
3. le commerce et l'industrie
4. les descendants des Francs
5. les «rentiers»
6. les «preux»
7. les privilèges
8. les membres des professions libérales
9. le désir d'ascension sociale
10. la nécessité de «redorer son blason»
11. les «banalités»
12. l'aspiration à des postes importants dans l'armée et l'Eglise
13. les Grands
14. la vie citadine

C. L'expression artistique constitue souvent un témoignage précieux sur le contexte social dans lequel elle se situe. Quels aspects de la société sont représentés dans les œuvres suivantes?

1. *Le Ventre de Paris*
2. *Les Serments de Strasbourg*
3. les miniatures
4. les *Mémoires* de Saint-Simon
5. *Lettres d'un bourgeois de Newhaven à un citoyen de Virginie*
6. les pièces de Molière
7. les chroniques du Moyen Age
8. *Le Deuxième Sexe*
9. *La Chanson de Roland*
10. les «drames» de Diderot
11. *Le Gendre de M. Poirier*
12. *Le Ménagier de Paris*

D. Dites si chacun des termes suivants se rapporte à la vie rurale ou à la vie citadine, et expliquez-les.

1. la révolution industrielle
2. l'attachement des Français d'aujourd'hui à la terre
3. l'immigration
4. l'héritage
5. le prolétariat
6. les vagabonds et les mendiants

7. le chômage
8. les migrations saisonnières
9. l'exode rural
10. le Front populaire
11. le développement du thermalisme et du tourisme
12. les quartiers populaires

E. Expliquez en quoi chacun des repères historiques suivants a représenté, à différentes époques, un obstacle à l'épanouissement de la femme.

1. le syndicalisme
2. l'université médiévale
3. le paternalisme bourgeois
4. le droit romain
5. le *Code Napoléon*
6. la loi salique
7. les lois de 1920 favorables au repeuplement
8. la période carolingienne
9. la Convention
10. l'Inquisition

Quelques liens culturels

Discussion

1. Dans quelle mesure peut-on dire que le système des classes en France a trouvé son origine dans la structure de la société romaine?
2. Comment la qualité de noble est-elle devenue héréditaire? Quel était le rôle des femmes dans la transmission des titres de noblesse sous l'Ancien Régime?
3. Très peu de familles nobles remontent aux guerriers francs du Moyen Age. Par quels autres moyens pouvait-on donc devenir noble?
4. Retracez l'évolution du peuple à travers les conditions suivantes: esclavage, servage, paysannerie et prolétariat.
5. Comment la notion de «bourgeoisie» s'est-elle formée? A quelle époque et pourquoi la bourgeoisie est-elle devenue la classe dominante dans la société française?
6. Pourquoi les privilèges ont-ils été une source de rivalité entre la noblesse et la bourgeoisie avant la Révolution de 1789?
7. Pourquoi les distinctions entre haute, moyenne et petite bourgeoisies remontent-elles à l'époque de la Révolution de 1848?
8. A quelles attitudes et à quels traits de caractère est souvent associé le terme de «bourgeois»?

9. Expliquez le phénomène d'exode rural qui a profondément influencé la répartition de la population de la France moderne.
10. Comment vivaient la plupart des ouvriers salariés au XIXe siècle? Où habitaient-ils et dans quelles conditions?
11. Quelle époque historique vous paraît avoir été la moins favorable à la condition des femmes? Laquelle semble avoir été la plus prometteuse? Appuyez vos réponses sur des exemples précis.
12. En quoi le statut de la femme mariée différait-il de celui des autres femmes au XIXe et au XXe siècle?

Mise en scène

1. Imaginez une discussion entre un serf et un «vilain» du XIIe siècle au sujet de leur condition sociale.
2. C'est le 15 juillet 1789. Un membre de la noblesse, un membre de la haute bourgeoisie et un paysan discutent de la révolution qui vient d'éclater.
3. Nous sommes en 1948; à l'occasion du bicentenaire de la naissance d'Olympe de Gouges, Simone de Beauvoir doit prononcer un discours de commémoration. En vous mettant à sa place, quels éléments voudriez-vous faire entrer dans ce discours?

Activités écrites

1. Choisissez une classe sociale et résumez sa condition avant la Révolution de 1789.
2. Comparez la condition d'un paysan et celle d'un ouvrier en France vers la fin du XIXe siècle.
3. L'apogée de la bourgeoisie s'est située au XIXe siècle, mais ce groupe existait déjà depuis longtemps en France. Faites un tableau chronologique de son évolution historique.
4. Pour les trois premières parties de ce chapitre («Seigneurs et serfs», «Aristocrates et bourgeois», «Campagnards et citadins») expliquez l'essentiel du rôle joué par les femmes dans le développement de la société.
5. Les films nous offrent souvent un portrait de différentes classes sociales à certains moments de l'histoire. Choisissez un de ces films (par exemple, *Les Liaisons dangereuses, Le Retour de Martin Guerre, Jean de Florette, Manon des Sources, Tous les Matins du monde*, etc.) et résumez les conditions sociales qu'il décrit.

Perspectives interculturelles

A. Existe-t-il une «noblesse» dans votre culture? Sur quoi repose l'idée d'appartenance à une classe «supérieure»?

B. Les changements sociaux en France ont souvent été amenés par une révolution. Comment se sont-ils effectués dans votre culture?

C. Choisissez une période, lointaine ou récente, et comparez la condition féminine en France et dans votre culture à cette même époque.

ENCYCLOPÉDIE,

OU

DICTIONNAIRE RAISONNÉ

DES SCIENCES,

DES ARTS ET DES MÉTIERS,

PAR UNE SOCIÉTÉ DE GENS DE LETTRES.

Mis en ordre & publié par M. *DIDEROT*, de l'Académie Royale des Sciences & des Belles-Lettres de Pruſſe; & quant à la PARTIE MATHÉMATIQUE, par M. *D'ALEMBERT*, de l'Académie Royale des Sciences de Paris, de celle de Pruſſe, & de la Société Royale de Londres.

Tantùm ſeries juncturaque pollet,
Tantùm de medio ſumptis accedit honoris! HORAT.

TOME PREMIER.

Le mouvement des idées

(page précédente) *Grand titre d'une vaste publication qui devait faire connaître les progrès de la science et de la pensée. Quelle impression cette page cherchait-elle à faire au lecteur?*

Le mouvement des idées

Les mouvements philosophiques qui caractérisent l'histoire intellectuelle de la France ont façonné ce qu'on appelle la mentalité française. En effet, à partir de la Renaissance (1515–1610), chaque siècle a été marqué par une idéologie dominante qui a orienté la façon de considérer l'homme, sa vie et sa place dans l'univers. Ces idéologies, développées au cours des siècles par les philosophes et les écrivains, ont influencé la conception que les Français d'aujourd'hui se font des valeurs sociales fondamentales, des droits de l'individu et des notions de raison, de morale et de liberté.

Jusqu'à la Renaissance, l'idéologie dominante a été celle du catholicisme. C'est la religion qui définissait la manière dont l'homme concevait son identité, sa vie et l'univers, et la philosophie était elle-même centrée sur Dieu, juge suprême du destin du monde et de l'individu. La vie terrestre était pénible, certes, avec la misère, les famines et les guerres qui sévissaient au Moyen Age, mais en se pliant aux ordres et aux enseignements de l'Eglise, on pouvait espérer accéder au paradis et y connaître enfin une vie meilleure.

La religion a en fait influencé l'ensemble de l'art, de la littérature et de la vie intellectuelle du Moyen Age. Les hautes cathédrales gothiques qui s'élancaient vers le ciel reflétaient l'aspiration intense des croyants vers le royaume de Dieu; la poésie épique de cette époque raconte les luttes des chrétiens contre les infidèles; les romans courtois de Chrétien de Troyes décrivent la quête du Saint-Graal et le théâtre dramatique a mis en scène les thèmes du péché et de la rédemption. A partir du XIIe siècle, l'enseignement a été dispensé par l'Eglise dans les universités de Paris (la Sorbonne), de Toulouse et de Montpellier. La philosophie se limitait généralement à une scolastique qui reposait sur la mémorisation de commentaires des écritures saintes établis par les pères de l'Eglise. Ainsi, la religion fournissait les réponses à toutes les questions philosophiques.

Cependant, au début du XVIe siècle, un nouveau mouvement d'idées a remis en question les valeurs d'une société jusque-là dominée par la religion. L'Eglise allait dès lors perdre l'autorité absolue qu'elle avait exercée au Moyen Age sur les idées et les individus.

· I · Le XVIe siècle: L'humanisme

La Renaissance, période de transition entre le Moyen Age et les temps modernes, a été l'époque d'un véritable renouveau intellectuel en France. Le roi François Ier (1515–1547), parti faire la guerre en Italie, a rapporté un nouveau style de vie, une nouvelle architecture et de nouvelles idées, inspirés par la Renaissance qui avait débuté en Italie au siècle précédent. Un nouveau courant de pensée, libéré de l'influence de l'Eglise, a dès lors proposé une conception différente de l'homme autour de laquelle s'est élaborée une philosophie appelée l'humanisme.

Le point de départ de la philosophie humaniste a été la redécouverte des textes des philosophes et des écrivains de l'antiquité grecque et romaine. Après la chute de Rome en 476, ces textes avaient disparu de la culture de l'Europe occidentale, mais des copies de l'œuvre d'Aristote, de Platon, de Cicéron et d'autres célèbres Anciens avaient été conservées à Constantinople, centre du

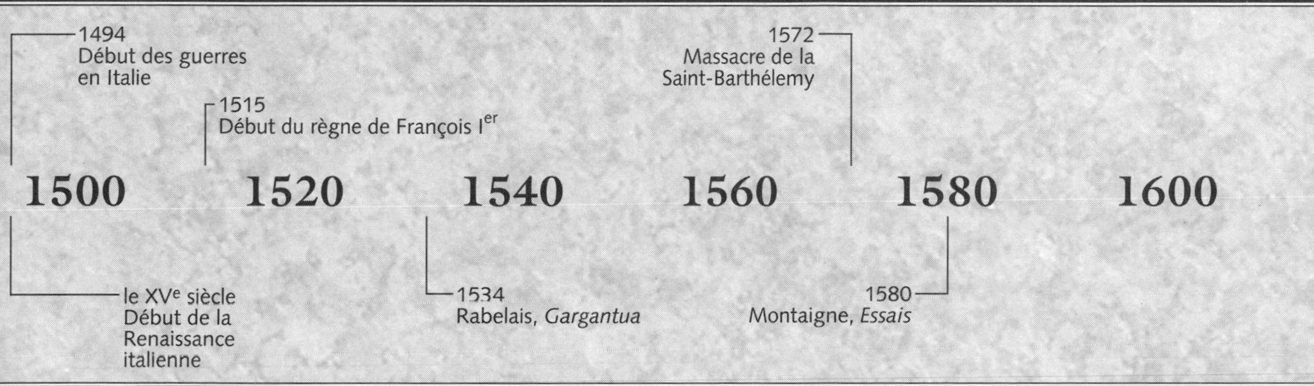

monde byzantin. Leur redécouverte, qui a coïncidé avec l'invention de l'imprimerie par Gutenberg, a permis la diffusion rapide de ces œuvres et entraîné une révolution des idées. L'homme a désormais remplacé Dieu au cœur de la méditation philosophique.

Suivant l'exemple des philosophes grecs, les nouveaux penseurs ont en effet centré leur réflexion non plus sur Dieu et sur le paradis, mais sur l'homme et la qualité de sa vie sur terre. L'homme était maintenant perçu comme un être pensant, doué d'énergie et de talent, et capable d'orienter et de maîtriser lui-même son destin. Comme les Grecs, les humanistes ont pris en considération la nature physique de l'homme aussi bien que ses dimensions spirituelles et intellectuelles. Au Moyen Age, l'homme ne devait s'occuper que du salut de son âme. Les humanistes, eux, réhabilitant le corps et les plaisirs qu'il pouvait procurer, en ont fait des attributs de l'homme aussi dignes d'être cultivés que l'esprit et l'âme. Cette importance accordée au bien-être a été à l'origine d'un nouvel art de vivre que la beauté architecturale et le raffinement artistique des châteaux de la Loire reflètent admirablement. François Ier, dont le règne a marqué l'apogée de la Renaissance en France, est resté célèbre non seulement comme chef militaire et politique mais aussi comme le patron des arts de l'époque; c'est lui en effet qui a commandité la Joconde de Léonard de Vinci et fait construire le grand château de Chambord. Les châteaux du Moyen Age avaient été, avant tout, des forteresses où se protéger des attaques armées; mais ceux de la Renaissance, avec leurs jardins reposants décorés de fontaines, ont été construits pour le plaisir de l'esprit et des sens.

Le magnifique château de Chambord, bâti pour François Ier en 1519

L'humanisme a également libéré les mentalités des contraintes de l'Eglise et de l'enseignement scolastique. L'homme était désormais libre de mener ses propres recherches et de tout apprendre. Les premiers grands humanistes, le Hollandais Erasme (1469–1536) et le Français Guillaume Budé (1467–1540) étaient des linguistes; ils connaissaient le latin, le grec et l'hébreu, ce qui leur a donné accès aux textes originaux. Ces textes, traduits en français, ont bientôt été mis à la disposition d'un large public car l'imprimerie a permis de les diffuser plus rapidement qu'à l'époque médiévale où les scribes des monastères recopiaient laborieusement les manuscrits à la main. L'humanisme, mettant l'accent sur la puissance de l'intellect, a établi le principe du «libre examen». Chacun pouvait donc lire et analyser librement le grand nombre de textes désormais disponibles et évaluer la véracité des idées qu'ils contenaient. En 1529, à l'instigation de Guillaume Budé, Francois Ier a fondé le Collège de France; cet institut dispensait un enseignement humaniste radicalement différent de l'éducation scolastique alors en vigueur à la Sorbonne, l'université fondée en 1257 par le théologien Robert de Sorbon. François Ier a aussi créé l'Imprimerie Nationale et, par une ordonnance promulguée en 1539, substitué la langue française au latin dans les jugements des tribunaux et les registres de l'état civil. De telles mesures ont, bien sûr, contribué à libérer les mentalités de l'idéologie imposée par l'Eglise.

Au début du XVIe siècle, l'écrivain François Rabelais a fait de deux géants, Gargantua et Pantagruel, les héros d'une vaste œuvre romanesque. L'appétit insatiable et la joie de vivre de ces deux personnages est à l'image de l'enthousiasme des hommes de la Renaissance pour le progrès intellectuel et scientifique. Par ailleurs, l'autre monde que découvrent Gargantua et Pantagruel correspond tout à fait à l'idéal humaniste. Vers le milieu du siècle, les poètes de la Pléïade, et particulièrement Joachim du Bellay (1522–1560) et Pierre de Ronsard (1524–1585), ont puisé dans l'œuvre des Anciens pour renouveler l'inspiration et la forme de la poésie française. Cependant, c'est surtout avec les *Essais* de Michel de Montaigne (1533–1592) qu'ont été exprimées les caractéristiques fondamentales de l'idéologie humaniste telle qu'elle s'est perpétuée dans la tradition intellectuelle française. La philosophie élaborée par Montaigne à partir de sa propre expérience du monde et de ses souffrances personnelles illustre l'application de l'humanisme à la vie pratique.

Le père de Montaigne, humaniste lui-même, avait élevé son fils selon les préceptes de cette philosophie, en lui enseignant la sagesse des Anciens et en obligeant les domestiques à parler à l'enfant en latin. Après le collège, Montaigne s'est orienté vers des études de droit qui lui ont ouvert une carrière dans la magistrature. A cette époque, il a été témoin des guerres de religion qui avaient éclaté en France. Elu deux fois maire de la ville de Bordeaux, il a démissionné au cours de son deuxième mandat et quitté Bordeaux afin de protéger sa famille contre la peste qui menaçait la ville. Cette décision le hanterait pendant de longues années. Dans sa vie privée, Montaigne a éprouvé aussi bien des malheurs et des difficultés. De ses six enfants, cinq sont morts en bas âge. Il a lui-même souffert de douleurs physiques provoquées par des calculs

Michel Eyquem de Montaigne (1533–1592), auteur des Essais

rénaux, une maladie alors incurable. La mort de son grand ami, l'écrivain La Boétie (1530–1563) l'a touché profondément et a marqué pour toujours sa vision de la condition humaine.

A l'âge de 38 ans, Montaigne s'est retiré de la vie tumultueuse de son époque pour vivre dans la tour de son château à lire et à réfléchir sur ses propres expériences. Ces méditations sont le sujet de ses *Essais*, publiés pour la première fois en 1580. A la différence des premiers humanistes qui s'étaient intéressés à l'homme et aux caractéristiques générales de la condition humaine, Montaigne s'est concentré sur l'individu, et plus particulièrement sur lui-même, affirmant que «chaque homme porte en soi la forme entière de l'humaine condition». Par cette introspection, c'est-à-dire en examinant ses plus petits travers, ses moindres pensées et émotions, Montaigne comptait parvenir à une connaissance plus approfondie de l'homme, source d'un nouvel art de vivre et d'une meilleure acceptation de la mort. Il a ainsi placé l'humanisme au niveau de la vie des hommes.

Montaigne, qui a souvent fait allusion dans ses premiers *Essais* aux écrits des Anciens, avait d'abord été attiré par la philosophie du stoïcisme. Les vicissitudes de sa propre existence expliquent en partie l'influence qu'a exercée sur lui cette philosophie de l'acceptation de la douleur et du malheur. Par la suite, comprenant que les guerres de religion qui sévissaient en France étaient le fruit du dogmatisme, Montaigne s'est tourné vers la philosophie sceptique. Ses observations personnelles, confortées par cette doctrine, l'ont amené à penser que la capacité humaine de raisonnement pouvait être trompée par l'imagination, par les préjugés et même par la condition physique de l'individu. La raison n'était donc pas cette faculté toute puissante que les premiers humanistes avaient tant louée. Les voyages des explorateurs avaient révélé la grande diversité des valeurs et des coutumes qui constituait la preuve que tout était relatif, et qu'aucune culture, aucun pays, aucune secte ne détenait la vérité absolue. Montaigne a donné une illustration frappante de ce thème du relativisme dans un essai, devenu célèbre, au sujet du cannibalisme pratiqué dans certaines cultures alors récemment découvertes: cette coutume était choquante aux yeux des lecteurs de Montaigne, mais les Protestants et les Catholiques se «dévoraient» bien entre eux dans une violente guerre civile, pour de simples motifs idéologiques. Pour se protéger des certitudes fallacieuses, Montaigne a adopté pour devise «Que sais-je?»; rien n'étant certain, tout était sujet à l'analyse continuelle. Ainsi, l'humanisme de Montaigne est une philosophie qui repose sur l'enquête perpétuelle: le propre de l'homme n'est pas de savoir mais de chercher, même s'il faut se donner beaucoup de peine en le faisant.

Si Montaigne croyait qu'il ne pouvait savoir que peu ou rien avec certitude, il a cependant trouvé une source de foi et de confiance dans la nature. Vers la fin des *Essais*, la nature est ainsi présentée comme un guide infaillible pour le comportement humain: dans tous les domaines de la vie, des habitudes alimentaires jusqu'à l'encontre de la mort, la modération et le choix d'une démarche naturelle peuvent rendre l'existence plus facile et les rapports entre les hommes plus sereins.

Ce lien que Montaigne a établi entre ce qui était naturel et ce qui était bon a marqué profondément la culture et la pensée françaises, à l'opposé des règles sévères et contraignantes du puritanisme anglo-saxon. L'importance que Montaigne a donnée à l'individu a représenté un jalon capital dans l'histoire des idées. En se concentrant sur lui-même, Montaigne a voulu élaborer un système de valeurs personnelles qui lui permette de donner un sens à sa vie et de faire face aux défis et aux vicissitudes de l'existence aussi bien qu'aux fluctuations des valeurs et des attitudes collectives. Le scepticisme de Montaigne aussi est demeuré une constante de la mentalité française. Le doute systématique résumé par sa devise «Que sais-je?» allait être tempéré au siècle suivant, sans toutefois être éliminé, par le grand philosophe rationaliste Descartes. Cherchant aussi en lui-même, Descartes essaierait de répondre à cette question fondamentale posée par Montaigne.

Découvertes culturelles

Commentez chacune des affirmations suivantes en ajoutant des renseignements supplémentaires.

1. La ferveur religieuse a influencé tous les aspects de la vie et de l'art au Moyen Age.
2. La Renaissance a commencé en France au début du XVIe siècle.
3. La redécouverte des textes des philosophes grecs et romains a été à l'origine de la Renaissance.
4. L'humanisme a constitué la nouvelle philosophie de la Renaissance.
5. La vie de Montaigne a été marquée par des drames personnels qui ont beaucoup influencé sa philosophie.
6. Dans les *Essais*, Montaigne a écrit au sujet de lui-même.
7. La devise de Montaigne était «Que sais-je?».
8. Certains aspects de la philosophie de Montaigne ont beaucoup influencé la mentalité et la pensée françaises.

Témoignages culturels

Lecture 1

Michel de Montaigne, «*Essais*»

Dans son «Avis au Lecteur», Montaigne a annoncé et expliqué l'objet des *Essais*.

C'est ici un livre de bonne foi, lecteur. Il t'avertit° dès l'entrée que je ne m'y suis proposé aucune fin, que° domestique et privée. Je n'y ai eu nulle considération de ton service, ni de ma gloire. Mes forces ne sont pas capables d'un tel dessein. Je l'ai voué à la commodité° particulière de mes parents et amis: à ce que° m'ayant perdu (ce qu'ils ont à faire bientôt) ils y puissent retrouver aucuns° traits de mes conditions et humeurs,° et que par ce moyen ils nourrissent plus entière et plus vive la connaissance qu'ils ont eue de moi. Si c'eût été pour rechercher la valeur du monde, je me fusse mieux paré° et me présenterais en une marche étudiée. Je veux qu'on m'y voie en ma façon simple, naturelle et ordinaire, sans contention et artifice: car c'est moi que je peins. Mes défauts s'y liront au vif,° et ma forme naïve, autant que la révérence publique° me l'a permis. Que si j'eusse été entre ces nations qu'on dit vivre encore sous la douce liberté des premières lois de nature, je t'assure que je m'y fusse très volontiers peint tout entier, et tout nu. Ainsi, lecteur, je suis moi-même la matière de mon livre: ce n'est pas raison° que tu emploies ton loisir en un sujet si frivole et si vain; à Dieu donc.

annonce
sinon
profit
afin que
quelques / goûts
vêtu
avec beaucoup de vérité / le respect du public
raisonnable

Michel DE MONTAIGNE, *Essais*, Livre I, Nouveaux Classiques Larousse, 1965.

Lecture 2

Incertitude de notre jugement

A travers sa propre expérience, Montaigne a connu plusieurs exemples de l'insuffisance de la raison humaine. Cet extrait permet de mieux comprendre sa devise: «Que sais-je?».

Outre° cette diversité° et division infinie, par le trouble que notre jugement nous donne à nous-mêmes, et l'incertitude que chacun sent en soi, il est aisé à voir qu'il a son assiette° bien mal assurée. Combien diversement jugeons-nous des choses? Combien de fois changeons-nous nos fantaisies?° Ce que je tiens aujourd'hui et ce que je crois, je le tiens et le crois de toute ma croyance; tous mes outils et tous mes ressorts° empoignent° cette opinion et m'en répondent sur tout ce qu'ils peuvent. Je ne saurais embrasser aucune vérité ni conserver avec plus de force que je fais celle-ci. J'y suis tout entier, j'y suis voirement;° mais ne m'est-il pas advenu, non une fois, mais cent, mais mille, et tous les jours, d'avoir embrassé quelqu'autre chose à tout° ces mêmes instruments, en cette même condition, que depuis j'ai jugée fausse? Au moins faut-il devenir sage à ses propres dépens.° Si je me suis trouvé souvent trahi sous cette couleur,° si ma touche se trouve ordinairement fausse, et ma balance inégale et injuste,° quelle assurance en puis-je prendre à cette fois plus qu'aux autres?...

En plus de / opposition

équilibre

idées

forces / saisissent

vraiment

avec

désagréablement / apparence

inexacte

Michel de Montaigne, *Essais*, Livre II, Chapitre XII, Nouveaux Classiques Larousse, 1965.

Découvertes culturelles

1. D'après son «Avis au lecteur», comment Montaigne entend-il se dépeindre?
2. Quel est le but de cet examen de soi? Montaigne est-il tout simplement égoïste?
3. Comment Montaigne décrit-il le jugement humain? En quoi cette attitude est-elle caractéristique de la philosophie de Montaigne?

Lecture 3

François Rabelais, «*Gargantua*»

Dans le *Gargantua* de Rabelais, un jeune moine, Frère Jean des Entommeures, est autorisé par le géant Gargantua à établir son propre monastère. Rabelais a ainsi imaginé l'Abbaye de Thélème, une communauté religieuse qui rejette la philosophie du Moyen Age et s'organise sur les principes de la Renaissance.

De la tour Arctice jusqu'à la tour Crière, on trouvait de belles et grandes bibliothèques d'ouvrages latins et grecs, hébreux, français, toscans et espagnols, répartis selon les langues, dans les divers étages....

exploits

s'élevaient

lieux de tournois et joutes

en abondance

ancêtre du tennis

jardin / groupe de cinq

animaux sauvages

On allait de la tour Anatole à la tour Mésembrine par de belles et grandes galeries ornées de peintures aux antiques prouesses,° histoires et descriptions de la terre....

Au milieu de la basse-cour était une fontaine magnifique de bel albâtre. Au-dessus se dressaient° les trois Grâces avec des cornes d'abondance et jetant de l'eau par les seins, la bouche, les oreilles, les yeux, et autres ouvertures du corps....

Le logis des dames s'étendait depuis la tour Arctice jusqu'à la porte Mésembrine. Les hommes occupaient le reste. Devant ce logis et afin qu'elles pussent se divertir, se trouvaient, entre les deux premières tours du dehors, les lices,° l'hippodrome, le théâtre et les piscines avec des bains magnifiques à triple étage bien garnis de toutes sortes de meubles et d'eau de myrte à foison.°

Au bord de la rivière était un beau jardin d'agrément, et au milieu de celui-ci un magnifique labyrinthe. Entre les deux autres tours étaient les jeux de paume° et de grosse balle. Du côté de la tour Crière se trouvait le verger° rempli de tous les arbres fruitiers, tous disposés en quinconce.° Au bout, venait le grand parc foisonnant de gibier°....

Toutes les salles, chambres et cabinets étaient tapissés différemment selon les saisons. Le plancher était recouvert de drap vert. Les lits étaient en broderie et dans chacune des arrière-chambres un miroir de cristal enchâssé d'or fin, garni de perles tout autour, pouvait refléter toute la personne.

François RABELAIS, *Gargantua,* cité dans *Anthologie de la littérature française,* éd. Leggewie, Tome I, Oxford University Press, New York, 1990.

Découvertes culturelles

1. Qu'offre l'Abbaye de Thélème pour le développement de l'esprit? Et pour le développement du corps?
2. En quoi le luxe de cette abbaye peut-il se comparer à celui d'un château de la Renaissance?

· II ·
Le XVIIe siècle: Le cartésianisme

L'héritage philosophique laissé par la Renaissance comportait une certaine ambiguïté. D'un côté, l'autorité exercée sur la pensée par l'Eglise au Moyen Age n'existait plus. Les intellectuels et les écrivains étaient libres de suivre une voie d'inspiration personnelle. Aucun sujet ne leur était interdit. Tout comme les explorateurs avaient découvert les chemins du Nouveau Monde et de l'Orient, les philosophes avaient entrepris la découverte de zones inexplorées de la condition humaine et du monde naturel. Mais, d'un autre côté, la vénération qu'avaient les humanistes pour le modèle des Anciens avait peu à peu, au cours du XVIe siècle, constitué une nouvelle contrainte. Se conformer à la sagesse et au style des philosophes et des écrivains grecs et romains était devenu une nouvelle forme de soumission intellectuelle. La tension entre ces deux tendances opposées de libération et de contrainte a fourni le cadre de l'évolution de la pensée au XVIIe siècle.

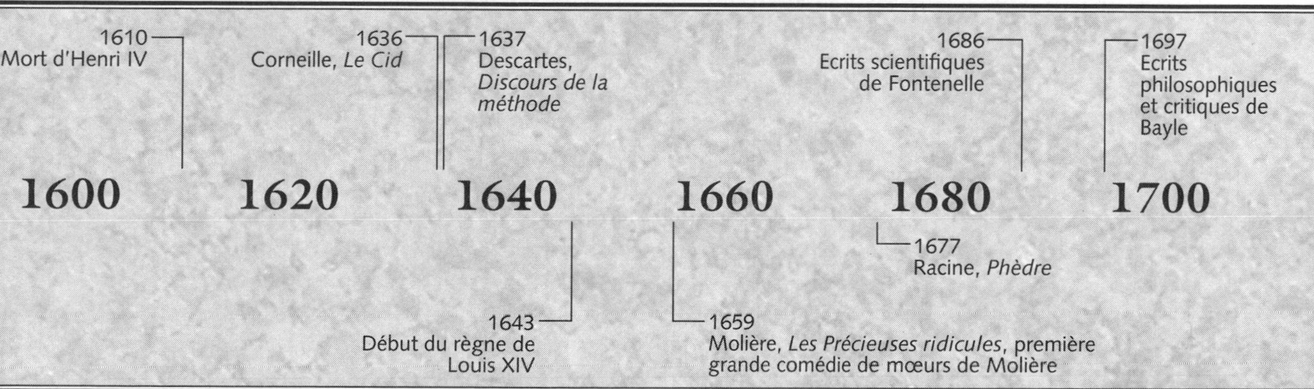

Cette tension, en fait, s'est surtout manifestée pendant la première moitié du siècle. Sur le plan politique et social, la France a connu une série de changements contradictoires qui ont donné une impression de chaos. L'assassinat du roi Henri IV en 1610 a mis fin à une courte période de stabilité et de paix religieuse. L'aristocratie a fomenté toute une série de troubles et d'intrigues pour tenter de reprendre le pouvoir des mains de la monarchie. A la cour et à tous les niveaux de la société, les comportements ont commencé à être caractérisés par une certaine grossièreté et une certaine brutalité, conséquences des lonques années de guerre civile. La politique et la société ont rapidement accusé l'empreinte d'un excès de liberté qui s'est exprimé aussi dans l'art, avec les recherches du baroque. Dans le domaine intellectuel, alors à la croisée des chemins, les guerres de religion ont fait apparaître un courant de propagande qui risquait de compromettre les acquis de l'humanisme. Par ailleurs, l'esprit d'enquête qui avait caractérisé les premiers humanistes de la Renaissance s'est transformé en une dépendance presque servile vis-à-vis des textes anciens; Aristote a remplacé les pères de l'Eglise comme source de réponses à toute question philosophique ou artistique.

C'est dans ce contexte de tension intellectuelle qu'est né René Descartes en 1596. Son père, membre de la petite noblesse, a donné à son fils la meilleure éducation possible. En fait, ses études chez les jésuites, au collège de la Flèche, ont été le point de départ d'une aventure philosophique qui allait bouleverser les méthodes traditionnelles de pensée. Descartes a beaucoup voyagé afin de mieux connaître ce qu'il appellerait plus tard «le grand livre du monde». Il aimait contempler la vie et pensait qu'un vrai philosophe devait rester couché jusqu'à midi pour réfléchir. A l'armée il est parvenu à se ménager suffisamment de loisir pour méditer, et c'est alors qu'il a mis au point le système de pensée qui allait marquer pour toujours la mentalité française. C'est assis devant son poêle, lors d'une campagne militaire en Allemagne pendant la guerre de Trente Ans, que Descartes a formulé ainsi les principes qu'il présenterait en 1637 dans son *Discours de la méthode.*

Comme Montaigne avant lui, Descartes s'est appliqué à remettre de l'ordre dans le monde désorganisé que représentait la France de sa jeunesse. Comme Montaigne, il a cherché en lui-même les certitudes dont un individu pouvait s'assurer au sein d'une société pleine de valeurs contradictoires. Mais, contrairement à Montaigne, Descartes a rejeté le modèle et l'autorité des Anciens et cherché à élaborer un système qui permettrait à l'homme de connaître la vérité absolue. Pratiquant le doute méthodique, il s'est efforcé de dégager des certitudes à partir d'un principe fondamental: «Je pense, donc je suis», et a formulé les quatre étapes d'une méthode qui devait permettre de démontrer et de prouver qu'une idée était vraie ou fausse.

L'influence du *Discours de la méthode* a été considérable, tout d'abord parce que Descartes y avait établi que c'était la capacité de l'homme à raisonner qui constituait le seul fondement de la connaissance, notion qui allait libérer à jamais la philosophie du principe de l'autorité. Par ailleurs, sa méthode représentait la base sur laquelle la méthode scientifique moderne allait se fonder: sa définition du rôle de l'analyse, de la progression logique et de la synthèse serait, deux cents ans plus tard, au cœur de la science expérimentale. Mais le cartésianisme allait surtout devenir une composante essentielle de la formation intellectuelle française où la raison, la logique et l'ordre sont privilégiés par-dessus tout. La forme est aussi importante que le contenu, qu'il s'agisse d'une dissertation scolaire, d'un discours politique ou d'une œuvre littéraire. Sur tous les plans, l'articulation du raisonnement est valorisée même si, dans la vie pratique, les idées produisent parfois des effets contradictoires. Toute la culture française depuis Descartes a donc subi l'influence du cartésianisme, et certains affirment qu'il est inutile d'essayer de comprendre les Français sans avoir compris la philosophie de Descartes.

René Descartes (1596–1650) a vécu 20 ans en Hollande où régnait une plus grande ouverture d'esprit.

Découvertes culturelles

Vrai ou faux? Expliquez votre choix.

1. Après la Renaissance, les intellectuels se sont totalement libérés de l'influence de l'Eglise et de toute autre forme de contrainte.
2. Le début du XVIIe siècle a été caractérisé par une vie politique et sociale ordonnée et harmonieuse.
3. Descartes ne s'est pas contenté de ce qu'il avait appris et a recherché des certitudes intellectuelles.
4. L'influence du cartésianisme a été considérable.

Témoignage culturel

Lecture

René Descartes, «*Discours de la méthode*»

Les passages suivants, tirés du *Discours de la méthode*, illustrent l'attitude de Descartes vis-à-vis de l'éducation dogmatique et exposent les principes de base de sa méthode. Dans le dernier extrait, Descartes démontre que l'homme a la capacité de tout prouver par son raisonnement, y compris l'existence de Dieu. La notion du divin n'est plus établie d'autorité et l'homme ne dépend plus simplement de Dieu: l'existence de Dieu est fondée par la capacité même de l'homme à raisonner. Avant de vénérer Dieu, c'est à l'homme d'arriver au concept de la divinité par sa propre intelligence.

Considérations touchant les sciences

Le bon sens est la chose du monde la mieux partagée:° car chacun pense en être si bien pourvu, que ceux même qui sont les plus difficiles à contenter en toute autre chose n'ont point coutume d'en désirer plus qu'ils en ont. En quoi il n'est pas vraisemblable que tous se trompent; mais plutôt cela témoigne° que la puissance de bien juger et distinguer le vrai d'avec le faux, qui est proprement ce qu'on nomme le bon sens ou la raison, est naturellement égale en tous les hommes; et ainsi, que la diversité de nos opinions ne vient pas de ce que les uns sont plus raisonnables que les autres, mais seulement de ce que nous conduisons nos pensées par

partagée: distribuée

témoigne: atteste

diverses voies, et ne considérons pas les mêmes choses. Car ce n'est pas assez d'avoir l'esprit bon, mais le principal est de l'appliquer bien....

Les Préceptes de la méthode

Le premier était de ne recevoir jamais aucune chose pour vraie que je ne la connusse° évidemment être telle; c'est-à-dire d'éviter soigneusement la précipitation et la prévention,° et de ne comprendre rien de plus en mes jugements que ce qui se présenterait si clairement et si distinctement à mon esprit que je n'eusse aucune occasion de le mettre en doute.

juge

préjugé

Le second, de diviser chacune des difficultés que j'examinerais en autant de parcelles qu'il se pourrait et qu'il serait requis pour les mieux résoudre.

Le troisième, de conduire par ordre mes pensées, en commençant par les objets les plus simples et les plus aisés à connaître, pour monter peu à peu comme par degrés jusques à la connaissance des plus composés, et supposant même de l'ordre entre ceux qui ne se précèdent point naturellement les uns les autres.

Et le dernier, de faire partout des dénombrements° si entiers et des revues si générales, que je fusse assuré de ne rien omettre.

énumérations

L'Evidence, critère de la vérité

Après cela je considérai en général ce qui est requis à une proposition pour être vraie et certaine; car puisque je venais d'en trouver une que je savais être telle, je pensai que je devais aussi savoir en quoi consiste cette certitude. Et ayant remarqué qu'il n'y a rien du tout en ceci, *je pense, donc je suis,* qui m'assure que je dis la vérité, sinon que je vois très clairement que, pour penser, il faut être, je jugeai que je pouvais prendre pour règle générale que les choses que nous concevons fort clairement et fort distinctement sont toutes vraies, mais qu'il y a seulement quelque difficulté à bien remarquer quelles sont celles que nous concevons distinctement.

L'Idée de la perfection

En suite de quoi, faisant réflexion sur ce que je doutais, et que, par conséquent, mon être n'était pas tout parfait, car je voyais clairement que c'était une plus grande perfection de connaître que de douter, je m'avisai de chercher d'où j'avais appris à penser à quelque chose de plus parfait que je n'étais, et je connus évidemment que ce devait être de quelque nature qui fût en effet plus parfaite. Pour ce qui est des pensées que j'avais de plusieurs autres choses hors de moi, comme du ciel, de la terre, de la lumière, de la chaleur et de mille autres, je n'étais point tant en peine° de savoir d'où elles venaient, à cause que, ne remarquant rien en elles qui me semblât les rendre supérieures à moi, je pouvais croire que, si elles étaient vraies, c'étaient des dépendances de ma nature°, en tant

gêné

productions de mon esprit

imperfection

contradiction

qu'elle avait quelque perfection; et si elles ne l'étaient pas, que je les tenais du néant, c'est-à-dire qu'elles étaient en moi pour ce que j'avais du défaut.° Mais ce ne pouvait être le même de l'idée d'un être plus parfait que le mien; car de la tenir du néant c'était chose manifestement impossible. Et pour ce qu'il n'y a pas moins de répugnance° que le plus parfait soit une suite et une dépendance du moins parfait qu'il y en a que de rien procède quelque chose, je ne la pouvais tenir non plus de moi-même: de façon qu'il restait qu'elle eût été mise en moi par une nature qui fût véritablement plus parfaite que je n'étais, et même qui eût en soi toutes les perfections dont je pouvais avoir quelque idée, c'est-à-dire, pour m'expliquer en un mot, qui fût Dieu.

René Descartes, *Discours de la méthode*, Classiques Hatier, 1961.

Découvertes culturelles

1. Selon Descartes, est-ce la faculté de raisonner ou la façon de raisonner qui mène à l'erreur?
2. Résumez les quatre préceptes de la méthode cartésienne. En quoi y voyez-vous les fondements de la méthode scientifique moderne?
3. En quoi le célèbre principe de Descartes «Je pense, donc je suis» constitue-t-il le point de départ de sa philosophie?
4. Comment Descartes prouve-t-il l'existence de Dieu à partir de l'idée de perfection?

· III · Le XVIIIe siècle: Le Siècle des lumières

Le rationalisme de Descartes a eu des conséquences immédiates. Dans la deuxième moitié du XVIIe siècle, les principes cartésiens de l'ordre, de la logique et de l'équilibre ont peu à peu dominé la société, la production artistique et la politique. Ainsi, la monarchie absolue de Louis XIV et l'ordre social très hiérarchisé qu'elle a établi se sont inspirés des principes cartésiens. Selon la doctrine du droit divin instaurée à cette époque, le roi, au sommet de la pyramide socio-politique, était le représentant direct de Dieu. Du roi émanaient toutes les lois ainsi que les usages et l'organisation du pays. La cour de Versailles établissait les règles de l'étiquette, créait la mode, déterminait le rôle et le comportement de chacun, et fixait même les normes du langage. Ces modèles étaient ensuite reproduits à tous les niveaux de la société, à l'exception des classes inférieures dont la fonction était d'obéir et de servir.

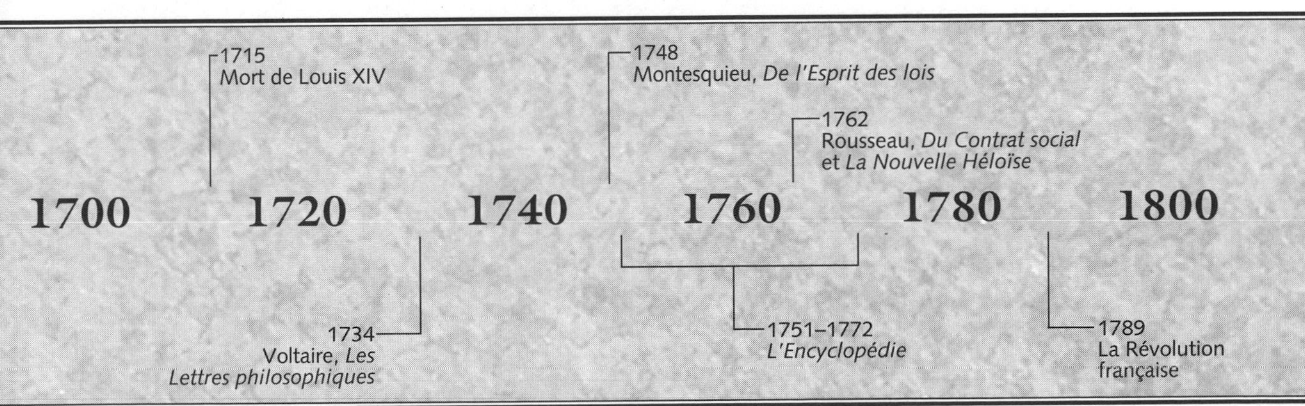

Dans le domaine de la littérature et des arts, l'esthétique du classicisme a reflété l'esprit d'ordre et la volonté de rationalisation qui régissaient le gouvernement et la société. Les auteurs du classicisme français se sont aussi inspirés des Anciens qui, les premiers, avaient découvert les règles du beau, et toute la production littéraire et artistique a été marquée par un souci de structure, de symétrie, de concision et d'harmonie. Le classicisme a d'ailleurs abondé en théoriciens, qui se sont attachés à définir des principes stylistiques très stricts. Le classicisme a donc emprunté au rationalisme de Descartes pour créer un art hautement raffiné et ordonné qui illustrait les valeurs universelles de la condition humaine. Un thème d'ailleurs fréquemment traité représentait la déchéance de l'homme qui se laisse dominer par ses émotions et cesse d'être rationnel.

Les principes directifs de l'absolutisme et de l'esthétique classique étaient en quelque sorte réunis dans la personne du roi Louis XIV. A sa mort, en 1715, la France a éprouvé une certaine libération. Dans les salons, les clubs et les cafés parisiens, on a pu désormais discuter et s'exprimer plus librement. Les principes cartésiens de la raison et de l'ordre allaient à l'avenir s'appliquer aussi au domaine social, au cours d'une période qu'on a appelée le *Siècle des lumières*. Au XVIIIe siècle, la pensée s'est orientée vers un examen de la condition relative et diverse «des hommes» et non plus, comme au XVIIe, de la condition universelle de l'homme. Le but de l'analyse intellectuelle est devenu, au cours de cette nouvelle ère, de «tout examiner à la lumière de la raison». En procédant à une analyse rationnelle de la société, du gouvernement et des institutions du XVIIIe siècle, on a découvert une absence profonde de logique. Etait-il logique en effet que le gouvernement et les lois se trouvent entre les mains d'un seul homme? Etait-il logique qu'une petite minorité détienne les richesses du pays et que la grande majorité paie la plupart des impôts? Etait-il logique que les tenants d'une doctrine religieuse soient autorisés à persécuter les membres d'une autre religion? Les philosophes du XVIIIe siècle allaient contester l'incohérence de ces pratiques en leur appliquant un rationalisme fondé sur les principes de «la liberté, l'égalité et la fraternité». La diffusion de leurs idées allait transformer pour toujours la France et une grande partie du monde occidental.

Découvertes culturelles

1. Citez les aspects de l'esthétique classique qui reflètent l'influence de la philosophie rationaliste de Descartes.
2. En quoi peut-on dire que le rationalisme se trouve à la base du Siècle des lumières?
3. Quelles sortes d'injustices les philosophes du XVIIIe ont-ils attaquées au nom de la raison?

Montesquieu

Magistrat et descendant d'une famille de parlementaires, Montesquieu a mis le rationalisme au service des institutions sociales et, en particulier, du droit. Dans son œuvre maîtresse *De l'Esprit des lois*, publiée en 1748, il a comparé «les lois, coutumes et divers usages de tous les peuples de la Terre». Cette analyse rationnelle de l'histoire des lois a fait scandale à une époque où les descendants de Louis XIV s'efforçaient de préserver les vestiges de l'absolutisme. Selon le baron de Montesquieu, les lois, afin d'être efficaces et valables, devaient obéir à une logique, c'est-à-dire être en harmonie avec la nature et le principe du gouvernement, et avec la situation économique, géographique, matérielle et morale de ceux qui devaient les observer. La conséquence implicite de cette théorie était qu'une loi qui ne remplissait pas ces conditions ou qui n'obéissait pas à cette logique ne serait pas respectée; son analyse des lois représentait donc une critique de la situation qui existait en France, où le système juridique dépendait de la volonté, voire du caprice, du monarque absolu. Les principes libéraux énoncés par Montesquieu au sujet de la séparation des trois pouvoirs dans l'Etat (législatif, exécutif et judiciaire) a constitué un des fondements principaux de la doctrine démocratique. *De l'Esprit des lois* a influencé un grand public de lecteurs et contribué à la formulation de la constitution française et de celle des démocraties établies par la suite à travers le monde.

Découvertes culturelles

1. Quelle contribution particulière Montesquieu a-t-il apportée à la démarche consistant à «tout examiner à la lumière de la raison»?
2. Selon Montesquieu, à quoi une loi devait-elle se conformer pour être valable?
3. Pourquoi les idées de Montesquieu sur la loi ont-elles suscité une vive opposition à cette époque?
4. Quelle a été l'influence principale de l'œuvre de Montesquieu?

Témoignages culturels

Lecture 1

Montesquieu, «*De l'Esprit des lois*»

Dans les extraits suivants, Montesquieu définit le principe fondamental qui régit les trois principaux types de régimes, y compris celui qui dominait dans la France de Louis XV et Louis XVI. Les observations de Montesquieu sur le rôle essentiel de «la vertu» dans une démocratie n'ont pas perdu de leur valeur aujourd'hui.

II, 1. De la Nature des trois divers gouvernements

Il y a trois espèces de gouvernements: le républicain, le monarchique et le despotique. Pour en découvrir la nature, il suffit de l'idée qu'en ont les hommes les moins instruits. Je suppose trois définitions, ou plutôt trois faits: l'un que «le gouvernement républicain est celui où le peuple en corps ou seulement une partie du peuple a la souveraine puissance; le monarchique, celui où un seul gouverne, mais par des lois fixes et établies; au lieu que, dans le despotique, un seul, sans loi et sans règle, entraîne tout par sa volonté et par ses caprices.»

III, 3. Du Principe de la démocratie

Il ne faut pas beaucoup de probité pour qu'un gouvernement monarchique ou un gouvernement despotique se maintienne ou se soutienne. La force des lois dans l'un, le bras du prince toujours levé dans l'autre, règlent ou contiennent tout. Mais, dans un état populaire, il faut un ressort° de plus, qui est la vertu.

motivation

Charles-Louis de Secondat, baron de la Brède et de Montesquieu (1689–1755). Ses écrits ont influencé Catherine de Russie, les auteurs de la constitution des Etats-Unis et les premiers législateurs de la Révolution française.

Ce que je dis est confirmé par le corps entier de l'histoire, et est très conforme à la nature des choses. Car il est clair que dans une monarchie, où celui qui fait exécuter les lois se juge au-dessus des lois, on a besoin de moins de vertu que dans un gouvernement populaire, où celui qui fait exécuter les lois sent qu'il y est soumis lui-même, et qu'il en portera le poids.° *responsabilité*

Il est clair encore que le monarque qui, par mauvais conseil ou par négligence, cesse de faire exécuter les lois, peut aisément réparer le mal: il n'a qu'à changer de Conseil, ou se corriger de cette négligence même. Mais lorsque, dans un gouvernement populaire, les lois ont cessé d'être exécutées, comme cela ne peut venir que de la corruption de la république, l'Etat est déjà perdu....

Les politiques grecs, qui vivaient dans le gouvernement populaire, ne reconnaissaient d'autre force qui pût les soutenir que celle de la vertu. Ceux d'aujourd'hui ne nous parlent que de manufactures, de commerce, de finances, de richesses et de luxe même.

Lorsque cette vertu cesse, l'ambition entre dans les cœurs qui peuvent la recevoir, et l'avarice entre dans tous. Les désirs changent d'objets: ce qu'on aimait, on ne l'aime plus; on était libre avec les lois, on veut être libre contre elles; chaque citoyen est comme un esclave échappé de la maison de son maître; ce qui était «*maxime*», on l'appelle «*rigueur*», ce qui était «*règle*», on l'appelle «*gêne*»°, ce qui était «*attention*», on l'appelle «*crainte*». C'est la frugalité qui y est l'avarice, et non pas le désir d'avoir. Autrefois le bien des particuliers faisait le trésor public; mais pour lors le trésor public devient le patrimoine des particuliers. La république est une dépouille;° et sa force n'est plus que le pouvoir de quelques citoyens et la licence de tous....

obstacle

dépossédée par fraude

VIII, 2. De la Corruption du principe de la démocratie

Le principe de la démocratie se corrompt, non seulement lorsqu'on perd l'esprit d'égalité, mais encore quand on prend l'esprit d'égalité extrême, et que chacun veut être égal à ceux qu'il choisit pour lui commander. Pour lors le peuple, ne pouvant souffrir le pouvoir même qu'il confie, veut tout faire par lui-même, délibérer pour le sénat, exécuter pour les magistrats, et dépouiller° tous les juges....

débarrasser de leur pouvoir

Le peuple tombe dans ce malheur, lorsque ceux à qui il se confie, voulant cacher leur propre corruption, cherchent à le corrompre. Pour qu'il ne voie pas leur ambition, ils ne lui parlent que de sa grandeur; pour qu'il n'aperçoive pas leur avarice, ils flattent sans cesse la sienne....

MONTESQUIEU, *De l'Esprit des lois* II, 1 et III, 3, cité dans l'*Anthologie de la littérature française*, éd. Leggewie, Tome I, Oxford University Press, New York, 1990.
MONTESQUIEU *De l'Esprit des lois* VIII, 2, cité dans *A Survey of French Literature*, éd. Bishop, Vol. I, Harcourt, Brace & World, Inc., New York, 1965.

Découvertes culturelles

1. Laquelle des trois définitions données par Montesquieu pour chaque type de gouvernement s'appliquait à la monarchie absolue en France?
2. Selon Montesquieu, quel est le principe de la monarchie? En quoi l'Ancien Régime offrait-il une illustration de ce système?
3. Quel est le principe de base du gouvernement despotique? Pourquoi?
4. Pourquoi faut-il plus de vertu dans une démocratie?
5. Quelles sont les conséquences d'un égalitarisme excessif dans une démocratie?

Voltaire

Le *Siècle des lumières* a souvent aussi été appelé le siècle de Voltaire. Bien qu'il ait été l'un des penseurs les plus actifs et les plus influents de l'histoire intellectuelle de la France, Voltaire n'est pas facile à classer; en effet, sa philosophie, inspirée en grande partie par ses propres réactions face à toute une diversité de faits et d'événements de son époque, dépasse largement les catégories traditionnelles. A la différence de Montesquieu, Voltaire a rejeté les systèmes philosophiques qui, trop rigides selon lui, tendaient au dogmatisme responsable des nombreux maux qu'il observait en France et qu'il voulait combattre. En matière de religion, Voltaire, champion de la tolérance, s'est orienté vers le déisme d'une religion naturelle, critiquant les doctrines et les rites codifiés des sectes établies. Selon lui, l'Etre Suprême était le «Grand Horloger» qui avait créé l'univers initialement, laissant ensuite à l'homme la responsabilité de son fonctionnement. Ainsi, si l'homme n'était pas l'auteur de son destin, il possédait toutefois la capacité de l'influencer au cours de sa vie terrestre. En politique, Voltaire n'a rien eu d'un révolutionnaire. Il s'est prononcé en faveur d'une monarchie constitutionnelle dans laquelle un parlement, constitué des élites sociales, garantirait la liberté et limiterait le pouvoir royal. Pour ce qui est de la société et de la vie économique, Voltaire croyait au luxe et à la consommation pour accroître l'activité commerciale, créer des emplois utiles et améliorer le niveau de vie de tous. Partisan de l'égalité des droits fondamentaux, il jugeait cependant qu'une certaine inégalité économique était inévitable. Dans ses *Lettres philosophiques* de 1734, Voltaire a prôné le modèle anglais, exposant comment la monarchie représentative avait permis d'y assurer l'égalité devant la loi, la tolérance religieuse et la prospérité économique. S'il n'envisageait pas la possibilité d'un état parfait, en raison de la nature même de l'homme, Voltaire estimait toutefois que le progrès était possible et que la gloire de l'homme provenait de sa capacité de raisonnement et de sa volonté d'améliorer sa condition. Ainsi, dans son conte philosophique *Candide*, le héros arrive au pays utopique d'Eldorado où règnent la paix, l'harmonie et l'égalité; mais il décide de repartir car, dans cet univers de perfection qui anéantit tout besoin de travailler comme tout désir de lutter pour un idéal, Candide s'ennuie. Ayant éprouvé, au cours de ses nombreuses mésaventures, qu'«il y a horriblement de mal sur la Terre», Candide découvre finalement que la seule solution logique est de «cultiver notre jardin». Par cette formule demeurée célèbre, Voltaire exprimait la nécessité pour l'homme d'appliquer son intelligence et sa volonté à développer sa propre sphère d'influence individuelle. Cet idéal pouvait sembler limité mais, pour Voltaire, si chacun cultivait ainsi son jardin, le monde entier serait en voie d'amélioration.

Son «jardin», Voltaire l'a d'ailleurs cultivé tout au long de sa vie, dans la France du XVIIIe siècle. Lorsqu'on lui demandait sa profession, il se disait «dramaturge». Pourtant, il a écrit non seulement des tragédies classiques mais aussi des poèmes, des épigrammes, des contes et des essais, et a entretenu une correspondance volumineuse. Voltaire a aussi été l'un des grands philosophes, écrivains et spécialistes qui ont contribué à *L'Encyclopédie*, principalement rédigée par Diderot et d'Alembert. Cette œuvre de 28 volumes, inspirée de la *Cyclopaedia* anglaise, et qui comprenait une large diversité d'articles sur des sujets théoriques ou pratiques, avait deux buts distincts. D'une part, *L'Encyclopédie* répondait à la passion du XVIIIe siècle pour la science et les connaissances techniques. Mais cette œuvre énorme exprimait aussi, de façon plus indirecte, une critique des institutions politiques ou des pratiques sociales et religieuses, dissimulée par l'humour, l'ironie ou le sarcasme. Un système de renvois suggérait au lecteur de se reporter à d'autres sujets qui indiquaient de façon plus nette les intentions réformatrices des auteurs. Ainsi, par exemple, sous la rubrique «Religion», était-on invité à consulter l'article «Superstition».

Voltaire a donc participé à cette grande entreprise mais, à son époque, il a surtout été connu et apprécié pour son rôle de défenseur de causes célèbres, au nom de la liberté et de la

Frontispice de L'Encyclopédie *par Cochin. Au centre, la Vérité. Sauriez-vous y retrouver les autres personnages: les Sciences, la Raison, la Métaphysique, la Théologie, la Mémoire, l'Histoire, l'Imagination, les genres de poésie, les arts et les différents talents et professions qui dérivent des sciences et des arts?*

tolérance. Il a, par exemple, été l'artisan de la réhabilitation d'un protestant persécuté, Jean Calas, et a défendu, au risque de sa vie, le jeune chevalier de La Barre, finalement exécuté pour son attitude irrespectueuse à l'occasion d'une procession religieuse. C'est à cause de ces actes d'opposition intellectuelle que Voltaire a dû publier la plupart de ses ouvrages à l'étranger avant de s'installer finalement à Ferney, près de la frontière suisse, pour pouvoir quitter facilement la France si les autorités n'approuvaient pas ses idées. On l'avait depuis longtemps exilé de Paris, mais à l'âge de 84 ans, Voltaire a estimé que sa popularité était assez grande pour le protéger contre la colère du roi. En 1778, il est donc retourné à Paris, où il a reçu un accueil enthousiaste, non seulement des personnages les plus importants de son époque mais aussi de la part de la foule des citoyens ordinaires. Mais cet homme âgé qui avait si ardemment défendu la raison, la liberté et la tolérance, était épuisé; il est mort à Paris, dont l'accès lui avait été défendu pendant 28 ans.

Onze ans plus tard, son héritage allait inspirer une Révolution menée au nom des droits de l'homme et de la liberté civile. Son influence serait évidente dans la *Déclaration des droits de l'homme*, comme dans la nouvelle passion des Français pour la liberté et la tolérance. Ce n'est pas par hasard que, de nos jours encore, bon nombre de réfugiés politiques cherchent asile en France. Cette tradition fait partie de l'héritage de Voltaire.

Découvertes culturelles

Choisissez l'idée qui complète le mieux chacune des phrases suivantes:

1. Le XVIIIe siècle français est parfois appelé...
   a) le siècle de Louis XVI.
   b) le siècle de Voltaire.
2. En tant que philosophe, Voltaire...
   a) détestait les systèmes philosophiques qui menaient au dogmatisme.
   b) a élaboré une philosophie très systématique et rigide.
3. Dans le domaine de la religion, Voltaire...
   a) était un déiste qui croyait en l'Etre Suprême.
   b) était un catholique pratiquant et zélé.
4. Dans le domaine de la politique, Voltaire...
   a) avait des idées révolutionnaires.
   b) s'est prononcé en faveur d'une monarchie constitutionnelle à l'anglaise.
5. Concernant la société, Voltaire...
   a) croyait à la possibilité du progrès politique, social et économique.
   b) a critiqué les injustices sans aucun désir de les améliorer.
6. Voltaire s'est installé à Ferney...
   a) parce qu'il n'aimait plus la vie mouvementée de Paris.
   b) parce qu'il voulait être près de la frontière pour pouvoir échapper aux autorités.

Témoignages culturels

Lecture 2

Voltaire, «*Les Questions de Zapata*»

Le Siècle des lumières est réputé pour son esprit satirique, en littérature par exemple, et l'humour a été l'un des principaux moyens utilisés par les philosophes pour déguiser leur critique du régime politique et des institutions. Leurs œuvres, essais, contes ou romans épistolaires, comme les *Lettres persanes* de Montesquieu, ont attiré l'attention des lecteurs par leur aspect divertissant. *Les Questions de Zapata*, de Voltaire, sont un exemple typique de l'ironie et de la dérision ainsi employées pour critiquer le dogmatisme et l'intolérance. Dans ce texte, le personnage créé par Voltaire est un théologien espagnol désireux de comprendre certains aspects de la doctrine catholique. Cette distanciation permet à l'auteur de se protéger contre une possible censure de la part des autorités. Mais le message est clair. Comment est-il possible qu'une doctrine aussi contradictoire et aussi illogique que celle du catholicisme orthodoxe puisse être utilisée pour persécuter les autres sectes? Le déisme de Voltaire résonne à travers ces questions «innocentes».

Le licencié Zapata, nommé professeur en théologie dans l'université de Salamanque, présenta ces questions à la junta des docteurs en 1629. Elles furent supprimées.° L'exemplaire espagnol est dans la bibliothèque de Brunsvick.

éliminées

Sages Maîtres,

1. Comment dois-je m'y prendre pour prouver que les Juifs, que nous faisons brûler par centaines, furent, pendant quatre mille ans, le peuple chéri de Dieu?...

5. Comment concilierai-je° la chronologie des Chinois, des Chaldéens, des Phéniciens, des Egyptiens, avec celle des Juifs? et comment accorderai-je entre elles quarante manières différentes de supputer° les temps chez les commentateurs? Je dirai que Dieu dicta ce livre; et on me répondra que Dieu ne sait donc pas la chronologie....

ferai-je concorder

évaluer

11. Je voudrais de tout mon cœur manger du fruit qui pendait à l'arbre

idiot

changeante / simultanée

assemblée des évêques de l'Eglise

fierté / faire attention

tirer plaisir

ralentit

vagabondent

de la science, et il me semble que la défense d'en manger est étrange: car Dieu ayant donné la raison à l'homme, il devait l'encourager à s'instruire. Voulait-il n'être servi que par un sot?° Je voudrais parler aussi au serpent, puisqu'il a tant d'esprit; mais je voudrais savoir quelle langue il parlait....

64. Je sais bien que l'Eglise est infaillible; mais est-ce l'Eglise grecque, ou l'Eglise latine, ou celle d'Angleterre, ou celle de Danemark et de Suède, ou celle de la superbe ville de Neufchâtel, ou celle des primitifs appelés quakers, ou celle des anabaptistes, ou celle des moraves? L'Eglise turque a aussi du bon, mais on dit que l'Eglise chinoise est beaucoup plus ancienne....

66. Enfin ne vaudrait-il pas mieux ne point s'enfoncer dans ces labyrinthes, et prêcher simplement la vertu? Quand Dieu nous jugera, je doute fort qu'il nous demande si la grâce est versatile° ou concomitante;° si le mariage est le signe visible d'une chose invisible; si nous croyons qu'il y ait dix chœurs d'anges ou neuf; si le pape est au-dessus du concile,° ou le concile au-dessus du pape. Sera-ce un crime à ses yeux de lui avoir adressé des prières en espagnol quand on ne sait pas le latin? Serons-nous les objets de son éternelle colère pour avoir mangé... de mauvaise viande un certain jour?... Vous ne le croyez pas dans le fond de vos cœurs; vous pensez que Dieu nous jugera selon nos œuvres....

Ne rendrai-je pas service aux hommes en ne leur annonçant que la morale? Cette morale est si pure, si sainte, si universelle, si claire, si ancienne, qu'elle semble venir de Dieu même, comme la lumière qui passe parmi nous pour son premier ouvrage. N'a-t-il pas donné aux hommes l'amour-propre,° pour veiller° à leur conservation; la bienveillance, la bienfaisance, la vertu, pour veiller sur l'amour-propre; les besoins mutuels, pour former la société; le plaisir, pour en jouir;° la douleur, qui avertit de jouir avec modération; les passions, qui nous portent aux grandes choses, et la sagesse, qui met un frein° à ces passions?

N'est-il pas enfin inspiré à tous les hommes réunis en société d'idée d'un Etre suprême, afin que l'adoration qu'on doit à cet Etre soit le plus fort lien de la société? Les sauvages qui errent° dans les bois n'ont pas besoin de cette connaissance: les devoirs de la société qu'ils ignorent ne les regardent point; mais sitôt que les hommes sont rassemblés, Dieu se manifeste à leur raison: ils ont besoin de justice, ils adorent en lui le principe de toute justice. Dieu, qui n'a que faire de leurs vaines adorations, les reçoit comme nécessaires pour eux et non pour lui. Et de même qu'il leur donne le génie des arts, sans lesquels toute société périt, il leur donne l'esprit de religion, la première des sciences et la plus naturelle: science divine dont le principe est certain, quoiqu'on en tire tous les jours des conséquences incertaines. Me permettrez-vous d'annoncer ces vérités aux nobles Espagnols?...

Zapata, n'ayant point eu de réponse, se mit à prêcher Dieu tout simplement. Il annonça aux hommes le père des hommes, rémunérateur, punisseur, et pardonneur. Il dégagea la vérité des mensonges, et sépara la religion du fanatisme; il enseigna et il pratiqua la vertu. Il fut doux, bienfaisant, modeste; et fut rôti° à Valladolid, l'an de grâce 1631. Priez Dieu pour l'âme de frère Zapata.

brûlé vif

VOLTAIRE, «Les Questions de Zapata», *The Age of Enlightenment*, éds. Fellows & Torrey, Appleton-Century-Crofts, Inc., New York, 1942.

Découvertes culturelles

1. Pourquoi Voltaire a-t-il dû inventer un théologien fictif pour poser ces questions sur les doctrines de l'Eglise?
2. En quoi le principe de la relativité est-il à la base des questions 5 et 64?
3. Voltaire était déiste et croyant. Pourquoi alors s'être attaqué aux doctrines de l'Eglise?
4. Selon la question 66, sur quelles idées principales reposait la pensée religieuse et morale de Voltaire?
5. Expliquez en quoi le dernier paragraphe des *Questions de Zapata* représente une critique de la persécution religieuse au XVIIIe siècle.

Lecture 3

Voltaire, *«Candide»*

Si, dans *Les Questions de Zapata*, Voltaire a attaqué le fanatisme religieux, dans son conte philosophique, *Candide*, il s'est moqué du dogmatisme philosophique. Le personnage de Pangloss, disciple du philosophe Leibniz, incarne la philosophie de «l'optimisme» qui affirme que nous vivons dans «le meilleur des mondes possibles». Voltaire s'oppose à cette attitude qui nie l'existence du mal dans le monde. Pour lui, il est bien évident que le mal existe, et la grandeur de l'homme réside précisément dans sa capacité à employer son intelligence pour essayer d'améliorer la condition humaine.

religieux musulman

t'occupes-tu

s'inquiète-t-elle

Il y avait dans le voisinage un derviche° très fameux, qui passait pour le meilleur philosophe de la Turquie; ils allèrent le consulter; Pangloss porta la parole, et lui dit: «Maître, nous venons vous prier de nous dire pourquoi un aussi étrange animal que l'homme a été formé. —De quoi te mêles-tu?° dit le derviche, est-ce là ton affaire? —Mais, mon révérend père, dit Candide, il y a horriblement de mal sur la terre. —Qu'importe, dit le derviche, qu'il y ait du mal ou du bien? Quand Sa Hautesse envoie un vaisseau en Egypte, s'embarrasse-t-elle° si les souris qui sont dans le vaisseau sont à leur aise ou non? —Que faut-il donc faire? dit Pangloss. —Te taire, dit le derviche. —Je me flattais, dit Pangloss, de raisonner un peu avec vous des effets et des causes, du meilleur des mondes possibles, de l'origine du mal, de la nature de l'âme et de l'harmonie préétablie.» Le derviche, à ces mots, leur ferma la porte au nez.

VOLTAIRE, *Candide*, cité dans l'*Anthologie de la littérature française*, éd. Leggewie, Tome I, Oxford University Press, New York, 1990.

François Marie Arouet, dit Voltaire, est surtout connu aujourd'hui pour ses récits philosophiques brillants et spirituels.

Découvertes culturelles

1. Selon le derviche, doit-on débattre de questions telles que la nature de l'homme ou l'existence du mal?
2. Que symbolisent le vaisseau et les souris? Comment cette simple question du derviche résume-t-elle la conception de l'Etre Suprême selon Voltaire?
3. Si l'ironie consiste à dire le contraire de ce qu'on veut exprimer, quel est le véritable message philosophique que Voltaire voulait transmettre à ses lecteurs?

Rousseau

Les origines de Rousseau n'ont pas été les mêmes que celles des autres grands philosophes de l'époque et cette différence s'est manifestée dans ses œuvres. Rousseau a grandi en Suisse, pays de tradition démocratique et protestante. Il a aussi été le seul philosophe de son temps issu d'un milieu familial qui n'était pas bourgeois: son père était horloger à Genève. Ce père a imposé au jeune Jean-Jacques une enfance pénible, le forçant à pleurer une mère dont il se sentait accusé d'avoir causé la mort. Dans ses *Confessions*, Rousseau a d'ailleurs écrit : «Je coûtai la vie à ma mère et ma naissance fut le premier de mes malheurs.» Les seuls moments passés hors de ce contexte très tendu ont été les séjours qu'il a effectués chez un oncle, à la campagne. Ainsi, dès l'enfance, Rousseau a associé la vie urbaine à la douleur et à la tension, et la vie rurale à la paix et à la tranquillité. Ce génie, dont les œuvres inspireraient le romantisme et, plus tard, la pensée communiste, a été un autodidacte. C'est dans la bibliothèque de Mme de Warens, la «mère adoptive» qui l'a recueilli après son départ précipité de Genève, à l'âge de 16 ans, que Jean-Jacques s'est instruit. Par la suite, Mme de Warens lui a trouvé un poste de secrétaire auprès d'un diplomate mais Rousseau, de par ses attitudes et son tempérament, s'est montré incapable de remplir cette fonction. Quand il a dû enfin quitter son refuge chez Mme de Warens, il s'est dirigé vers Paris où il a copié des partitions musicales pour gagner sa vie. L'auteur d'*Emile*, traité sur l'éducation des enfants qui inspirerait plusieurs des théories sur l'éducation moderne, a été le père de cinq enfants illégitimes qu'il a tous envoyés à l'orphelinat. Rousseau a été accepté dans le cercle des philosophes qui appréciaient son intelligence supérieure mais s'irritaient de ses excentricités. En 1749, en rendant visite à Diderot alors emprisonné au château de Vincennes, Rousseau a élaboré la théorie selon laquelle l'homme, vertueux dans ce qu'il appelait «l'état de nature», a été corrompu par les progrès de la civilisation. Il a exprimé avec éloquence cette théorie dans l'essai qu'il a envoyé à l'Académie de Dijon, sur la question: «Si le rétablissement des sciences et des arts a contribué à épurer les mœurs». La clarté de son argumentation, dans cet essai qui lui a valu le premier prix, avait frappé les philosophes. Cependant, quand il a présenté, en 1753, les mêmes idées de façon plus nette dans son *Discours sur l'origine de l'inégalité*, il s'est vu cette fois condamné par les défenseurs acharnés du progrès intellectuel, social et matériel. Rousseau a alors décidé de s'éloigner de Paris et du cercle des philosophes et écrit ses plus grandes œuvres, dont *Du Contrat social* et *La Nouvelle Héloïse*. Quand son livre *Emile* a été censuré et interdit, Rousseau s'est senti incompris et injustement persécuté. Cherchant la sécurité, il a accepté l'invitation du philosophe Hume, en Angleterre; mais les écrits de Voltaire contre lui l'y ont poursuivi et il a décidé de rentrer en France pour se retirer à la campagne où il a retrouvé l'ambiance rurale qui lui a toujours servi de refuge contre la civilisation raffinée qu'il détestait. Il y est mort, dans la solitude, en 1778.

L'analyse rationaliste de la société française et des institutions par tous les philosophes a été le catalyseur de la Révolution de 1789. Mais l'influence des théories de Rousseau a continué à marquer le mouvement des idées jusqu'à nos jours. Il a poursuivi assurément la tradition cartésienne de raisonnement, d'analyse et de méthode rigoureuse pour examiner la condition humaine depuis ses origines. Se sentant éloigné et même exclu de la civilisation complexe du XVIIIe siècle, il a utilisé ce rationalisme, enrichi par son imagination ardente et son éloquence vibrante, pour défendre le principe de la bonté naturelle de l'homme corrompue par la société et le progrès. Ce thème se trouve au centre de toutes ses œuvres principales. Ainsi, dans le *Discours sur l'origine de l'inégalité*, qui a scandalisé ses contemporains, Rousseau a avancé l'idée que le principe de la propriété privée était illégitime et se trouvait même à l'origine de toutes les injustices sociales. Dans l'*Emile*, le système d'éducation des enfants qu'il a proposé prenait pour postulat la bonté naturelle des enfants et préconisait que ceux-ci soient éloignés le plus longtemps possible des mauvaises influences de la société. Partisan d'une éducation individualisée, il y suggérait qu'on attende, avant d'exposer l'enfant aux lectures, que celui-ci développe naturellement ses connaissances afin d'être mieux armé pour résister aux préjugés historiques. Deux autres principes de l'*Emile* ont choqué la plupart de ses contemporains mais ont été très bien reçus parmi certains groupes: d'une part, Rousseau recommandait aux mères d'allaiter leurs nourrissons elles-mêmes afin de créer des liens affectifs avec l'enfant; d'autre part, il condamnait le châtiment corporel, et présentait avec éloquence et émotion ses arguments en faveur d'une enfance libre et épanouissante, à une époque où le taux de mortalité infantile était encore très élevé.

Mais l'œuvre de Rousseau a aussi contribué à mettre fin au rationalisme rigide qui dominait la culture française depuis plus d'un siècle. Rousseau a réhabilité le sentiment, les émotions et la ferveur religieuse. Avec lui, l'âme a commencé à gagner du terrain sur l'esprit, redécouvrant avec passion l'amour, la nature et Dieu. Ceux qui allaient répondre à l'appel de Rousseau seraient les grands écrivains romantiques du XIXe siècle, tels que Lamartine, Vigny, Musset et Victor Hugo.

C'est *Du Contrat social* de Rousseau qui a eu, cependant, l'influence la plus profonde sur l'évolution des idées. Dans cet ouvrage, l'auteur établit que la nature a fait les hommes libres et égaux et que c'est la société qui, en introduisant la propriété privée, a été à l'origine des inégalités sociales. A cette égalité naturelle, perdue pour toujours, Rousseau voulait substituer un système qui établirait une égalité politique. Selon lui, l'inégalité sociale devait être réduite par une égalité politique fondée sur le principe de la souveraineté du peuple. Le contrat social ne représentait pas une convention passée entre le peuple et un roi qui gouvernerait par la force ou au titre du droit divin. Il s'agissait d'un pacte ne concernant que le peuple, établi entre l'individu et la collectivité politique entière. Dans ce cadre, chacun accepterait, dans l'intérêt commun, de confier ses droits individuels à l'Etat pour bénéficier en retour d'une protection légale égalitaire. En 1762, ces idées ne pouvaient que scandaliser un gouvernement qui incarnait encore le principe de l'absolutisme et une société organisée selon le système rigide des classes.

Découvertes culturelles

1. En quoi la situation personnelle de Rousseau a-t-elle différé de celle des autres philosophes? Pourquoi ces différences ont-elles été importantes?
2. Quel principe constitue le point de départ de toutes les idées de Rousseau sur la condition humaine?
3. En réhabilitant le sentiment, de quel mouvement littéraire important Rousseau a-t-il été le précurseur?
4. Sur quelle idée de base repose *Du Contrat social*?

Témoignages culturels

Lecture 4

Jean-Jacques Rousseau, «*Du Contrat social*»

Du Contrat social énonçait des principes démocratiques et une conception de l'individu prêt à sacrifier ses droits pour le bien de la collectivité. Ces notions allaient bientôt orienter l'évolution sociale en France et dans le monde occidental. Elles influeraient non seulement sur les thèmes de la Révolution française, mais aussi sur ceux de la constitution américaine, du marxisme, de la révolution soviétique, des programmes d'aide sociale des années 1930 et 1940, et même sur les principes des communautés hippies des années 1960 et 1970. L'impact de la pensée politique de Rousseau dépasserait ainsi son influence sur le romantisme et porterait rapidement ses fruits en inspirant la philosophie du socialisme, qui se développerait au XIXe siècle.

La popularité des œuvres de Rousseau auprès de ses contemporains s'explique en partie par la lassitude du public de l'époque pour le rationalisme et l'absolutisme qui s'imposaient depuis un siècle. Elle trouve aussi sa cause dans le style éloquent et passionné que Rousseau a employé même dans ses œuvres les plus théoriques, style qui captait l'attention et suscitait l'intérêt de ses lecteurs. Les passages suivants, tirés de son œuvre *Du Contrat social*, illustrent la rhétorique passionnée que Rousseau a mise au service de la défense de l'égalité.

CHAPITRE PREMIER

Sujet de ce premier livre

L'homme est né libre et partout il est dans les fers.° Tel se croit le maître des autres, qui ne laisse pas d'être plus esclave° qu'eux. Comment ce changement s'est-il fait? Je l'ignore. Qu'est-ce qui peut le rendre légitime? Je crois pouvoir résoudre cette question.

captif
dépendant

Si je ne considérais que la force, et l'effet qui en dérive, je dirais: tant qu'un Peuple est contraint d'obéir et qu'il obéit, il fait bien; sitôt qu'il peut secouer le joug,° et qu'il le secoue, il fait encore mieux; car, recouvrant sa liberté par le même droit qui la lui a ravie,° ou il est fondé à la reprendre, ou on ne l'était point à la lui ôter.° Mais l'ordre social est un droit sacré qui sert de base à tous les autres. Cependant ce droit ne vient point de la nature; il est donc fondé sur des conventions....

contrainte
enlevée
retirer

Du Pacte social

Trouver une forme d'association qui défende et protège de toute la force commune la personne et les biens° de chaque associé, et par laquelle chacun s'unissant à tous n'obéisse pourtant qu'à lui-même et reste aussi libre qu'auparavant.° Tel est le problème fondamental dont le contrat social donne les solutions....

choses matérielles
avant telle action

Ces clauses bien entendues se réduisent toutes à une seule, savoir l'aliénation totale de chaque associé avec tous ses droits à toute la communauté. Car, premièrement, chacun se donnant tout entier, la condition est égale pour tous, et la condition étant égale pour tous, nul n'a intérêt de la rendre onéreuse° aux autres....

coûteuse

Enfin chacun se donnant à tous ne se donne à personne, et comme il n'y a pas un associé sur lequel on n'acquière le même droit qu'on lui cède sur soi, on gagne l'équivalent de tout ce qu'on perd, et plus de force pour conserver ce qu'on a.

De la Démocratie

A prendre le terme dans la rigueur de l'acception, il n'a jamais existé de véritable Démocratie, et il n'en existera jamais. Il est contre l'ordre naturel que le grand nombre gouverne et que le petit soit gouverné....

D'ailleurs, que de choses difficiles à réunir ne suppose pas ce Gouvernement! Premièrement un Etat très petit où le peuple soit facile à rassembler et où chaque citoyen puisse aisément connaître tous les autres; secondement, une grande simplicité de mœurs qui prévienne° la multitude d'affaires et les discussions épineuses;° ensuite beaucoup d'égalité dans les rangs et dans les fortunes, sans quoi l'égalité ne saurait subsister longtemps dans les droits et l'autorité; enfin peu ou point de luxe, car ou

empêche
difficiles

le luxe est l'effet des richesses, ou il les rend nécessaires; il corrompt à la fois le riche et le pauvre, l'un par la possession, l'autre par la convoitise;°....

Quels aspects de ce portrait de Rousseau représentent les idées essentielles de sa philosophie?

Ajoutons qu'il n'y a pas de Gouvernement si sujet aux guerres civiles et aux agitations intestines que le Démocratique ou populaire, parce qu'il n'y en a aucun qui tende si fortement et si continuellement à changer de forme, ni qui demande plus de vigilance et de courage pour être maintenu....

S'il y avait un peuple de Dieux, il se gouvernerait démocratiquement. Un Gouvernement si parfait ne convient pas à des hommes.

Jean-Jacques ROUSSEAU, *Du Contrat social*, Classiques Larousse, 1953.

envie

Découvertes culturelles

1. Selon le contrat social, comment l'homme peut-il retrouver la liberté naturelle que les progrès de la civilisation lui ont fait perdre?
2. Comment le pacte social de Rousseau restaure-t-il l'égalité?
3. Quelles conditions faudrait-il réunir, selon Rousseau, pour permettre le succès d'une démocratie?

Lecture 5

Jean-Jacques Rousseau, «*La Nouvelle Héloïse*»

Dans ce roman, la raison se révèle la source de l'injustice sociale, du préjugé et de la discrimination, et c'est le sentiment qui la remplace comme source de bonheur et de motivation. Le héros, Saint-Preux, est un jeune instituteur à l'âme noble mais d'origines trop modestes pour pouvoir épouser Julie, fille du baron d'Etange dont les attitudes reflètent les préjugés et les injustices de la société du XVIIIe siècle. Malgré leur amour passionné, Saint-Preux accepte de quitter Julie pour s'éloigner de la société qui entrave leur relation idéale. Au contact de la nature, ses émotions torturées s'apaisent. A la campagne, il découvre une expression primitive de la tolérance, l'indépendance matérielle et les plaisirs simples de la vie. Julie se marie, mais leur amour survit sur un plan plus élevé où les conventions sociales qui les ont séparés n'ont pas de pouvoir. Le sentiment triomphe, au-delà de la persécution et même au-delà de la mort.

Revenus lentement au port après quelques détours, nous nous séparâmes. Elle voulut rester seule, et je continuai de me promener sans trop savoir où j'allais. A mon retour, le bateau n'était pas encore prêt, ni l'eau tranquille, nous soupâmes° tristement, les yeux baissés, l'air rêveur, mangeant peu et parlant encore moins. Après le souper, nous fûmes nous asseoir sur la grève° en attendant le moment du départ. Insensiblement la lune se leva, l'eau devint plus calme, et Julie me proposa de partir. Je lui donnai la main pour entrer dans le bateau; et, en m'asseyant à côté d'elle, je ne songeai plus à quitter sa main. Nous gardions un profond silence. Le bruit égal et mesuré des rames m'excitait à rêver. Le chant assez gai des bécassines,° me retraçant les plaisirs d'un autre âge, au lieu de m'égayer, m'attristait. Peu à peu je sentis augmenter la mélancolie dont j'étais accablé.° Un ciel serein, la fraîcheur de l'air, les doux rayons de la lune, le frémissement argenté dont l'eau brillait autour de nous, le concours des plus agréables sensations, la présence même de cet objet chéri, rien ne put détourner de mon cœur mille réflexions douloureuses.

soupâmes: avons dîné

grève: bord de l'eau

bécassines: oiseaux

accablé: écrasé

Jean-Jacques ROUSSEAU, *La Nouvelle Héloïse*, II, Classiques Larousse, 1937.

Lecture 6

L'influence de Rousseau existe toujours

Cet extrait d'un article paru dans une revue populaire explique comment Rousseau peut être considéré comme le «père» du mouvement écologique actuel.

Que la France, le pays d'Europe qui... s'est toujours montré le plus rebelle à l'écologie, s'apprête à donner aux écolos... le meilleur résultat jamais enregistré par eux à travers le monde constitue un surprenant paradoxe, qu'il faudrait bien tenter d'expliquer....

... A rester le nez collé sur l'événement, on finirait par oublier que les Français entretiennent avec la nature, qui s'appelle en France «campagne» (c'est une nature civilisée), des liens beaucoup plus profonds qu'on ne le dit en général....

Au commencement, il y a Rousseau. Jean-Jacques Rousseau, qui est à l'origine des deux grands cataclysmes du monde moderne, l'adolescence et la démocratie, est aussi le père putatif de l'écologie. Car il y a deux postérités de Rousseau, assez largement contradictoires, et qui pourtant coexistent fort bien dans la société française, voire dans le cœur de chacun de nous. La première est naturelle et même naturiste; la seconde est artificielle et même artificialiste.

La première, justement, est à l'origine de ce violent sentiment de la nature, à peu près absent du XVIIe siècle et qui a envahi la littérature ensuite pour culminer dans le romantisme. La nature est belle, sous sa forme végétale, minérale, animale. La nature est bonne, sous sa forme humaine. Le procès° contre la société (et contre la technique), arbitrairement dissociée des individus qui la composent, a commencé à ce moment-là. Rousseau, dans son *Discours sur les sciences et les arts*, lui a donné ses lettres de noblesse....

accusation

Jacques Julliard, «C'est la faute à Rousseau», *Le Nouvel Observateur*, 17 février 1993.

Découvertes culturelles

1. Quels éléments de l'extrait de *La Nouvelle Héloïse* annoncent déjà le romantisme?
2. Comment les détails et l'atmosphère de cet extrait suggèrent-ils qu'il s'agit d'un amour triste et impossible?
3. De quels mouvements modernes peut-on dire que Rousseau a été le précurseur?
4. Résumez la pensée de Rousseau sur la nature.

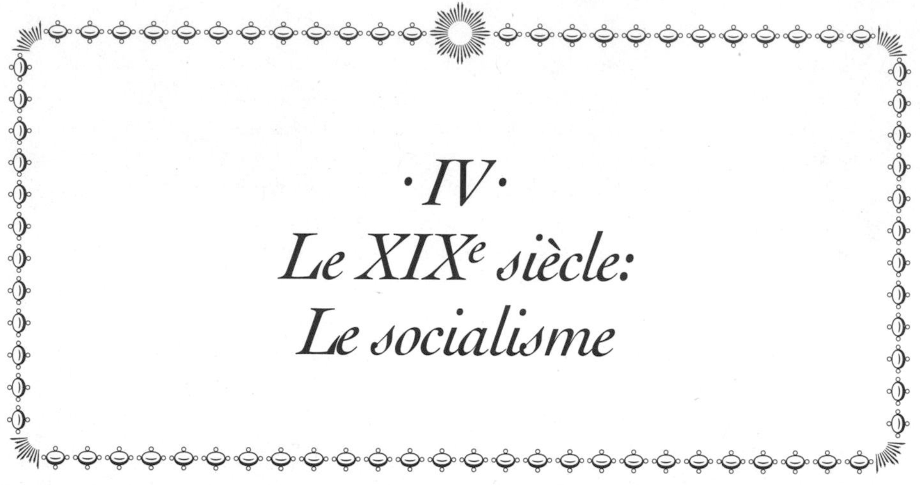

·IV· Le XIXe siècle: Le socialisme

Le socialisme, en tant que doctrine à l'origine d'un mouvement politique organisé, ne s'est manifesté qu'au cours de la deuxième moitié du XIXe siècle. Les fondements du socialisme remontent, cependant, au *Siècle des lumières.* Avant la Révolution, la structure politique et économique du pays reposait sur les principes du droit divin; la richesse se transmettait par héritage et l'aristocratie exerçait un contrôle presque absolu sur la vie matérielle et sociale. Mais, on s'est peu à peu écarté du principe des privilèges réservés à une élite minoritaire pour tendre vers un idéal de bien-être pour la majorité des Français. C'est grâce aux grands philosophes du XVIIIe siècle que l'on a commencé à mettre en avant les principes des droits de l'homme, de la liberté et de la tolérance. Suite à la Révolution de 1789, le joug féodal a été brisé et la gauche française est née. Ce mouvement, qui a pris racine dans le libéralisme, n'atteindrait d'ailleurs sa maturité que beaucoup plus tard. Mais pour lors, cette gauche

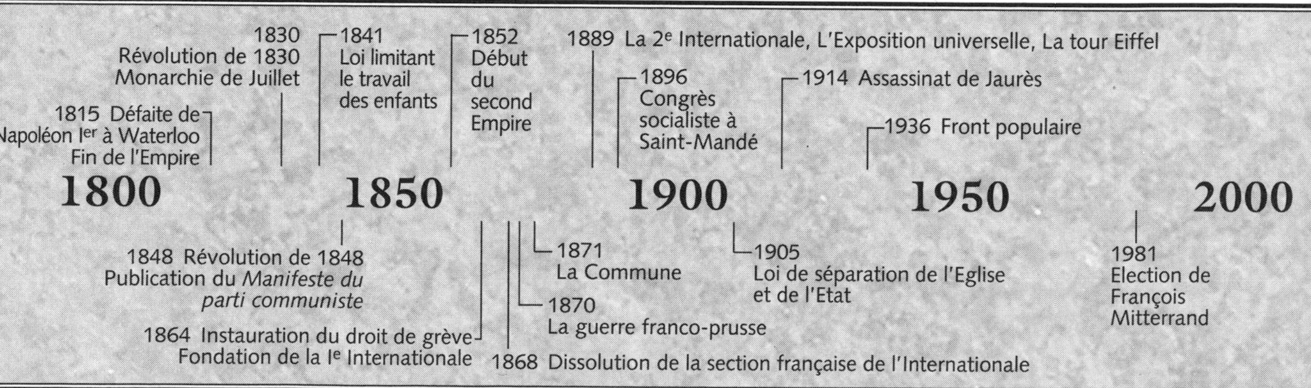

naissante a commis la plupart des excès pour lesquels la Révolution française est devenue tristement célèbre. Quatre ans après la prise de la Bastille, le mouvement libéral a été détourné par les radicaux de gauche comme Robespierre qui, lors de la Terreur de 1793, a fait guillotiner des milliers d'hommes, de femmes et d'enfants au nom de l'égalité et du salut public. L'extrémisme des révolutionnaires au pouvoir, qui s'est illustré dans des actions de ce genre, a empêché la gauche de se solidariser et de faire face aux défis de l'après-Révolution. Le contrecoup de cette division et de ces actions impopulaires est apparu avec Napoléon Bonaparte, dont la montée au pouvoir a reposé sur son aptitude à restaurer l'ordre et à stabiliser le pays. Bien que Napoléon ait conservé certaines idées libérales dans ses réformes de l'enseignement et de l'économie, il ne tolérait aucune opposition et la gauche est devenue un mouvement clandestin. Des principes tels que le suffrage universel et la participation du peuple au gouvernement n'avaient pas de place dans la conception qu'avait Napoléon de son empire. A la suite de sa défaite à Waterloo, en 1815, quand le régime impérial a été remplacé par celui de la Restauration, la monarchie aurait dû comprendre la nécessité d'instaurer un gouvernement plus représentatif, mais elle est demeurée un de ces régimes réactionnaires dans lesquels les libéraux sont contraints à la clandestinité. La Révolution de 1830, qui a inspiré à Victor Hugo son roman *Les Misérables*, semblait promettre un système de gouvernement plus démocratique. Pourtant, malgré la course aux barricades menée par le peuple, cette insurrection n'a abouti qu'à la monarchie de Juillet, un régime guère plus libéral que le précédent. Mais la domination de la monarchie héréditaire et de l'aristocratie foncière touchait à sa fin. Une nouvelle ère s'amorçait, au cours de laquelle la gauche, dont beaucoup d'écrivains romantiques diffusaient les idées, a connu une renaissance et s'est développée au sein du système politique français. L'évolution du contexte social à cette époque lui a fourni l'occasion de s'exprimer avec force. Vers 1840, les nombreuses crises sociales des années précédentes, ainsi que le développement du capitalisme et des affaires, n'avaient cessé d'accroître le pouvoir social et économique de la bourgeoisie. L'immense masse du prolétariat, quant à elle, se trouvait cantonnée dans des emplois manuels où elle travaillait de longues heures, pour des salaires dérisoires et dans des conditions lamentables. La Révolution de 1789 avait été un soulèvement des paysans dirigé par l'élite intellectuelle bourgeoise; le nouveau socialisme du milieu du XIXe siècle allait inspirer la révolte des ouvriers contre leurs maîtres bourgeois dans le but d'obtenir un plus grand pouvoir politique et une distribution plus équitable des richesses.

L'idéalisme de la littérature romantique a stimulé l'action des socialistes. Ces deux courants se sont rejoints dans les œuvres des premiers penseurs socialistes français comme Saint-Simon, Proudhon, Blanqui, et Flora Tristan, qui se sont attaqués aux principes de la propriété, ont soutenu la théorie du suffrage universel, et ont défendu la liberté d'association, préconisant parfois la lutte révolutionnaire comme seul mode d'action capable d'assurer la victoire des classes ouvrières. Le mouvement socialiste était donc prêt à se stabiliser et à s'imposer comme une force politique majeure. La Révolution de 1848 a été l'occasion de mettre en œuvre les idées socialistes. Une fois de plus, le peuple est monté aux barricades au cri de «Liberté, Egalité, Fraternité» et cette insurrection a donné naissance à la IIe République. Il s'agissait du premier régime populaire depuis la Révolution de 1789 mais, malgré ses principes libéraux démocratiques et humanitaires, il n'a pas su durer. Au départ, on a décrété le droit au travail et créé une commission pour encourager la communication entre les ouvriers et les patrons; les Ateliers nationaux ont offert de l'aide aux chômeurs. Paradoxalement, c'est la mesure la plus profondément démocratique, l'établissement du suffrage universel, qui a précipité la chute de ce gouvernement de gauche tiraillé entre des tendances trop diverses: aux premières élections universelles, Louis Napoléon Bonaparte a été nommé président et les bourgeois conservateurs ont obtenu la majorité gouvernementale. Le neveu de Napoléon Bonaparte, dont la devise était «Ordre, Propriété, Religion», s'est empressé de museler la presse, les clubs et les associations favorables à la gauche. A la fin de 1852, il avait suffisamment consolidé son pouvoir pour réussir un coup d'Etat, avec le soutien de l'armée, du clergé, de la bourgeoisie et des paysans, instaurant ainsi le Second Empire. Cet homme, qui avait donné l'impression de favoriser la réforme libérale et les principes humanitaires, a en fait écrasé la gauche, qui est restée sans influence pendant près de vingt ans. Désireux d'imiter les ambitions de son oncle illustre, l'empereur Napoléon III a déclaré la guerre à la Prusse en 1870. Cette entreprise s'est vite avérée un désastre. La France traversait une crise profonde. Les républicains modérés du gouvernement provisoire à Versailles s'étant opposés aux radicaux de gauche soutenus par les ouvriers qui faisaient la loi dans les rues de Paris, la coalition radicale a instauré à Paris une Commune insurrectionnelle en 1871. Ce gouvernement révolutionnaire, dirigé par un conseil élu, a voté un certain nombre de décrets sur la liberté d'association, le maximum des salaires, l'abolition des privilèges et la séparation de l'Eglise et de l'Etat. La Commune a organisé des forces armées qui se sont opposées à celles de la République, dirigées par le maréchal Mac-Mahon. Redoutant la Commune plus qu'une éventuelle menace militaire française, Bismarck a décidé de libérer les prisonniers de guerre français: les forces communardes de Paris étaient dès lors bien moins nombreuses que l'armée. Après une semaine de combats, surveillés par les Allemands sur les barricades parisiennes, cette révolution socialiste a été écrasée. Plusieurs milliers de révolutionnaires ont été exécutés ou condamnés au bagne en Nouvelle Calédonie. En 1873, le gouvernement a fait voter la construction de la basilique du Sacré-Cœur à Montmartre, quartier populaire où avait débuté la révolution ouvrière, marquant ainsi sa rupture avec les épisodes révolutionnaires précédents. Pour les socialistes, la Commune avait représenté un grand moment d'espoir mais elle s'était soldée par une défaite désastreuse qui avait divisé leur mouvement. Au cours des années 1880, un grand nombre de courants sont apparus à l'intérieur du socialisme, chacun se démarquant par son idéologie particulière. Il existait cependant deux tendances principales: le courant influencé par Jules Guesde avait de fortes tendances marxistes et cherchait à attirer la classe ouvrière, visant à renverser le capitalisme par la force pour le remplacer par une société collectiviste sans classes sociales. L'autre courant, plus modéré, se rattachait à la tradition du libéralisme idéaliste et préconisait des réformes sociales sans action révolutionnaire. Vers la fin du XIXe siècle, les conflits incessants entre ces deux tendances avaient mis en péril le socialisme comme force politique valable en France; mais Jean Jaurès allait enfin le faire triompher.

Issu d'une riche famille bourgeoise de Castres, dans le sud-ouest de la France, Jaurès avait fait ses études au célèbre Lycée Louis-le-Grand, à Paris, puis à l'Ecole Normale Supérieure où il avait étudié la philosophie et l'histoire. Vers la fin des années 1880, il avait commencé à s'intéresser à la vie politique, et plus particulièrement au socialisme. Sa formation intellectuelle l'a conduit à établir le lien entre les courants opposés du libéralisme idéaliste et du marxisme: la bourgeoisie avait été l'instrument du renversement de la monarchie, mais il était clair pour Jaurès que cette classe ne s'intéressait pas vraiment à la réforme sociale. Ce qui la motivait, c'était de défendre ses propres intérêts, et non de faire avancer ceux de la classe ouvrière. Etant donné les forces économiques en jeu dans le cours de l'histoire, Jaurès a conclu qu'une nouvelle société collectiviste était inévitable. Mais l'idéalisme intellectuel lui semblait également important pour modérer les doctrines dogmatiques du marxisme. Fidèle à sa croyance aux institutions républicaines, Jaurès pensait que les réformes sociales ne pourraient s'effectuer qu'à l'aide d'un système électoral approprié et non par une révolution violente.

Jean Jaurès (1859–1914), fondateur du parti socialiste français, était un pacifiste ardent.

Jaurès était un orateur éloquent qui connaissait bien le fonctionnement du Parlement. Désireux d'écarter l'extrémisme en favorisant la modération, il a finalement été suivi par les nombreuses coalitions socialistes qui avaient vu le jour dans les années 1880 et 1890. Au début du XXe siècle, le socialisme façonné par Jaurès est ainsi devenu une force politique importante en France. De plus en plus d'électeurs ont été attirés par cette doctrine socio-économique modérée, favorable à une démocratie reposant sur le suffrage universel, la collectivisation des moyens de production et de distribution, la séparation de l'Eglise et de l'Etat, un système d'éducation populaire, l'existence d'un syndicalisme pour protéger les ouvriers, et, globalement, la prééminence du bien-être des citoyens comme principe directeur de l'Etat. Le regroupement des socialistes a été consolidé par l'affaire Dreyfus qui a renforcé l'internationalisme et le pacifisme du mouvement en même temps qu'elle a entraîné une politique radicale de laïcisation, avec la loi sur la séparation de l'Eglise et de l'Etat et la suppression de l'influence de l'Eglise dans l'enseignement, en 1905–1906. Jaurès a d'ailleurs été l'un des principaux défenseurs de l'innocence de Dreyfus. Pourtant, c'est l'aspect internationaliste de la doctrine socialiste qui allait mener à l'assassinat de Jaurès, événement dramatique dans l'histoire du socialisme français. Dans le contexte du nationalisme grandissant de la fin du siècle, les socialistes se sont vus contraints d'affirmer que, s'ils soutenaient des réformes dépassant les frontières nationales et touchant les ouvriers du monde entier, ils restaient malgré tout citoyens de France, patriotes et défenseurs des intérêts du pays. Mais la droite jugeait que le socialisme était opposé à l'idée d'une France glorieuse, soutenue par son armée, son Eglise et sa bourgeoisie capitaliste et, quelques jours avant le début de la Grande Guerre, en 1914, Jaurès a été assassiné par un ultra-nationaliste français; sa passion de la démocratie, de la justice sociale et de l'entente internationale lui avait coûté la vie. Le premier gouvernement socialiste en France, le Front populaire de Léon Blum en 1936, finirait par réaliser le programme proposé par Jaurès: nationalisation des ressources, sécurité sociale et congés payés. Et, moins de 70 ans après la mort de Jaurès, en 1981, la France retournerait à l'idéal socialiste en confiant la présidence du pays à François Mitterrand.

Découvertes culturelles

Commentez chacune des affirmations suivantes en ajoutant des renseignements supplémentaires.

1. Certains des principes de base du socialisme ont été élaborés à l'origine par des philosophes du XVIIIe siècle.
2. Les excès de la gauche, pendant et juste après la Révolution, ont mené à une réaction conservatrice.
3. Vers le milieu du XIXe siècle, l'essor de la bourgeoisie a provoqué de nouvelles tensions entre les classes sociales.
4. Il y a eu plusieurs précurseurs du mouvement socialiste.
5. La Révolution de 1848 a instauré certains principes libéraux, mais elle a été trahie par le gouvernement de Louis Napoléon Bonaparte.
6. La Commune insurrectionnelle de 1871, qui voulait établir un régime collectiviste, a en fait abouti à une fragmentation du mouvement socialiste.
7. Les idées de Jaurès constituaient un programme socialiste modéré.
8. Jaurès est mort avant d'avoir vu l'établissement d'un gouvernement socialiste.

Témoignages culturels

Jean Jaurès, «*Le Programme de Saint-Mandé*»

Lecture 1

L'année 1896 a été déterminante pour le socialisme français: les divers courants se sont regroupés pour former des alliances qui ont attesté les progrès importants dans les élections de cette année. Par ailleurs, la plupart des chefs du mouvement socialiste se sont réunis pour définir leurs objectifs communs et ont adopté une plate-forme politique qui a constitué le fondement de l'union future entre les socialistes. Ce programme a été inspiré par les idées de Jaurès, le véritable architecte de cette union. Les principes énoncés à Saint-Mandé sont ceux qui ont fait du socialisme le courant intellectuel le plus influent du XIXe siècle et qui, encore de nos jours, sont à la base de l'importance du socialisme comme force politique.

Vers l'Unité socialiste: Le Programme de Saint-Mandé le 30 mai 1896

Citoyens, de tous les champs de bataille où la France socialiste a rencontré la réaction capitaliste, le même cri a jailli: Union! Trêve aux° querelles d'école, oubli des dissensions intestines! Contre l'ennemi commun, un seul cœur, un seul esprit, une seule action!

Un candidat socialiste a pris l'engagement de se retirer devant tout autre candidat socialiste plus favorisé que lui, à merveille!° Mais que lui répondre si, mis en demeure° de tenir sa parole, il dénie à son heureux concurrent° la qualité de socialiste? Où sera le criterium?...

N'est pas socialiste, à mon avis, quiconque n'accepte pas la substitution nécessaire et progressive de la propriété sociale à la propriété capitaliste. C'est dire qu'il ne saurait s'agir seulement de la transformation de ces trois catégories de moyens de production et d'échange qu'on peut qualifier de classiques: le crédit ou la banque, les transports par voie ferrée,° les exploitations minières....

Si le socialisme domine aujourd'hui tous les partis et les couvre de son ombre, s'il attire et retient l'attention passionnée de tous les esprits cultivés, s'il fait tressaillir° tous les cœurs généreux, c'est qu'il embrasse en sa vaste synthèse toutes les manifestations de la vie, c'est que rien de l'homme ne

Cessation des

c'est admirable

obligé

rival

chemin de fer

battre

lui est étranger, c'est que seul aujourd'hui il offre à notre appétit de justice et de bonheur un idéal purement humain dégagé de tout dogme....

tend

Oui, le socialisme vise° à assurer à chaque être humain, par une transformation bienfaisante et d'ordre exclusivement naturel, ces deux biens jumeaux:° liberté et propriété, que lui ravit° la fatalité du régime capitaliste....

identiques / enlève

municipalité

Mais, en même temps que dans la commune,° dans le département, dans la nation, le socialisme travaille à substituer la propriété sociale à la propriété capitaliste, il ne saurait perdre de vue le caractère général, international, que le développement même des connaissances et par suite des relations humaines a imprimé° au problème social....

transmis

Mais à aucun moment nous n'oublierons qu'en même temps qu'internationalistes nous sommes Français et patriotes. Patriotes et internationalistes, ce sont deux titres qu'avant nous les ancêtres de la Révolution française ont su noblement allier.°

rapprocher

Tels sont, citoyens, à mon avis, les trois points essentiels qui sont nécessaires et suffisants pour caractériser un programme socialiste: l'intervention de l'Etat pour faire passer du domaine capitaliste dans le domaine national les diverses catégories des moyens de production et d'échange au fur et à mesure° qu'elles deviennent mûres° pour l'appropriation sociale; —conquête des pouvoirs publics par le suffrage universel; —entente internationale des travailleurs.

dès / prêtes

Extrait d'A. MILLERAND, *Le Socialisme réformiste français*, Paris, Société nouvelle de librairie, 1903, dans «Que sais-je?», *Textes politiques français*, ed. Rials, PUF, Paris, 1987.

Découvertes culturelles

Vrai ou faux? Expliquez votre choix.

1. Jaurès propose de «nationaliser» progressivement tous les moyens de production et d'échange.
2. Le socialisme vise un idéal humanitaire et égalitaire.
3. Le socialisme, selon Jaurès, est un mouvement nationaliste.
4. Les doctrines socialistes n'envisagent pas une participation politique de masse.

Lecture 2

Une nouvelle mission pour la gauche

Selon l'article suivant, la gauche a réalisé le programme élaboré par Jaurès et d'autres au XIXe siècle. Le socialisme est-il devenu démodé? Non, en répond l'auteur, car il reste d'autres réformes à accomplir à la fin du XXe siècle.

Rassembler la gauche quand personne ne sait plus ce que c'est: telle est la tâche que Michel Rocard (nommé Premier Ministre en 1988 par François Mitterrand), qui ne déteste pas les missions impossibles, s'est assignée°.... *donnée*

C'est pourquoi il a eu raison de se référer à ce qui fit longtemps l'identité de cette gauche: le constat,° hérité du XIXe siècle, que la production industrielle est le fait principal de la vie économique et qu'elle divise la société en classes antagonistes. Toute l'analyse du capitalisme en découlait,° toute l'organisation du mouvement ouvrier en partis et syndicats, toute la vision du futur aussi. Cette conception d'ensemble, unilatérale et même totalitaire, n'est pas du jour au lendemain devenue caduque,° mais elle a besoin d'être relativisée; et la gauche, par conséquent, a besoin d'être refondée....

observation · *dépendait* · *démodée*

Peut-être, auparavant, faut-il pousser plus loin l'analyse esquissée° par Michel Rocard. Depuis la Révolution française, qui vit apparaître les notions de gauche et de droite, trois problèmes, en grande partie hérités de cette Révolution, ont permis à la polarisation de s'affirmer.

suggérée

D'abord le problème institutionnel: la politique française au XIXe siècle a été dominée par la question de la nature du régime: empire? monarchie autoritaire? monarchie constitutionnelle? république? Non que toute la gauche ait été d'emblée° républicaine et favorable au suffrage universel, loin de là. Mais c'est grâce à l'établissement définitif de la République en France (1875) et du suffrage universel que le traumatisme issu du renversement de la monarchie et de l'exécution de Louis XVI a été liquidé. Certes, il faudra attendre la Constitution gaullienne de 1958–1962 pour que le débat institutionnel s'apaise° et que les Français deviennent massivement favorables à leurs propres institutions. Mais, depuis la décennie 1880, la République a cessé d'être à soi seule le discriminant essentiel entre la gauche et la droite.

automatiquement · *se calme*

C'est alors la question religieuse qui a fourni le discriminant. Jusqu'à la séparation de l'Eglise et de l'Etat (1905), et même un peu au-delà, être de droite, c'était être partisan d'une place spéciale pour l'Eglise catholique dans la société française et son gouvernement; être de gauche, c'était au contraire être favorable à la séparation. De ce grand conflit il n'est resté tout au long du XXe siècle qu'une question résiduelle, qui vient juste d'être liquidée: la question scolaire, sous la forme des subventions° à l'école privée.

aides

C'est alors—dans la décennie précédant la guerre de 1914—que la «question sociale», comme on disait alors, a pris à son tour le relais.° Etre de gauche, c'était peu ou prou° être socialiste... Deux dogmes assuraient la cohérence, en dernière instance, de ce socialisme: celui de l'exploitation du travail par le capital et, pour y mettre fin, de la collectivisation des moyens de production....

l'a remplacée
à peu près

Voici donc où nous en sommes aujourd'hui: les trois discriminants successifs de la gauche—République, laïcité, Etat-providence—ont cessé d'agir... On ne l'a peut-être pas suffisamment remarqué: c'est de son propre succès que la gauche est sortie exsangue;° elle se meurt d'avoir en deux siècles réalisé l'essentiel de son programme; ce qui se peut résumer en une formule: nous vivons désormais dans une République laïque et sociale.

très faible

Depuis, la gauche se cherche; et sa longue occupation du pouvoir (près de douze ans) a accéléré l'épuisement de son programme historique. N'est-il pas à la fois paradoxal et inévitable que François Mitterrand, qualifié volontiers d'archaïque par ses rivaux, ait été, à son corps défendant,° le liquidateur des vieilles formules? C'est lui, le grand adversaire de de Gaulle, qui a sonné une caution républicaine aux institutions de la Ve [République]; lui encore... qui a tiré un trait définitif sur° la querelle scolaire; lui enfin, le contempteur° de l'argent, qui a réconcilié la gauche avec le capitalisme....

à contrecœur
mis fin à
personne qui dénigre

... La défense de l'environnement, la perspective humanitaire sont des éléments nouveaux et essentiels. Pour autant ils ne permettent pas de fonder un mouvement de masse durable. Au vrai, la gauche ne reconstituera son identité qu'autour de la question centrale pour toute sa clientèle actuelle ou potentielle: comment maîtriser le progrès technique? Comment faire pour qu'il profite à toute la collectivité, au lieu de produire paupérisation, chômage et exclusion?...

Jacques Julliard, «Une quatrième vie pour la gauche», *Le Nouvel Observateur*, 3 mars 1993.

Découvertes culturelles

1. Selon le principe de base du socialisme au XIXe siècle, quel a été le résultat principal de l'industrialisation de l'économie?
2. Quand a-t-on enfin résolu la question de la nature du régime politique en France?
3. Au début du XXe siècle, sur quel grand sujet s'opposaient la gauche et la droite?
4. Qu'est-ce que la «question sociale»?
5. Pourquoi l'auteur de cet article considère-t-il que la gauche se meurt?
6. Quel bilan peut-on faire du régime de François Mitterrand?
7. Quelle question permettra à la gauche de reconstruire son identité dans le monde moderne? Expliquez.

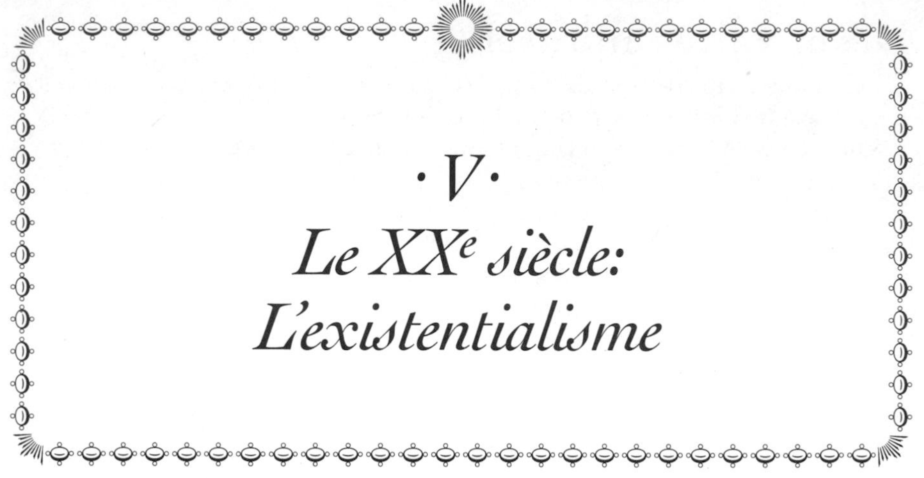

·V· Le XXe siècle: L'existentialisme

Vers le milieu du XXe siècle, la France s'est trouvée au bord d'une grave crise intellectuelle. Les ravages de la Première Guerre mondiale avaient suscité une remise en question des valeurs traditionnelles. La génération perdue des années 1920 et 1930 cherchait des certitudes et une direction morale dans un monde moderne instable. L'homme ne croyait plus à ces grands «-ismes» qui avaient été au centre de la vie intellectuelle depuis quatre siècles. Ces croyances étaient mortes sur les champs de bataille de la Grande Guerre où, dans une seule bataille en un seul après-midi, 60 000 jeunes soldats avaient été tués, victimes d'un combat militaire insensé. Un tel anéantissement allait à l'encontre de l'humanisme qui avait fait la gloire du talent créateur de l'homme. Le rationalisme aussi semblait devenir vain puisque l'homme n'appliquait sa raison et son intelligence qu'à trouver des moyens plus efficaces pour réussir la guerre,

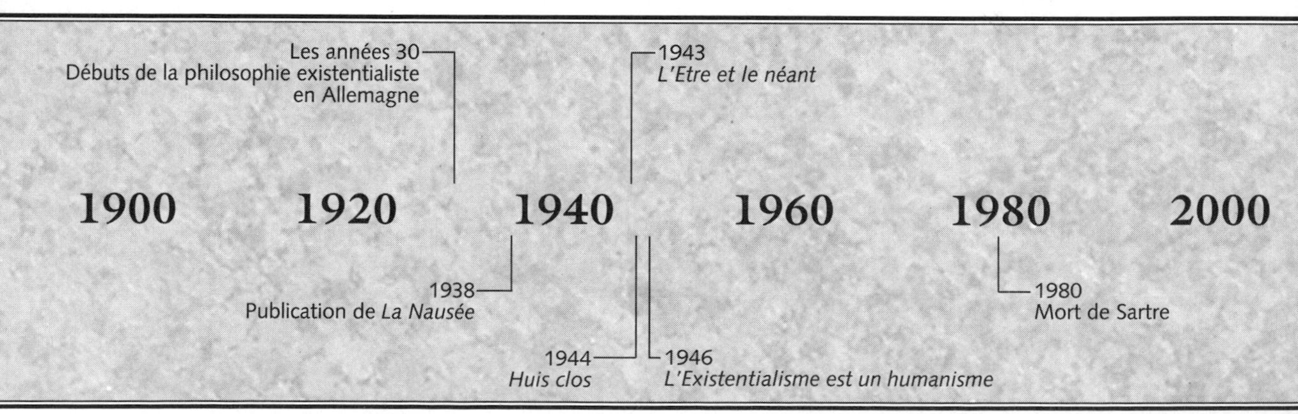

c'est-à-dire à détruire. L'immensité des ravages causés par ce conflit défiait d'ailleurs toute logique. Le socialisme, ardent défenseur des valeurs humanitaires, était en Allemagne l'otage d'une nouvelle idéologie expansionniste et totalitaire qui se développait. A Paris, fascistes et communistes se battaient dans les rues, rivalisant pour redonner une foi intellectuelle aux Français.

En 1938, sept ans avant que la bombe atomique lâchée sur Hiroshima mette fin à la folie de la Seconde Guerre mondiale, le philosophe Jean-Paul Sartre (1905–1980) a lancé une véritable bombe intellectuelle sur Paris en publiant son roman *La Nausée*. Cette œuvre a fait découvrir au public de l'époque la philosophie de l'existentialisme qui allait changer irrévocablement la pensée moderne. De par son milieu d'origine, Sartre ne semblait pourtant pas destiné à exercer une telle influence. Issu d'une famille bourgeoise aisée, il avait été reçu au concours de la célèbre Ecole Normale Supérieure à Paris, puis avait obtenu l'agrégation de philosophie, discipline qu'il avait ensuite commencé à enseigner dans des lycées. Souffrant de troubles de la vue, Sartre n'a pas été appelé sous les drapeaux en 1939, mais il s'est engagé activement dans la Résistance. En 1943, il a publié un traité philosophique, *L'Etre et le néant*, qui développait les thèses de la philosophie existentialiste. Si le public avait dû découvrir les notions de l'existentialisme à travers cet ouvrage ardu et volumineux, la pensée de Sartre n'aurait sans doute pas exercé une telle influence. Mais le plus grand des philosophes du XXe siècle avait aussi un immense talent pour la vulgarisation des idées. C'est par ses pièces de théâtre *(Huis clos, Les Mouches*), ses nouvelles (*Le Mur)*, et ses romans *(Les Chemins de la liberté)*, qu'il s'est surtout fait connaître du grand public. A travers ces œuvres populaires, il a su rendre sa philosophie plus accessible. Ainsi, les spectateurs qui ont assisté à la représentation des *Mouches* en 1943, sous l'occupation allemande, ont reçu clairement l'appel de Sartre à la révolte contre l'oppresseur étranger et le régime d'ordre moral et social alors exercé par le gouvernement de Vichy.

L'existentialisme reposait sur un principe de base: «L'existence précède l'essence.» En d'autres termes, on ne possède en venant au monde qu'une existence physique. Ce que Sartre a appelé «l'essence», c'est-à-dire l'âme, le soi ou la personnalité, n'est ni inné, comme dans l'idéologie humaniste, ni accordé a priori par Dieu, comme dans la théologie chrétienne. Chaque être doit créer sa propre essence en effectuant des choix: la vie est une série d'actions, et l'essence vient de l'ensemble des choix qui déterminent ces actions. Selon Sartre, pour valider son essence individuelle, il faut agir «en bonne foi», c'est-à-dire écarter toute influence et toute motivation extérieures, choisir seul et agir pour soi-même; si les actions résultent de pressions sociales, d'un désir de faire plaisir à son entourage ou de l'adhésion à une doctrine particulière, on agit «en mauvaise foi», sacrifiant ainsi une portion de son essence puisqu'on livre une part importante de soi-même à cette force extérieure. On devient alors comme un morceau d'argile inerte, façonné entièrement par des mains étrangères. Celui qui agit en mauvaise foi retourne à l'état d'existence physique, comme un simple objet. Cette nécessité de lutter constamment pour se libérer des influences extérieures établit des rapports hostiles avec l'Autre.

Jean-Paul Sartre (1905–1980), écrivain et philosophe, a formé une génération entière d'intellectuels en France et ailleurs.

«L'enfer c'est les autres», telle est la grande découverte des personnages de la pièce *Huis clos.* En se laissant influencer et manipuler par le jugement et les opinions de «L'Autre», on fait nécessairement de sa vie un enfer. La capacité de réaliser son essence est constamment menacée par l'Autre, mais l'individu possède toujours la liberté totale de choisir. Or, toute décision prise de bonne foi est légitime; il n'y a pas de règles préexistantes. On détermine son essence soi-même. On ne peut certes pas maîtriser toutes les situations qui se présentent au cours de la vie, mais il faut reconnaître les limites de chacune pour y faire face, puisqu'à l'intérieur de ces limites, on dispose d'une liberté de choix totale. Pour illustrer cette théorie, Sartre a souvent, dans ses ouvrages, placé ses personnages dans des situations confinées, comme la cellule du prisonnier dans *Le Mur*, ou la pièce fermée à clef de *Huis clos*. Mais ces personnages restent libres de choisir, d'agir et donc d'influencer la nature de leur essence. Pour Sartre, l'homme est même «condamné à être libre», car la liberté totale s'accompagne d'une responsabilité totale. Si, pour choisir et agir de bonne foi, il faut se libérer des influences extérieures, on ne peut alors rendre personne d'autre responsable des conséquences de ses choix. Aucun groupe, aucune organisation, aucune doctrine n'est responsable pour l'individu: il est seul responsable de l'image qu'il crée de lui-même. L'individu ne peut surmonter la crise existentialiste qu'en comprenant, comme Roquentin, le héros de *La Nausée*, que s'il est comme la toile vierge avant que l'artiste ne commence à peindre, il est en fait aussi lui-même l'artiste.

Cette philosophie existentialiste a constitué le principal mouvement intellectuel de notre siècle. Elle a inspiré le théâtre de l'absurde d'Ionesco et de Genêt, le «nouveau roman» de Robbe-Grillet et de Sarraute, le féminisme, la théorie littéraire moderne, la déconstruction et le courant post-moderniste. Il existe même une psychiatrie existentialiste qui ne se concentre pas sur les causes du comportement, comme la psychiatrie freudienne, mais sur ce que l'individu peut faire de façon concrète pour modifier ce comportement.

Et pourtant, cette philosophie du monde moderne rejoint les idées de l'humanisme du XVIe siècle. Sartre a d'ailleurs écrit un traité intitulé *L'Existentialisme est un humanisme*. Mais l'humanisme existentialiste a éliminé l'aspect divin du monde, présentant l'homme seul avec ses angoisses. Il n'y a pas de «nature humaine» qui lie les hommes les uns aux autres car c'est chaque individu qui détermine son essence particulière. Mais l'élément central de la doctrine humaniste est bien la condition humaine et la capacité de l'individu à s'épanouir. Le grand mouvement des idées de la civilisation française est revenu ainsi à son point de départ.

Découvertes culturelles

1. Pourquoi la France des années 1920 et 1930 cherchait-elle de nouvelles valeurs morales?
2. Quel aspect de son talent d'écrivain explique le succès de Sartre auprès du grand public?
3. Composez une présentation de l'existentialisme en expliquant chacun des thèmes suivants: a)«L'existence précède l'essence»;
   b) La situation/le choix/l'action; c) La bonne foi/la mauvaise foi;
   d) «L'homme est condamné à être libre.»; e) «L'enfer c'est les autres.»

Témoignages culturels

Lecture 1

Jean-Paul Sartre, «*L'Existentialisme est un humanisme*»

Dans ce passage, Sartre s'est appliqué à souligner les différences importantes entre l'humanisme du XVIe siècle et l'aspect humaniste de la philosophie existentialiste.

On m'a reproché de demander si l'existentialisme était un humanisme. On m'a dit: mais vous avez écrit dans *La Nausée* que les humanistes avaient tort, vous vous êtes moqué d'un certain type d'humanisme, pourquoi y revenir à présent? En réalité, le mot humanisme a deux sens très différents. Par humanisme on peut entendre une théorie qui prend l'homme comme fin et comme valeur supérieure.... Cela supposerait que nous pourrions donner une valeur à l'homme d'après les actes les plus hauts de certains hommes.... L'existentialisme le dispense de tout jugement de ce genre: l'existentialiste ne prendra jamais l'homme comme fin, car il est toujours à faire.° Et nous ne devons pas croire qu'il y a une humanité à laquelle nous puissions rendre un culte.... C'est un humanisme dont nous ne voulons pas.

se réaliser

Jean Paul Sartre, *L'Existentialisme est un humanisme*, Les Editions Nagel, Paris, 1968.

Découvertes culturelles

1. Pourquoi les actes de certains hommes ne peuvent-ils pas servir à définir l'homme en général?
2. Pourquoi l'existentialiste se refuse-t-il à prendre l'homme comme fin?

Lecture 2

Jean-Paul Sartre, «*Huis clos*»

Dans cet extrait d'une des pièces les plus célèbres de Sartre, les personnages parlent de l'importance de l'action dans la philosophie existentialiste. Il faut agir pour devenir.

GARCIN	...Moi, je me foutais de l'argent, de l'amour. Je voulais être un homme. Un dur.° J'ai tout misé sur le même cheval. Est-ce que c'est possible qu'on soit un lâche° quand on a choisi les chemins les plus dangereux? Peut-on juger une vie sur un seul acte?	celui qui n'a peur de rien celui qui manque de courage
INES	Pourquoi pas? Tu as rêvé trente ans que tu avais du cœur; et tu te passais mille petites faiblesses parce que tout est permis aux héros. Comme c'était commode! Et puis, à l'heure du danger, on t'a mis au pied du mur et... tu as pris le train pour Mexico.	
GARCIN	Je n'ai pas rêvé cet héroïsme. Je l'ai choisi. On est ce qu'on veut.	
INES	Prouve-le. Prouve que ce n'était pas un rêve. Seuls les actes décident de ce qu'on a voulu.	
GARCIN	Je suis mort trop tôt. On ne m'a pas laissé le temps de faire *mes* actes.	
INES	On meurt toujours trop tôt—ou trop tard. Et cependant la vie est là, terminée; le trait est tiré,° il faut faire la somme. Tu n'es rien d'autre que ta vie.	la ligne est tracée

Jean-Paul SARTRE, *Huis clos*, cité dans *Anthologie de la littérature française*, éd. Leggewie, Tome I, Oxford University Press, 1990.

Découvertes culturelles

1. Pendant sa vie, Garcin s'est cru un héros; mais quelle est la seule façon pour l'homme de se définir?
2. Qu'est-ce que l'homme selon Sartre?

Activités d'expansion

Repères culturels

A. Avec quelle philosophie ou avec quelle période du mouvement des idées en France associez-vous chacun des repères suivants? Expliquez votre choix.

1. le principe du «libre examen»
2. la notion d'état de nature
3. le communisme
4. le nouveau roman
5. les châteaux de la Loire
6. la séparation de l'Eglise et de l'Etat
7. «le Grand Horloger»
8. les guerres de religion
9. le Front populaire
10. la nationalisation des moyens de production
11. *La Déclaration des droits de l'homme et du citoyen*
12. Constantinople

B. De qui s'agit-il? Découvrez l'identité de chacun des personnages évoqués. Expliquez votre choix.

1. le penseur qui a trouvé l'inspiration devant un poêle, pendant la guerre de Trente Ans
2. le roi qui a fait construire Chambord
3. un philosophe autodidacte
4. un philosophe diplômé de l'Ecole Normale Supérieure
5. le maître de Ferney
6. un penseur qui a parlé latin avant de parler français
7. un homme politique assassiné en 1914
8. un philosophe qui a participé activement à la Résistance
9. le meilleur ami d'Etienne de la Boétie
10. le philosophe dont les idées ont influencé la constitution américaine

C. Qui a dit...? Avec quel personnage important du mouvement des idées en France associez-vous les citations suivantes? Expliquez votre choix.

1. «Il faut cultiver notre jardin.»
2. «Que sais-je?»
3. «L'existence précède l'essence.»

4. «Tout est bien sortant de l'auteur des choses, tout dégénère entre les mains de l'homme.»
5. «Je pense, donc je suis.»
6. «Les lois... sont les rapports nécessaires qui dérivent de la nature des choses.»

D. Qui a écrit...? Qui est l'auteur de chacune des œuvres suivantes? Expliquez la contribution de chaque ouvrage au mouvement des idées.

1. *La Nausée*
2. *Candide*
3. *Emile*
4. *L'Etre et le néant*
5. les *Essais*
6. *La Nouvelle Héloïse*

E. La gauche libérale, qui a par la suite donné son essor au socialisme, est née avec la Révolution en 1789. Expliquez si chacune des périodes indiquées a été un moment favorable ou défavorable à l'épanouissement du libéralisme.

1. la Terreur
2. l'Empire de Napoléon Ier
3. la Restauration
4. la Révolution de 1830
5. l'essor de la bourgeoisie capitaliste
6. la Révolution de 1848
7. le Second Empire
8. la Commune
9. la IIIe République
10. la révolution industrielle

Quelques liens culturels

Discussion

1. Quels grands penseurs français ont recherché chez l'individu les solutions aux problèmes importants de la condition humaine?
2. La plupart des mouvements philosophiques ont souligné les caractéristiques ou les aptitudes de l'homme en général. En quoi la pensée de Sartre a-t-elle rompu avec cette tradition?
3. Expliquez en quoi l'assassinat de Jean Jaurès en 1914 a été symbolique de la tension qui existait depuis la Révolution de 1789 entre la droite et la gauche.

4. Selon Sartre, l'existentialisme a poursuivi la tradition humaniste qui remontait à la Renaissance. En quoi l'humanisme de Sartre diffère-t-il pourtant de celui de Montaigne?
5. Voltaire préconisait une monarchie constitutionnelle, une économie fondée sur le commerce et le luxe, et une pensée religieuse éclairée par la raison. Expliquez les différences fondamentales qui séparent sa doctrine de celle de Rousseau.
6. Quels principes de Rousseau ont inspiré la philosophie socialiste? Rousseau aurait-il approuvé la doctrine socialiste de Jaurès?

Mise en scène

1. Imaginez un débat entre Descartes et Sartre sur l'homme, la nature humaine et Dieu.
2. Voltaire revient sur terre de nos jours. Imaginez ses commentaires sur la société, la situation politique mondiale et le gouvernement de votre pays.

Activités écrites

1. Comparez deux penseurs français dont les idées vous semblent similaires.
2. Comparez deux penseurs français dont les idées vous semblent opposées.
3. Choisissez un pays démocratique moderne et faites une analyse du gouvernement et de la société de ce pays en prenant pour référence les idées de Montesquieu et de Rousseau sur la démocratie.

Perspectives interculturelles

A. La philosophie socialiste a-t-elle sa place dans le mouvement des idées de votre pays?

B. Humanisme, rationalisme, existentialisme—quelle est actuellement la tendance philosophique dominante dans votre culture?

C. Dans l'histoire de votre pays, y a-t-il eu au XXe siècle un penseur ou un homme politique qui, comme Jaurès, a été assassiné à cause de ses idées?

DOSSIER SIX

Les mouvements littéraires et artistiques

Les mouvements littéraires et artistiques

Dans l'ensemble, les mouvements littéraires et artistiques dominants d'une époque reflètent le climat politique et social de cette période: la Renaissance française et les guerres de religion qui sévissaient en ce temps-là, le XVIIe siècle classique et son absolutisme monarchique ainsi que le pessimisme existentialiste qui s'est manifesté à la suite de la Seconde Guerre mondiale offrent des exemples de ce phénomène. Avant d'aborder l'étude d'un style littéraire ou artistique, il est donc utile de se renseigner sur le contexte historique qui l'entoure. Cette approche semble, d'ailleurs, présenter un autre avantage: celui de donner à l'analyse des multiples genres artistiques un fil conducteur. En effet, même si la peinture, la sculpture, l'architecture, la musique et la littérature représentent des domaines individuels, elles suivent presque toujours les mêmes tendances culturelles. L'étude d'un mouvement artistique se doit donc de commencer par une prise en considération de l'ensemble des circonstances politiques et sociales dans lesquelles il s'est produit.

«Nature morte à la soupière» de Cézanne. Cézanne s'est attaché à produire un art à la fois cérébral et constructif en associant le travail de l'intellect à celui de l'œil.

(page précédente) Le Penseur *de Rodin (1840–1917)*

·I· Baroque

Nous utilisons aujourd'hui l'adjectif «baroque» à propos d'une idée ou d'un objet qui nous choque par sa bizarrerie. Mais dans le contexte historique, «baroque» désigne un style qui a pris naissance en Italie et est apparu en France pendant la Renaissance, se développant surtout pendant les dernières années du XVIe siècle et la première moitié du XVIIe. Marquée par l'effervescence et la profusion, l'esthétique baroque s'est appliquée à tous les domaines de l'art: en architecture, elle s'est caractérisée par un goût pour les lignes courbes et les masses colossales; en peinture, elle s'est exprimée avec vigueur par la disposition des objets et des personnages en diagonale sur la toile, des lignes souvent tourmentées et des perspectives en trompe-l'œil; en sculpture, elle s'est manifestée dans le dynamisme de figures saisies en plein mouvement et de corps féminins souples et drapés; en musique et en littérature, elle s'est traduite, surtout dans la chanson et dans la

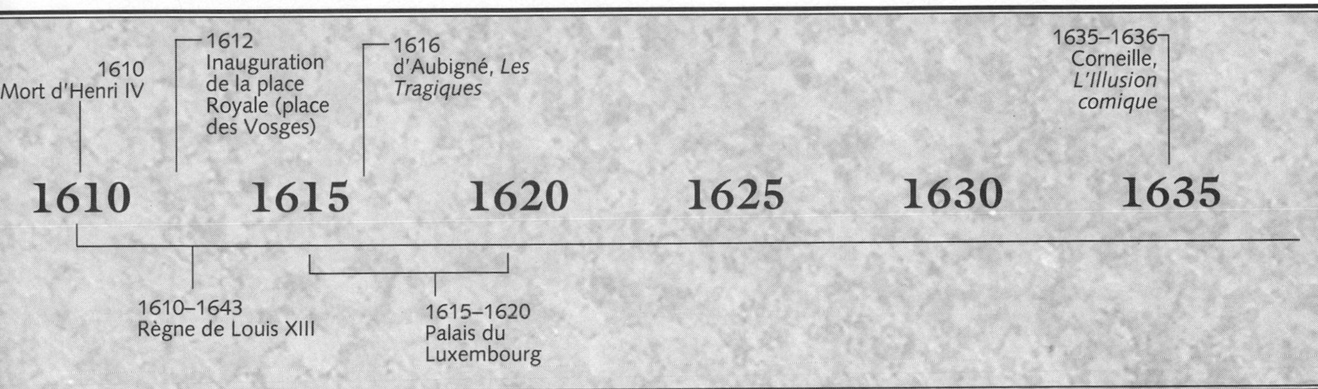

poésie, par la force des images pathétiques ou réalistes, la hardiesse des sentiments et la conviction passionnée de l'individu qui les exprimait.

Le baroque et la Renaissance sont étroitement liés l'un à l'autre. Le début du XVIe siècle, en France comme ailleurs dans le monde moderne, a constitué une période de transition qui s'est accompagnée d'une créativité nouvelle. François Ier (roi de 1515–1547), parti comme ses prédécesseurs Charles VIII (roi de 1483–1498) et Louis XII (roi de 1498–1515) faire la guerre en Italie, en a rapporté le goût pour l'art, l'érudition et le savoir-vivre que la Renaissance y avait produits. Grâce à ce monarque cultivé et raffiné et à sa sœur Marguerite de Navarre, une société seigneuriale s'est développée en France. L'aristocratie, s'inspirant du modèle italien, a entrepris la construction de demeures élégantes où se réunissaient, en plus des courtisans, les artistes, savants et penseurs que protégeait le seigneur du lieu. A la même époque, l'humanisme philosophique s'est diffusé à travers le royaume grâce à diverses écoles et collèges placés sous la protection royale, en marge de l'influence de l'Eglise et de la scolastique, alors enseignée depuis plusieurs siècles à la Sorbonne, qui avait pour but l'accord de la théologie et de la philosophie. Encourageant l'étude du latin, du grec et de l'hébreu, cet humanisme a ouvert l'accès aux textes anciens, y compris ceux de la Bible. Toutefois, cette vaste entreprise de libération intellectuelle et artistique a eu lieu à une période critique qui allait bientôt lui opposer la barbarie extrême des guerres de religion. Mais paradoxalement, les incertitudes et les angoisses suscitées par ces guerres civiles du XVIe siècle, en agitant profondément les esprits, ont provoqué un regain d'énergie, de passion et d'audace qui a permis aux artistes de s'aventurer plus avant dans l'expression de leur art.

Marie de Médicis (1573–1642), reine de France et régente à la mort d'Henri IV. Elle est entrée en conflit avec son fils Louis XIII et est morte en exil à Cologne.

La Réforme, qui a donné naissance au protestantisme, ainsi que la Contre-Réforme, la réaction catholique à cette tendance, correspondent donc à une période mouvementée qui a vu s'opposer, surtout sous Henri IV (roi de 1589–1610), puis pendant la régence de sa femme Marie de Médicis et le règne de leur fils Louis XIII (roi de 1610–1643), la monarchie, désireuse de consolider son pouvoir, et une société avide d'individualisme et rebelle aux efforts d'unification royale. Dans un sens, cette entreprise menée par les rois Bourbons sur le plan politique et social au début du XVIIe siècle a trouvé son équivalent sur le plan religieux dans la Contre-Réforme qui s'est engagée dans une régénération de l'Eglise catholique pour en affirmer l'orthodoxie. Le pouvoir royal s'est efforcé d'étouffer les voix qui se prononçaient trop manifestement en faveur de la liberté individuelle en leur imposant un ordre et des règles universels. L'exercice de ce contrôle allait aboutir à l'absolutisme en politique et au classicisme dans les arts.

Certains, pourtant, ont persisté dans la recherche d'une expression passionnée de l'honneur personnel, de l'amour et de la vie. Ce sont eux surtout qu'on a appelés «baroques»; leur influence s'est fait sentir dans tous les domaines, mais tout spécialement dans celui des arts décoratifs. C'est l'art religieux qui a fourni aux architectes et aux décorateurs à tendance baroque le plus d'occasions d'exercer leurs talents. On a bâti de nombreuses églises, on en a aussi transformé beaucoup, dans un désir de faire contrepoids à l'austérité du protestantisme. Mais l'éclat et l'ostentation baroques ont marqué aussi bien l'architecture civile que l'architecture religieuse, comme le montrent de nombreux palais et hôtels particuliers construits à Paris à cette époque.

Il semble donc y avoir eu, à la fin du XVIe et au début du XVIIe siècles, tout un ensemble de circonstances politiques, sociales et religieuses qui ont favorisé et nourri l'épanouissement de l'individu, de l'imagination et d'une nouvelle créativité chez les écrivains et les artistes qui ont exprimé leur passion sous des formes multiples, sans toutefois s'attarder sur les idées ou l'analyse philosophique. Ce sont ceux que l'on nomme «baroques», bien qu'ils aient formé un groupe beaucoup moins homogène que les classiques qui allaient leur succéder.

Découvertes culturelles

Choisissez dans la liste ci-dessous une idée qui complète chacune des phrases suivantes. Certains termes de la liste peuvent être employés plus d'une fois.

des perspectives en trompe-l'œil
les arts décoratifs
un goût pour les lignes courbes et les masses colossales
bizarre
la libération intellectuelle
des palais et des hôtels particuliers
les guerres de religion
des formes originales
l'architecture religieuse
l'ordre et l'harmonie
une créativité nouvelle
l'effervescence et l'individualisme
l'homogénéité
un manque d'organisation

1. Dans le langage courant, «baroque» est souvent synonyme de...
2. Quelques caractéristiques du style baroque sont...
3. En peinture, le baroque s'est caractérisé par...
4. En architecture, le baroque s'est caractérisé par...
5. Les aspects de la Renaissance qui ont contribué à l'essor du baroque sont...
6. Il peut sembler paradoxal que le développement du baroque ait été favorisé par...
7. La monarchie, à la fin de la Renaissance et au début du XVIIe siècle, s'est efforcée d'établir...
8. L'esthétique baroque s'est surtout exprimée dans...
9. Toutes les manifestations du baroque ont été caractérisées par...

Témoignages littéraires

Il a fallu attendre le XXe siècle pour que les critiques étendent la notion de baroque à la littérature. Jusque-là, on n'avait considéré cette exubérance de l'imagination et du style que dans le contexte des arts plastiques et de l'architecture. Aujourd'hui, on reconnaît, surtout chez certains écrivains du dernier quart du XVIe siècle et du premier tiers du XVIIe siècle, des inspirations et des caractéristiques communes qui permettent de regrouper des auteurs tels qu'Agrippa d'Aubigné, Théophile de Viau, Saint-Amant et même Pierre Corneille à ses débuts. Ainsi, tous se sont opposés à une stricte adhésion à la logique, enchaînant souvent leurs images selon une liberté lyrique qui ne suivait pas forcément le développement linéaire et rationnel que prôneraient les classiques. Le contraste entre la subtilité de la pensée et le réalisme des images qui servaient à l'illustrer, l'antithèse des sentiments, la fantaisie et une extrême sensibilité constituent les principaux traits communs aux divers écrivains baroques.

Lecture 1

Agrippa d'Aubigné, *«Les Tragiques»*

Agrippa d'Aubigné (1552–1630), poète et soldat huguenot, a composé un très long poème en sept livres, *Les Tragiques* (1616), véritable épopée dans laquelle il a exprimé toute la ferveur de sa foi protestante. Passionné, assoiffé de justice, et d'un fanatisme ardent, tel apparaît l'auteur de cette fresque gigantesque, démesurée, et tout à fait représentative en même temps de l'intolérance de son époque. La France y est décrite comme une mère dont les deux fils jumeaux, l'un catholique, l'autre réformé, s'entre-déchirent.

Livre I, *Misères*

Je veux peindre la France une mère affligée,°
Qui est, entre ses bras, de deux enfants chargée.
Le plus fort, orgueilleux, empoigne° les deux bouts
Des tétins° nourriciers; puis, à force de coups
D'ongles, de poings, de pieds, il brise le partage
Dont nature donnait à son besson° l'usage;
Ce voleur acharné, cet Esau° malheureux,
Fait dégât du doux lait qui doit nourrir les deux,

chagrinée
saisit
seins
jumeau
frère de Jacob

Si° que, pour arracher à son frère la vie,
Il méprise la sienne et n'en a plus d'envie.
Mais son Jacob, pressé° d'avoir jeûné meshui°
Ayant dompté° longtemps en son cœur son ennui,°
A la fin se défend, et sa juste colère
Rend à l'autre un combat dont le champ est la mère.

si bien que

fatigué / aujourd'hui

maîtrisé / douleur cruelle

Agrippa d'Aubigné, *Les Tragiques*, éd. A. Garnier et J. Plattard, Paris, 1932–1933, 4 vol. dans *XVIe Siècle*, Lagarde et Michard.

Découvertes culturelles

1. A quelle époque a-t-on commencé à parler d'une tendance baroque dans le domaine de la littérature?
2. Citez trois caractéristiques de la littérature baroque.
3. Au service de quels thèmes d'Aubigné a-t-il, dans cette œuvre, appliqué une stylistique typiquement baroque?
4. Que symbolisent les deux enfants du poème?
5. Relevez quelques images de ce poème qui offrent de bons exemples du style baroque.

Lecture 2

Pierre Corneille, *«L'Illusion comique»*

Pierre Corneille (1606–1684), dont le nom reste lié aux débuts du théâtre classique, a d'abord produit une série de pièces qui permettent de le ranger parmi les écrivains baroques, du moins pendant sa jeunesse. *L'Illusion comique*, représentée à Paris en 1636, à peine quelques mois avant sa très célèbre tragi-comédie *Le Cid*, en est un bon exemple. Cette comédie met en scène un personnage haut en couleurs, le capitaine Matamore, qui se glorifie de prétendus exploits guerriers et se consume d'amour pour la jeune Isabelle. Cette parodie du soldat fanfaron, caricature de l'héroïsme véritable que Corneille allait peindre dans d'autres pièces, révèle déjà la vigueur et la richesse verbale de l'écrivain. Par ailleurs, une fantaisie toute baroque semble avoir inspiré la pièce dont le prologue, les cinq actes et l'épilogue proposent une profusion de sujets comiques et tragiques sans lien logique apparent.

Dans la scène qui va suivre, Matamore, amoureux d'Isabelle, répond avec sa vantardise coutumière à Clindor, son serviteur, qui est lui-même épris de la jeune fille.

Acte II, Scène II

Clindor — Quoi! monsieur, vous rêvez! et cette âme hautaine,°
Après tant de beaux faits, semble être encore en peine!
N'êtes-vous point lassé d'abattre° des guerriers
Et vous faut-il encor quelques nouveaux lauriers?°

Matamore — Il est vrai que je rêve, et ne saurais résoudre
Lequel je dois des deux le premier mettre en poudre,
Du grand sophi° de Perse, ou bien du grand mogor.°

Clindor — Eh! de grâce, monsieur, laissez-les vivre encor.
Qu'ajouterait leur perte à votre renommée?
D'ailleurs, quand auriez-vous rassemblé votre armée?

Matamore — Mon armée? Ah, poltron!° ah, traître! pour leur mort
Tu crois donc que ce bras ne soit pas assez fort?
Le seul bruit de mon nom renverse° les murailles,
Défait les escadrons,° et gagne les batailles.
Mon courage invaincu contre les empereurs
N'arme que la moitié de ses moindres fureurs;
D'un seul commandement que je fais aux trois Parques,°
Je dépeuple l'Etat des plus heureux monarques;
La foudre est mon canon, les Destins mes soldats:
Je couche d'un revers° mille ennemis à bas.
D'un souffle je réduis leurs projets en fumée;
Et tu m'oses parler cependant d'une armée!
Tu n'auras plus l'honneur de voir un second Mars;°
Je vais t'assassiner d'un seul de mes regards,
Veillaque:° toutefois, je songe à ma maîtresse;
Ce penser m'adoucit: Va, ma colère cesse,
Et ce petit archer° qui dompte° tous les Dieux
Vient de chasser la mort qui logeait dans mes yeux.
Regarde, j'ai quitté cette effroyable mine°
Qui massacre, détruit, brise, brûle, extermine;
Et pensant au bel œil qui tient ma liberté,
Je ne suis plus qu'amour, que grâce, que beauté.

Pierre Corneille, *L'Illusion comique*, Classiques Larousse, 6e éd., 1937.

orgueilleuse
faire tomber
récompenses
souverain perse / souverain mongol
couard
démolit
bataillons
divinités romaines
coup donné avec le dos de la main
dieu romain de la guerre
homme vil
Amour lançant ses flèches / maîtrise
apparence

Découvertes culturelles

1. A quelle période de sa carrière Corneille a-t-il pu être considéré comme un auteur baroque?
2. De quoi Corneille se moque-t-il dans *L'Illusion comique*?

3. Quels sont les aspects baroques de cette pièce?
4. En quoi le personnage de Matamore est-il représentatif du climat politique et social de la période baroque?

Témoignages artistiques

Peinture

Beaucoup de peintres étrangers se sont installés en France à cette époque et leur œuvre a influencé le style baroque français. Ainsi le Flamand Rubens, créateur du baroque nordique, et qui s'était aussi formé en Italie, a réalisé de somptueuses compositions pour diverses églises françaises, ainsi que pour le palais du Luxembourg à Paris. Parmi les Français, Georges de La Tour (1593–1652) a été un des grands représentants de la peinture baroque en France. Auteur de tableaux religieux (voir la *Nativité*), il s'est aussi consacré à la peinture profane, figurant des scènes de la vie quotidienne des gens du peuple dramatisées par de puissants contrastes d'ombres et de lumière. Son contemporain Simon Vouet (1590–1649), peintre de Louis XIII et du cardinal de Richelieu, qui avait séjourné quinze ans en Italie, s'est surtout signalé par d'amples sujets religieux. *La Présentation de Jésus au temple* [Figure 2], une composition en diagonale aux effets de perspective en trompe-l'œil, éblouissante de lumière, porte les traces du style baroque qui a marqué la première partie de la carrière de Vouet aussi bien que celle de Georges de La Tour avant que tous deux n'évoluent vers le classicisme.

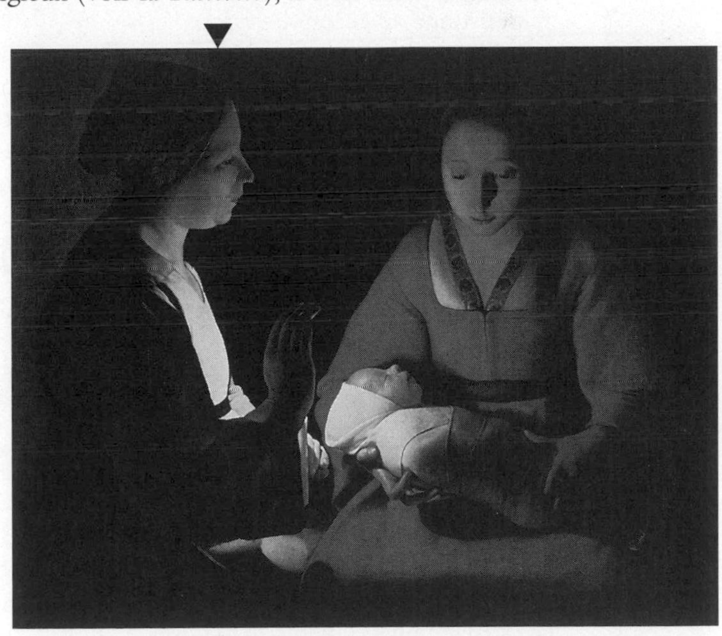

G. de La Tour, «Nativité», musée des Beaux-Arts, Rennes. La lumière joue un rôle central dans cette peinture que l'artiste appelle une «nocturne».

Architecture

Peu d'années avant sa mort, Henri IV, très épris d'urbanisme, avait conçu le projet de faire construire à Paris, dans le quartier du Marais, une place carrée entourée d'hôtels particuliers. En 1612, l'endroit a été inauguré sous le nom de place Royale, aujourd'hui place des Vosges [Figure 3]. Les demeures qui l'entourent, au rez-de-chaussée à arcades, présentent toutes une façade où alternent la pierre et un revêtement de brique. Les aristocrates qui les occupaient alors ont donné libre cours à leurs goûts personnels en faisant décorer les intérieurs par les grands artistes du jour. La vie élégante du début du XVIIe siècle s'y déroulait, sous des plafonds magnifiques (certains dûs au jeune peintre Le Brun qui allait décorer le château de Versailles), dans un environnement qui reflétait la fantaisie des habitants.

Après la mort d'Henri IV, Marie de Médicis a demandé à l'architecte Salomon de Brosse de lui construire ce qui allait s'appeller le palais du Luxembourg (1612–1620) [Figure 4]. La demeure de la reine-mère s'inspirait de près du palais Pitti, à Florence, où elle avait passé son enfance. On y trouve des niches dans les murs destinées à recevoir des statues, des colonnes décorées d'anneaux, des chapiteaux d'inspiration romaine et surtout une des premières coupoles qui soit apparue dans l'horizon parisien. Du même architecte, la fontaine Médicis (1624), à côté du palais, témoigne aussi du style italien si caractéristique du baroque français.

Mais c'est surtout l'architecture religieuse qui a fourni les meilleurs exemples du baroque à Paris. La Contre-Réforme en France a donné lieu à la construction et à l'embellissement de nombreuses églises. Les ordres religieux, qui soutenaient financièrement ces travaux, connaissaient bien, en général, l'architecture italienne et espagnole dont les artistes français devaient s'inspirer. Ainsi, l'eglise du Gesù à Rome a servi de modèle aux jésuites pour la construction de leur église Saint Paul-Saint Louis (1627–1641) à Paris [Figure 5]. La façade à trois étages, trop restaurée au XIXe siècle, était magnifiquement baroque; mais la grande nouveauté de ce style, désormais appelé «style jésuite», consistait surtout dans le dôme dont la coupole est surmontée d'un lanternon. Prêtre et architecte, le Père Martellange a, avec cette église, été l'initiateur en France de cette mode du baroque romain qui allait être reprise, presque immédiatement, par deux autres architectes, Lemercier et Mansart.

La chapelle de la Sorbonne (1635–1642) a été conçue par Lemercier sur le modèle de Saint Paul-Saint Louis avec, cependant, d'importantes modifications. La façade, par exemple, ne présente que deux ordres de colonnes superposés au lieu de trois, ce qui rend son dôme plus visible [Figure 6].

C'est à l'hôpital du Val-de-Grâce que Lemercier et François Mansart ont construit la plus romaine des églises de Paris (1645–1665). Les caractéristiques du baroque, comme le dôme magnifique avec sa haute coupole décorée, y sont plus manifestes qu'à la Sorbonne. L'influence italienne est surtout en évidence dans la voûte sculptée de la nef ainsi que dans le baldaquin à colonnes torses (contournées en spirale—voir page 293) qui rappelle celui de l'architecte italien Bernini à Saint-Pierre de Rome.

La chapelle de l'hôpital du Val-de-Grâce à Paris. La coupole du dôme laisse entrer une profusion de lumière au-dessus du baldaquin qui ressemble, en miniature, à celui de Bernini à Saint-Pierre de Rome.

Sculpture

A cette époque, la population française était en majorité paysanne et catholique. La vie quotidienne de ces Français, le plus souvent ignorants et superstitieux, était généralement dure, et la religion leur fournissait en quelque sorte un moyen d'évasion: une église richement décorée de pilastres, de guirlandes, de pots-à-feu, de corbeilles, de statues peintes de couleurs vives, semblait leur donner un avant-goût du paradis. Le mobilier intérieur de l'église avec ses stalles, ses confessionnaux, sa chaire, tout embellis de sculptures d'anges, de saints, de coquilles et autres ornements, ajoutait à l'influence du style baroque de l'ensemble. Cette mode a donc connu un rayonnement partout en France grâce, surtout, à l'Eglise catholique et à l'intérêt que celle-ci portait à l'expression concrète et imagée de la spiritualité et de la sensibilité de ses fidèles.

«Milon de Crotone» de P. Puget. L'esthétique baroque privilégie le mouvement dans les arts plastiques.

Dans le domaine de la sculpture profane, deux noms se sont imposés, ceux de Jean Goujon (v. 1510–1566) et de Pierre Puget (1620–1694). Le premier a plutôt appartenu à la Renaissance, mais ses figures féminines drapées, comme saisies en plein mouvement, annonçaient déjà le baroque. Goujon a travaillé au palais royal du Louvre où, dans la salle des Cariatides, il a sculpté les énormes colonnes en forme de statues féminines qui supportaient la tribune des musiciens. A Paris également, la fontaine des Innocents [Figure 7], qu'il a achevée en 1549, présente des figures de nymphes qui rappellent la grâce des cariatides du Louvre. Pour sa part, le Marseillais Pierre Puget a puisé son inspiration dans les figures tragiques de l'Antiquité: son *Milon de Crotone* représente le célèbre athlète au moment où celui-ci, dans la douleur et l'effort, cherche à se libérer des bêtes sauvages qui le dévorent. A Toulon, ses *Atlantes*, sorte de version masculine des cariatides, aux torses énormes et aux bras contournés, témoignent de la puissance et de l'originalité de ce sculpteur baroque.

Découvertes culturelles

Choisissez dans la liste ci-dessous la description qui correspond à chacun des éléments suivants:

les tableaux de Georges de La Tour	les sculptures de Jean Goujon
les tableaux de Simon Vouet	les sculptures de Pierre Puget
la place des Vosges	le palais du Luxembourg
l'église Saint Paul-Saint Louis	l'art décoratif religieux
le Val-de-Grâce	le prêtre et architecte, Père Martellange

1. une voûte sculptée et un baldaquin à la Bernini
2. des compositions en diagonale aux perspectives en trompe-l'œil
3. la mode du baroque romain introduit en France
4. des façades où alternent la pierre et un revêtement de brique
5. des figures tragiques de l'Antiquité
6. des scènes réalistes marquées par des contrastes d'ombre et de lumière
7. inspiré du palais Pitti et orné de coupoles
8. un dôme surmonté d'un lanternon
9. des figures féminines drapées et saisies en plein mouvement
10. un mobilier intérieur orné de sculptures d'anges, de saints et de coquilles

·II· Classicisme

Pour beaucoup de nos contemporains, le classicisme français est synonyme d'équilibre et d'harmonie dans les arts, de raffinement aristocratique dans la société, de lucidité et d'ordre dans la pensée, et d'autocratie dans le gouvernement exercé par le roi. Il s'agit là d'une généralisation à nuancer et à préciser, car le Grand Siècle de Louis XIV ne se résume pas aussi aisément.

Il faut tout d'abord noter que le XVIIe siècle en France, en dépit de son uniformité apparente, a été marqué par une série de changements importants dans la vie quotidienne des Français, qui se sont répercutés sur les mouvements artistiques et littéraires. A une époque antérieure, sous Henri IV et Louis XIII, par exemple, la haute société avait patronné architectes, peintres et sculpteurs. Beaucoup d'écrivains de cette période étaient eux-mêmes issus d'un milieu aristocratique. Les nobles avaient ainsi imprimé sur la production artistique un idéal de beauté qui reflétait leur désir d'ostentation et leur goût pour le décor,

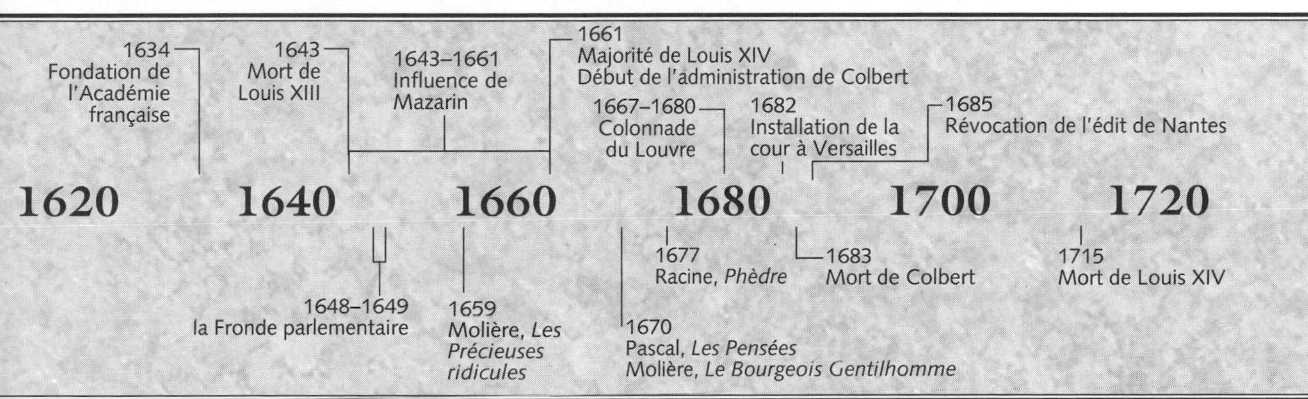

et c'est surtout à la ville que cette évolution s'est manifestèe. Jusqu'en 1682, année où Versailles est devenu résidence officielle du roi, la culture a donc continué à venir principalement de Paris.

Mais à cette même époque, dans le domaine culturel, la bourgeoisie allait commencer à affirmer ses goûts. Peu à peu, au cours du Grand Siècle, petits et moyens bourgeois ont exprimé leur attirance pour une littérature et un art à leur image, rejetant cette passion du changement, du mouvement et de l'incertitude qui avaient marqué la fin du XVIe et le début du XVIIe siècles. Pour eux, le baroque n'avait été que trompe-l'œil, illusion et déguisement.

Grâce au grand homme d'Etat Colbert, issu d'une famille de marchands, la bourgeoisie allait réaliser son désir de voir s'installer en France une esthétique fondée sur le bon sens, l'esprit conservateur et la vertu de l'économie si vénérés par la classe moyenne. On pourrait s'étonner de ce que Louis XIV, en dépit de l'opposition venant de l'Eglise et de la noblesse, ait permis à la bourgeoisie d'imposer ses goûts. Mais il faut prendre en compte la réalité politique pour comprendre ce phénomène: la bourgeoisie s'était alliée à la noblesse lors de la Fronde parlementaire de 1648–49 contre le ministre Mazarin et la montée de l'absolutisme; le roi, sachant à quel point la bourgeoisie désirait éviter tout ce qui risquait de menacer l'équilibre du pays, a donc préféré s'entourer de bourgeois qui, tout en s'enrichissant, contribuaient à assurer la grandeur et la stabilité commerciale du royaume. Les 20 années de l'administration de Colbert, qui ont commencé en 1661, ont ainsi coïncidé avec l'apogée du règne de Louis XIV.

Colbert est mort en 1683. La cour venait de s'installer au château de Versailles; progressivement, le roi s'est isolé de Paris, se coupant par là même de l'influence bourgeoise qui avait été si salutaire à la santé économique de la France. La cour de Versailles, composée de la haute noblesse, n'allait plus passer son temps qu'à se disputer distinctions et honneurs, à servir et distraire un monarque devenu intransigeant et omnipotent. Cérémonie, prestige et étiquette ont fait de Versailles le symbole d'une civilisation. Malgré les difficultés financières causées par les crises monétaires et industrielles, les calamités naturelles et les nombreuses guerres, Louis XIV s'est surtout consacré à l'embellissement de son palais, devenu sa plus grande passion.

S'il est indispensable de tant insister sur les rapports entre, d'une part, les conditions politiques et sociales du XVIIe siècle et, d'autre part, l'évolution des goûts artistiques et littéraires de cette époque, c'est que jamais auparavant dans l'histoire de la France ces deux domaines n'avaient été autant liés; sous Louis XIII, la création de l'Académie française par le Cardinal Richelieu, en 1634, est un des premiers grands exemples de ce phénomène. Cette institution, qui visait à encourager les belles-lettres ainsi qu'à réglementer et améliorer la langue française, est bientôt devenue l'arbitre du goût en France, imposant une discipline contre la facilité et les excès qui risquaient de menacer, surtout en littérature, l'expression des grandes idées. Cette discipline devait servir à purifier et à approfondir l'inspiration des écrivains afin qu'ils produisent une littérature en harmonie avec le goût des honnêtes gens, c'est-à-dire un public poli et relativement cultivé. En 1663, Colbert a fondé l'Académie des inscriptions et belles-lettres qui se consacre encore aujourd'hui aux ouvrages historiques et archéologiques, puis, en 1666, l'Académie des sciences, pour les études de chimie, de mathématiques et de physique. D'autres académies créées par Mazarin ou par Colbert au cours du siècle, pour couvrir les domaines de la peinture, de la sculpture, de la gravure et de la musique, ont été regroupées en une seule Académie des beaux-arts après la Révolution.

Jean-Baptiste Colbert, ministre de Louis XIV, incarne l'image d'un bourgeois économe qui a favorisé le commerce et l'industrie.

Pour bien comprendre les rapports entre les traits fondamentaux du classicisme et la société qui les a adoptés, il est utile d'examiner une série de questions. Tout d'abord, le XVIIe siècle de René Descartes (qui a laissé à la postérité l'adjectif «cartésien», synonyme de «clair et logique») a-t-il été dominé par une sorte de culte de la raison? Plutôt que de se représenter une société pour qui le rationalisme serait devenu une règle absolue, il est préférable de recourir à la notion de mesure, c'est-à-dire une opposition ferme et raisonnée aux excès. Ainsi, il faut s'attendre à trouver dans une œuvre classique harmonie, ordonnance intellectuelle et lucidité. Mais c'est surtout par le bon sens d'un ouvrage que se définit son caractère «rationaliste».

Pour autant, le rationalisme n'a-t-il pas eu tendance à tout subordonner à l'intelligence? Le souvenir de la violence qui avait marqué la vie des Français pendant les guerres civiles de la deuxième moitié du XVIe siècle, permet d'expliquer en partie que, par la suite, la société ait tendu à se replier sur elle-même, s'efforçant de mieux comprendre les sentiments et les motivations de l'homme. Il n'est donc pas surprenant de rencontrer au XVIIe siècle un désir d'approfondir les connaissances de l'humanité au moyen de l'analyse, forcément intellectuelle, de soi et des autres.

La religion catholique et l'Eglise réformée (protestante) ont-elles aussi contribué au développement de l'intellectualité qui a marqué le classicisme? Chez les nombreux catholiques formés par les jésuites, on apprenait à pratiquer l'examen de conscience pour se préparer à la confession de ses péchés. De leur côté, les protestants croyaient au libre examen individuel des Ecritures sous l'inspiration du Saint-Esprit et de l'Evangile. Un troisième groupe, celui des jansénistes, a beaucoup marqué l'évolution de la pensée à cette époque. Mouvement de réforme intellectuel et austère au sein du catholicisme, comparable à une sorte de «puritanisme» en France, le jansénisme a exercé une grande influence sur les jeunes esprits, surtout dans les écoles qui dispensaient ses enseignements. On y apprenait à mener une vie selon les thèses jansénistes de l'efficacité de la grâce et de la prédestination, en se conformant à la pratique de la méditation, de la mesure et de la sobriété. Les jansénistes, rapidement devenus ennemis des jésuites, seraient condamnés par le pape et finalement expulsés par le roi, mais non sans avoir laissé leur empreinte de rigueur intellectuelle et morale sur les valeurs classiques de leurs contemporains. L'intellectualité, ce goût de l'analyse de soi si étroitement associé au classicisme, se comprend donc mieux à la lumière de certaines influences religieuses en vigueur à cette époque.

Une esthétique comme celle du classicisme, qui accordait une si grande importance à l'analyse du comportement humain, ne risquait-elle pas de mener à une trop grande abstraction, à une description trop intellectualisée et générale de l'homme? Il est vrai que les classiques se sont concentrés davantage sur les traits communs aux humains en général, ou sur le caractère exemplaire de certains personnages, plutôt que sur leur individualité proprement dite. Mais derrière l'idéologie qui les a poussés vers cette sorte d'impersonnalité, il faut voir la véritable motivation des classiques, à savoir la volonté de parvenir à une espèce d'universalité dans les lettres et les beaux-arts. S'intéresser à un individu parce qu'il amusait ou parce qu'il attirait l'attention par son originalité n'apportait rien en profondeur. Mais dégager l'universel du particulier permettait à l'artiste de livrer à son public un type, c'est-à-dire un modèle qui pouvait lui servir à comprendre ou à modifier ses manières de sentir et d'agir. Selon ce principe, l'art s'est donc appliqué à mettre en évidence les émotions, les sensibilités et les raisonnements à travers lesquels chacun pouvait se reconnaître. L'ouvrage littéraire ou artistique est alors devenu l'interprète de certains types absolus de vérité ou de beauté, prenant ainsi un caractère universel. Et c'est cette universalité même qui, selon les principes classiques, devait lui conférer cette grandeur jusqu'alors réservée aux œuvres qui, depuis l'Antiquité, avaient frappé le public par l'évidence de leur vérité.

Mais un art qui se veut universel doit adopter des principes d'organisation et un système de règles qui harmonisent ses pratiques. Or, les normes qui gouvernaient l'esthétique classique ne risquaient-elles pas de gêner l'épanouissement de l'esprit et de l'imagination? Pour ce qui est de la littérature, il faut tout d'abord éviter de réduire les règles du classicisme au principe dramatique des trois unités: de temps (la pièce se développe en l'espace d'une journée), de lieu (elle se développe dans le même édifice ou, au moins, dans la même ville) et d'action (elle se développe en une seule action principale). En réalité, la règle des trois unités ne s'appliquait qu'à la tragédie et non aux autres genres. Le principe généralement suivi était celui de la pureté des genres, contrairement au modèle shakespearien dans lequel un passage comique venait interrompre une suite de scènes tragiques. Par ailleurs, tout excès susceptible de diminuer l'impact des idées qui inspiraient une œuvre devait être écarté. Ainsi, conformément aux goûts des honnêtes gens qui formaient le public de l'époque, les auteurs respectaient ce qu'on appelait les bienséances, c'est-à-dire les convenances du langage ou des gestes, qui n'existaient que pour assurer l'équilibre entre l'œuvre et le public, la matière et l'expression, la grande règle étant tout simplement de plaire.

Une idéologie qui cherche à être agréable ne risque-t-elle pas de produire un art superficiel? Cela est vrai seulement si la production artistique ne vise pas plus loin. Mais selon les classiques, l'art a un autre but: celui d'enseigner. Pour Corneille, il fallait plaire tout en faisant œuvre utile; Molière s'est appliqué à corriger l'homme en le faisant rire; et Racine a écrit dans la préface de sa tragédie *Bérénice*: «la principale règle est de plaire et de toucher». Un art qui enseigne, voilà ce que recherchaient un public et des artistes persuadés de la mission édificatrice de l'œuvre. Mais il fallait aussi se garder des excès d'un art purement moralisateur. Les artistes n'étaient pas des prédicateurs d'église: ils étaient comme tout le monde, comme les honnêtes gens du public qui les suivait. Leur rôle n'était pas de sermonner, mais de convaincre par la vérité et l'authenticité psychologique de leur art.

Louis XIV invite Molière à déjeuner avec lui.
On remarque la présence de la cour qui assiste aux repas publics du souverain.

Mais comment parler d'authenticité alors que la grande majorité des personnages imaginés par les classiques étaient tirés de l'Antiquité grecque et romaine? Il suffit de se rappeler que les humanistes du XVIe siècle, déjà, avaient mis à la mode le culte des anciens. Dans quel but les classiques l'ont-ils entretenu à leur tour? Tout d'abord, les artistes voulaient se donner des ancêtres illustres. Par ailleurs, si Esope et Euripide avaient si bien réussi dans le domaine de l'analyse des idées et des passions de leurs contemporains, ne méritaient-ils pas d'être imités par ceux qui, plusieurs siècles plus tard, restaient fidèles à leurs principes? On admirait l'Antiquité, on la respectait, on y trouvait même des valeurs profondes, universelles et intemporelles. Le monde auquel on s'attachait et qu'on voulait comprendre était le monde moderne; mais, pour mener à bien cette analyse, un sujet, un personnage ou même un texte déjà proposé par les Anciens, présentait l'avantage d'avoir été consacré par le temps, ce qui le rendait plus fiable. Le classicisme, en effet, était épris de permanence; plus l'artiste éliminerait de ses œuvres les éléments simplement pittoresques, étonnants ou marqués par l'actualité, mieux il parviendrait à représenter des états d'âme, des valeurs, un esprit, et une beauté susceptibles de survivre dans les siècles futurs.

Découvertes culturelles

Choisissez l'idée qui complète le mieux chacune des phrases suivantes:

1. Dans la première partie du XVIIe siècle, avant le règne de Louis XIV,...
   a) c'est l'aristocratie qui régissait la production artistique.
   b) la culture émanait de la cour de Versailles.
2. Sous l'administration de Colbert,...
   a) le style baroque a continué de dominer la production artistique.
   b) la bourgeoisie a commencé à influencer le développement d'un nouveau style fondé sur la stabilité, l'équilibre et la concision.
3. Quand Louis XIV a installé la cour à Versailles,...
   a) la bourgeoisie a continué d'exercer une influence dominante sur les affaires et les arts en France.
   b) l'influence culturelle de Paris a diminué parce que la noblesse ainsi confinée ne s'attachait plus qu'à servir et à amuser le roi.
4. Le classicisme a emprunté au cartésianisme son goût pour...
   a) la mesure, l'harmonie et la lucidité.
   b) l'illusion, le changement et le mouvement.
5. Après la confusion et l'agitation de la première moitié du XVIIe siècle, la période classique s'est appliquée à...
   a) mieux comprendre les motivations de l'homme afin d'éviter les excès du passé.
   b) prôner l'individualisme en soulignant l'importance de l'action dans le développement personnel de l'individu.
6. Le classicisme s'est appliqué à souligner les caractéristiques de la nature humaine pour démontrer...
   a) l'individualité de chaque être humain.
   b) l'universalité des grandes questions et des comportements profonds de l'humanité.
7. Parmi les règles de la littérature classique, la seule qu'on ait généralement respectée est celle...
   a) qui interdisait le mélange des genres.
   b) des trois unités de temps, de lieu et d'action.
8. Les auteurs classiques s'inspiraient souvent des Anciens pour...
   a) introduire dans leurs œuvres des éléments pittoresques et étonnants.
   b) insister sur la permanence et l'universalité de certaines valeurs.

Témoignages littéraires

Pascal

Mathématicien, physicien, philosophe et écrivain, Blaise Pascal (1623–1662) a marqué l'histoire de la pensée française par son génie. Ayant entrepris très tôt de nombreuses expériences, il a inventé à 19 ans une machine à calculer, découvert à 25 ans le principe du vide et celui de la pression atmosphérique, et fondé quelques années plus tard le calcul des probabilités.

Parallèlement à cette profusion de travaux scientifiques, Pascal s'est aussi largement consacré à la philosophie et à la théologie.

Gravure du XIXe siècle de B. Pascal

Très proche des jansénistes de Port-Royal mais aussi, pendant une période, de la société mondaine de son époque, il a longtemps cherché à comprendre les mécanismes du comportement humain, centrant sa réflexion sur la situation de l'homme par rapport au monde et à Dieu. Pendant les cinq dernières années de sa vie, il a ainsi travaillé à une «Apologie de la religion chrétienne» qu'il n'a jamais pu terminer. A sa mort, les centaines de notes destinées à cette œuvre inachevée ont servi de base à la publication, en 1670, des *Pensées de M. Pascal sur la religion et sur quelques autres sujets*, sous la direction des religieux de Port-Royal. Diverses éditions des *Pensées* se sont succédé, mais ce n'est qu'au début du XXe siècle que paraîtrait l'édition la plus complète.

Lecture

Blaise Pascal, «*Les Pensées*»

Dans cet ouvrage, Pascal a représenté l'homme égaré, vacillant entre deux extrêmes qu'il a appellés «les deux infinis»: l'infiniment grand de l'espace et l'infiniment petit des particules. Par ailleurs, il a montré que si l'homme était misérable par sa situation dans l'univers, il était grand par sa capacité à penser. Pascal croyait à la perfectibilité de l'homme, à sa noblesse, et à son désir de résoudre l'énigme de sa propre nature.

Les extraits suivants exposent certaines de ses «pensées» sur ce sujet. Son admirable lucidité et la clarté de sa prose lui ont assuré une place parmi les grands écrivains classiques. Son exploration systématique des forces et surtout des faiblesses de la nature humaine s'inscrivent tout à fait dans la recherche de valeurs universelles qui a marqué le classicisme. Mais c'est surtout en raison de l'harmonie entre l'auteur et son milieu, de l'immense bon sens qui domine ses propos, que Pascal continue d'occuper une place de choix dans l'histoire du mouvement classique.

Pensée 347

L'homme n'est qu'un roseau, le plus faible de la nature; mais c'est un roseau pensant. Il ne faut pas que l'univers entier s'arme pour l'écraser: une vapeur, une goutte d'eau, suffit pour le tuer. Mais, quand° l'univers l'écraserait, l'homme serait encore plus noble que ce qui le tue, parce qu'il sait qu'il meurt, et l'avantage que l'univers a sur lui, l'univers n'en sait rien.

quand: dans l'éventualité où

Toute notre dignité consiste donc en la pensée. C'est de là qu'il faut nous relever, et non de l'espace et de la durée, que nous ne saurions remplir. Travaillons donc à bien penser: voilà le principe de la morale.

Pensée 348

Ce n'est point de l'espace que je dois chercher ma dignité, mais c'est du règlement de ma pensée. Je n'aurai pas davantage en possédant des terres: par l'espace, l'univers me comprend et m'engloutit° comme un point; par la pensée, je le comprends.

m'engloutit: dévore

Pensée 397

La grandeur° de l'homme est grande en ce qu'il se connaît misérable. Un arbre ne se connaît pas misérable.

grandeur: puissance

C'est donc être misérable que de [se] connaître misérable; mais c'est être grand que de connaître qu'on est misérable.

Pensée 418
Il est dangereux de trop faire voir à l'homme combien il est égal aux bêtes, sans lui montrer sa grandeur. Il est encore dangereux de lui trop faire voir sa grandeur sans sa bassesse. Il est encore plus dangereux de lui laisser ignorer l'un et l'autre. Mais il est très avantageux de lui représenter l'un et l'autre. Il ne faut pas que l'homme croie qu'il est égal aux bêtes, ni aux anges, ni qu'il ignore l'un et l'autre, mais qu'il sache l'un et l'autre.

Blaise PASCAL, *Les Pensées,* éd. L. Brunschvicg, Paris, 1897, dans *XVIIe Siècle*, Lagarde et Michard.

Découvertes culturelles

Développez chacune des affirmations suivantes en ajoutant des renseignements supplémentaires.

1. Pascal a été un grand esprit scientifique en même temps qu'un fervent religieux.
2. *Les Pensées* sont une œuvre inachevée.
3. Pascal situe l'homme par rapport à deux extrêmes.
4. «L'homme est un roseau, le plus faible de la nature; mais c'est un roseau pensant.»
5. Pour Pascal, l'homme doit avoir une vision modérée de sa position dans l'univers.
6. Le style des *Pensées* offre un bon exemple de l'esthétique classique.

Racine

Jean Racine (1639–1699) a connu dans sa vie trois grandes influences qui ont aussi imprégné son œuvre: le jansénisme, l'Antiquité et une connaissance personnelle des grandes passions humaines. Marqué par l'atmosphère sévère de Port-Royal, Racine avait gardé de son éducation janséniste l'idée d'une nature humaine faible, dévorée par les passions et condamnée à la souffrance éternelle si elle n'était pas sauvée par la grâce. Mais Racine devait aussi à ses maîtres humanistes de Port-Royal une solide connaissance de la littérature romaine et grecque qui lui a inspiré de nombreux sujets de tragédie: à la Grèce antique, il a emprunté des personnages tels que Phèdre, Andromaque et Oreste. Il a aussi puisé parmi les personnages de l'histoire romaine (Néron, Britannicus), de la Bible (Esther, Athalie et le peuple hébreu), ou de l'Orient (Bajazet, Mithridate). Mais les personnages qui ont inspiré à Racine ses plus grandes tragédies sont surtout des êtres faibles, consumés par une passion violente qui les aveugle. Pendant sa jeunesse, Racine avait lui-même fait l'expérience de ces grands sentiments d'amour, de haine et de jalousie, et connu les intrigues de la cour de Louis XIV ainsi que le milieu des grandes maisons, comme celles de ses protecteurs, le prince de Condé, le duc de Chevreuse et le secrétaire d'Etat Colbert. Lorsqu'il a fait se déchaîner les grandes passions sur scène, il s'est donc assez souvent laissé guider par l'exemple de celles qu'il avait pu éprouver ou observer.

Racine a surtout excellé dans l'art de concentrer l'action de chacune de ses pièces sur une situation unique présentée dans un moment de crise extrême. Dans la préface de sa tragédie *Britannicus* (1669) il a, d'ailleurs, expliqué que son théâtre s'inspirait du principe suivant: «une action simple, chargée de peu de matière, telle que doit être une action qui se passe en un seul jour, et qui, s'avançant par degrés vers sa fin, n'est soutenue que par les intérêts, les sentiments et les passions des personnages.... » Racine s'est donc conformé à la règle des unités de temps, de lieu et d'action, sans la moindre difficulté. Ses tragédies s'ouvrent sur une exposition claire et directe de la situation, au moment où éclate une passion jusque-là maîtrisée. Le spectateur, disposant de toutes les données factuelles, peut donc porter toute son attention sur la condition psychologique du personnage tragique à l'apogée de la crise et sur les réactions qu'elle provoque chez les autres protagonistes. Il peut ressentir la terreur de celui ou de celle qui, bien que consciente des conséquences douloureuses qu'auront ses actions, avance malgré tout vers un dénouement tragique. Les hésitations, les remords, les moments de lucidité des héros raciniens laissent espérer que l'inévitable sera évité. Mais la force des passions les entraîne fatalement vers leur destin. Racine a donc exprimé dans son théâtre un pessimisme profond quant à la condition humaine, se rapprochant, en cela, de ses contemporains moralistes pour qui une vision réaliste du monde n'autorisait aucune illusion sur les faiblesses du genre humain.

De toutes les passions, l'amour est celle qui a inspiré les plus belles pages de Racine. Mais loin d'y être présenté comme un sentiment noble, il y apparaît comme un feu dévorant qui tourmente l'individu, lui inspire un comportement parfois indigne et le mène à sa fin tragique. Par exemple, Phèdre, l'un des personnages les plus émouvants de Racine, réclame la mort, qui seule peut anéantir l'amour illicite qu'elle éprouve pour son beau-fils. Cette passion lui fait horreur, mais elle ne peut rien faire pour l'éviter. Dominée par un amour honteux que les dieux ont imposé à sa race, elle rappelle ainsi aux spectateurs toute la faiblesse de la nature humaine. Tel est le message profondément édifiant de cette œuvre dans laquelle Phèdre, consciente de son destin, prend sur elle la responsabilité de ses actes et les conséquences qui en résulteront. Comme chez Pascal, c'est la misère de la condition humaine qui est mise en évidence ici. Phèdre aurait voulu aller vers le bien, mais elle sera attirée malgré elle vers le mal. Racine a donc peint un univers où, à la différence de celui de Corneille, les passions ne sont pas nobles et où les personnages sont sans illusions. Le monde racinien est tragique et ses héros, même dans leurs gestes les plus excessifs, sont restés très proches de nous grâce à la finesse psychologique et à l'art de cet auteur qui a su nous faire comprendre leurs motivations et prendre part à leurs souffrances.

Jean Racine, «*Phèdre*»

Lecture

L'exemple de Phèdre révèle une âme consumée par la passion qui l'attire vers Hippolyte, le fils de son mari, Thésée. Au moment où elle cède enfin au désir de faire connaître à Hippolyte ses véritables sentiments, elle apprend la fausse nouvelle de la mort de son époux. Plus rien ne peut l'empêcher de cacher ses sentiments, ni la honte, ni l'horreur profonde qu'elle éprouve pour sa passion coupable, ni même l'humiliation que l'aversion d'Hippolyte lui inflige.

Acte II, Scène V

Ah! cruel, tu m'as trop entendue.° — *comprise*
Je t'en ai dit assez pour te tirer d'erreur.
Hé bien! connais donc Phèdre et toute sa fureur.° — *passion*
J'aime. Ne pense pas qu'au moment que je t'aime,
Innocente à mes yeux, je m'approuve moi-même,
Ni que du fol amour qui trouble ma raison
Ma lâche complaisance ait nourri le poison.
Objet infortuné des vengeances célestes,
Je m'abhorre encor plus que tu ne me détestes.
Les Dieux m'en sont témoins, ces Dieux qui dans mon flanc
Ont allumé le feu fatal° à tout mon sang;° — *voulu par le destin / race*
Ces Dieux qui se sont fait une gloire cruelle
De séduire° le cœur d'une faible mortelle. — *détourner*
Toi-même en ton esprit rappelle le passé.
C'est peu de t'avoir fui, cruel, je t'ai chassé;
J'ai voulu te paraître odieuse, inhumaine;
Pour mieux te résister, j'ai recherché ta haine.
De quoi m'ont profité mes inutiles soins?° — *efforts*
Tu me haïssais plus, je ne t'aimais pas moins.
Tes malheurs te prêtaient encor de nouveaux charmes.° — *influences magiques*
J'ai langui, j'ai séché, dans les feux, dans les larmes.
Il suffit de tes yeux pour t'en persuader,
Si tes yeux un moment pouvaient me regarder.
Que dis-je? Cet aveu que je te viens de faire,
Cet aveu si honteux, le crois-tu volontaire?
Tremblante pour un fils que je n'osais trahir,° — *abandonner sous l'effet de la passion*
Je te venais prier de ne le point haïr.
Faibles projets d'un cœur trop plein de ce qu'il aime!
Hélas! je ne t'ai pu parler que de toi-même.
Venge-toi, punis-moi d'un odieux amour.
Digne fils du héros qui t'a donné le jour,
Délivre l'univers d'un monstre° qui t'irrite. — *être criminel*

l'offense qu'il t'a faite

refuse / punition

La veuve de Thésée ose aimer Hippolyte!
Crois-moi, ce monstre affreux ne doit point t'échapper.
Voilà mon cœur. C'est là que ta main doit frapper.
Impatient déjà d'expier son offense,°
Au-devant de ton bras je le sens qui s'avance.
Frappe. Ou si tu le crois indigne de tes coups,
Si ta haine m'envie° un supplice° si doux,
Ou si d'un sang trop vil ta main serait trempée,
Au défaut de ton bras prête-moi ton épée.
Donne.

Jean Racine, *Phèdre*, Paris, Larousse, 1971.

Découvertes culturelles

1. Résumez les deux influences principales qui ont marqué Racine au cours de son éducation janséniste à Port-Royal.
2. Où Racine a-t-il pu observer les grandes passions qu'il a, par la suite, portées à la scène?
3. Expliquez les deux caractéristiques principales d'une tragédie racinienne, à savoir la simplicité et le déroulement clair et inéluctable de l'action.
4. Comment se définit l'amour chez Racine?
5. Dégagez de l'extrait de *Phèdre* les images qui démontrent que Phèdre est torturée par l'amour illicite qu'elle ressent pour Hippolyte en même temps qu'impuissante face à la force de cette passion.
6. Quelle vision de la nature humaine nous suggèrent les pièces de Racine?

Témoignages artistiques

Peinture

A l'époque classique, les beaux-arts aussi ont affirmé l'esprit qui dominait la production littéraire: les artistes se sont orientés vers la recherche d'une esthétique fondée sur le bon sens, de l'harmonie entre la forme et le sujet, et de types universels de vérité ou de beauté, souvent empruntés aux modèles proposés par l'antiquité grecque et romaine. Dans le domaine de la peinture, ces tendances se sont manifestées avant même le règne de Louis XIV et ont suivi une évolution comparable à celle des penseurs, des écrivains et de la vie politique sous le Roi-Soleil.

N. Poussin, «Les Bergers d'Arcadie» au musée du Louvre. Chef-d'œuvre de la peinture classique que l'on admire pour sa composition harmonieuse, la précision du dessin et la présence de l'élément humain.

Nicolas Poussin (1594–1665) a été l'un des peintres dont l'œuvre semble incarner les traits fondamentaux de la peinture classique française par sa composition équilibrée, la précision du dessin et la place importante faite à l'élément humain. D'origine paysanne, Poussin a passé une grande partie de sa vie à Rome, ce qui lui a permis de se familiariser avec les œuvres antiques ainsi que les sujets mythologiques et historiques qui ont inspiré bon nombre de ses tableaux. Cet artiste, qui croyait à la nécessité de respecter une hiérarchie des sujets, a favorisé ceux qui célébraient la domination de l'esprit sur les sens. Ainsi, les œuvres de Poussin mettent toujours en valeur des personnages finement dessinés, à l'air presque sculptural, dans des nuances de couleurs et une luminosité subtile qui rappellent celles des peintres vénitiens. *Les Bergers d'Arcadie*, par exemple, rassemble au premier plan quatre personnages dont les visages et les vêtements relèvent d'un réalisme qui capte admirablement la naïveté bucolique des figures et des gestes. Chez Poussin, il s'agit toujours d'un art remarquablement sobre, ordonné et raisonné, même lorsque, vers la fin de sa carrière, il accorde une part plus large à la nature dans ses paysages.

Ainsi, la série des *Quatre saisons* présente une organisation différente des personnages dispersés sur la toile. Mais cette ouverture vers l'espace naturel, loin de trahir l'idéal classique, le renforce en conférant à la composition un nouvel équilibre entre l'homme et l'ordre universel auquel il devait se soumettre.

L'importance de Poussin dans le développement de la peinture française au XVIIe siècle consiste donc à avoir réalisé dans son œuvre une synthèse entre, d'une part, la portée édificatrice de l'art par le traitement serein de sujets moraux ou spirituels et, d'autre part, le goût du public qu'il a séduit par sa parfaite compréhension des sensibilités humaines. D'autres peintres classiques, dont Claude Lorrain (1600–1682), ont aussi marqué leur siècle. Lorrain, ami de Poussin avec qui il partageait les mêmes origines paysannes et qui lui aussi a longtemps vécu en Italie, a été l'un des maîtres français du paysage. Très sensible à la lumière du soleil et particulièrement aux éclairages de la tombée du jour, ainsi qu'à l'atmosphère des grands espaces, il a composé de nombreux tableaux qui invitent le spectateur au voyage ou à l'évasion [Figure 8]. Mais, en fin de compte, ce sont les œuvres de Poussin, peut-être parce qu'elles sont moins lyriques, moins rêveuses, qui représentent le mieux la peinture française classique à son apogée.

Architecture

L'architecture sous le règne personnel de Louis XIV a dû son éclat principalement à deux hommes: Louis Le Vau (1612–1670) et Jules Hardouin-Mansart (1646–1708). L'influence durable qu'ils ont exercée dans le domaine artistique s'est affirmée lors de la construction du palais de Versailles dont chacun, Le Vau d'abord, puis Mansart, a guidé l'évolution architecturale entre 1661 et 1706. Pourtant, la motivation profonde à la base de la création de Versailles en tant que symbole de la puissance royale a essentiellement reposé sur des impératifs politiques qui se sont manifestés par une ostentation qui n'est pas parfaitement représentative de l'ensemble du développement architectural en France à cette époque. Ainsi, à Paris, avec la Colonnade du Louvre (1667–1680), Le Vau et ses collaborateurs se sont appliqués à souligner la grande sobriété du décor assurée par la simplicité des lignes horizontales, la rigueur de la pierre nue et le respect des règles de l'Antiquité concernant la symétrie et les proportions [Figure 9]. Pourtant, comme à l'époque baroque qui avait précédé, c'est l'architecture religieuse et civile qui offre certains des meilleurs exemples des tendances architecturales de la période.

Louis XIV avait conçu l'idée d'un établissement destiné à recueillir les officiers et les soldats blessés au service du roi. C'est Hardouin-Mansart qui a assuré la construction de l'hôpital dont l'ensemble sobre et harmonieux est complété par une magnifique église. La chapelle des Invalides [Figure 10] connaîtrait une autre gloire lorsque, en 1840, on y placerait les cendres de Napoléon Ier. La façade de l'église rappelle, par les trois ordres classiques de ses colonnes superposées, le style «jésuite» introduit sous Louis XIII. Mais

Hardouin-Mansart et, plus tard, Robert de Cotte (1656–1735), qui a achevé la construction de cette chapelle, ont assuré l'unité de l'ensemble en associant deux formes géométriques, le cube et le cylindre, aux colonnes. Les deux premiers ordres de colonnes grecques embellissent le grand cube qui forme le corps du bâtiment, et le troisième entoure la base du dôme à double coupole. L'effet visuel ainsi produit est celui d'un ouvrage massif mais élégant qui, en hauteur, se transforme en un dôme raffiné dont les proportions sont en parfaite harmonie avec le reste du plan centré de l'édifice. Fidèle aux principes classiques de la mesure fondée sur les règles de la beauté rationnelle, Jules Hardouin-Mansart a ainsi réalisé, avec cette chapelle des Invalides, un exemple achevé de la grandeur qui se dégage de la simplicité et de la sobriété harmonieuse de l'architecture française pendant les années mêmes où, à la cour de Versailles, se déployait une opulence grandiose.

Musique

Pour le Grand Siècle, la musique constituait un ornement, une partie du décor aristocratique au même titre que le mobilier, les tapisseries, les tapis ou les tableaux. Toute occasion solennelle était accompagnée de ce qu'on appelait la «musique de circonstance». L'époque baroque s'était distinguée par des chants à une voix accompagnée (les «airs de cour»); le premier ministre Mazarin avait introduit en France l'opéra italien. Mais ce n'est qu'au moment où Jean-Baptiste Lully (1632–1687) est arrivé à Paris de son Italie natale que, paradoxalement, est née la tradition d'un opéra français.

Louis XIV, préférant Lully à tous les autres compositeurs contemporains, lui a, dès 1661, attribué le titre de surintendant de la musique et la nationalité française. Dès lors, Lully s'est appliqué à créer un style spécifiquement français, éclipsant son rival Marc Antoine Charpentier (1634–1704) et même le grand François Couperin; tous deux avaient subi l'influence de la musique italienne et cherchaient à réaliser une fusion des styles italien et français, surtout dans le domaine de la musique sacrée. Mais Lully, qui avait parfaitement assimilé les goûts et les traditions de son pays d'adoption, a consacré son talent à produire une musique spécifiquement française.

Le génie de Lully s'est d'abord révélé à l'occasion de sa collaboration avec Molière qui, à cette époque, a mis en scène plusieurs comédies-ballets, dont la plus célèbre reste *Le Bourgeois Gentilhomme* (1670). Lully, toujours chargé de la partie musicale, a renouvelé sa collaboration avec Molière l'année suivante, pour la tragédie-ballet *Psyché*, et continué dans cette veine qui l'a mené directement à l'opéra. A partir de 1673, l'année de sa tragédie lyrique *Cadmus et Hermione*, les succès se sont accumulés pour Lully, nommé en 1672 directeur de l'Académie royale de musique, poste qu'il occuperait jusqu'à sa mort. Mais Lully avait des talents variés et c'est avec une maîtrise incontestable qu'il a rempli toutes les charges que le Roi-Soleil lui a imposées, aussi bien dans le domaine de la musique religieuse que dans celui de la musique cérémonielle ou profane. Il doit sa plus grande gloire, cependant, à l'opéra, genre qui lui a permis de réaliser une harmonie parfaite entre la danse, le chant et la musique instrumentale. Lully a composé une douzaine d'opéras dramatiques, parmi lesquels le chef-d'œuvre *Armide* qui représente un sommet dans l'histoire de l'opéra français au XVIIe siècle.

Découvertes culturelles

Trouvez dans la liste ci-dessous les définitions qui correspondent aux œuvres ou aux artistes suivants:

Nicolas Poussin	Claude Lorrain
Le Bourgeois Gentilhomme	Couperin
Le Vau	la Colonnade du Louvre
Lully	les *Quatre Saisons*
les Invalides	Mansart

1. peintre qui a excellé dans la réalisation de paysages illuminés par le soleil
2. édifice créé par Le Vau et marqué par la simplicité des lignes horizontales et la rigueur de la pierre nue
3. musicien dont les compositions ont été marquées par l'influence italienne
4. peintre qui a incarné le style classique par l'équilibre de ses compositions et la précision du dessin
5. architecte qui a contribué à la création de Versailles
6. musicien qui a créé un style de musique spécifiquement français
7. tableau de Poussin qui exprime l'équilibre entre l'homme et l'ordre universel
8. édifice dans lequel les colonnes sont associées à des formes géométriques
9. administrateur de l'Académie royale de musique
10. artiste qui a dominé la peinture classique par ses représentations de scènes mythologiques ou historiques aux personnages finement dessinés et aux couleurs subtiles
11. comédie-ballet de Molière dont la partie musicale a été composée par Lully
12. architecte dont le style symbolise la simplicité et la sobriété de l'architecture classique

Portrait de J.-B. Lully, né en Italie mais grand défenseur du style français.

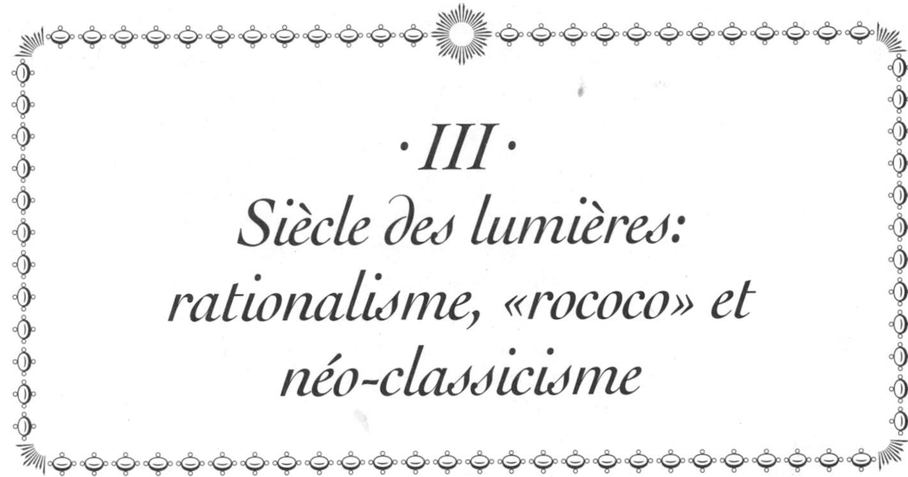

· III ·
Siècle des lumières: rationalisme, «rococo» et néo-classicisme

Le XVIIIe siècle a constitué une période de transition. Comme le précédent, il a été marqué par un très long règne. Celui de Louis XIV avait duré plus de 70 ans; Louis XV allait régner pendant une cinquantaine d'années et, après lui, son petit-fils Louis XVI exercerait le pouvoir pendant 15 ans avant de le céder aux révolutionnaires. Mais l'unité apparente de cette succession de monarques sous l'Ancien Régime masque une période en réalité fort mouvementée. En partie en réaction contre l'extrême sévérité des dernières années du Roi-Soleil, qui est mort en 1715, en partie à cause d'une évolution de la pensée et du goût, le XVIIIe siècle a transformé la société française.

Avec la disparition de Louis XIV, la cour a cessé d'être la source de tous les mouvements littéraires et artistiques, et l'«art officiel» a disparu. Profitant de la Régence du duc d'Orléans (1715–1723), la cour s'est de nouveau

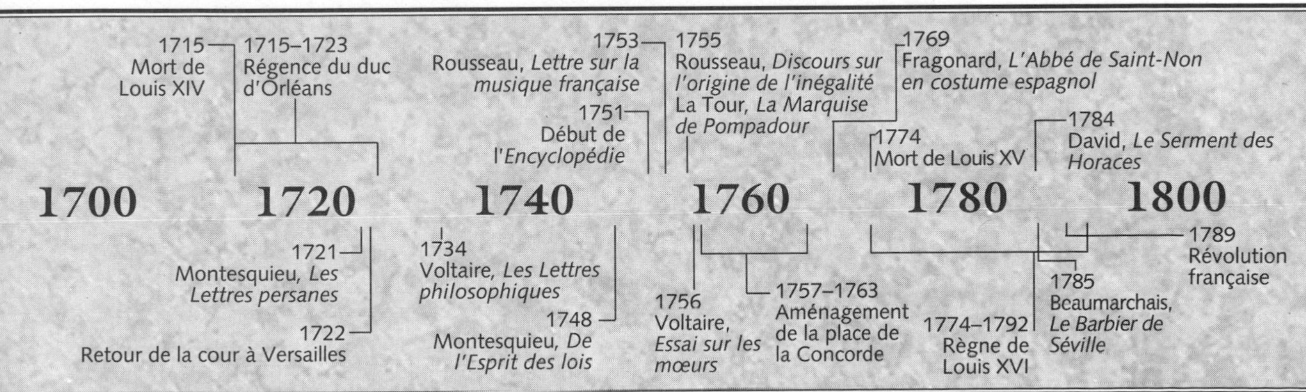

concentrée sur Paris, et la ville a commencé à se remettre des négligences des 30 années passées. La frivolité et l'extravagance de cette période ont encouragé la noblesse et une haute bourgeoisie enrichie par le commerce et la spéculation à rendre à Paris le rôle important que la capitale avait joué dans la littérature et les beaux-arts sous Henri IV et Louis XIII.

Lorsqu'il a ramené la cour royale à Versailles en 1722, Louis XV, le seul souverain à avoir occupé le palais (qu'il n'a pas modifié d'ailleurs) sans interruption, a repris certains des cérémonials institués par son arrière-grand-père, Louis XIV; mais il en a supprimé bon nombre aussi, préférant consacrer de longues heures à chasser, à s'occuper des tâches administratives dans son cabinet de travail personnel et à passer ses soirées dans les appartements de sa maîtresse, la marquise de Pompadour. C'est d'ailleurs grâce à cette «favorite» du roi que les arts et la littérature ont été largement encouragés et protégés à cette époque.

A Paris, la vie mondaine est devenue de plus en plus libre et, avec elle, l'ensemble de la vie artistique et intellectuelle. La sobriété, la mesure et la dissimulation de toute émotion, en vigueur sous Louis XIV, ont peu à peu cédé la place à l'ornementation, la fantaisie et l'ostentation durant les 30 premières années du règne de Louis XV. Cette profusion ornementale, qui s'est accompagnée de la recherche d'une grâce un peu fade et affectée, caractérise le style qu'on a appelé «rococo».

Pendant la deuxième moitié du XVIIIe siècle, et surtout à partir des années 1770 et au début du règne de Louis XVI, on a assisté à un retour sensible vers certains goûts qui ne s'étaient pas manifestés depuis le Grand Siècle. La forme et la disposition plus classiques des colonnes et des colonnades, la suppression des ornements superflus et la pureté des lignes antiques ont remplacé les décors intimes aux guirlandes et couleurs pastel à la délicatesse extrême d'avant 1750. Il y a eu un renouveau du culte de l'Antiquité, qui convenait mieux à cette époque désireuse de rétablir le respect de la forme et le rationalisme.

Toutefois, il serait erroné de ne voir dans ce deuxième demi-siècle que philosophie sceptique dans les lettres et néo-classicisme dans les arts. Au moment où le rationalisme critique préparait la Révolution de 1789, un mouvement simultané de grande sensibilité s'est développé. Une angoisse nouvelle face à la vie, conséquence de la mise en doute par la raison des certitudes traditionnelles de la pensée, a inspiré un art qui attribuait une plus grande importance au «moi», au sentiment de la nature, et à certains états d'âme comme la mélancolie et la solitude—autant de traits qui annonçaient un véritable préromantisme.

Le Siècle des lumières, dans son ensemble, donne donc l'impression d'un étonnant mélange de goûts. Dans les beaux-arts, par exemple, il y a eu la grâce des lignes sinueuses, des couleurs tendres et des dorures de l'apogée du style Louis XV, mais aussi les volumes simples et géométriques du style Louis XVI qui ont mené au néo-classicisme du style Directoire (années 1789–1799) pour enfin donner lieu au formalisme imposant du style Empire (1800–1815). Dans les lettres, les formes classiques de la tragédie, de la comédie et du roman se sont maintenues, mais de nouveaux genres sont apparus: les contes philosophiques, la critique d'art et, surtout, les ouvrages de polémique philosophique et de militantisme politique.

Versailles, ancienne chambre du Dauphin, fils de Louis XV et de Marie Leszczyńska. On remarque le mobilier typique de l'époque Louis XV.

Découvertes culturelles

Vrai ou faux? Expliquez votre choix en ajoutant des renseignements supplémentaires.

1. Le XVIIIe siècle a été une période de transition.
2. La cour a continué d'être la source des mouvements artistiques et littéraires.
3. Louis XV a été un monarque habile et compétent.
4. La vie intellectuelle et artistique est devenue plus libre.
5. La deuxième moitié du XVIIIe siècle n'a été marquée que par le retour au rationalisme et le néo-classicisme.
6. Le XVIIIe siècle s'est caractérisé par une grande variété de styles et de goûts.

Témoignages littéraires

La vie littéraire et artistique de la capitale s'est développée dans les cafés et les clubs de la ville mais aussi dans les salons à la mode où les «honnêtes gens» se retrouvaient pour partager des conversations brillantes et animées, et exalter la liberté d'expression individuelle. Des femmes, telles que la marquise de Lambert, la duchesse du Maine, Madame du Deffand, Madame Geoffrin et bien d'autres, avaient ouvert les portes de leurs hôtels particuliers dans les beaux quartiers de Paris et les écrivains, les artistes et les savants qu'elles y recevaient osaient ainsi exprimer, dans l'intimité de ces salons, des idées souvent extrêmement hardies. C'est dans ce contexte que Montesquieu (1689–1755), par exemple, a exposé, avec beaucoup de succès, ses théories politiques. La satire des mœurs contemporaines à laquelle il s'était livré avec tant d'esprit dans *Les Lettres persanes* (1721) avait déjà éveillé l'attention du public des salons lorsqu'il a commencé lui-même à fréquenter ces milieux. Montesquieu s'intéressait particulièrement aux problèmes politiques et moraux, et participait aux discussions sur ces sujets, auxquels il allait consacrer *De l'Esprit des lois* (1748), fruit du travail de 20 années et véritable témoignage de son amour pour la raison, la vérité, le libéralisme et la tolérance. C'est dans cet ouvrage monumental qu'il a avancé, parmi d'autres notions révolutionnaires, celle de la séparation des pouvoirs législatif, exécutif et judiciaire, qui ferait progresser la pensée politique vers de nouveaux concepts de gouvernement, aussi bien sur le continent américain qu'en France.

Plus que tout autre écrivain, cependant, c'est Voltaire (1694–1778) qui a dominé son siècle par la richesse de son œuvre. Exprimant ses nombreux engagements sous des formes diverses, il a été dramaturge, poète, essayiste, historien, auteur de romans et de contes philosophiques ainsi que de traités scientifiques. Grand admirateur de la civilisation du siècle de Louis XIV, il y a vu une étape importante qui, dans la plupart des domaines (à l'exception toutefois de la religion, dont Voltaire critiquait le dogmatisme et le fanatisme) avait mené aux progrès de la raison dont le XVIIIe siècle et les âges futurs devaient être les bénéficiaires. Si, sur le plan de la forme, Voltaire est resté proche des classiques, sur le plan des idées, il s'est montré résolument moderne dans sa lutte incessante contre l'intolérance, l'injustice et l'oppression, préparant ainsi le chemin de la Révolution de 1789. Son *Essai sur les mœurs* (1756), qui retrace l'évolution de l'humanité, exprime l'amour que Voltaire portait à la grandeur passée de l'homme ainsi que sa foi dans le progrès matériel, le développement des sciences et des arts, et le triomphe de la civilisation.

Autour de 1750, une nouvelle génération d'écrivains est apparue, qui attachait une plus grande valeur à la sensibilité et aux émotions. Jean-Jacques Rousseau (1712–1778) a incarné cette tendance, écoutant la voix du cœur plutôt que celle de la raison. A la différence de Montesquieu et de Voltaire, il n'appréciait pas la société mondaine mais se sentait en communion avec la nature. C'est d'ailleurs en s'éloignant de la civilisation, qu'il jugeait corruptrice, que Rousseau a découvert dans les inégalités imposées aux hommes par la société, la base de tous les problèmes sociaux et moraux. Ainsi, l'argumentation de son *Discours sur l'origine de l'inégalité* (1755) aboutissait aux conclusions suivantes: l'homme est naturellement bon; une morale individuelle est préférable aux conventions sociales; une existence rustique dans un cadre patriarcal favorise l'égalité fondamentale des hommes; enfin, le principe de la propriété individuelle, à l'origine des inégalités matérielles, ne peut mener qu'à une hiérarchie sociale injuste, et au pouvoir arbitraire du despotisme. L'influence de Rousseau a été considérable sur l'évolution d'une conception plus naturelle de la politique ainsi que dans le domaine de l'éducation, avant et après la Révolution.

Diderot

Denis Diderot (1713–1784), membre comme Rousseau de cette génération d'écrivains qui a fleuri vers 1750, est sans doute celui qui résume le mieux les tendances nouvelles de son époque. Après de brillantes études, il s'était enfui de la maison familiale, menant dès lors une existence bohème à Paris et exerçant un grand nombre de métiers afin de gagner sa vie. C'est à ces expériences diverses qu'il devait une insatiable curiosité pour tous les aspects de l'activité humaine. Lorsque, vers 1750, une association de libraires-éditeurs lui a demandé d'assurer la direction de l'*Encyclopédie* (dont le sous-titre est *Dictionnaire raisonné des sciences, des arts et des métiers*), Diderot est devenu celui qu'on a surnommé «le Philosophe». Principal rédacteur de l'*Encyclopédie*, il a recruté des collaborateurs, écrit des articles et corrigé ceux des autres. Il a visité des ateliers et lu toutes sortes d'articles techniques pour établir la partie considérable de cet ouvrage consacrée aux connaissances pratiques de la société moderne. Pendant 20 ans, il a dévoué son activité à la constitution de cette œuvre qui regroupe plus de mille articles sur la littérature, la morale, la religion, la politique, l'économie et les arts appliqués. L'*Encyclopédie* est peut-être l'entreprise la plus représentative de son siècle dans la mesure où, en attirant la curiosité intellectuelle des lecteurs vers des idées nouvelles, et en s'attaquant en même temps aux préjugés, elle visait à persuader le public que le bonheur de l'humanité résidait dans le progrès matériel et intellectuel.

Diderot, animé par un esprit de révolte et désireux de laisser s'exprimer son tempérament anarchique (qu'il n'a jamais toutefois cherché à mettre en pratique), a écrit un roman satirique visant à dénoncer l'hypocrisie sociale. En cela, son entreprise se rattache à celles de Montesquieu, de Voltaire et de Rousseau. Mais Diderot, allant plus loin qu'eux, a choisi de peindre son personnage principal dans toute la réalité physique et naturelle de son corps et de son comportement, annonçant déjà par là les romans réalistes du XIXe siècle. Commencé en 1763, *Le Neveu de Rameau* n'a pas été publié pendant la vie de son auteur. Pourtant, cette œuvre reprend la plupart des idées morales, sociales et esthétiques qui animaient la littérature de son époque. Par ailleurs, ce «roman» constitue une synthèse des genres littéraires à la mode au XVIIIe siècle: contes philosophiques, récits, satires, conversations sous forme épistolaire ou théâtrale.

Portrait de Jean-Philippe Rameau. L'un des plus grands musiciens classiques, il a perfectionné le style «à la française». On lui doit aussi une théorie de l'harmonie.

Découvertes culturelles

1. Quel a été le rôle des cafés, des clubs et des salons dans le développement des mouvements artistiques et littéraires?
2. Résumez les idées maîtresses de l'œuvre de Montesquieu.
3. A quoi Voltaire s'est-il souvent attaqué dans ses œuvres? Quels en sont les thèmes principaux?
4. Sur quels principes de base repose l'œuvre de Rousseau?
5. En quoi sa curiosité intellectuelle a-t-elle préparé Diderot à prendre la direction de l'*Encyclopédie*?

Lecture

Denis Diderot, *«Le Neveu de Rameau»*

Le neveu du grand musicien Rameau a vraiment existé; Diderot l'avait connu au café de la Régence, à Paris. A la différence de son oncle, cependant, Jean-François Rameau n'avait pas réussi dans la vie. Diderot a fait de lui un bohème génial, pittoresque mais cynique, devenu un parasite social exploitant la vanité et les vices des autres.

Ecrit sous la forme d'un dialogue entre Rameau (Lui) et Diderot (Moi), *Le Neveu de Rameau* aborde beaucoup de questions auxquelles Diderot lui-même s'intéressait, de la supériorité de la musique italienne à l'éducation des enfants.

Voici un passage tout à fait représentatif de l'esprit et du style de l'ouvrage: Rameau vient d'exposer, avec la passion qui lui est coutumière, ses idées sur le lyrisme en musique; Diderot profite de cette pause pour orienter son interlocuteur vers un autre sujet.

→→←←

MOI Comment se fait-il qu'avec un tact aussi fin, une si grande sensibilité pour les beautés de l'art musical, vous soyez aussi aveugle sur les belles choses en morale, aussi insensible aux charmes de la vertu?

LUI C'est apparemment qu'il y a pour les unes un sens que je n'ai pas, une fibre qui ne m'a point été donnée, une fibre lâche° qu'on a beau pincer et qui ne vibre pas; ou peut-être c'est que j'ai toujours vécu avec de bons musiciens et de méchantes gens, d'où il est arrivé que mon oreille est devenue très fine et que mon cœur est devenu sourd. Et puis c'est qu'il y avait quelque chose de race. Le sang de mon père et le sang de mon oncle est le même sang; mon sang est le même que celui de mon père; la molécule° paternelle était dure et obtuse, et cette maudite molécule première s'est assimilé tout le reste.

qui n'est pas tendue

gène

MOI Aimez-vous votre enfant?

LUI Si je l'aime, le petit sauvage? J'en suis fou.

MOI Est-ce que vous ne vous occuperez pas sérieusement d'arrêter en lui l'effet de la maudite molécule paternelle?

LUI J'y travaillerais, je crois, bien inutilement. S'il est destiné à devenir un homme de bien, je n'y nuirai° pas; mais si la molécule voulait qu'il fût un vaurien comme son père, les peines que j'aurais prises pour en faire un homme honnête lui seraient très nuisibles. L'éducation croisant sans cesse la pente de la molécule, il serait tiré comme par deux forces contraires et marcherait tout de guingois° dans le chemin de la vie, comme j'en vois une infinité, également gauches dans le bien et dans le mal. C'est ce que nous appelons des espèces, de toutes les épithètes la plus redoutable, parce qu'elle marque la médiocrité et le dernier degré du mépris. Un grand vaurien est un grand vaurien, mais n'est point une espèce. Avant que la molécule paternelle n'eût repris le dessus et ne l'eût amené à la parfaite abjection où j'en suis, il lui

lui ferai pas de tort

obliquement

faudrait un temps infini; il perdrait ses plus belles années; je n'y fais rien à présent, je le laisse venir, je l'examine. Il est déjà gourmand, patelin°, filou,° paresseux, menteur; je crains bien qu'il ne chasse de race.°

rusé / voleur

ressemble à son père

MOI Et vous en ferez un musicien afin qu'il ne manque rien à la ressemblance?

LUI Un musicien! Un musicien! Quelquefois je le regarde en grinçant les dents et je dis: Si tu devais jamais savoir une note, je crois que je te tordrais le cou.

MOI Et pourquoi cela, s'il vous plaît?

LUI Cela ne mène à rien.

MOI Cela mène à tout.

LUI Oui, quand on excelle; mais qui est-ce qui peut se promettre de son enfant qu'il excellera? Il y a dix mille à parier° contre un qu'il ne serait qu'un misérable racleur de cordes comme moi. Savez-vous qu'il serait peut-être plus aisé de trouver un enfant propre à gouverner un royaume, à faire un grand roi qu'un grand violon!

jouer

MOI Il me semble que les talents agréables, même médiocres, chez un peuple sans mœurs, perdu de débauche et de luxe, avancent rapidement un homme dans le chemin de la fortune. Moi qui vous parle, j'ai entendu la conversation qui suit entre une espèce de protecteur et une espèce de protégé. Celui-ci avait été adressé au premier comme à un homme obligeant qui pourrait le servir: «Monsieur, que savez-vous?»
— Je sais passablement les mathématiques.
— Eh bien, montrez les mathématiques; après vous être crotté° dix à douze ans sur le pavé de Paris, vous aurez trois à quatre cents livres de rente.°
— J'ai étudié les lois et je suis versé dans le droit.
— Si Puffendorf et Grotius° revenaient au monde, ils mourraient de faim contre une borne.
— Je sais très bien l'histoire et la géographie.
— S'il y avait des parents qui eussent à cœur la bonne éducation de leurs enfants, votre fortune serait faite; mais il n'y en a point.
— Je suis assez bon musicien.

couvert de boue

revenu

jurisconsultes renommés du XVIIe siècle

— Eh! que ne disiez-vous cela d'abord? Et pour vous faire voir le parti qu'on peut tirer de ce dernier talent, j'ai une fille. Venez tous les jours, depuis sept heures et demie du soir jusqu'à neuf, vous lui donnerez leçon, et vous je donnerai vingt-cinq louis° par an; vous déjeunerez, dînerez, goûterez, souperez avec nous; le reste de votre journée vous appartiendra, vous en disposerez à votre profit.

monnaie d'or

LUI Et cet homme, qu'est-il devenu?

MOI S'il eût été sage, il eût fait fortune, la seule chose qu'il paraît que vous ayez en vue.

LUI Sans doute, de l'or, de l'or, l'or est tout; et le reste, sans or, n'est rien. Aussi, au lieu de lui° farcir la tête de belles maximes, qu'il faudrait qu'il oubliât sous peine de n'être qu'un gueux,° lorsque je possède un louis, ce qui ne m'arrive pas souvent, je me plante devant lui. Je tire le louis de ma poche, je le lui montre avec admiration, j'élève les yeux au ciel, je baise le louis devant lui, et pour lui faire entendre mieux encore l'importance de la pièce sacrée, je lui bégaye° de la voix, je lui désigne du doigt, tout ce qu'on en peut acquérir: un beau fourreau,° un beau toquet,° un bon biscuit; ensuite je mets le louis dans ma poche, je me promène avec fierté, je relève la basque° de ma veste, je frappe de la main sur mon gousset;° et c'est ainsi que je lui fais concevoir que c'est du louis qui est là que naît l'assurance qu'il me voit....

(l'enfant)
miséreux
dis maladroitement
robe droite / bonnet
queue d'une veste
bourse portée à la ceinture du pantalon

Denis DIDEROT, *Le Neveu de Rameau* (publication posthume) dans O. Fellows et N. Torrey, *The Age of Enlightenment*, New York: Appleton-Century-Crofts, 1942.

Découvertes culturelles

1. *Le Neveu de Rameau* est-il un roman dans le sens traditionnel du terme?
2. Décrivez la personnalité du neveu de Rameau.
3. Quelles valeurs morales et sociales ce personnage défend-il?

Témoignages artistiques

Peinture

A partir de 1715, à Paris et dans d'autres grandes villes, une clientèle privée a fait appel aux artistes pour répondre aux nouveaux besoins et à l'esprit de l'époque: le goût du confort et le désir d'une plus grande liberté dans la pensée et dans l'expression des sensibilités. Rompant avec les contraintes d'un art officiel, la peinture s'est ouverte à une nouvelle inspiration, celle de la fantaisie et de la grâce. De tous les peintres, c'est Antoine Watteau (1684–1721) [Figure 11] qui a dominé cette période de la Régence et des débuts du règne de Louis XV. Son style est caractérisé par l'originalité de ses sujets (personnages souvent inspirés du théâtre italien, tels Arlequin ou Colombine, portant des masques et des déguisements exotiques) et par la technique qu'il a employée pour les peindre (étoffes couleur d'or, ciels d'un bleu mélancolique, touche nerveuse du pinceau). Ses «fêtes galantes» évoquent un monde poétique qui invite à la rêverie. D'ailleurs, si sa peinture a largement influencé l'école de jeunes peintres qui s'est formée autour de Watteau, elle inspirerait aussi au poète symboliste Paul Verlaine, 150 ans plus tard, un recueil de poèmes impressionnistes.

A Versailles, François Boucher (1703–1770) [Figure 12] a développé la veine lyrique et le style apparus dans les années de la Régence. Aux bergers galants de ses scènes pastorales, il a ajouté des personnages de la mythologie, représentés avec la grâce, la sensualité et une certaine frivolité caractéristiques du style rococo. A la cour royale, cette période a aussi correspondu au grand âge du portrait au pastel. Le maître du genre, Quentin de La Tour (1704–1788), a multiplié les portraits de personnages de la haute société, ainsi que du monde des arts et des lettres; ses tableaux, comme *Madame de Pompadour* (1755) [Figure 13], témoignent, en plus de l'expression naturelle des visages, d'une attention réaliste aux éléments du décor.

L'apparition d'un souci de réalisme dans la peinture a annoncé un nouveau style qui allait avoir beaucoup de succès au XVIIIe siècle: l'art moralisateur. Rousseau et surtout Diderot, le premier critique d'art en France, ont exprimé leur admiration pour les compositions sentimentalistes de Jean-Baptiste Greuze (1725–1805) [Figure 14], par exemple, dont les scènes proposaient, plutôt qu'un pur plaisir esthétique, une morale édifiante. Les mariages à la campagne, le retour du fils ingrat et autres scènes de ce genre étaient d'ailleurs influencées par le «drame bourgeois» et la «comédie larmoyante», très à la mode dans la littérature de cette époque. Mais cette sentimentalité domestique et bourgeoise dans les arts, cette morale fondée sur l'émotion, reflétaient en fait le profond mouvement de démocratisation qui allait entraîner le pays vers la Révolution de 1789.

Si Watteau avait illustré la délicatesse et la fantaisie de la première moitié du siècle, Jean-Honoré Fragonard (1732–1806), lui, a incarné l'esprit éclectique de sa propre génération. Il connaissait bien l'œuvre des peintres français et hollandais dont il s'est inspiré, réalisant des toiles de genres très variés, de la peinture d'histoire aux paysages et même jusqu'à l'art moralisateur. Mais l'originalité de Fragonard s'est surtout révélée dans la grâce et la vivacité de ses portraits et de ses scènes galantes, d'une grande virtuosité technique. *L'Abbé de Saint-Non en costume espagnol* (vers 1769) [Figure 15] montre bien sa maîtrise de l'empâtement, une technique chère à Fragonard qui consistait dans l'application de couches épaisses de peinture. Mais c'est aussi par la lumière et le rythme des lignes qu'il a donné à ses œuvres ce dynamisme qui les caractérise. Même pour traiter un sujet plutôt grave ou osé, comme celui du *Verrou*, qui représente une scène à mi-chemin entre la séduction et le viol, Fragonard a su maintenir la délicatesse en même temps que la vivacité de la touche.

A la veille de la Révolution, la légèreté des gracieux tableaux de Fragonard allait être discréditée. Sous l'influence du mouvement néo-classique, le public parisien aussi bien que la cour de Louis XVI sont retournés à la sobriété de l'art antique. En 1784, Louis David (1748–1825) a exposé *Le Serment des Horaces* [Figure 16], tableau d'une austérité figée, dans lequel quatre personnages de l'Antiquité symbolisaient l'héroïsme des Romains, illustrant ainsi les vertus patriotiques de cette période prérévolutionnaire.

Architecture

Sous Louis XV, l'architecture n'a pas présenté de véritable rupture avec la tradition. Dans l'ensemble, les extérieurs sont restés sobres, même si le goût pour les portiques et les colonnes s'est atténué. Il y a eu, cependant, un changement de perspective. De l'architecture grandiose du Grand Siècle, dont Versailles avait été l'exemple le plus illustre, on est passé à une échelle plus réduite où le perfectionnement des formes et le raffinement du détail l'ont emporté sur la rigueur théorique et le désir d'uniformité si caractéristiques de l'âge précédent. Le magnifique palais érigé à la gloire du royaume français n'intéressait plus guère les architectes, plus attirés par l'embellissement des villes.

Le mouvement urbanistique du XVIIIe siècle a eu un effet immédiat sur l'aménagement de l'espace dans un grand nombre de villes françaises. A Paris comme ailleurs, on a créé des places, des quartiers, des édifices publics et des résidences. La célèbre place de la Concorde (1757–1763) [voir page 88], appelée place Louis XV jusqu'à la Révolution, a doté la capitale d'un ensemble élégant de bâtiments et de vastes perspectives. En province, la place Stanislas à Nancy, aux magnifiques grilles de fer forgé, témoigne aussi de ces tentatives d'urbanisation. Mais en marge de cette architecture encore très monumentale, celle des nouveaux quartiers résidentiels, comme le faubourg Saint-Germain et le faubourg Saint-Honoré, a donné lieu à de véritables merveilles sur le plan de l'aménagement intérieur des bâtiments.

Le nouveau goût du luxe, de la commodité et de l'intimité apparu sous Louis XV s'est en effet traduit par un nouvel aménagement des habitations. On a renoncé aux salles vastes, somptueuses et majestueuses du temps de Louis XIV, qui ont été remplacées par des pièces à l'échelle plus humaine. Les cheminées énormes, les grands tableaux mythologiques, les sols en marbre ont cédé la place aux murs souvent peints de couleurs claires ou recouverts de lambris, ces panneaux de bois sculpté à moulures légères qui donnaient une apparence plus féminine et coquette au décor. C'est justement dans son aspect spécifiquement décoratif que l'architecture privée a donné naissance en France à un style qui se diffuserait dans bien d'autres pays, connu sous le nom d'«art rococo».

Le «rococo», plus souvent appelé «style rocaille» en France, est un art de surface inspiré des lignes contournées de certaines pierres et des volutes des coquillages. Cet art, essentiellement limité au traitement ornemental des surfaces, a aussi appliqué ses formes sinueuses à l'ameublement, faisant apparaître une profusion de meubles nouveaux: tables de toilette, de jeu et de chevet, chiffonniers, secrétaires, meubles à mécanismes, caractérisés par leurs lignes souples et leurs pieds tors. Dans les pièces, les motifs qui ornaient les lambris, dont le thème était souvent végétal ou floral, étaient généralement de bois sculpté, mais on utilisait aussi le plâtre et le stuc pour réaliser la décoration des murs et des portes. Autour des miroirs, des portes, des fenêtres et des médaillons, l'éclat des cadres en bois sculpté doré ajoutait une note chatoyante aux couleurs claires des murs, des tapis et de la tapisserie du mobilier. Certains hôtels particuliers à Paris, comme celui de Soubise [Figure 17] ou de Rohan, offrent d'excellents exemples du raffinement extrême, voire excessif, de ce style.

Comme dans la littérature et la peinture, il y a eu au cours du deuxième demi-siècle une réaction contre l'élégance recherchée et la fantaisie du style rocaille. A Versailles même, la reine Marie-Antoinette s'est fait construire, dans le parc, une résidence rustique, le Hameau, et a fait refaire le boudoir du petit Trianon où elle pouvait retrouver, comme Rousseau en littérature, son idéal de beauté lié à une parfaite simplicité. Mais ce goût pour une plus grande sobriété a bientôt évolué vers un retour à la majesté de l'antique et du monumental. Le style Louis XVI, marqué par l'abstraction de la forme, a fait disparaître l'ornementation fluide et sinueuse de l'art rocaille.

Le Hameau, refuge rustique que Marie-Antoinette a fait construire dans le parc de Versailles, signale le retour à la nature d'un certain préromantisme.

Cette austérité nouvelle, qui rappelait toutefois celle du Grand Siècle, ne faisait en fait que suivre l'évolution qui se manifestait dans tous les domaines artistiques. Les lignes ont retrouvé plus de rigidité. La décoration, souvent inspirée de l'Antiquité, a mis à la mode l'usage de motifs grecs et archéologiques (urnes, guirlandes, feuilles de laurier, faisceaux d'armes, figures étrusques ou pompéiennes, etc.). Le style Louis XVI, dont celui du Directoire (1789–1799) accentuerait encore les tendances, s'orientait donc vers le néo-classicisme que l'Empire mettrait en vogue (1799–1815).

Musique

Les Français, au XVIIIe siècle, étaient pris de passion pour la musique. Cet enthousiasme s'explique tout d'abord par un phénomène simple: à cette époque, la musique a cessé d'être un agrément réservé à la cour pour passer dans les habitudes quotidiennes, ou presque, d'une partie importante de la société. Par ailleurs, certains genres majeurs de composition, dont la sonate, le concerto et la symphonie, ont commencé à se développer; quant à l'opéra, il plaisait à un public grandissant en raison de son aspect théâtral.

Deux musiciens français se sont imposés à leur époque: François Couperin (1668–1733) et Jean-Philippe Rameau (1683–1764), tous deux organistes, clavecinistes et compositeurs renommés. Le nom de Rameau est resté attaché à la longue querelle qui a opposé en France les partisans de la musique italienne et les défenseurs de la musique française, coalisés autour de Rameau.

La dispute, connue sous le nom de querelle des Bouffons, était d'importance dans la mesure où elle soulevait la question de l'aptitude de la langue française à se conformer à la mesure et à la mélodie de l'opéra. L'influence italienne s'imposait à Paris grâce au succès de l'opéra bouffe, créé par Pergolèse. Jean-Jacques Rousseau, lui-même musicien accompli, a pris part à la querelle, condamnant non seulement les opéras de Rameau mais toute la musique française dans sa *Lettre sur la musique française* de 1753. Diderot, pour sa part, convaincu de l'infériorité de toute musique (et surtout celle de Rameau) fondée sur une harmonie mathématique, affirmait que «l'art nuit à la nature». Rameau s'est défendu en arguant que la musique était bel et bien une science et que celui qui ne composait qu'à partir de ses sensations en subirait toujours les limites. La créativité, l'enthousiasme et la passion étaient essentiels mais ne pouvaient suffire en l'absence d'une science de l'harmonie. Pour Diderot, Rameau avait une approche de la musique trop intellectuelle et manquait de sensibilité.

L'opéra français, suivant les réformes imposées par l'allemand Gluck (1714–1787), a continué de se simplifier en s'éloignant de plus en plus des conventions et des ornements italiens qui n'existaient, le plus souvent, que pour permettre à certains chanteurs vaniteux de briller sur scène. Gluck, protégé par la reine Marie-Antoinette, a dépouillé l'opéra de son ostentation, privilégiant le naturel et la simplicité de l'émotion pure. Mais lui aussi s'est trouvé l'objet des mêmes attaques que Rameau.

Les représentations d'opéra ne pouvant se dérouler sans la présence d'un orchestre, il est important de souligner aussi que c'est au XVIIIe siècle que la véritable notion d'orchestre est apparue. Au siècle précédent, la musique avait principalement joué un rôle d'accompagnement pour la danse ou le chant. On employait surtout des instruments à cordes. Au cours du XVIIIe siècle, plusieurs instruments à vent ont été introduits, donnant naissance à la musique de chambre et à la musique orchestrale. Le nombre de sonates, de concertos et de symphonies s'est multiplié. Et, grâce à l'influence de Mozart, l'autonomie de la musique d'opéra, désormais susceptible d'inspirer autant d'émotion et de plaisir au public que le texte et l'action dramatique, s'est affirmée.

Vers la fin du siècle, surtout pendant les années de la Révolution, l'opéra tragique a connu une désaffection auprès du grand public qui l'a abandonné en faveur de l'opéra comique dont les spectacles reflétaient le goût du mélodrame, haut en couleurs et chargé d'émotions. Cette tradition allait se poursuivre au-delà de la fin du siècle et exercerait encore longtemps son influence sur la vie musicale en France.

Découvertes culturelles

Choisissez dans la liste ci-dessous la description qui correspond à chacun des éléments suivants:

Watteau	Greuze
l'art«rococo»	la place de la Concorde
le petit Trianon	Rameau
Boucher	Fragonard
Gluck	Pergolèse
le faubourg Saint-Germain	David

1. exemple de l'aménagement de l'espace urbain
2. compositeur qui a confirmé l'ascendant de la musique italienne en France
3. style qui s'est attaché au traitement ornemental des surfaces
4. peintre dont les personnages mythologiques exprimaient la grâce et la sensualité alors en vogue
5. exemple du retour à une conception de la beauté fondée sur la simplicité
6. compositeur allemand qui a réformé l'opéra français
7. peintre qui a illustré les tendances néo-classiques de son époque
8. exemple du goût de l'époque pour la décoration intérieure
9. peintre célèbre pour ses «fêtes galantes»
10. compositeur qui a défendu la création d'une musique française
11. peintre sentimentaliste à tendance moralisatrice
12. peintre inspiré par les maîtres hollandais, célèbre pour ses portraits et ses scènes galantes

·IV· Romantisme

Au risque de trop simplifier un phénomène relativement complexe, on peut dire que le mouvement romantique en France s'est étalé sur une période d'environ 30 ans, de 1820 à 1850. Par ailleurs, il faut comprendre que cette véritable révolution qu'a représentée le romantisme dans la littérature et les beaux-arts s'est inscrite dans un vaste mouvement intellectuel qui s'est étendu à tous les domaines de la société française. En tant que telle, la révolution romantique s'est préparée lentement et progressivement, tout comme la grande Révolution de 1789 était née à la suite d'une lente maturation d'idées.

Deux influences principales se sont fait jour à la naissance du romantisme, l'une d'ordre intellectuel et artistique, l'autre d'ordre social et politique. Cependant, un concept essentiel permet de lier ces deux aspects de la nouvelle tendance: la notion de la liberté.

Un mouvement avant-coureur du romantisme s'était déjà manifesté dans la pensée et dans les goûts de la deuxième moitié du XVIIIe siècle et des 20 premières années du XIXe. L'œuvre de Jean-Jacques Rousseau, et surtout son roman *La Nouvelle Héloïse* (1761) dans lequel il avait célébré l'harmonie entre les âmes et les choses, avaient introduit dans la littérature une nouvelle conception de la nature humaine en faisant découvrir au public l'importance du cœur et de la sensibilité et, surtout, en justifiant aux yeux des lecteurs les valeurs de l'individualisme dans son expression la plus intime ou la plus tourmentée. Madame de Staël (1766–1817), outre l'œuvre romanesque dans laquelle elle a dépeint l'âme romantique, s'est aussi appliquée, dans des ouvrages théoriques, à analyser l'état d'esprit, les sentiments et les idées qui permettraient au romantisme de se définir. François René de Chateaubriand (1768–1848) lui aussi s'est penché sur «le vague des passions», cette mélancolie devenue un mal dont l'homme moderne cherchait à se défaire par tous les moyens. Grâce à ces préromantiques, un nouvel idéal, qui deviendrait un modèle suivi par les générations suivantes, s'est donc installé dans la conscience des lecteurs.

Sur le plan politique, plusieurs régimes s'étaient succédé de 1789 à 1815: l'Assemblée constituante, qui avait maintenu le roi Louis XVI; l'Assemblée législative, qui avait destitué le roi en abolissant la monarchie; la République, qui avait guillotiné le roi, et qui avait connu trois phases: la Convention, le Directoire et le Consulat; le premier Empire; la première Restauration monarchique; les Cent-Jours de Napoléon; et la seconde Restauration. Il est facile d'imaginer la tension, mais aussi la passion et l'exaltation qui devaient exister chez les uns et les autres lorsque les partisans de la Révolution combattaient les fidèles de l'ancienne monarchie, puis lorsque les adversaires royalistes du despotique Napoléon ont réclamé châtiments et représailles à l'encontre non seulement des partisans de l'Empire mais aussi des républicains. En dépit de toute la confusion qui avait régné depuis la grande Révolution, il faut reconnaître que, lorsque l'Ancien Régime s'est effondré, c'est un nouveau monde, fondé sur le principe de la liberté de jugement et la participation au gouvernement, qui a commencé. La leçon de la liberté individuelle était donc bien entrée dans les esprits, aussi bien ceux du peuple que ceux des artistes, et Victor Hugo aurait raison de dire un jour que «le romantisme, c'est le libéralisme en littérature».

Découvertes culturelles

Développez chacune des affirmations suivantes en ajoutant des renseignements supplémentaires.

1. Les origines de la révolution artistique du romantisme sont comparables à celles de la Révolution politique de 1789.
2. Une notion commune sous-tendait les différentes influences à partir desquelles le romantisme s'est développé.

3. Il y a eu plusieurs précurseurs du romantisme.
4. Cette période a été marquée par une grande confusion politique et sociale.

Témoignages littéraires

Pour comprendre le romantisme littéraire, il faut d'abord connaître ses origines. On ne conçoit pas sans transition le passage d'une époque intensément rationaliste, comme le Siècle des lumières, à la période romantique dominée par le sentiment et la libre expression des sensibilités. Nous avons évoqué plus haut le nom de trois écrivains qui ont largement contribué à assurer cette transition: Rousseau, Madame de Staël et Chateaubriand. L'aspect novateur de leur œuvre s'est exprimé, en particulier, dans la nouvelle vision de l'âme humaine qu'ils y offraient.

De toutes les passions, c'est l'amour qui a prédominé chez les préromantiques comme chez leurs successeurs. Ce sentiment n'avait pas été exclu de la littérature des XVIIe et XVIIIe siècles, mais on avait été porté à le considérer plus particulièrement pour l'esprit et la finesse avec lesquels il pouvait s'exprimer. Au contraire, chez un préromantique comme Chateaubriand, il s'agit d'un amour tendre et passionné, qui trouve son épanouissement au milieu de la nature. Ce contact avec la nature est, d'ailleurs, la source d'autres émotions: dans une forêt vierge, aux bords d'un fleuve ou, typiquement, devant le spectacle d'une tempête où la nature déchaîne sa puissance, l'homme, se sentant en présence de l'infini, est élevé à un état d'exaltation. Malheureusement, la réalité de sa vie quotidienne ne lui fait pas ressentir le même enthousiasme. Se sentant isolé dans la société, il recherche la solitude et s'abandonne à la mélancolie. Il se sait une âme supérieure qui lui permet d'entrevoir l'infini.

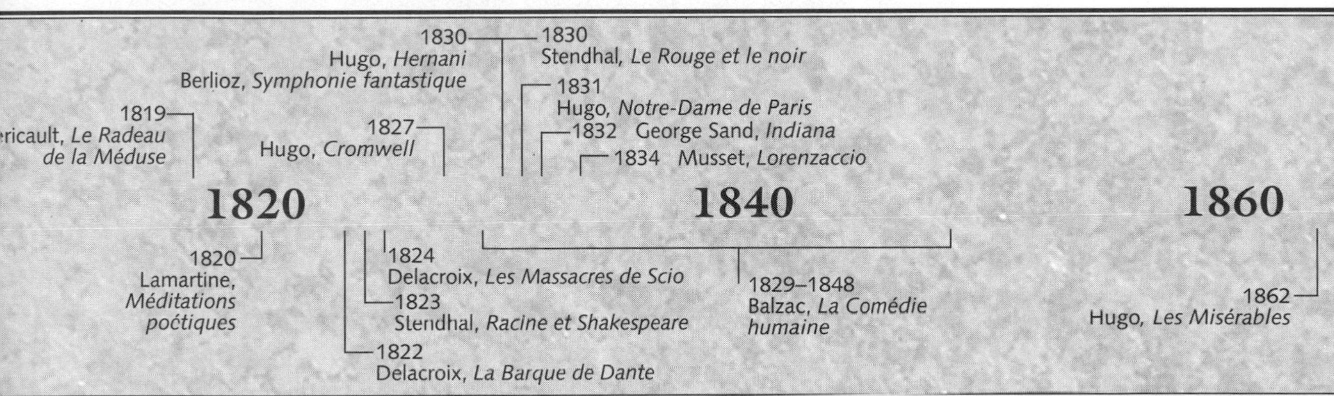

C'est un homme de génie, épris de démesure, et la nature seule est suffisamment grande pour répondre à ses désirs. Elle est le seul refuge où, plein de tristesse et d'une religiosité vague, en proie à un état presque pathologique qu'on appellerait, plus tard, «le mal du siècle», il puisse mener ses errances.

Ce personnage complexe, assoiffé d'infini et de liberté, n'était pas inconnu dans la littérature occidentale. En Allemagne, Gœthe avait, dès 1774, prêté à son personnage Werther un nombre de ces traits. L'Angleterre avait fait une découverte similaire, en 1760–1763, avec les *Poèmes* d'Ossian, le barde écossais légendaire. Ces illustrations de l'expression de sentiments nouveaux, pénétrant en France, ont constitué une source d'inspiration qui faisait écho aux tendances qui s'y développaient déjà. D'ailleurs, dans un style moins raffiné, le théâtre populaire de la fin du XVIIIe siècle avait lancé en France la mode des mélodrames dont l'intensité des intrigues passionnées avait attiré un nouveau public ignorant de la grande tradition théâtrale et de ses règles et désireux de donner libre cours à son imagination. Il existait donc tout un ensemble de tendances vers la recherche d'un art plus coloré, plus mouvementé, animé par la richesse et la chaleur de la sensibilité.

C'est dans ce contexte qu'est apparue la nouvelle génération des futurs romantiques à l'horizon de la littérature. Alphonse de Lamartine (1790–1869), Alfred de Vigny (1797–1863), Victor Hugo (1802–1885) et Alfred de Musset (1810–1857), tous nés après 1789, ont été des hommes de lettres qui ont également participé activement à la vie politique de leur temps (excepté Musset, l'«enfant terrible» du romantisme qui a refusé de faire de la poésie sociale). La génération montante s'est très vite aperçue que si, en politique, on s'était libéré de bien des traditions, ni les années post-révolutionnaires ni le régime napoléonien n'avaient rien changé à la littérature officielle. Elle avait gardé la marque d'un classicisme qui ne correspondait plus à l'esprit du temps. Animés par la conscience de leur mission dans le domaine artistique comme dans le domaine social, ces jeunes talents ne tarderaient pas à se libérer d'une esthétique qui ne pouvait plus se justifier.

Pour cette nouvelle génération qui a commencé à s'épanouir vers 1820, la littérature classique était épuisée et ne faisait que se répéter; à l'étranger, au contraire, des pays comme l'Angleterre et l'Allemagne, qui n'avaient pas connu le classicisme à la française, produisaient des chefs-d'œuvre. Ce classicisme qui avait, pendant deux siècles, imposé à la France le modèle gréco-romain, l'avait effectivement empêchée de savourer la riche tradition de son Moyen Age et de sa propre Renaissance. En imposant la suprématie de la raison sur l'instinct, il avait aussi limité l'imagination créatrice si nécessaire à l'épanouissement du tempérament individuel de l'artiste, de sa subjectivité et de ses sentiments. L'héritage de l'Antiquité ne pouvant se transmettre que par les livres, on avait quelque peu oublié que la vérité pouvait s'appréhender aussi, et peut-être mieux, au contact même des choses, par le biais de la couleur locale ou de l'exotisme, par exemple. Riche de ces découvertes, la nouvelle littérature qui allait s'imposer s'appliquerait donc à refléter l'abondance des traditions françaises. S'inscrivant ainsi dans la vie de la nation, elle se mettrait au service de la patrie.

Entre 1820 et 1827, des groupes de jeunes romantiques n'ont pas tardé à se former, d'abord selon leurs obédiences politiques: les conservateurs (royalistes), derrière Victor Hugo, se sont opposés aux libéraux regroupés autour de Stendhal. Pourtant, même si leurs idées politiques les séparaient, leurs principes littéraires étaient souvent semblables: tous étaient favorables aux mêmes modèles étrangers (Shakespeare, Walter Scott, Lord Byron, Schiller, Gœthe, l'âge d'or espagnol), à la réforme du théâtre et à la vérité historique. Vers 1827, ces groupes se sont unis autour de Victor Hugo pour former une même «école romantique». La littérature s'est surtout orientée vers deux genres qui allaient devenir les domaines privilégiés du romantisme: la poésie lyrique et la tragédie. En poésie, le lyrisme prédominait désormais sur la forme: un poème s'adressait au cœur, non plus à l'esprit, et la forme du vers devait devenir plus souple afin de se plier davantage à l'expression des sentiments. Au théâtre, le modèle des chefs-d'œuvre du XVIIe siècle n'était plus de saison. Pour libérer le genre, il fallait supprimer la règle des unités, choisir des sujets tirés de l'histoire de la nation française, ne plus se limiter artificiellement aux dernières heures de l'intrigue mais, au contraire, suivre l'évolution de toute l'action pour en donner une image complète; créer des personnages individualisés, plus naturels, tirés de la vie réelle et non plus des types ou des abstractions; enfin, varier le ton et le style afin que l'ensemble soit plus conforme à la vie.

A. de Lamartine a exercé une influence non seulement sur la jeune génération romantique française mais aussi sur les idées libérales de la politique de son époque.

Poésie

La publication des *Méditations poétiques* de Lamartine en 1820 a marqué le début de la poésie romantique en France. L'impact de cet événement peut sembler surprenant à plusieurs égards: tout d'abord, il s'agissait d'un recueil fort mince, constitué seulement de 24 poèmes assez courts. Par ailleurs, l'auteur, un aristocrate provincial, était peu connu dans les milieux littéraires de Paris. Mais c'est la musicalité nouvelle de cette poésie qui a enthousiasmé le public de 1820. Il en émanait une harmonie qui suggérait les sentiments mieux encore que les mots ne les décrivaient. Lamartine chantait l'âme, c'est-à-dire les sentiments les plus intimes au cœur de l'homme et les plus difficiles à saisir.

A partir des années 1840, seuls Victor Hugo et Alfred de Vigny resteraient fidèles aux notions fondamentales du romantisme en poésie. Lamartine, s'orientant de plus en plus vers la vie politique, deviendrait même chef provisoire du gouvernement en 1848. Quant à Musset pour qui la source du vrai lyrisme était dans les transports du cœur, épuisé très jeune par une vie tourmentée, il se replierait dans le silence. Deux nouvelles tendances se formeraient alors au sein du mouvement, pour mener la poésie d'un côté vers l'école du Parnasse, de l'autre vers le symbolisme. Les Parnassiens, tirant du romantisme la leçon de la couleur locale, de la vérité historique et de l'exotisme, produiraient sous la plume de Leconte de Lisle (1818–1894) et de Théophile Gautier (1811–1872) une poésie chargée de beauté plastique où la forme l'emporterait sur les sentiments, obéissant aux principes de «l'art pour l'art». Charles Baudelaire (1821–1867), le précurseur des symbolistes, hériterait de la tradition romantique le désir de confesser les ressorts les plus secrets de son moi. Mais il se consacrerait surtout à la tension créée par deux forces essentielles en l'homme: son élan vers l'idéal et la chute de son âme vers ce que Baudelaire a appelé «les Fleurs du mal». Au cours de la deuxième moitié du siècle, seul Victor Hugo prolongerait véritablement la révolution romantique.

Lecture

Alphonse de Lamartine, *«L'Isolement»*

C'est par une élégie que Lamartine avait choisi de faire débuter son recueil de «méditations», dans lequel on retrouve plusieurs des grands thèmes qui marquent non seulement l'œuvre de ce poète mais aussi celui de la plupart des auteurs romantiques. L'évocation de la nature sur laquelle s'ouvre le poème sert de mise en scène aux sentiments qui se manifestent bientôt. Le poète évoque avec une sincérité touchante son existence à la suite de la mort d'Elvire, la personne qu'il aimait le plus au monde. Les sentiments sont authentiques, et la mélancolie exprimée par les vers rejoint celle qui avait poussé Lamartine lui–même à *s'isoler* à la campagne après la disparition tragique d'une jeune femme, Julie Charles, auprès de qui le poète avait connu un amour idéal.

Souvent sur la montagne, à l'ombre du vieux chêne,
Au coucher du soleil, tristement je m'assieds;
Je promène au hasard mes regards sur la plaine,
Dont le tableau changeant se déroule à mes pieds.

Ici gronde le fleuve aux vagues écumantes;
Il serpente, et s'enfonce en un lointain obscur;
Là, le lac immobile étend ses eaux dormantes
Où l'étoile du soir se lève dans l'azur.

Au sommet de ces monts couronnés de bois sombres,
Le crépuscule encor jette un dernier rayon;
Et le char vaporeux de la reine des ombres
Monte, et blanchit déjà les bords de l'horizon.

Cependant, s'élançant de la flèche gothique,
Un son religieux se répand dans les airs:
Le voyageur s'arrête, et la cloche rustique
Aux derniers bruits du jour mêle de saints concerts.

Mais à ces doux tableaux mon âme indifférente
N'éprouve devant eux ni charme ni transports;
Je contemple la terre ainsi qu'une ombre errante:
Le soleil des vivants n'échauffe plus les morts.

De colline en colline en vain portant ma vue,
Du sud à l'aquilon, de l'aurore au couchant,
Je parcours tous les points de l'immense étendue,
Et je dis: «Nulle part le bonheur ne m'attend!»

Que me font ces vallons, ces palais, ces chaumières,
Vains objets dont pour moi le charme est envolé?
Fleuves, rochers, forêts, solitudes si chères,
Un seul être vous manque, et tout est dépeuplé!

Que le tour du soleil ou commence ou s'achève,
D'un œil indifférent je le suis dans son cours;
En un ciel sombre ou pur qu'il se couche ou se lève,
Qu'importe le soleil? je n'attends rien des jours.

Quand je pourrais le suivre en sa vaste carrière,
Mes yeux verraient partout le vide et les déserts:
Je ne désire rien de tout ce qu'il éclaire:
Je ne demande rien à l'immense univers.

Mais peut-être au-delà des bornes de sa sphère,
Lieux où le vrai soleil éclaire d'autres cieux,
Si je pouvais laisser ma dépouille à la terre,
Ce que j'ai tant rêvé paraîtrait à mes yeux!

Là, je m'enivrerais à la source où j'aspire;
Là, je retrouverais et l'espoir et l'amour,
Et ce bien idéal que tout âme désire,
Et qui n'a pas de nom au terrestre séjour!

Que ne puis-je, porté sur le char de l'Aurore,
Vague objet de mes vœux, m'élancer jusqu'à toi!
Sur la terre d'exil pourquoi resté-je encore?
Il n'est rien de commun entre la terre et moi.

Quand la feuille des bois tombe dans la prairie,
Le vent du soir se lève et l'arrache aux vallons;
Et moi, je suis semblable à la feuille flétrie:
Emportez-moi comme elle, orageux aquilons!

Alphonse de LAMARTINE, *Méditations poétiques* (1820), Classiques Larousse, 1942.

Découvertes culturelles

1. Quel thème nouveau a prédominé dans la littérature romantique?
2. Décrivez l'état d'âme des personnages de Chateaubriand en proie au «mal du siècle».
3. La Révolution avait aboli l'Ancien Régime. De quelle tradition le romantisme a-t-il voulu à son tour se libérer?
4. Qui a été le chef de la nouvelle école romantique?
5. En quoi l'année 1820 a-t-elle marqué le début du romantisme?
6. Dégagez du poème *L'Isolement* les principaux thèmes romantiques.
7. Qu'est-ce que le Parnasse?
8. En quoi Baudelaire peut-il être considéré comme un poète de transition?

Théâtre romantique

Dans les premières années du siècle, la tragédie française se mourait. Depuis Voltaire, on parlait de renouveler ce genre si prestigieux et si représentatif, pendant 200 ans, de toute la littérature française. Mais il demeurait, en France, le domaine d'un classicisme qui s'épuisait pourtant. Les défenseurs du genre ne manquaient point, cependant; ainsi, un dramaturge nommé Lemercier, ayant voulu insuffler un peu de vie dans sa pièce, *Christophe Colomb* (1809), avait osé abandonner la règle des unités et mêler un ton familier au ton noble. Une dispute avait éclaté dans la salle lors de la deuxième représentation, laissant un mort et plusieurs blessés parmi les spectateurs et causant l'interdiction de la pièce!

Toutefois, cette résistance de la tragédie classique au changement a bien dû céder devant le succès croissant de deux autres types de théâtre: le mélodrame et le drame shakespearien. Le premier s'adressait essentiellement à un public populaire et bourgeois, qui venait nombreux se laisser émouvoir par des sentiments et des personnages simples à comprendre, quelquefois exagérés, mais qui donnaient une impression de naturel et de vie. Ce théâtre, ignorant des unités, s'attachait plutôt aux effets de nouveaux éléments dramatiques comme la couleur locale, ainsi que les décors et les costumes qui l'illustraient. Malgré tous ses excès, le mélodrame préparait en fait le terrain aux changements qui allaient bouleverser le domaine du théâtre, et les classiques tremblaient devant le grand succès de ce genre qui annonçait leur fin.

Le théâtre de Shakespeare, quant à lui, a exercé une influence plus directe encore sur l'évolution de la tragédie. Stendhal, dans un ouvrage théorique intitulé *Racine et Shakespeare* (1823), a comparé l'œuvre du plus grand auteur tragique français et le théâtre de Shakespeare: il y démontrait la supériorité de celui-ci, et la faiblesse de la tragédie française, prisonnière des conventions classiques et manquant de naturel. Quelques années plus tard, Victor Hugo a repris ce même thème dans la préface de son premier drame romantique, *Cromwell* (1827). Même si la pièce elle-même s'est avérée injouable (elle durait sept heures!), l'importance de la préface est inestimable dans la mesure où Hugo y a formulé, sur un ton ardent, tout un programme qui allait devenir celui du théâtre romantique: selon lui, le monde chrétien reposait sur une dualité fondamentale, celle de l'âme et du corps, du ciel et de la terre, du sublime et du grotesque. Dans le domaine du théâtre, seul le drame était capable de traduire la complexité des sentiments et des tendances composant l'âme humaine, car il représentait un genre complet empruntant au lyrisme aussi bien qu'à l'épopée; mais il était indispensable de le libérer des règles classiques concernant la durée et le lieu, pour permettre à l'action de se dérouler dans tout son naturel. Pour Hugo, en effet, le drame devait avant tout être «vraisemblable».

Ce n'est toutefois qu'en 1830 que s'est affirmée la première victoire du nouveau style sur l'ancien avec *Hernani*. La représentation de ce drame de Hugo a une fois de plus opposé les partisans du classicisme et ceux du romantisme. Mais cette fois, la pièce a pu être jouée, sans trop de tumulte, du commencement jusqu'à la fin. Dès le début du premier acte, cependant, une révélation a saisi le public: Hugo avait inventé un nouveau langage au théâtre. Cette innovation se traduisait d'abord dans le traitement de l'alexandrin, ce vers de douze syllabes si vénéré par la tradition française, que Hugo assouplissait en le coupant en séquences de longueurs variables; elle s'exprimait aussi dans le mélange de tons obtenu par la juxtaposition de registres de vocabulaire variés, et par l'alternance de passages animés et de moments de grand lyrisme poétique. Pourtant, ce qui avait paru comme un début prometteur pour Hugo dans le genre théâtral s'avérerait sans suite marquante pour lui, car il ne ferait entrer dans son œuvre aucune autre innovation en matière dramatique entre

Hernani et *Les Burgraves* (1843), pièce qui échouerait devant un public qui avait évolué depuis 1830. La seule véritable réussite du drame romantique prendrait place avec la création, en 1834, de *Lorenzaccio* par Alfred de Musset: ce chef-d'œuvre incarnait tout ce que les théoriciens du théâtre, Stendhal, Hugo et autres, avaient réclamé. Mais, fidèle à son cœur, Musset y avait ajouté une profondeur psychologique que les autres n'avaient pas su atteindre. Sait-on toutefois si Musset aurait pu imaginer une telle pièce sans *Hernani*? Toujours est-il que son nom resterait lié au drame romantique, et que Musset deviendrait l'auteur le plus joué en France.

Découvertes culturelles

1. Au début du XIXe siècle, pourquoi le théâtre français était-il en crise?
2. En quoi le mélodrame et le drame shakespearien s'opposaient-ils à la tragédie classique?
3. Décrivez les innovations de Hugo pour rendre le drame plus «vraisemblable».
4. Quelle est la seule pièce romantique qui ait connu un succès durable? Pourquoi?

Roman

Le XIXe siècle a donné une importance extraordinaire au roman. Le romantisme, nous l'avons dit, s'est surtout manifesté à travers la poésie lyrique et les drames qu'il a produits. Pourtant, on écrivait aussi des romans à cette époque, et c'est d'ailleurs par le roman personnel, d'analyse psychologique, que les préromantiques se sont fait connaître. Chateaubriand a publié *René* en 1802, Mme de Staël a fait paraître *Delphine* la même année et *Corinne* en 1807. Chez l'un et l'autre de ces auteurs, l'attention se concentrait uniquement sur le héros ou l'héroïne, à travers la révélation de ses états d'âme personnels, souvent mélancoliques et tourmentés.

Le goût romantique du vrai et l'influence étrangère de Walter Scott ont porté la vogue des romans historiques à son sommet; le succès de ce genre devenu extrêmement populaire a été assuré surtout par Alexandre Dumas (1802–1870) dont les centaines de romans retracent l'histoire de France selon une vérité souvent plus artistique que rigoureuse. Victor Hugo aussi s'est appliqué à évoquer une époque historique dans *Notre-Dame de Paris* (1831), où il a fait revivre toute l'atmosphère du XVe siècle parisien avec ses foules et ses personnages hauts en couleur. Mais c'est avec un autre genre romanesque, le roman social, que Victor Hugo affirmerait définitivement son succès. *Les Misérables* (1862) a introduit dans la littérature certaines idées auxquelles Hugo pensait depuis longtemps. C'est dans les pages de ce roman qu'il a confié son plus profond espoir de renouveau social, guidé par un libéralisme politique qu'il défendrait désormais dans tous les aspects de son existence.

Portrait de George Sand attribué au peintre Ingres qui s'est distingué par la pureté classique de son dessin.

Par ailleurs, si l'amour représentait la passion dominante pour les romantiques, il était juste que le roman s'en fasse l'écho. C'est George Sand (1804–1876) qui a révélé la contribution du romantisme à l'évolution d'un genre dans lequel elle s'est affirmée: le roman sentimental. Dans *Indiana* (1832), par exemple, elle a évoqué le sort injuste de la femme dans le mariage, à travers le récit typiquement romantique d'un amour malheureux. Comme tous les autres tenants du mouvement, George Sand considérait son art comme le moyen d'exprimer ses sentiments, ses idées et les thèses qu'elle défendait.

Deux autres romanciers, parmi les plus célèbres de la littérature française, ont beaucoup dû au romantisme: Honoré de Balzac (1799–1850) et Stendhal (1783–1842). L'un et l'autre se rattachent au groupe des auteurs réalistes dans la mesure où ils ont tous les deux bâti leur œuvre à partir du monde réel, de la société dont ils ont été les témoins. Mais ayant fait leur apprentissage dans les cénacles romantiques, c'est là qu'ils ont appris à insuffler à leurs œuvres un ton authentique, passionné et exalté. Pour Balzac, c'est le sens de l'observation et la pénétration psychologique qui lui ont permis de donner cette si grande profondeur au vaste ensemble de romans de mœurs auquel il donnerait le nom de *Comédie humaine*. Mais il a aussi mis beaucoup de lui-même dans ses personnages; ses rêves, ses goûts, ses désirs, son imagination lui ont inspiré son univers romanesque, ce qui était bien caractéristique de l'esthétique romantique.

Stendhal, dont le style était plus dépouillé que celui de Balzac, rêvait d'un «langage sec, à la manière du Code civil». Pourtant, malgré cette prétendue sécheresse de style, c'est sa fréquentation des milieux poétiques, parmi les jeunes romantiques, qui lui a inspiré le très élégant rythme de sa prose ainsi peut-être que la grande finesse d'analyse psychologique de ses deux chefs-d'œuvre *Le Rouge et le noir* (1830) et *La Chartreuse de Parme* (1839).

Stendhal semble avoir été un romantique malgré lui. Son imagination très vive, son enthousiasme si prêt à s'enflammer, la passion amoureuse qu'il aimait décrire, la chasse au bonheur qui anime typiquement le héros stendhalien, sont autant de traits d'une sensibilité romantique qu'il s'efforçait pourtant de réprimer.

Découvertes culturelles

Donnez des exemples de chacun des genres suivants et décrivez leurs tendances dans le contexte du romantisme.

1. le roman préromantique
2. le roman historique
3. le roman social
4. le roman sentimental
5. le roman héritier du romantisme et précurseur du réalisme

Témoignages artistiques

Peinture

L'évolution de la peinture romantique a suivi de près celle de la littérature. Dans les premières années du XIXe siècle, c'était le néo-classicisme qui régnait. Le chef de file de cette école intimement liée à l'Empire, le peintre David (1748–1825), gouvernait les arts avec la même autorité dictatoriale que son puissant protecteur, Napoléon Bonaparte, employait pour gérer les affaires du pays. Peintre officiel du régime impérial, David empruntait ses sujets à l'Antiquité, surtout romaine, et son tableau le plus célèbre, le *Sacre de Napoléon* [voir page 136], qui offre un exemple accompli du style de l'artiste par son très grand format, sa solennité classique et sa beauté statique, continue de dominer l'emplacement privilégié qu'il occupe encore de nos jours au musée du Louvre.

L'atelier de David a permis de regrouper un grand nombre de disciples du grand maître. Parmi les meilleurs, Gros (1771–1835) et Ingres (1780–1867) semblent avoir eu la plus grande originalité. Gros, comme David, s'est appliqué à fixer sur la toile la légende de Napoléon, mais au lieu de s'orienter vers le portrait, il s'est spécialisé dans la peinture de scènes de batailles dont la richesse des couleurs et le réalisme parfois choquant annonçaient déjà les débuts d'une tendance plutôt romantique [Figure 18]. Quant à Ingres, c'est le dessin moins que le coloris qui a dominé son œuvre. Dessinateur d'une incomparable virtuosité, Ingres s'est affirmé comme maître du portrait; la vérité expressive de ses tableaux repose essentiellement sur la pureté des lignes de ses sujets, mais aussi sur une certaine grâce obtenue par l'harmonie des formes géométriques et des contours, caractéristique du néo-classicisme [Figure 19].

Mais l'imitation des Grecs et des Romains avait duré trop longtemps, et les jeunes artistes sentaient le besoin de rompre avec la tradition. La chute de l'Empire, l'exil de Napoléon et la défaite française, qui avaient conduit le pays à renouer avec le passé en restaurant la dynastie des Bourbons, leur offraient le spectacle d'une société en crise et qui semblait même régresser. Il fallait donc lancer un défi au conservatisme, à la routine et aux pâles idées du passé. L'un des premiers artistes à secouer le joug de la tradition a été le jeune Géricault (1791–1824) qui a scandalisé ses compatriotes en exposant au Salon de 1819 son *Radeau de la Méduse* [Figure 20]; ce vaste tableau représentant un groupe de naufragés, avec un réalisme morbide, n'a pas manqué de choquer les sensibilités du public de l'époque, tout en le fascinant malgré tout par les accents pathétiques avec lesquels l'artiste y traitait le drame éternel de la vie et de la mort. On pourrait également voir dans ce tableau une intention métaphorique du peintre, symbolisant par ce bateau la dérive de la France d'après Napoléon. Par sa technique comme par ses sujets, Géricault s'est distingué de ses prédécesseurs. Les touches de son pinceau sont souvent lourdes, la peinture étant appliquée en tourbillons dynamiques de couleurs, dans un style déjà très éloigné des surfaces lisses de David. Géricault est mort jeune, laissant la place au plus grand des peintres romantiques, Delacroix.

Eugène Delacroix (1798–1863) avait été l'ami et le disciple de Géricault. Inspiré par le *Radeau de la Méduse*, il a exposé au Salon de 1822 un tableau capital dans son œuvre, *La Barque de Dante* [Figure 21], dans lequel les damnés de l'enfer ressemblent étrangement aux noyés du *Radeau*. Deux ans plus tard est survenu un événement de l'histoire contemporaine qui a retenu toute l'attention de Delacroix et constitué une source d'inspiration féconde pour lui: la guerre d'indépendance en Grèce. En 1824, il a exposé *Les Massacres de Scio* [Figure 22], une toile qui dépeint les horreurs infligées par les Turcs aux habitants de l'île de Scio. Comme Lord Byron, dont il admirait les poèmes, Delacroix avait ressenti une compassion profonde pour la lutte des Grecs, et la nouvelle des massacres l'avait incité à peindre cette catastrophe avec toute la passion que cet épisode tragique lui inspirait. La composition révolutionnaire du tableau, en forme de pyramide dont la pointe était située vers le bas de la toile, a introduit dans la peinture française une nouvelle manière de rendre l'espace. A droite, l'arrivée d'un Turc qui enlève une jeune captive déclenche tout un mouvement de couleurs vives et de formes sur la toile, alors qu'à gauche, la pâleur des blessés et des morts exprime avec une intensité extrême tous les sentiments de haine, de douleur et de rage qu'une scène aussi pathétique ne pouvait manquer d'inspirer. L'exotisme du lieu a permis également à Delacroix d'ajouter des éclaboussures de rouge et de jaune afin de rompre la monotonie et l'uniformité du coloris. Quant au message qui se dégageait de ce chef-d'œuvre de la peinture, il rejoignait tout à fait celui du programme romantique: l'individualisme de l'artiste s'épanouissait devant la liberté de son inspiration; les sujets n'étaient plus dictés par des règles artificielles mais par la beauté, la singularité et la passion qu'ils inspiraient. Le peintre se laissait guider par son cœur et exprimait l'intensité de ses émotions dans le choix des couleurs et le dynamisme émanant du mouvement des lignes. Une des caractéristiques de la peinture romantique est précisément qu'elle n'a jamais été statique. Pourtant, il faut reconnaître que les tableaux comme celui du massacre des Grecs, que le public classique avait condamnés comme outranciers, ont progressivement disparu de l'atelier des peintres romantiques, qui se sont de ce fait mieux intégrés à la vie artistique nationale. Mais l'exaltation romantique ayant perdu sa fougue, le mouvement a commencé à tendre non seulement vers une plus grande modération mais aussi vers un réalisme qui est apparu peu à peu en peinture, comme celui de Flaubert ou de Balzac en littérature.

Architecture

Il n'y a pas eu d'architecture proprement romantique. L'Empire avait été à l'origine d'une profusion de nouvelles constructions. A Paris, on célébrait le régime impérial en construisant des monuments qui reflétaient sa magnificence. Le Temple de la Gloire (devenu l'Eglise de la Madeleine—Figure 23) et le palais de la Bourse ne sont que deux exemples de ce style qui imitait servilement les Anciens. Sous la Restauration et la monarchie de Juillet, cette même tradition du style Empire s'est poursuivie.

Il ne faudrait pas pour autant conclure que l'architecture n'a pas été touchée par le romantisme, mais c'est surtout dans la restauration de monuments historiques que les romantiques ont marqué leur intérêt pour l'histoire nationale et surtout pour le Moyen Age. A partir de 1830, ces grands admirateurs de la société médiévale ont réhabilité bon nombre de cathédrales, comme Notre-Dame de Paris [voir page 16] et la cathédrale de Chartres, mais aussi les châteaux de Carcassonne [voir page 339] et de Pierrefonds. Partout on s'est efforcé de redresser les dommages causés par la négligence et le vandalisme. La Révolution, dans sa volonté de débarrasser la France de toute trace de l'Ancien Régime, avait détruit des châteaux, endommagé des églises et dispersé leurs trésors. Le plus célèbre des restaurateurs, Viollet-le-Duc, a lancé par ses travaux la vogue du néo-gothique qui s'est exprimée jusqu'au mobilier, par ce qu'on a appelé le style «troubadour». Même si son enthousiasme romantique l'a incité quelquefois à ajouter aux bâtiments qu'il restaurait certains détails pseudo-médiévaux qui n'y avaient jamais existé, Viollet-le-Duc a joué un rôle capital dans la préservation du patrimoine architectural français.

Sculpture

Tout comme elle avait sévi dans le domaine de la peinture, la lutte entre classiques et romantiques n'a pas épargné non plus la sculpture pendant la première moitié du XIXe siècle. Sous Napoléon et même pendant la Restauration, on exécutait, dans un style toujours extrêmement classique, des statues qui célébraient la tradition antique. Sous Louis-Philippe, par exemple, James Pradier (1792–1852) a contribué à l'art monumental de la ville de Paris en produisant des œuvres d'un sobre classicisme, telles que les statues assises,

«Strasbourg» et «Lille», de la place de la Concorde. Les 12 statues de Victoires [Figure 24], colossales, froides et abstraites, qui entourent le tombeau de l'Empereur dans la crypte de l'église des Invalides sont l'œuvre de ce même sculpteur. Si ce style académique ne devait pas disparaître entièrement au cours du siècle, il serait toutefois concurrencé par la manière plus dynamique et dramatique, souvent animée par un enthousiasme tout patriotique, de la sculpture romantique.

Ville de Carcassonne dont les remparts ont été restaurés par Viollet-le-Duc à l'époque romantique

François Rude (1784–1855) a été un des sculpteurs les plus inspirés de son époque. Il est surtout connu comme l'auteur du groupe du *Départ des volontaires de 1792* [Figure 25], grand ensemble sculptural en haut-relief qui orne l'un des piliers carrés de l'Arc de Triomphe de l'Etoile, ce monument à la gloire de la Grande Armée de Napoléon. Le public de l'époque, ému à la vue de cette œuvre de Rude par un élan patriotique, l'a rebaptisée *La Marseillaise* en souvenir de l'esprit de la Patrie, représentée sous les traits d'une Victoire ailée qui inspire ses guerriers. Le groupe sculptural symbolise les trois générations auxquelles la Patrie avait fait appel: le combattant, l'adolescent et, derrière eux, le vieillard, tous nus ou vêtus à l'antique, ce qui montre combien Rude admirait encore certains aspects de l'esthétique classique. L'élan patriotique qui se dégage *de La Marseillaise* est si vif et passionné qu'il semble échapper au temps pour évoquer le souvenir de tous ceux qui ont lutté pour défendre le pays, sous la Révolution comme sous l'Empire. La même ardeur se manifeste aussi sur le visage et dans l'attitude de la statue du maréchal Ney, carrefour de l'observatoire à Paris, où Rude a laissé l'un des plus beaux exemples de ce goût pour le mouvement, ce sens de l'expression et cet enthousiasme patriotique qui ont constitué les principales caractéristiques de tout le programme romantique.

Musique

Que s'est-il passé dans le domaine de la musique sous l'Empire et la Restauration? La lutte durait toujours entre les partisans de la musique française et ceux qui défendaient la musique italienne. La dispute n'était pas nouvelle, puisqu'elle reprenait les thèmes que Rousseau avait avancés un demi-siècle auparavant: la supériorité de Pergolèse sur Rameau, et celle de la mélodie sur la symphonie. Comme au XVIIIe siècle, l'art lyrique et l'opéra attiraient toujours la faveur du public. Une des raisons pour lesquelles la musique n'a pas évolué sous Napoléon repose sans doute sur le fait que l'Empereur, n'appréciant pas particulièrement ce domaine artistique, n'a rien fait pour l'encourager officiellement, sauf lorsqu'il s'est agi de musique cérémonielle. Cette musique d'Empire n'a apporté aucune nouveauté à cet art, cependant.

Le personnage de Rosine dans Le Barbier de Séville *(1816), opéra italien tiré de la comédie française de Beaumarchais (1775).*

La musique dont le public français était toujours avide, et cela depuis le XVIIIe siècle, restait donc l'opéra. Ce n'était pas un Français, d'ailleurs, qui dominait le genre mais, comme il fallait s'y attendre, un Italien. Rossini (1792–1868), devenu directeur du Théâtre-Italien sous la Restauration, a connu avec ses opéras, comme *Le Barbier de Séville*, un grand succès. Un autre étranger, l'Allemand

Meyerbeer (1791–1864), l'éclipserait pourtant, le public découvrant chez lui la présence de certains éléments empruntés au romantisme: les décors riches et somptueux, un texte passionné (la musique même demeurant assez traditionnelle), et une interprétation vocale enthousiaste. L'exemple de Meyerbeer serait suivi par certains artistes français qui évolueraient surtout vers l'opéra-comique, genre plus léger que l'opéra, qui permettait l'introduction d'épisodes parlés.

Le véritable représentant de la musique romantique française, Hector Berlioz (1803–1869), n'a pas eu le bonheur d'être apprécié par ses contemporains. Objet de prestige et d'âpres discussions, Berlioz a plutôt étonné le public de son temps, et dû attendre la fin de sa carrière pour connaître la gloire. Il a fait preuve dans ses compositions musicales de la même ardeur qui caractérise les peintures de Delacroix: interprétation colorée des sons, puissance d'orchestre magistrale, intensité dramatique des thèmes, inspirée par une personnalité fougueuse. Il est l'auteur d'une *Symphonie fantastique* (1830), de symphonies dramatiques, parmi lesquelles *Roméo et Juliette* (1839) et la *Damnation de Faust* (1846), et du seul véritable succès qu'il ait connu de son vivant, une tragédie lyrique, *Les Troyens* (1855–1858). C'est à Berlioz que nous devons le principe de l'orchestre tel que nous le concevons encore de nos jours.

Découvertes culturelles

Complétez chacune des phrases suivantes en y ajoutant des renseignements supplémentaires.

1. La peinture au début du XIXe siècle était dominée par...
2. Le *Sacre de Napoléon* est...
3. Gros s'est spécialisé dans...
4. L'œuvre d'Ingres se caractérise par...
5. Géricault a scandalisé le public en...
6. Un des plus célèbres tableaux de Delacroix lui a été inspiré par...
7. Pour célébrer sa magnificence, l'Empire napoléonien a fait construire...
8. L'influence romantique sur l'architecture s'est manifestée par...
9. Le sculpteur Rude est surtout connu pour...
10. Berlioz a composé une musique romantique en employant...

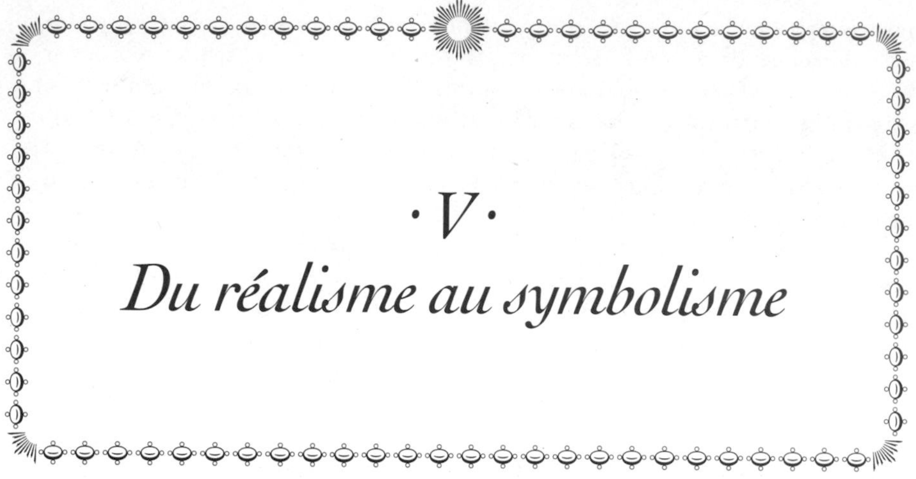

·V·
Du réalisme au symbolisme

L'univers des lettres et des arts dans la France de la deuxième moitié du XIXe siècle apparaît sous certains aspects comme le reflet fidèle de ce qui se passait dans la société d'alors, et sous d'autres, comme l'expression de la révolte la plus absolue contre les courants dominants. En politique, ce demi-siècle a été marqué par la succession de deux régimes: le Second Empire, instauré en 1852, et la IIIe République, proclamée en 1870.

Le Second Empire, dont la politique extérieure s'est traduite par des guerres successives à l'étranger, a néanmoins, à l'intérieur, permis à la classe bourgeoise de triompher grâce à la continuation d'une politique gouvernementale qui favorisait, depuis l'époque du roi Louis-Philippe, l'enrichissement des Français, ou du moins d'une certaine classe. L'expansion du colonialisme, les progrès technologiques et scientifiques, et surtout le développement du chemin de fer, encourageant l'activité économique, ont apporté au pays une

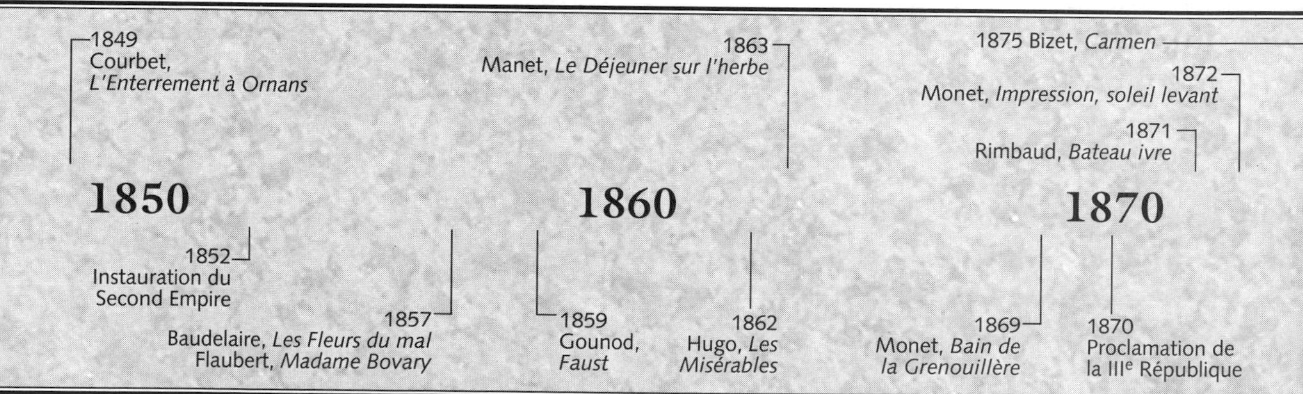

prospérité matérielle qu'il n'avait jamais connue. L'art, à cette époque, a adopté les tendances au réalisme qui se faisaient jour dans la société. Les romanciers, comme Gustave Flaubert, ont exposé dans leurs œuvres la vie telle qu'ils la voyaient, même si leur vision du réel devait déplaire par son caractère commun et parfois vulgaire. Les peintres, comme Courbet, ont rejeté le pittoresque et le pathos dans leurs représentations de la vie quotidienne. De rares écrivains (dont le poète Charles Baudelaire) ont toutefois osé approfondir le malaise métaphysique qui tourmentait l'homme dans la médiocrité et la monotonie de sa vie quotidienne. Dans l'ensemble, pourtant, suite aux progrès de la science, et surtout à partir de la mise en place de la méthode expérimentale de Claude Bernard, on a cru pouvoir tout expliquer chez l'homme en faisant appel aux hypothèses et à la vérification en laboratoire pour formuler des lois. Cette confiance en l'efficacité de l'analyse logique de la réalité permettait de croire à la possibilité de tout maîtriser et d'atteindre, à l'aide du positivisme, la certitude de tout connaître sur la race humaine.

Bientôt, pourtant, cet esprit de conquête, en quelque sorte, qui animait la science et le monde intellectuel, allait avoir des répercussions dramatiques sur le plan politique. Là, ce désir de vouloir toujours aller plus loin, cette «folie des grandeurs» qui motivait l'empereur Napoléon III, a fini par entraîner le pays dans une guerre contre la Prusse, aventure qui a valu à la France d'être humiliée par une invasion allemande et de perdre une partie de son territoire. La débâcle a mis fin au régime impérial et permis, non sans peine, l'établissement d'une République qui allait durer près de 70 ans.

En dépit de sa longévité, cependant, la nouvelle République est née dans des conditions particulièrement chaotiques. Pendant les 30 premières années, elle a été marquée par des luttes intestines, des coups d'Etat manqués, des scandales financiers et surtout par l'infâme affaire Dreyfus. L'univers de la science a continué, cependant, à faire des découvertes. C'est à cette époque que le savant Pasteur a révélé au monde le principe de l'immunisation. Mais cette introduction dans le corps humain d'un virus-vaccin qui devait le protéger contre les maladies transmises à l'homme par les animaux, soulignait aussi certains liens

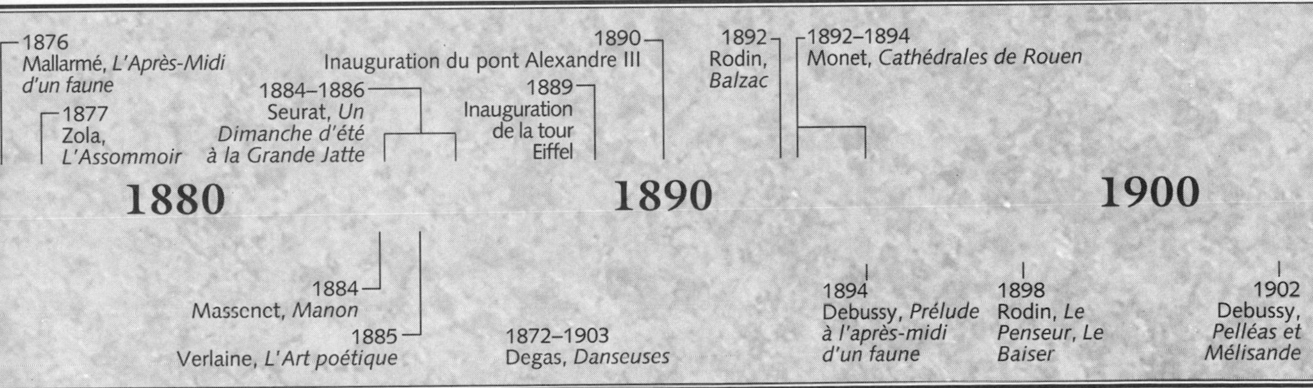

biologiques entre l'être humain et le monde animal. Les écrivains naturalistes, dont Emile Zola a été le chef de file, adoptant certaines des nouvelles théories scientifiques, les ont introduites dans la littérature. Le résultat de ce «positivisme» appliqué au domaine de l'art a été de réduire l'humanité au rang de «bête humaine», simple produit de l'hérédité, du milieu et du comportement instinctif. Une telle conviction, nettement pessimiste, devrait pourtant un jour faire face à l'existence du mystère, c'est-à-dire à ce qui, tout simplement, ne s'expliquait pas. Les peintres impressionnistes, par exemple, s'appliqueraient à saisir les effets fugitifs de la lumière sur les objets mais aboutiraient à une vision abstraite de la réalité. Chez les littéraires qu'on appellerait «symbolistes», l'idée, l'émotivité, le rêve et l'expérience du surréel ouvriraient alors la voie à la recherche d'un nouvel idéal.

Découvertes culturelles

Développez chacune des affirmations suivantes en y ajoutant des renseignements supplémentaires.

1. L'atmosphère intellectuelle de la deuxième moitié du XIXe siècle a manifesté deux tendances opposées.
2. La période du Second Empire s'est caractérisée par le progrès matériel et l'essor de la bourgeoisie.
3. La IIIe République a été marquée par un certain chaos sur le plan politique et par d'immenses progrès dans le domaine scientifique.
4. Le naturalisme s'est inspiré de certaines théories scientifiques.
5. La philosophie positiviste a négligé des aspects importants de la nature humaine.

Témoignages littéraires

Selon certaines idéologies de l'époque, la science devait faire le bonheur de l'humanité. Pourtant, beaucoup des ouvrages littéraires parus au cours de la seconde partie du XIXe siècle n'ont pas toujours reflété cet optimisme. Il est vrai que le roman de l'époque, comme le théâtre, s'inspirait le plus souvent de la réalité quotidienne. Des romanciers aussi différents que le Victor Hugo des *Misérables* (1862) et le Zola de *L'Assommoir* (1877), posant leur regard sur le peuple de Paris, en ont dépeint à leurs lecteurs l'existence triste et pénible avec un réalisme souvent très sombre. Mais une observation de la «vérité» et du «réel» n'offrait, à vrai dire, qu'une vision partielle de l'être humain. Il manquait à la plupart des réalistes et des naturalistes une dimension idéaliste, une aspiration à un sentiment religieux ou moral, par exemple, ou une soif de l'inconnu.

De tous les genres littéraires, c'est donc la poésie qui a mené l'opposition symboliste contre le positivisme naturaliste. L'esprit de révolte du mouvement s'est incarné surtout en un jeune homme, devenu presque un mythe, Arthur Rimbaud (1854–1891). Cet adolescent, d'une précocité extraordinaire, s'est insurgé contre les idoles de son âge: la raison tyrannique du scientisme, le patriotisme et le conformisme bourgeois inspirés par l'empereur Napoléon III, et la moralité hypocrite d'un certain catholicisme. Face à ce monde opaque, Rimbaud s'est voulu «voyant»; explorant les profondeurs mystérieuses situées au-delà de la conscience, il a exprimé par le langage magique de sa poésie les secrets qu'elles lui avaient livrés. C'est surtout dans les vers de son chef-d'œuvre symbolique, *Le Bateau ivre*, composé lorsqu'il avait 17 ans, qu'il a exprimé avec force son rejet de toute une civilisation occidentale en même temps que son talent visionnaire. Hélas! son pauvre bateau n'aurait pas la force de continuer la lutte contre des navires plus puissants que lui; Rimbaud cesserait d'écrire à 21 ans, et mourrait à 37 ans. Mais son génie passionné, l'exaltation de son rêve de libération absolue et son invitation à la révolte lui ont survécu jusqu'à nos jours.

Plus que le nom de Rimbaud, celui de Stéphane Mallarmé (1842–1898) est resté attaché à l'idéal symboliste de la poésie. Selon lui, la suggestion d'une pensée par l'association des sensations et des idées qui formaient le poème était la seule manière de parvenir à l'Absolu en poésie. Communiquer trop directement une idée, décrire un objet avec une trop grande exactitude risquait de détruire le mystère qu'il fallait plutôt préserver afin de laisser au lecteur le bonheur de la découverte. Voici comment Mallarmé expliquait au journaliste Jules Huret sa conception du symbole: «*Nommer* un objet, c'est supprimer les trois quarts de la jouissance du poème qui est faite de deviner peu à peu: le *suggérer*, voilà le rêve. C'est le parfait usage de ce mystère qui constitue le symbole; évoquer petit à petit un objet pour montrer un état d'âme, ou, inversement, choisir un objet et en dégager un état d'âme, par une série de déchiffrements.» [1] Mallarmé rêvait donc d'une poésie pure, située très au-delà du langage quotidien si plein de clichés et d'idées toutes faites. Mais les recherches très poussées qu'il a menées dans ce domaine l'ont finalement coupé du grand public qui a résisté à cette trop grande obscurité d'expression. Mallarmé avait néanmoins su créer une poésie fondée sur l'impression produite par un objet ou un paysage plutôt que sur leur représentation descriptive, et son influence sur la conception moderne du poétique a été considérable.

Baudelaire

Le poète Charles Baudelaire (1821–1867) a devancé beaucoup de ses contemporains en réagissant contre la perspective trop limitée des réalistes. Dès les années 1850, on pouvait trouver chez lui une conception déjà très moderne de

[1] *Œuvres complètes*, Pléiade, 1945.

Charles Baudelaire.
Photographie prise par Nadar (1820–1910) qui a fait le portrait des gens célèbres de son époque.

la condition humaine. Nous essayons tous, écrivait-il alors, d'échapper à un malaise fondamental qui nous suit partout dans la vie. Cet état de mélancolie métaphysique, auquel il donnait le nom de «spleen», pouvait avoir une infinité de causes selon les individus. Mais, dans tous les cas, tout effort pour l'éviter était voué à l'échec, du fait de la nature irrémédiablement déchue de l'homme.

L'homme était pourtant plus que cet être misérable, victime de son milieu et surtout de son hérédité, que les positivistes avaient cru définir. Les obstacles que lui présentaient la vie étaient réels, et un écrivain comme Baudelaire ne cherchait pas à les dissimuler. Il y a, d'ailleurs, autant de pauvres et de miséreux chez Baudelaire que chez des naturalistes comme Zola ou Maupassant. Mais que dire de la destinée de l'homme? Cette question échappait au positivisme—doctrine qui n'apportait pas de réponse satisfaisante aux notions de la psychologie humaine. Et comment rendre compte de ce don si essentiellement humain pour la synthèse entre les diverses sensations—ce que l'on voit, goûte, sent, entend et touche—au moyen de l'analogie ou de la métaphore? La «réalité» n'était ni simple ni précise. L'homme pouvait la percevoir dans sa multiplicité, de manière kaléidoscopique, grâce à ses facultés personnelles, mais aussi en raison de certaines «correspondances» mystérieuses qui lui permettaient de relier le naturel et le surnaturel. L'âme se souvenait, en nous, d'une vie antérieure et idéale, d'un paradis que nous avions perdu et que nous espérions retrouver. Mais il fallait quelqu'un pour nous guider dans la recherche de ce qui nous attendait au-delà, quelqu'un ayant l'intuition nécessaire pour saisir les «correspondances» et nous permettre de les découvrir nous-mêmes. Tel serait le rôle du poète, devenu ainsi une sorte de «mage» dont la mission était de nous révéler, par l'alchimie des mots, l'inconnu auquel nous aspirions.

Lecture 1

Charles Baudelaire, «*Le Voyage*» (extrait)

Un long poème de Baudelaire, intitulé *Le Voyage*, s'achève sur deux strophes qui résument l'essentiel du célèbre recueil des *Fleurs du mal* (2e édition, 1861) dont il fait partie: l'homme, constamment hanté par quelque chose qui le dépasse, découvre enfin le seul «voyage» qui puisse répondre à son désir de l'infini: la Mort.

O Mort, vieux capitaine, il est temps! levons l'ancre!
Ce pays nous ennuie, ô Mort! Appareillons!
Si le ciel et la mer sont noirs comme de l'encre,
Nos cœurs que tu connais sont remplis de rayons!

Verse-nous ton poison pour qu'il nous réconforte!
Nous voulons, tant ce feu nous brûle le cerveau,
Plonger au fond du gouffre, Enfer ou Ciel, qu'importe?
Au fond de l'Inconnu pour trouver du *nouveau*!

Charles BAUDELAIRE, *Les Fleurs du mal,* Classiques Larousse, 1959.

Découvertes culturelles

1. En écrivant «Ce pays nous ennuie... », quelle image de l'être humain Baudelaire propose-t-il dans ce poème?
2. Comment la métaphore du voyage s'apparente-t-elle au thème de la mort?
3. Selon Baudelaire, qu'y a-t-il à découvrir au bout du voyage?

Verlaine

De tous les écrivains qui ont cherché à substituer aux prétentions de la raison la puissance suggestive des harmonies poétiques et l'imprécision de l'image, Paul Verlaine (1844–1896) a su, mieux que tout autre, se laisser pénétrer par le réel pour en rendre ensuite, par sa poésie, le sentiment de quelque chose de fluide, de fragile, d'éphémère et surtout d'inquiétant. Tout comme Mallarmé, Verlaine a excellé dans l'art de communiquer un état d'âme, moins au moyen du symbole, toutefois, que par des sensations visuelles et surtout auditives.

Dans son *Art poétique*, devenu une sorte de manifeste symboliste lorsqu'il a paru dans *Jadis et Naguère* en 1884, Verlaine ne laissait aucun doute quant à sa conception de la poésie: elle devait tirer son pouvoir de suggestion de la musique même des vers.

> De la musique avant toute chose,
> Et pour cela préfère l'Impair,
> Plus vague et plus soluble dans l'air,
> Sans rien en lui qui pèse ou qui pose.

Paul Verlaine, *L'Art poétique*, éd. Messein, 1885, dans *XIXe Siècle*, Lagarde et Michard.

Il est évident, d'après les affirmations de cette première strophe, que le vers verlainien devrait son originalité à l'harmonie et au rythme; mais il serait aussi fugitif et flou. A la différence du vers classique, généralement constitué d'un nombre pair de syllabes, comme l'alexandrin, celui de Verlaine serait de préférence «impair», tout comme ceux de cet «art poétique»: avec ces vers de neuf syllabes, Verlaine introduisait une note imprévue, puisqu'ils échappaient ainsi à la division traditionnelle du vers en groupements réguliers, équilibrés et faciles à anticiper. Pour Verlaine, la souplesse et la délicatesse des vers dépendraient de leur liberté face aux formes et aux contraintes que la versification française avait imposées à la poésie. A cette rigueur gênante, la nouvelle poésie devait préférer la suggestivité du flou et du mystère, comme l'indique la quatrième strophe de *L'Art poétique*:

Paul Verlaine, que Mallarmé appelait son «poète impressionniste» exerce un pouvoir de suggestion par la musique de ses vers.

Car nous voulons la Nuance encore,
Pas la Couleur, rien que la nuance!
Oh! la nuance seule fiance
Le rêve au rêve et la flûte au cor!

Avec la «nuance» et le «rêve», Verlaine mettait en avant tout ce qui résistait à la définition, à l'uniformité, à la précision. Ces éléments évocateurs du domaine musical semblaient conférer également une dimension picturale à la poésie. Le poète pourrait donc aussi «peindre» ce qu'il sentait, pourvu qu'il évite toute approche «photographique» de son art et qu'il opte plutôt pour un style plus suggestif.

Par son talent pour la transposition des sentiments en termes d'impressions, Verlaine s'est typiquement inscrit dans le mouvement symboliste, dont il partageait aussi la croyance aux réalités spirituelles. Comme Baudelaire, Rimbaud et Mallarmé, il savait que les êtres et les objets qui nous entourent cachent une autre réalité qu'il nous faut découvrir et pour ces symbolistes, le but de la poésie était de percer le mystère de ce monde idéal.

Lecture 2

Paul Verlaine, *«Chanson d'automne»*

Dans un court poème du début de sa carrière, Verlaine avait déjà fait preuve de la surprenante musicalité de sa poésie, par la qualité sonore des vers, riches en voyelles nasales («on» «an» «en») et en voyelles ouvertes («automne» «cœur» «vais»), ainsi que par leur rythme complexe faisant alterner deux vers de quatre syllabes et un vers de trois syllabes. La musicalité du vent s'y mêle à la tristesse et à la nostalgie du sujet pour transformer le poème en un morceau chanté sur un ton mineur et mélancolique.

Les sanglots longs
Des violons
De l'automne
Blessent mon cœur
D'une langueur
Monotone.

Tout suffocant
Et blême, quand
Sonne l'heure,
Je me souviens
Des jours anciens
Et je pleure,

Et je m'en vais
Au vent mauvais
    Qui m'emporte
Deçà, delà,
Pareil à la
    Feuille morte.

Paul VERLAINE, *Poèmes saturniens*, éd. Messein, Paris, 1866, dans *XIXe Siècle*, Lagarde et Michard.

Découvertes culturelles

1. Choisissez dans la *Chanson d'automne* de Verlaine les éléments permettant de classer ce poème parmi ceux qui affirment une vision symbolique et spirituelle du monde.
2. Indiquez le poète de la deuxième moitié du XIXe siècle qui correspond à chacune des descriptions suivantes:

   Baudelaire   Mallarmé
   Rimbaud   Verlaine

   a. Il a affirmé son génie poétique très jeune.
   b. Il a décrit un état de malaise métaphysique qu'il a appelé le «spleen».
   c. Il a recouru au vers impair pour créer une poésie plus musicale.
   d. Il a traduit les concepts en symboles, refusant une poésie descriptive.
   e. Pour lui, le poète était un «mage» qui avait pour mission de révéler les correspondances entre le naturel et le surnaturel.
   f. Sa poésie a constitué une révolte contre les normes morales et intellectuelles de son époque.
   g. Il a écrit un *Art poétique* qui est devenu une sorte de manifeste du symbolisme.
   h. Il a rêvé d'une poésie pure qui ne pouvait pas s'exprimer par le langage quotidien.
   i. Il a recherché une poésie suggestive nuancée d'images imprécises.
   j. Il a évoqué dans ses poèmes la nature déchue de l'homme en même temps que sa soif d'infini et de pureté.

Témoignages artistiques

Peinture

L'évolution de la peinture française pendant la deuxième moitié du XIXe siècle ne s'est pas distinguée radicalement de celle de la littérature de la même époque. Elle a d'abord été marquée par un courant de réalisme pictural, parfois brutal, qui s'est appliqué à dépeindre la vie quotidienne des pauvres dans les villes et à la campagne. A cette peinture, souvent jugée trop franche et sombre, s'est bientôt opposé un art lumineux et fluide, désireux d'évoquer des sensations fugitives plutôt que de s'astreindre au contour rigoureux des lignes. Mais cet «impressionnisme», qui célébrait l'impermanence et la nuance, serait à son tour l'objet d'une réaction de la part de ceux qui sentaient le besoin de construire leurs tableaux à partir d'une composition et de structures solides.

ACTUALITÉS.
370
Les Parisiens dans l'attente de la fameuse comète.

Gravure du célèbre caricaturiste Daumier (1808–1879).

Réalisme

Il faut d'abord préciser que les peintres réalistes eux-mêmes avaient formé un groupe en marge de ce qu'on appelait «l'art officiel», c'est-à-dire celui auquel le régime impérial et les milieux mondains donnaient leur appui. La peinture officielle, assez éclectique, s'exprimait surtout dans des portraits d'aristocrates ou d'industriels célèbres, des tableaux militaires et autres que les salons de peinture où ils étaient exposés couronnaient de gloire. Lorsque des réalistes comme Gustave Courbet (1819–1877) et ses semblables ont tenté d'y présenter leurs œuvres moins conventionnelles, ils se sont vu opposer un refus systématique, car leurs tableaux scandalisaient le beau monde. Ceux du dessinateur et caricaturiste Honoré Daumier (1808–1879), par exemple, proposaient une vision satirique de la société contemporaine sous un réalisme très engagé. Par contraste avec les scènes de ville de Daumier, les paysans astreints au dur travail de la terre ont été au centre de l'œuvre tout aussi intensément réaliste de Jean-François Millet (1814–1875). Mais c'est Courbet qui, par ses intentions philosophiques et ses convictions socialistes, a été le véritable initiateur du courant naturaliste en peinture. Son tableau intitulé *L'Enterrement à Ornans* (1849) [Figure 26], par exemple, surprend par l'absence de spiritualité dans une scène pourtant propice à cette dimension. Rien n'y évoque le surnaturel. Tous les gestes prescrits par le rite semblent accomplis machinalement. Le prêtre, le fossoyeur, l'assistance donnent l'impression de vouloir en finir avec une cérémonie qui a perdu sa signification.

Le réalisme en peinture n'a pas limité ses sujets aux seules activités humaines, cependant. Tout un ensemble de paysagistes ont exprimé, par la représentation exacte de la nature dans tout ce qu'elle avait de concret, leur ardent désir d'objectivité. Ainsi, Camille Corot (1796–1875) a consacré une grande partie de sa vie à la peinture de paysages [Figure 27], surtout en Ile-de-France; ses toiles témoignent de son souci de vérité et d'exactitude, enrichi par un autre aspect de sa démarche, une sincérité qu'il résumait lui-même ainsi: «Ne jamais perdre la première impression qui nous a émus.» Mais Corot est demeuré un indépendant, alors que d'autres paysagistes ont constitué une véritable école que l'on appelle le groupe de Barbizon, du nom du village, proche de la forêt de Fontainebleau, où ces peintres aimaient séjourner et travailler; cette école s'est appliquée à recréer la nature, ses étangs et ses bois, sans aucun mysticisme ni sentiment, mais avec le réalisme le plus objectif. Les œuvres de ces artistes, ces tableaux dans lesquels la nature jouait le rôle principal au lieu d'être le simple accessoire auquel la peinture classique l'avait réduite, ont été à l'origine de la mode du paysage qui a marqué toute la fin du siècle.

Les peintres réalistes qui avaient fait scandale n'étaient pas, à vrai dire, les paysagistes, mais ceux qui avaient attiré la fureur des critiques et du public par l'audace de leurs sujets et de leurs techniques. Edouard Manet (1832–1883), en particulier, a fait beaucoup parler de lui lorsque son tableau, intitulé *Le Déjeuner sur l'herbe* [Figure 28], a été exposé au Salon des Refusés de 1863: le sujet, un nu féminin assis près de deux hommes en costumes contemporains, a choqué le public par le traitement trop réaliste du nu dont le contraste des tons vifs et des ombres accentuait les formes. En 1865, avec son *Olympia*, peinte en 1863, Manet présentait cette fois une sorte d'odalisque somme toute assez classique; mais de nouveau, le public a crié au scandale en accusant le peintre d'offense à la pudeur—le même type d'accusation avait valu à Baudelaire l'interdiction des *Fleurs du mal* et à Flaubert, pour *Madame Bovary*, un procès dont il était toutefois sorti grandi. Pour sa part, si le scandale autour de ses toiles a profondément vexé Manet, il lui a aussi permis de gagner, en raison de la «modernité» de ses sujets, l'admiration de nombreux jeunes artistes qui allaient bientôt former le groupe de peintres le plus important de ce demi-siècle: les impressionnistes.

Impressionnisme

L'école impressionniste qui s'est développée en France n'avait qu'un seul objectif: rendre purement et simplement les impressions suscitées par les objets et la lumière. Les objets extérieurs agissant sur les sens de l'artiste, et sur sa vue en particulier, le peintre devait ensuite restituer sur la toile ce qu'il voyait, sans l'intellectualiser ni faire appel à sa connaissance antérieure de la chose, puisqu'il s'agissait d'une peinture de l'instant. Les impressionnistes ont peint presque exclusivement la nature, effectuant leurs tableaux en plein air. Le paysage changeant d'un moment à l'autre en fonction du jeu de la lumière, les peintres devaient travailler assez rapidement, afin de capter l'impression fugitive créée par la lumière de l'instant. La spontanéité représente donc le caractère fondamental de cet art.

Pour réaliser leurs tableaux, les impressionnistes ont inventé une nouvelle manière de peindre. Ils ont rejeté le dessin et les lignes qui enfermaient l'objet. La perspective reposait sur l'usage des couleurs, par la *teinte* (la qualité d'une couleur, les diverses tonalités de bleu, par exemple) et par le *ton* (l'intensité de la couleur, foncée ou claire) plutôt que sur une composition géométrique. Les couleurs n'étaient plus mélangées sur la palette, les impressionnistes adoptant ce qu'ils appelaient le mélange optique, c'est-à-dire celui qui était accompli par l'œil du spectateur lorsqu'il voyait deux couleurs pures juxtaposées sur la toile. Au lieu de mélanger du bleu et du rouge pour obtenir un violet, on juxtaposait une touche de bleu et une autre de rouge, technique justifiée, d'ailleurs, par les théories physiques du spectre solaire et de la complémentarité des couleurs. Dans cette mesure, les impressionnistes se manifesteraient comme les plus «réalistes» des peintres modernes, en incorporant à leur technique l'observation la plus minutieuse des apparences. Mais le peintre, dans l'intensité de son regard, décomposait les formes en fonction de la lumière environnante qui éclatait elle-même en vibrations colorées. Sa composition était faite de petites touches de couleurs superposées formant, dans leur ensemble, une perception visuelle dynamique et frémissante de sa propre impression. Peut-être la

Monet saisit les variations de lumière en peignant le même sujet à différents moments. Ici, l'une de ses cathédrales de Rouen.

perception d'un phénomène éphémère, saisi par l'œil du peintre, n'était-elle tout simplement pas communicable à d'autres, diraient certains critiques de l'art impressionniste. Pourtant, des peintres comme Monet chercheraient toute leur vie à saisir cet «insaisissable».

C'est à Claude Monet (1840–1926) que nous devons, indirectement, le terme d'«impressionnisme». Il avait intitulé un de ses tableaux du port du Havre *Impression, soleil levant* (1872) [Figure 29]. Un journaliste, pour se moquer de cette toile et de toutes celles du même genre exposées ensemble en 1874, a appelé cette manifestation «l'exposition des impressionnistes». Il croyait ainsi anéantir ces artistes qui abandonnaient la tradition picturale pour lui substituer leurs propres impressions, mais il a en fait contribué à consacrer la gloire future des nouveaux peintres. Dès 1869, Monet avait réussi à capter, par des touches larges et fragmentées, l'effet de la lumière sur l'eau dans les *Bains de la Grenouillère.* Sa technique de la superposition des touches rendait fidèlement les apparences en même temps que les sensations lumineuses produites par l'eau qui faisait miroiter les couleurs projetées sur elle par les objets environnants. En travaillant à son *Soleil levant*, Monet s'est tout particulièrement attaché aux effets de la lumière et de l'atmosphère sur le site, une vue matinale du port du Havre. Le tableau présente un caractère presque féerique: le soleil, rouge comme un ballon d'enfant, y diffuse à travers la vapeur d'un brouillard grisâtre une lumière qui enflamme tout. Jamais aucun peintre n'avait accordé à l'analyse de la lumière une telle importance dans la représentation d'un paysage maritime.

A partir de 1890, Monet, poursuivant son étude des variations infinies de la lumière sur les objets, traiterait «en série» des sujets tels que les *Peupliers* (1890–1891), les *Meules* (1890–1893), les *Cathédrales de Rouen* (1892–1894) et, en fin de carrière, les *Nymphéas* du bassin de sa maison à Giverny. Dans chacun de ces cas, le sujet choisi par le peintre lui a en fait servi de prétexte pour mettre en valeur les jeux de lumière, et Monet y a démontré la perpétuelle évolution des couleurs selon leur rapport avec la lumière et ses reflets. Mais en insistant sur ces effets fugitifs, le peintre a fini par rendre «abstrait» l'objet ou le sujet même. L'«irréelle réalité» à laquelle il aurait voulu atteindre est devenue si intensément subjective qu'elle s'est orientée vers une non-figuration plus difficilement accessible au public.

Post-impressionnisme

L'influence de l'impressionnisme de Monet ne disparaîtrait pas, cependant. Il avait radicalement transformé la vision et la technique des peintres qui, comme les néo-impressionnistes, poursuivraient ses recherches. Georges Seurat (1859–1891), par exemple, tout en respectant la loi optique des contrastes simultanés, est allé plus loin, juxtaposant les couleurs sur la toile sous la forme de petits rectangles ou de points, d'où le terme de «pointillisme» sous lequel cette technique serait connue. Sa technique évoque celle d'un mosaïste et, à la différence des tableaux fluides et vaporeux des impressionnistes, ceux de Seurat ont rétabli une stabilité de forme que l'on remarque, par exemple, dans son chef-d'œuvre *Un Dimanche d'été à la Grande Jatte* (1884–1886) [Figure 30].

Deux autres peintres, Auguste Renoir (1841–1919) et Edgar Degas (1834–1917), malgré leurs débuts dans la tradition impressionniste, ont réagi à cette tendance. Renoir, surtout connu pour ses portraits et ses nus féminins (*Les Grandes Baigneuses*, 1898–1905) [Figure 31], a préféré revenir à un équilibre entre les couleurs et les formes. Degas, se considérant lui-même comme «le peintre classique de la vie moderne», a poursuivi non pas le secret de la lumière comme Monet mais celui des formes. Il s'est surtout efforcé de saisir le mouvement, qu'il a su capter sur le vif, mais pour le traduire ensuite avec la plus grande précision dans le dessin. Il doit sa gloire, en grande partie, à la série des *Danseuses* [Figure 32] qu'il a peinte entre 1872 et 1903.

La rupture avec l'impressionnisme, presque achevée avec Renoir et Degas, serait consacrée par Paul Cézanne (1839–1906) qui tenterait de réaliser une parfaite harmonie entre rythmes, couleurs et formes par un nouvel effort de construction, ouvrant ainsi la voie aux cubistes du début du XXe siècle [voir page 284].

Découvertes culturelles

Choisissez l'idée qui complète le mieux chacune des affirmations suivantes:

1. L'art officiel de la deuxième moitié du XIXe siècle...
   a) s'est surtout caractérisé par des portraits de personnages influents et des tableaux militaires.
   b) s'est illustré par les tableaux des peintres réalistes.
2. Honoré Daumier était...
   a) un dessinateur et caricaturiste d'inspiration réaliste.
   b) un peintre célèbre, membre du groupe impressionniste.

3. Les peintures de Gustave Courbet...
   a) ont été couronnées de gloire dans les salons de peinture.
   b) manifestent le même réalisme brutal que le naturalisme en littérature.
4. L'école de Barbizon regroupait...
   a) des partisans de l'art officiel.
   b) des paysagistes dont les œuvres se caractérisent par l'absence de sentiment et le réalisme le plus objectif.
5. *Le Déjeuner sur l'herbe* est...
   a) le premier tableau impressionniste.
   b) une œuvre de Manet qui a choqué le public par le réalisme du nu figurant au centre du tableau.
6. Les peintres impressionnistes...
   a) ont aussi scandalisé le public par le réalisme très intellectualisé de leurs sujets.
   b) ont fondé leur art sur les effets de la lumière et l'aspect fugitif des sensations qu'elle suscite.
7. La technique des impressionnistes repose sur...
   a) le mélange optique obtenu par la juxtaposition de touches de couleurs pures sur la toile.
   b) le dessin précis des lignes suggérant la forme du sujet.
8. Claude Monet...
   a) a inventé lui-même le terme d'«impressionniste».
   b) s'est essentiellement attaché aux effets de la lumière et à l'influence de sa variation infinie sur la perception des objets.
9. Seurat est célèbre pour...
   a) son analyse des effets de la lumière sur les objets.
   b) sa technique du «pointillisme», obtenue par la juxtaposition de petites touches de couleur.
10. Auguste Renoir...
    a) a réagi contre les tendances impressionnistes en établissant un équilibre plus prononcé entre les couleurs et les formes.
    b) a suivi la tradition impressionniste en l'appliquant essentiellement au portrait.
11. Degas...
    a) s'est appliqué à capter le secret de la lumière dans la tradition de Monet.
    b) s'est intéressé aux formes, qu'il a rendues avec une grande précision du dessin.
12. Paul Cézanne...
    a) a affirmé la continuité de la peinture avec la tradition impressionniste.
    b) a accordé, dans ses compositions, une grande importance aux couleurs et aux formes qui inspirerait les cubistes du XXe siècle.

Architecture

Dans l'ensemble, la période de 1848 à 1900 a témoigné d'un véritable foisonnement de l'activité architecturale dans presque toutes les grandes villes de France. Une politique d'urbanisation, animée d'abord par le désir de moderniser, puis par celui de manifester l'opulence impériale, ont marqué la IIe République et le Second Empire. La IIIe République se contenterait d'imiter les régimes précédents, du moins dans le domaine de la construction. Malgré cet effort de développement, presque tous les travaux engagés, au lieu d'innover dans la forme, le style et l'ornementation, n'ont fait que suivre une conception architecturale traditionnelle et éclectique, inspirée des modèles de la Renaissance, du XVIIe et du XVIIIe siècles. Il faudrait attendre les toutes dernières années du siècle pour que l'architecture rompe enfin ses liens avec un classicisme démodé.

Il est impossible de traiter la question de la construction sous Napoléon III sans insister sur l'homme qui a remodelé la plus grande partie de la ville de Paris: le baron Haussmann (1809–1891). Cet administrateur et préfet de la Seine, désireux d'améliorer la circulation et de réaménager l'espace de la vieille capitale, a fait disparaître beaucoup de quartiers qui n'avaient pas sensiblement changé depuis le Moyen Age. Il a créé le réseau des grands boulevards qui sillonnent Paris, redessinant ainsi le plan de la ville. L'architecture publique et privée en ont immédiatement subi les conséquences. Les règlements administratifs du baron Haussmann, par exemple, ont imposé la plus stricte uniformité dans la construction des immeubles: le nombre d'étages était à peu près le même partout, les façades devaient respecter un alignement rigoureux et l'architecture des immeubles restait d'un classicisme très sobre. Les bâtiments publics, par contre, devaient refléter, par leur présence imposante, le prestige impérial. Des bibliothèques, de nouvelles églises, des grands magasins (comme le Bon Marché) et des gares de chemin de fer (la gare du Nord—voir page 358) sont apparus. Certains architectes novateurs, grâce aux apports de l'âge industriel, ont eu recours à de nouvelles techniques de construction en utilisant le fer. Mais ils recouvraient ensuite l'ossature métallique d'un revêtement de pierre afin de donner une apparence traditionnelle à leurs bâtiments. Inspirées par l'urbanisme du préfet Haussmann, les villes de Lyon et de Marseille mèneraient de semblables efforts de modernisation.

Napoléon III a donc réussi à mener de front son intérêt pour l'architecture et son désir d'urbaniser l'empire. Dans la capitale, deux projets réalisés sous le Second Empire résument bien son œuvre: l'achèvement du Louvre et l'Opéra de Paris. Hector Lefuel (1810–1881) a assuré la construction des deux ailes qui entourent la Cour Napoléon du Louvre [Figure 33]. Respectant le style du vieux palais, il s'est inspiré de la Renaissance et du XVIIe siècle pour la décoration extérieure. L'empereur Napoléon III a donc pu réaliser le grand projet que les rois n'avaient pu achever et introduire symboliquement la marque de son régime impérial dans la tradition royale en intégrant l'ancienne demeure parisienne des rois de France.

La gare du Nord à Paris. Exemple de la nouvelle architecture en fer revêtu de pierre. On y remarque une décoration extérieure assez traditionnelle.

Ailleurs, dans l'un des quartiers nouvellement aménagés par le baron Haussmann, Charles Garnier (1825–1898) a bâti son chef-d'œuvre, l'Opéra, entre 1862 et 1875. L'architecture de cet imposant monument, marquée par une profusion de styles, doit beaucoup à la Renaissance italienne (la loggia au-dessus des portes principales), au XVIIe et XVIIIe siècles français (la grande coupole qui ressemble à une couronne, les colonnes à chapiteaux corinthiens, etc.) et surtout au baroque. L'ornementation extérieure et intérieure [Figure 34] est alourdie par un excès de statues, de bronzes et de marbres de plusieurs couleurs, mais ce bâtiment reste un témoignage fidèle de l'opulence assez pompeuse qui a caractérisé le Second Empire.

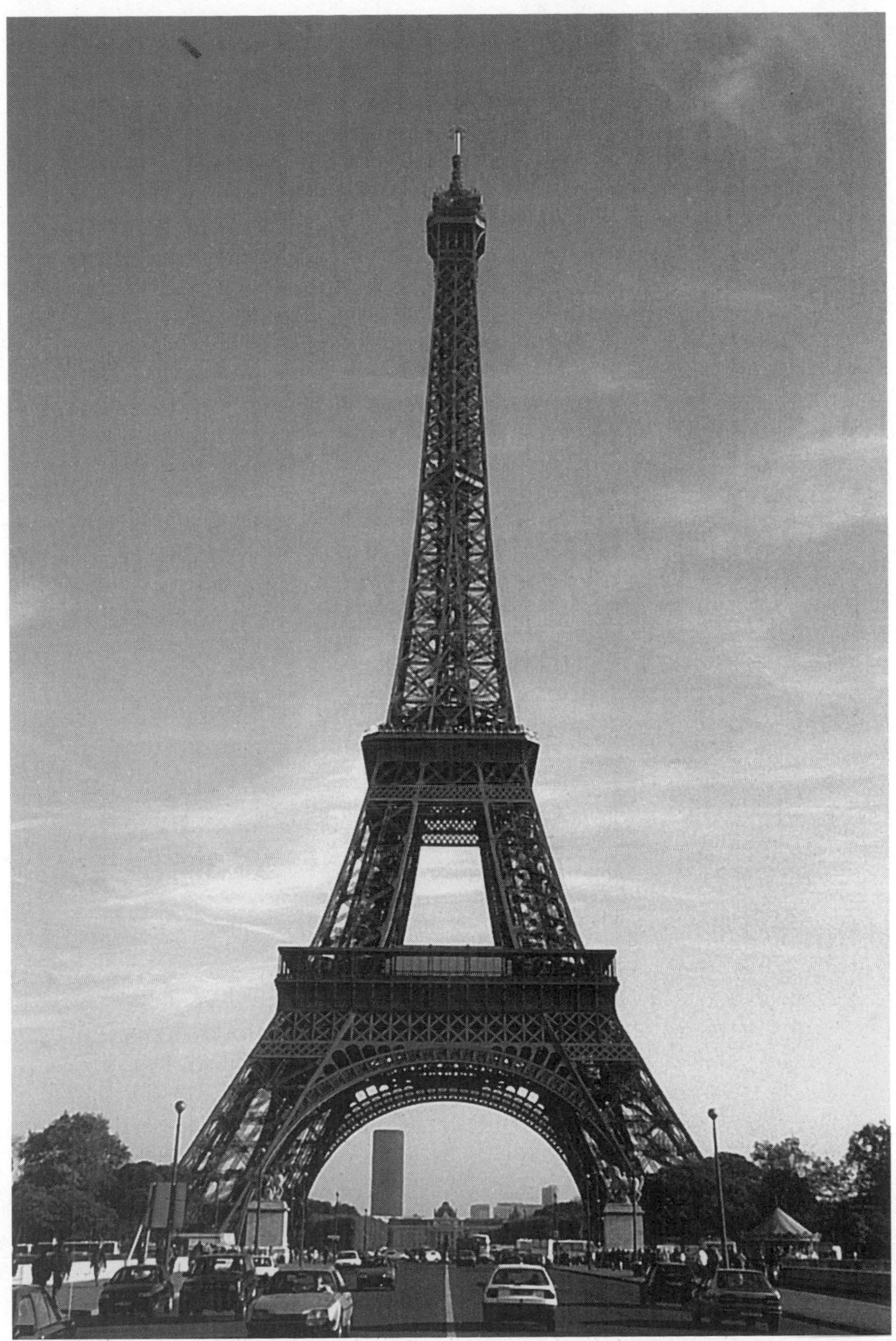

La tour Eiffel, entièrement métallique, construite de 1887 à 1889. Elle marque une rupture éclatante avec l'architecture monumentale traditionnelle.

Avant la fin du siècle, la IIIe République a vu se dérouler trois expositions universelles à Paris, en 1878, 1889 et 1900. C'était, pour la France, autant d'occasions de briller devant le monde. Pourtant, les architectes, toujours incapables de rompre avec le passé, ont continué à pasticher les styles antérieurs, et c'est du côté des ingénieurs des ponts et chaussées que sont apparues les innovations: les bâtisseurs ont réalisé des constructions impressionnantes grâce aux nouvelles technologies de l'architecture de fer. Des arches métalliques formaient l'ossature des immenses halls d'exposition. Mais on cherchait souvent à dissimuler la présence du fer derrière une façade néo-classique de pierre, comme dans la construction du Grand Palais et du Petit Palais, érigés à l'occasion de l'exposition universelle de 1900. Deux exceptions importantes à la règle sont à signaler, cependant: le pont Alexandre III (1900) [Figure 35] et la tour Eiffel (1889) [voir page 359]. Le pont, en dépit de son décor néo-rococo (petits amours et guirlandes de cuivre, lampadaires aux formes recherchées, etc.), présentait l'originalité de reposer sur une arche métallique apparente, d'une grâce remarquable. Quant à la tour conçue par Gustave Eiffel (1832–1923), elle annonçait fièrement, du haut de ses 300 mètres, son appartenance au monde moderne aussi bien par les matériaux qui avaient servi à sa construction que par sa forme qui ne devait presque rien à la tradition française.

Sculpture

Si Rude a incarné l'esprit romantique dans la sculpture, c'est Auguste Rodin (1840–1917) qui a dominé la fin du siècle dans ce domaine. Par certains aspects, il serait possible de l'apparenter aux peintres impressionnistes, car il a toujours été fasciné, comme Monet, par la lumière et par le mouvement. Animé par un grand souci d'expressivité, ce sculpteur a considérablement travaillé les formes, procédant même à des déformations anatomiques et exploitant aussi le jeu de la lumière sur les matériaux pour mieux rendre la vie intérieure de ses personnages. Certaines figures, comme celle de son *Balzac* (1892–1897), donnent même quelquefois l'impression de s'arracher à la pierre dans un effort de volonté, rappelant certaines statues de Michel-Ange dont le grand talent d'observation avait marqué Rodin. Lorsque Rodin sculptait une figure, il s'attachait à exprimer les volumes et les profondeurs de la chair, comme si toute vie devait provenir de l'intérieur du matériau au lieu de lui être imposée de l'extérieur par l'artiste. *Le Penseur* [voir page 283] et *Le Baiser* (1898) sont parmi ses œuvres les mieux connues. La fluidité de ces ouvrages respecte l'anatomie des figures dans toute sa sensualité, et c'est la sinuosité des corps, ainsi que l'aspect poli du marbre, qui permet à la lumière de les animer par une ondulation dynamique entre le clair et l'obscur. D'un genre plus naturaliste, *Les Bourgeois de Calais*, un groupe monumental de cinq personnages, est une merveille d'individualisation: chacun des hommes laisse paraître un visage expressif; de leurs mains et de leurs bras décharnés mais musclés émane une grande force. Il se dégage du groupe une émotion intense qui laisse le spectateur—désireux de mieux comprendre la peine dont souffrent ces hommes au plus profond d'eux-mêmes dans un état d'insatisfaction.

Rodin, influencé par Jean-Baptiste Carpeaux (1827–1875), qui l'avait formé, a donc mené à terme la défaite du néo-classicisme. Rude avait déjà bien préparé la voie, mais c'est à Rodin que les sculpteurs à venir devraient cette découverte d'importance capitale: l'artiste doit se soumettre aux exigences des matériaux plutôt que de leur imposer une forme à laquelle ils risquent de se révéler rebelles.

Musique

Comme la littérature et la peinture, la musique a connu une période très féconde pendant ce second demi-siècle. Le goût pour le spectacle qui s'était manifesté pendant les années précédentes n'avait pas décliné, et l'opéra et l'opéra-comique attiraient toujours l'attention du grand public.

Parmi les ouvrages dramatiques ayant obtenu les plus vifs succès dans ce genre, ils est intéressant de relever ceux dont les thèmes ont fait écho à la diversité des autres domaines artistiques contemporains. Ainsi, un romantisme tardif a continué à se manifester, avec le *Faust* de Charles Gounod (1818–1893), en 1859, puis, en 1884, avec le très célèbre opéra-comique *Manon*, de Jules Massenet (1842–1912). Le courant réaliste, cependant, n'était pas absent de la scène lyrique: ils s'est illustré brillamment, par exemple, lorsque Georges Bizet (1838–1875) a donné son chef-d'œuvre de passion et de sensualité, *Carmen*—un opéra qui a toujours autant de succès de nos jours qu'à sa création en 1875. Il serait incomplet, cependant, de brosser le portrait du monde musical en France sans mentionner le nom d'un compositeur allemand qui a véritablement dominé la scène lyrique pendant une trentaine d'années, Richard Wagner.

Carte postale reproduisant une scène de l'opéra Faust *(1859) de Gounod, compositeur célèbre pour sa maîtrise de la mélodie française*

Wagner a réformé la musique lyrique par sa conception du drame intégral, synthèse de trois types d'art: musical, poétique et plastique. Baudelaire déjà avait évoqué, dans son sonnet *Correspondances*, l'idéal d'un univers où «les parfums, les couleurs et les sons se répondent». Le poète, écoutant la musique de

Wagner, avait même jugé qu'elle aurait pu être la sienne, tant les deux artistes se rejoignaient dans leur désir de créer un art plus ample et plus vaste. Mais c'est surtout le groupe symboliste qui vouerait un véritable culte à Wagner. Cette admiration n'avait d'ailleurs rien de surprenant, puisque Rimbaud, qui voyait dans les «voyelles» des couleurs et Verlaine, qui insistait sur la musicalité de la poésie, avaient déjà affirmé les rapports entre les sens. Pour sa part, Mallarmé avait exprimé une vision des choses où la poésie idéale serait celle qui réunirait tous les arts. Mais c'est surtout dans le domaine de la musique française que se sont affirmés le plus grand nombre de liens entre l'esthétique symboliste et les autres arts.

Claude Debussy (1862–1918) s'est inspiré aussi bien des symbolistes en littérature que des impressionnistes en peinture. D'abord fervent admirateur de Wagner, il a effectué deux voyages à Bayreuth, le sanctuaire de la musique wagnérienne. Mais à partir de 1890, il s'est orienté vers les évocations vagues, la fluidité musicale, le raffinement de l'harmonie et la douceur rêveuse si caractéristiques de l'esprit symboliste plutôt que vers l'éclat des cuivres et des cymbales, le rythme et la mesure de la musique de Wagner. En 1894, suivant de près le texte d'un poème de Mallarmé, Debussy a composé, sur une musique d'une originalité frappante, son *Prélude à l'après-midi d'un faune*, qui a connu un succès immédiat. Le compositeur a introduit dans cette œuvre, qui devait faire partie d'une symphonie en trois mouvements restée inachevée, deux thèmes: le premier est annoncé, dès le début, par la flûte; le deuxième, par les bois. La flûte semble lointaine et légère alors que le son des bois est plus marqué et sûr, et l'œuvre entière est composée autour du jeu subtil entre ces deux thèmes. Rien n'y suggère le développement traditionnel de la symphonie classique. Dès qu'un thème revient dans la composition, il cède la place au suivant, se mêlant d'abord avec lui pour disparaître ensuite et ressurgir quelquefois de manière inattendue. Dans cette composition révolutionnaire, les instruments de l'orchestre, pour la première fois, n'obéissent plus aux groupements traditionnels. Debussy les a employés pour leur timbre individuel, mais en faisant toujours l'effort de les incorporer à l'ensemble de l'orchestre, créant une harmonie qui n'était plus celle à laquelle le public était habitué.

En 1902, Debussy a présenté un opéra, basé sur le drame symboliste de Maurice Maeterlinck, *Pelléas et Mélisande*. Il a fait entrer dans cette œuvre toutes les tendances de la nouvelle musique française: on n'y trouve aucun air destiné à mettre en valeur le chanteur, aucune mélodie que l'on puisse fredonner en sortant du théâtre. Tout est en demi-tons et doit suggérer le sujet—comme dans les toiles impressionnistes de Monet ou les poèmes de Mallarmé.

Par l'ensemble de son œuvre, Debussy a affirmé une véritable rupture avec le passé musical: sa musique impressionniste a marqué le début d'un âge et d'un esprit nouveaux. Mais ce phénomène de rupture qui s'est manifesté dans le monde musical n'a fait que confirmer celui qui s'exprimait dans presque tous les domaines de la culture française à la fin du XIXe siècle. A la veille de 1900, la France se sentait à un tournant, et elle était véritablement sur le point de connaître l'un des siècles les plus bouleversants de son histoire.

Découvertes culturelles

Choisissez dans la liste ci-dessous la description qui correspond à chacun des personnages célèbres suivants. Ajoutez des renseignements supplémentaires pour mieux expliquer la contribution de chaque personnage.

Rodin	Haussmann
Wagner	Gounod
Garnier	Lefuel
Bizet	Debussy

1. compositeur allemand très apprécié par les poètes symbolistes
2. architecte qui a conçu l'Opéra de Paris
3. compositeur qui a créé une musique suggestive comparable par son style à l'art impressionniste
4. sculpteur d'une grande expressivité, auteur du célèbre *Penseur*
5. compositeur post-romantique, créateur de *Faust*
6. préfet de Paris qui a créé les grands boulevards de la capitale
7. compositeur du célèbre opéra *Carmen*
8. architecte qui a achevé les travaux du Louvre

· VI · Modernisme

Le XXe siècle s'est ouvert sur une période de calme et de prospérité relatifs. C'était la «Belle Epoque». Elle durerait 12 ans environ, après quoi le monde connaîtrait les horreurs de la Première Guerre mondiale de 1914–1918.

Cette «Belle Epoque» tire son nom de l'atmosphère de gaieté et de légèreté—toute relative et loin d'être générale—que l'avancée de la technologie réalisée vers la fin du XIXe siècle a suscité en France; mais il a fallu attendre quelques années avant que ces progrès se fassent réellement sentir dans la vie de tous les jours. Pourtant, vers le tournant du XXe siècle, on a vu apparaître et se répandre de plus en plus toutes sortes de manifestations de cette «vie moderne»: le téléphone, l'automobile, l'aviation, l'électricité, le métro parisien, le développement rapide des chemins de fer, etc. La vie quotidienne, surtout

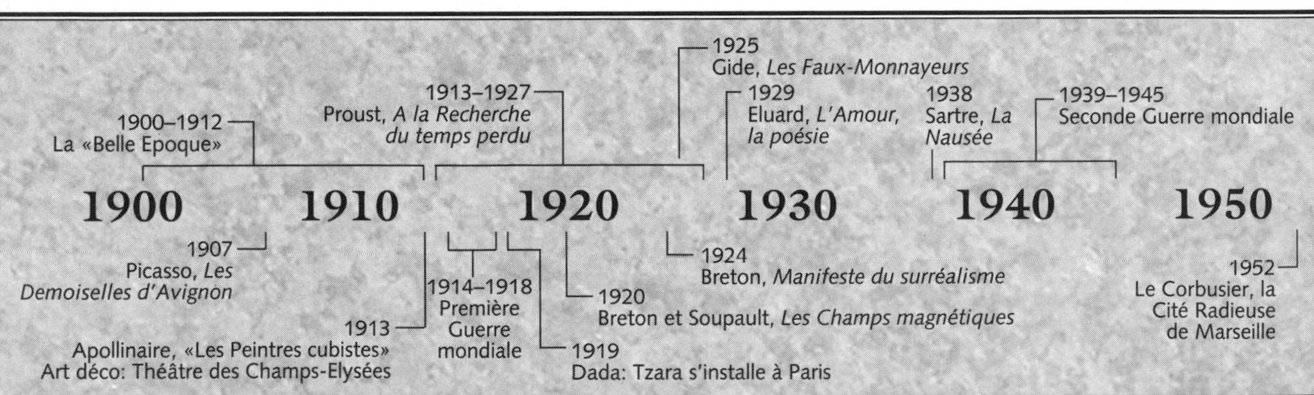

pour les classes bourgeoises, s'est améliorée au fur et à mesure que les moyens ont permis d'accéder à ces nouvelles facilités qui ont transformé le visage de la France. Le progrès social a touché une grande partie de la population, bien au-delà des classes aisées ou fortunées. Sous la IIIe République, l'enseignement est devenu obligatoire pour tous les Français jusqu'à l'âge de 12 ans, et la loi a interdit l'emploi des enfants dans l'industrie. Les conditions de travail des adultes se sont aussi améliorées à la suite de lois qui ont engagé la responsabilité des patrons en cas d'accidents du travail, instauré un système de retraites, et limité la durée de la journée et de la semaine de travail. En somme, une bonne partie des Français ont pu bénéficier de la prospérité économique de leur pays. Il faut d'ailleurs ajouter que les progrès de l'expansion coloniale, surtout en Afrique du Nord, en Afrique occidentale et équatoriale, à Madagascar et en Indochine, avaient largement contribué au développement commercial de la France, tout en accroissant son pouvoir politique. En 1914, seul l'empire britannique était plus grand que l'empire français.

L'importance politique et économique de la France à cette époque a correspondu à un élargissement de son influence dans le domaine culturel aussi. Au cours de la première décennie du siècle, Paris est devenu la capitale mondiale de l'art. Des artistes de tous horizons—Russes, Italiens, Espagnols, Hollandais—se sont solidarisés avec les poètes, peintres, sculpteurs et musiciens français pour former, en particulier sur la butte Montmartre, une communauté internationale dont l'unique objectif était d'explorer l'inconnu et d'expérimenter. Si les impressionnistes avaient révélé à l'humanité une nouvelle vision du réel, les partisans de l'art moderne du début du siècle lui ont proposé une nouvelle représentation d'un monde non plus vu, mais entièrement transfiguré par l'imagination. Au nom de ces artistes d'avant-garde, le poète Guillaume Apollinaire (1880–1918) déclarerait d'ailleurs:

> Nous voulons vous donner de vastes et d'étranges domaines
> Où le mystère en fleurs s'offre à qui veut le cueillir
> Il y a là des feux nouveaux des couleurs jamais vues
> Mille phantasmes impondérables
> Auxquels il faut donner de la réalité

Guillaume Apollinaire, «La Jolie Rousse», *Calligrammes*, 1918.

La profusion artistique, très hétérogène, rayonnant de Paris à cette époque, a bouleversé le monde des arts, établissant l'une des caractéristiques fondamentales de l'art moderne: son internationalisme. Il est intéressant de noter que cette collaboration entre artistes de tous les pays a pris place au moment où, dans le monde politique, la montée des nationalismes européens ferait bientôt éclater la catastrophique Grande Guerre de 1914–1918.

Après l'armistice, lorsque les artistes pourraient enfin reprendre leurs activités, ils le feraient pour mettre en cause les valeurs rationalistes et la société qui, de l'avis de beaucoup d'entre eux, avaient été responsables de cette effroyable guerre. Leur indignation prendrait souvent une forme systématique et pousserait certains (les surréalistes, par exemple) à contester l'ordre social lui-même par le militantisme et l'action révolutionnaire. D'ailleurs, pour beaucoup d'artistes des 20 années qui ont suivi la Grande Guerre, l'exemple du socialisme soviétique a constitué l'unique espoir d'une société nouvelle. Cette période a été marquée par une phase d'intensité intellectuelle et de profusion artistique. Mais toute tentative pour changer la vie, ou même pour la maintenir telle quelle, allait de nouveau être suspendue. Comme en 1914, la France s'est trouvée en état de guerre, mais celle de 1939 entraînerait une lutte de près de six ans, la chute de la IIIe République et l'occupation du pays par l'armée allemande.

L'après-guerre a représenté une période de reconstruction dans tous les domaines. La IVe République a été instaurée et une vie politique fragile a repris. Dans les lettres et les arts, on s'est attaché à définir l'être humain de demain. Comment vivre par rapport à soi-même et aux autres dans un monde qui semblait avoir perdu son sens? Pour beaucoup d'écrivains, la question aboutirait à une réponse unique: seul l'engagement par lequel l'individu affirmait sa liberté lui permettrait de donner un sens à sa vie face à l'absurdité de la condition humaine. Mais l'expérience de la guerre continuerait à hanter les intellectuels, surtout avec l'explosion des premières bombes atomiques. L'avenir semblait désormais dépendre de l'efficacité des organismes internationaux: on espérait que l'O.N.U., la création de l'Europe, le pacte de défense mutuelle de l'O.T.A.N. assureraient la paix. Pourtant, on restait obstinément accroché à certaines vieilles idées, et il faudrait que la France perde deux guerres coloniales—la guerre d'Indochine qui a fini en 1954, et celle d'Algérie qui a abouti à l'indépendance de ce pays en 1962—avant de mettre fin à son empire.

Si le bilan des 60 premières années du XXe siècle reste assez sombre sur le plan politique, la richesse extraordinaire de cette période dans le domaine de la pensée philosophique et de la production artistique apporte malgré tout une consolation de taille.

Découvertes culturelles

1. Donnez des exemples du progrès matériel, économique et social pendant la «Belle Epoque».
2. Au début du XXe siècle, de quoi Paris est-il devenu un centre important?
3. Comment définir l'atmosphère intellectuelle en France dans la période de l'Entre-deux-guerres?
4. Expliquez la notion d'«engagement» dans les années qui ont suivi la Seconde Guerre mondiale.

Témoignages littéraires

La production littéraire de la première moitié du XXe siècle a été, en majorité, de nature contestataire. Les écrivains ont remis en question deux notions surtout, celle du rationalisme comme seul moyen d'expliquer le monde aussi bien que le comportement humain, et celle d'une vision de la réalité qui ne tenait pas compte des mystères de l'inconscient.

Au fond, la littérature moderne était imprégnée d'un esprit comparable à celui qui avait déjà marqué le romantisme du XIXe siècle: on aspirait toujours à une sorte d'absolu, mais l'accès à cet idéal était constamment entravé par la condition humaine même. C'était de ce conflit entre la partie de l'être passionnée pour l'absolu et la partie limitée à la réalité de l'existence quotidienne que Baudelaire, par exemple, avait tiré l'essentiel de son œuvre *Les Fleurs du mal.* Influencé par les idées baudelairiennes, Arthur Rimbaud avait opté pour la révolte et, refusant de se laisser enfermer par cette vision dichotomique, avait choisi résolument d'explorer l'imaginaire pour accéder au surnaturel. L'ensemble du mouvement symboliste de la fin du XIXe siècle avait confirmé cette croyance en une réalité supérieure censée être, au-delà des limites du rationalisme, la source même de l'être.

En dehors du monde purement artistique, d'autres découvertes sont venues apporter leur appui aux tendances antirationalistes. Le philosophe Henri Bergson, par exemple, a fondé une partie importante de sa pensée sur le principe de l'intuition et sur d'autres manifestations de la vie psychique comme le rêve ou la télépathie. Vers la même époque, le monde a découvert, à travers les investigations de Freud, l'importance de l'inconscient dans le comportement de l'individu. Dans les sciences physiques, des découvertes telles que celles du mouvement brownien (le mouvement désordonné des particules), en affirmant le principe de l'indéterminisme, ont aussi contribué à assurer l'échec du rationalisme.

Antirationalisme

Parmi le très grand nombre d'œuvres de fiction qui ont paru au cours du premier quart du XXe siècle, il faut signaler celles de deux géants de la littérature: Marcel Proust et André Gide. Chacun à sa manière, ces deux romanciers ont approfondi l'extrême complexité du comportement humain.

Pour sa part, Proust s'est consacré à l'analyse du cœur et de l'esprit à travers ses personnages, livrant aux lecteurs des 14 volumes de *A la Recherche du temps perdu* (1913–1927) une œuvre d'art qui contenait de véritables révélations concernant l'interprétation des passions humaines. Convaincu que les êtres humains se laissaient abuser par les apparences trompeuses de ce «que nous appelons faussement la vie», Proust a cherché à déterminer, derrière les images fallacieuses ou incomplètes du présent, l'unité profonde du moi en perpétuelle évolution. Cette recherche devait l'amener à découvrir que c'est à travers la mémoire involontaire et inconsciente que l'individu, porté par des «correspondances furtives», peut ressusciter son passé et retrouver, en même temps, l'intégrité de son existence à l'état pur.

De son côté, André Gide, à travers des écrits très divers, mais généralement marqués par la présence très forte de l'auteur, a mené une quête inlassable de la vie authentique. Ses œuvres ont parfois fait scandale, surtout dans la mesure où certains personnages s'éloignaient de la morale traditionnelle; mais il ne s'agissait pas pour Gide d'apporter une doctrine. Il cherchait plutôt à éveiller une inquiétude, désireux de pénétrer toujours plus avant dans la connaissance de l'âme humaine. Passionnément attaché à l'idée de liberté individuelle, notion qui serait reprise par les existentialistes des années quarante et cinquante, et animé par un grand souci de sincérité, c'est avec la distance d'une sorte d'ironie qu'il a créé des personnages qui ne sont pas toujours honnêtes envers eux-mêmes, surtout lorsqu'il s'agit de justifier leur conduite. Son grand roman *Les Faux-Monnayeurs* (1925) a permis à Gide de pénétrer divers milieux pour y dénoncer les conventions et l'hypocrisie sociale, morale et religieuse. Tout comme Proust, il s'est consacré à la peinture d'une société qui prenait les apparences pour la réalité et refusait de se remettre en question. Proust et Gide ont donc beaucoup contribué à l'élargissement de la manière dont on interprétait l'activité humaine, surtout dans la mesure où ils ont fait appel aux motivations intuitives et souvent inconscientes du moi profond.

Portrait de Marcel Proust (1895) par Jacques-Emile Blanche.

Illustrations

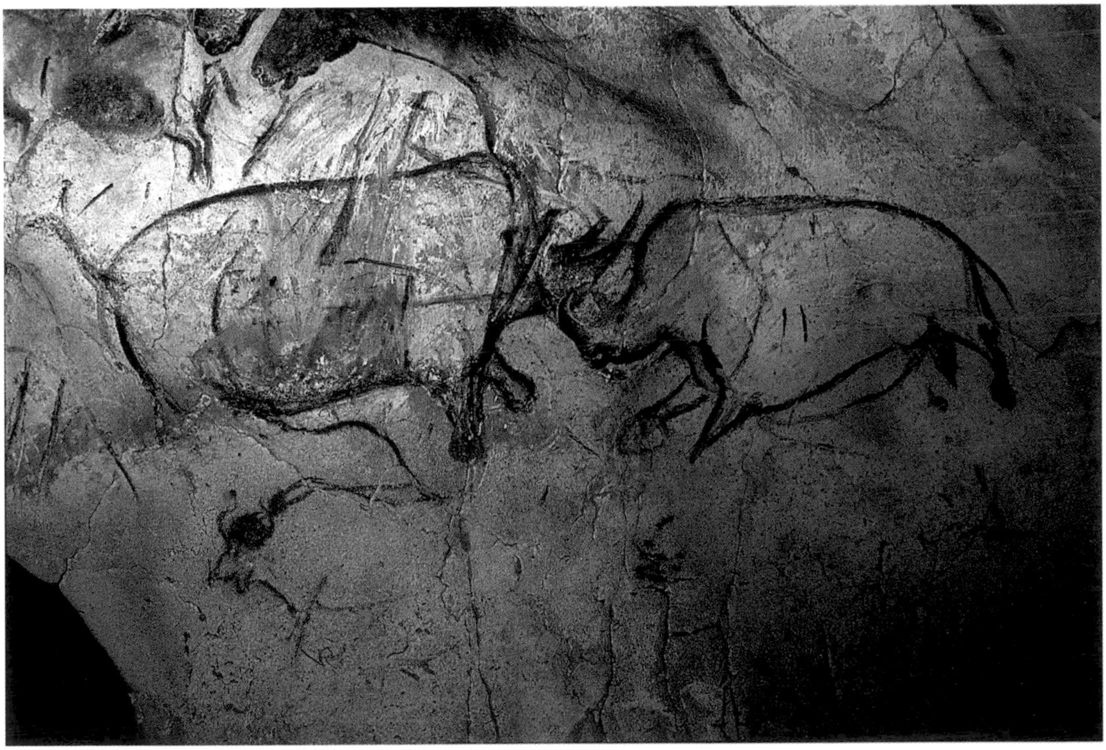

FIGURE 1

Les grottes de la Combe d'Arc

(© CHAUVET / LE SEUIL-SYGMA)

FIGURE 2

SIMON VOUET *La Présentation de Jésus au temple*

PARIS: LE LOUVRE (GIRAUDON / ART RESOURCE, NY)

FIGURE 3

La place des Vosges

PARIS (SUPERSTOCK)

FIGURE 4

SALOMON DE BROSSE *Le palais du Luxembourg*

PARIS (SUPERSTOCK)

FIGURE 5

L'église Saint Paul-Saint Louis

PARIS (JOHNATHAN STARK)

FIGURE 6

LEMERCIER *La chapelle de la Sorbonne*

PARIS (SUPERSTOCK)

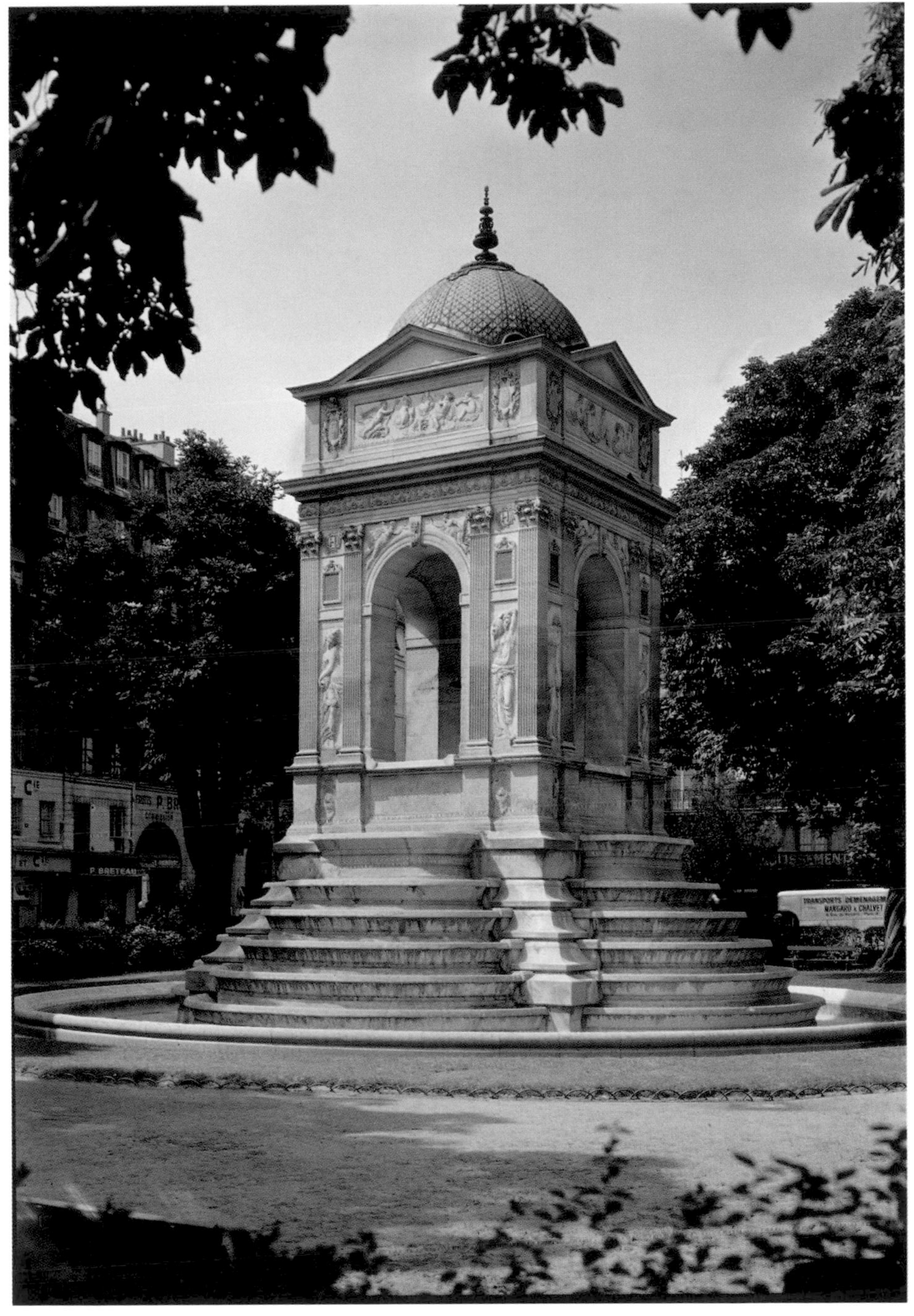

FIGURE 7

JEAN GOUJON *La fontaine des Innocents*

PARIS (GIRAUDON / ART RESOURCE, NY)

FIGURE 8

Claude Lorrain *Port de mer au soleil couchant*

PARIS: LE LOUVRE (GIRAUDON / ART RESOURCE, NY)

FIGURE 9

Louis Le Vau *La Colonnade du Louvre*

PARIS (ART RESOURCE, NY)

FIGURE 10

HARDOUIN-MANSART *La chapelle des Invalides*

PARIS (GIRAUDON / ART RESOURCE, NY)

FIGURE 11

Antoine Watteau *Fêtes vénitiennes*

EDINBURGH, GREAT BRITAIN: NATIONAL GALLERY OF SCOTLAND (BRIDGEMAN / ART RESOURCE, NY)

FIGURE 12

François Boucher *Le déjeuné*

PARIS: LE LOUVRE (SCALA / ART RESOURCE, NY)

FIGURE 13

Quentin de La Tour *Madame de Pompadour*

PARIS: LE LOUVRE (SCALA / ART RESOURCE, NY)

FIGURE 14

Jean Baptiste Greuze *La Veuve et son curé*

ST.-PETERSBOURG, RUSSIE: ERMITAGE (SCALA / ART RESOURCE)

FIGURE 15

Jean Honore Fragonard *L'Abbé de Saint-Non en costume espagnol*

PARIS: LE LOUVRE

FIGURE 16

Louis David *Le Serment des Horaces*

PARIS: LE LOUVRE (SCALA / ART RESOURCE, NY)

FIGURE 17

Hôtel de Soubise PARIS (SCALA / ART RESOURCE)

FIGURE 18

ANTOINE JEAN GROS *Napoléon sur le champs de la bataille d'Eylau*

PARIS: LE LOUVRE (SCALA / ART RESOURCE, NY)

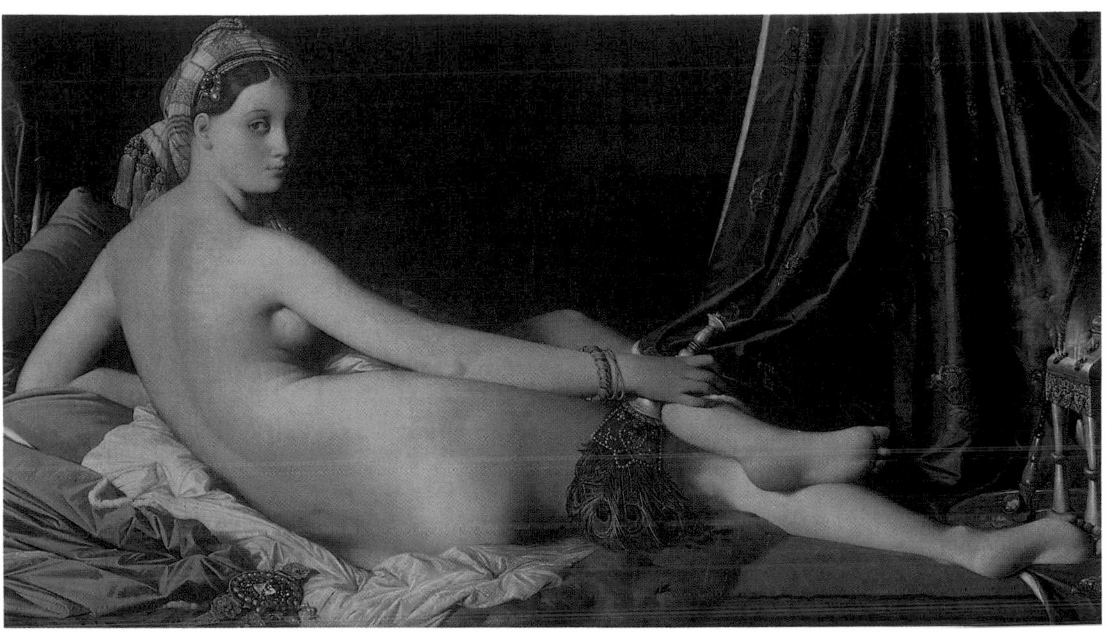

FIGURE 19

Jean Auguste Ingres *Grande Odalisque*

PARIS: LE LOUVRE (ERICH LESSING / ART RESOURCE, NY)

FIGURE 20

Theodore Gericault *Le Radeau de la Méduse*

PARIS: LE LOUVRE (GIRAUDON / ART RESOURCE, NY)

FIGURE 21

Eugene Delacroix *La Barque de Dante*

PARIS: LE LOUVRE (GIRAUDON / ART RESOURCE, NY)

FIGURE 22

Eugene Delacroix *Les Massacres de Scio*

PARIS: LE LOUVRE (SCALA / ART RESOURCE, NY)

FIGURE 23

L'Eglise de la Madeleine

PARIS (© IPA / THE IMAGE WORKS)

FIGURE 24

JAMES PRADIER *Les Victoires*

PARIS (SUPERSTOCK)

FIGURE 25

François Rude *Départ des volontaires de 1792*

PARIS (© ULRIKE WELSCH)

FIGURE 26

Gustave Courbet *L'Enterrement à Ornans*

PARIS: MUSEE D'ORSAY (GIRAUDON / ART RESOURCE, NY)

FIGURE 27

CAMILLE COROT *Souvenir de Mortefontaine*

PARIS: MUSEE D'ORSAY (GIRAUDON / ART RESOURCE, NY)

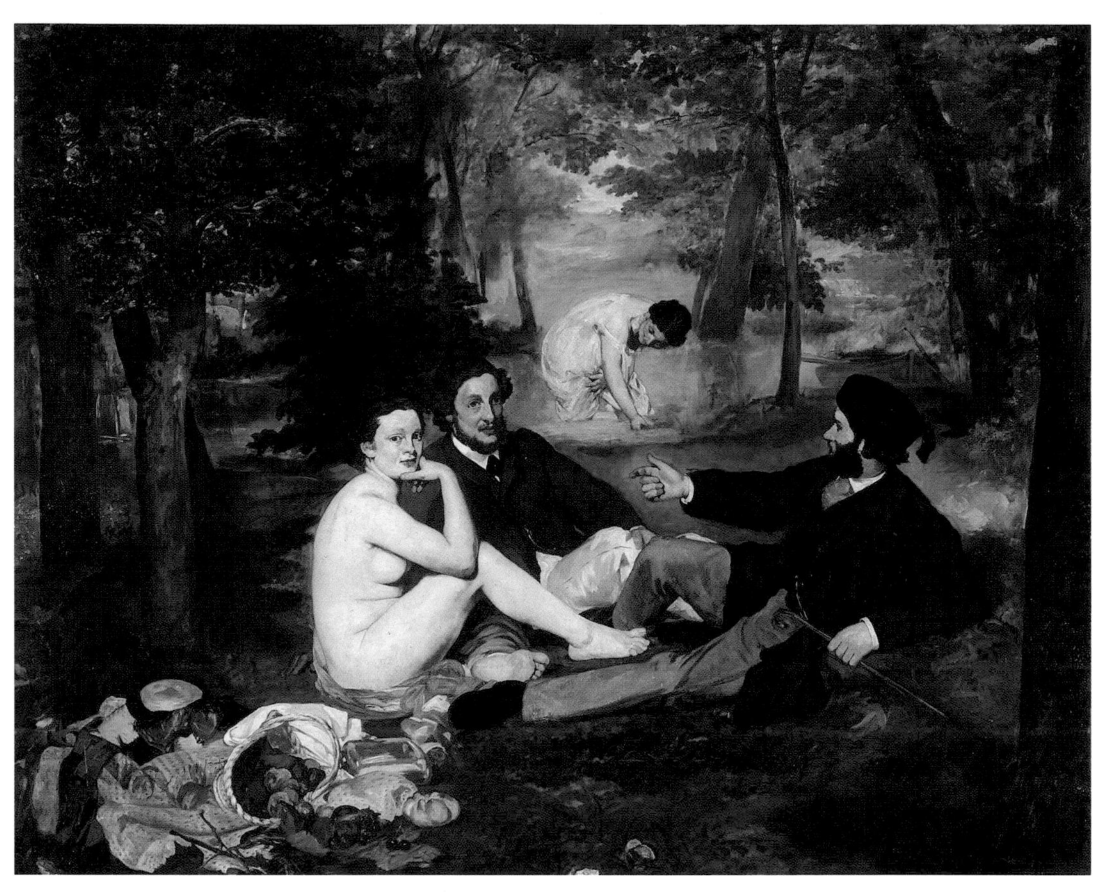

FIGURE 28

Edouard Manet *Le Déjeuner sur l'herbe*

PARIS: MUSEE D'ORSAY (GIRAUDON / ART RESOURCE, NY)

FIGURE 29

Claude Monet *Impression, soleil levant*

PARIS: MUSEE MARMOTTAN (ART RESOURCE, NY)

FIGURE 30

Georges Seurat *Un Dimanche d'été à la Grande Jatte*

CHICAGO, ILLINOIS:

FIGURE 31

Auguste Renoir *Les Grandes Baigneuses*

PARIS: MUSEE D'ORSAY (ERICH LESSING / ART RESOURCE, NY)

FIGURE 32

EDGAR DEGAS *Les Danseuses bleues*

PARIS: MUSEE D'ORSAY (ERICH LESSING / ART RESOURCE)

FIGURE 33

Hector Lefuel *Une des deux ailes qui entourent la Cour Napoléon du Louvre*

PARIS (GIRAUDON / ART RESOURCE, NY)

FIGURE 34

Charles Garnier *L'Opéra*

PARIS (© P. GONTIER / THE IMAGE WORKS)

FIGURE 35

Le pont Alexandre III

PARIS (© J. GRIFFIN / THE IMAGE WORKS)

FIGURE 36

Paul Gauguin *Arearea*

PARIS: MUSEE D'ORSAY (SCALA / ART RESOURCE, NY)

FIGURE 37

Vincent Van Gogh *L'église à Auvers*

PARIS: MUSEE D'ORSAY (GIRAUDON / ART RESOURCE, NY)

FIGURE 38

Pablo Picasso *Les Demoiselles d'Avignon*

NEW YORK, NY: MUSEUM OF MODERN ART (SCALA / ART RESOURCE, NY)

FIGURE 39

Georges Braque *Violon et palette*

NEW YORK, NY: GUGGENHEIM MUSEUM (ART RESOURCE, NY)

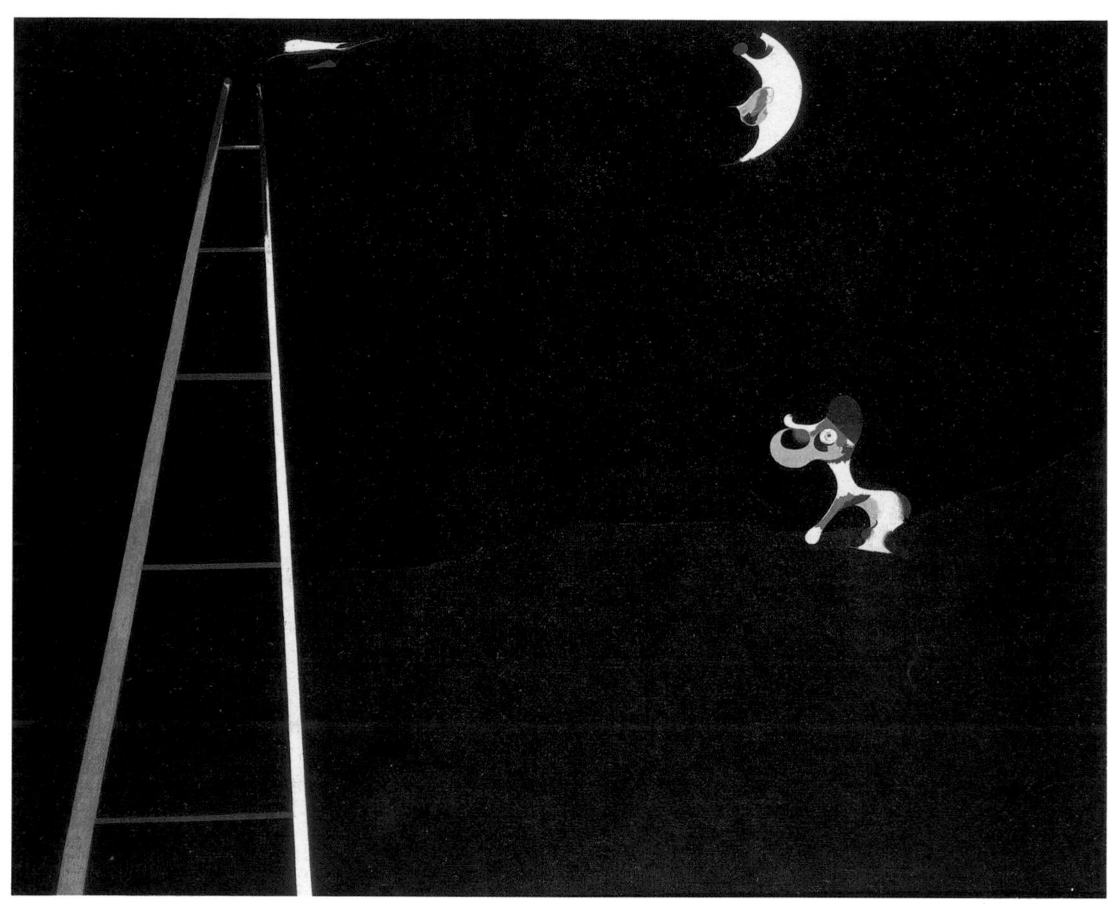

FIGURE 40

JUAN MIRÓ *Chien aboyant à la lune*

PHILADELPHIA, PA: PHILADELPHIA MUSEUM OF ART

FIGURE 41

Piet Mondrian *Composition 1 avec rouge, jaune et bleu*

PARIS: COLLECTION PRIVEE (GIRAUDON / ART RESOURCE, NY)

FIGURE 42

Auguste Perret *Le théâtre des Champs Elysées*

PARIS (© WAYNE ANDREWS- ESTO PHOTOGRAPHICS)

FIGURE 43

Le Corbusier *La Cité Radieuse de Marseille*

GIRAUDON / ART RESOURCE, NY

Surréalisme

En dépit de cette contribution que des artistes tels que Proust et Gide ont pu apporter à notre compréhension de la nature humaine, leurs découvertes semblaient pourtant timides face à celles de la «révolution» surréaliste des années de l'Entre-deux-guerres.

Nous avons déjà mentionné l'esprit de contestation que la Grande Guerre avait provoqué chez beaucoup de jeunes artistes. Mais avant même la fin du conflit, certaines tendances antimilitaristes et antisociales avaient commencé à s'exprimer à Zurich, dans l'entourage d'un jeune poète d'origine roumaine, Tristan Tzara, donnant naissance au mouvement dada. Anarchistes épris de liberté absolue, les artistes et écrivains qui adhéraient au dadaïsme remettaient en question toute la société, y compris la littérature qu'elle avait produite. Ils croyaient fermement à la poésie, cependant, comme force capable de mener à l'authentique et de changer la vie.

Lorsque Tzara s'est installé à Paris en 1919, sa réputation l'avait déjà précédé, grâce aux contacts qu'il avait pris par correspondance avec le poète avant-gardiste Guillaume Apollinaire. De retour à Paris à la suite d'une grave blessure de guerre, celui-ci avait attiré autour de lui certains jeunes artistes qui devaient, après l'armistice, maintenir en vigueur un esprit nouveau auquel Apollinaire avait donné le nom de surréalisme. Parmi ceux qui ont accueilli avec enthousiasme les défis de Tzara se trouvaient André Breton, Philippe Soupault, Paul Eluard et Louis Aragon—c'est-à-dire les fondateurs du futur groupe surréaliste. Partageant le goût du scandale et l'esprit de révolte des dadaïstes, André Breton et ses amis cherchaient, cependant, une nouvelle voie plus positive que le nihilisme absolu de Tzara.

En 1924, André Breton a publié son premier *Manifeste du surréalisme* dans lequel il proposait une méthode pour explorer le domaine du surréel. Parmi les moyens qu'il évoquait pour y parvenir, il mettait l'accent sur le rêve et l'écriture automatique. Pour Breton, tout le monde devait pouvoir accéder au surréalisme; il suffisait de se mettre dans un état complètement passif et de laisser les mots surgir de son inconscient, sans essayer de leur imposer aucun ordre ou structure, et surtout sans permettre à la raison d'intervenir d'aucune manière. Les images émanant ainsi de l'inconscient étaient souvent d'une grande beauté et l'individu découvrait au fond de son moi subliminal une source abondante de poésie. Breton et Soupault ont écrit en collaboration *Les Champs magnétiques* (1920) en appliquant cette technique de l'écriture automatique que les surréalistes nommaient aussi «pensée parlée».

La pratique de l'écriture automatique s'apparentait à celle du compte rendu de rêves. Pour les surréalistes, ces deux techniques constituaient des moyens de connaissance en ce qu'elles permettaient à l'individu de pénétrer en lui-même afin de découvrir la totalité de ses forces psychiques. Les surréalistes, très influencés par les théories de Freud, voulaient passionnément connaître cet autre monde au fond de l'homme où résidaient ses désirs inconscients et ses inclinations les plus secrètes. Rêver était donc une autre manière de se connaître et il fallait l'explorer, l'analyser. La philosophie occidentale avait toujours refusé d'accorder la moindre place à ce qui échappait à la raison. Le XXe siècle, grâce en partie aux activités des surréalistes, aurait eu le mérite de reconnaître le fait que le rêve pouvait avoir autant d'importance, sinon plus, que l'état de conscience.

Pendant les années trente, certains des premiers surréalistes se sont écartés du groupe alors que de nouveaux membres y ont adhéré. Le réalisateur Luis Buñuel et le peintre Salvador Dali, tous deux d'origine espagnole, allaient élargir les activités surréalistes pour y intégrer le cinéma. A vrai dire, aucun domaine de l'art n'a été étranger au surréalisme: la peinture, le collage, le théâtre et la photographie y ont joué un rôle presque depuis les origines du mouvement. Mais l'esprit révolutionnaire qui avait donné sa cohérence au groupe s'est aussi avéré responsable de la grande division qui aurait lieu au sein du surréalisme.

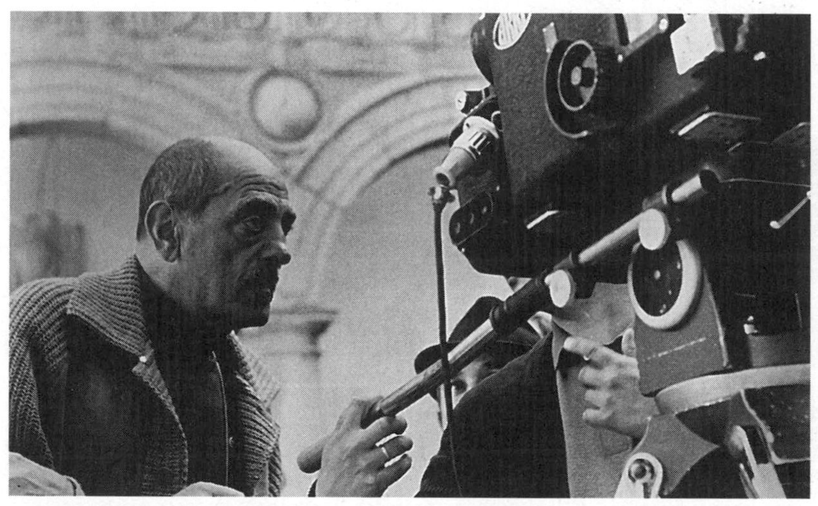

Luis Buñuel (1900–1983), cinéaste espagnol, a réalisé l'un des premiers films surréalistes, Un chien andalou, *en 1928.*

Selon Breton, la révolution surréaliste, qui se donnait pour but de changer la vie, devait s'étendre aussi au domaine de la politique. Bien qu'il ait été fondamentalement convaincu de la nécessité de mettre «la littérature au service de la révolution» et qu'il ait appuyé la réforme sociale en Union Soviétique, Breton a toutefois refusé d'adhérer au Parti communiste français. Aragon, puis Eluard, choisissant de s'engager auprès du Parti, se sont alors séparés de leur compagnon de route. Malgré cette rupture, ce mouvement voué à l'art, à l'amour et à la recherche de l'absolu a continué à guider la créativité artistique contemporaine en révélant aux êtres humains cette source d'inspiration poétique que chacun porte en lui-même.

En 1929, Paul Eluard (1895–1952) a publié un recueil de vers, *L'Amour, la poésie*, dont le titre même souligne l'immense importance de l'amour, thème poétique par excellence, dans l'union entre les êtres humains et l'univers qui les entoure: cette grande passion, qui souvent efface la frontière avec la folie, résulte de l'aspiration fondamentale des êtres vers l'amour unique. Le surréalisme était à la recherche, par tous les moyens, de la grande unité à laquelle tous les hommes tendaient. Chez Eluard, c'est par l'amour de l'être unique que cet idéal pouvait être atteint.

Lecture

Paul Eluard, *«La Terre est bleue comme une orange»*

Le poème qui suit présente une série d'images, souvent d'une beauté étonnante en elles-mêmes, qui forment pourtant un ensemble dans lequel la création poétique et l'amour transfigurent le monde. Les mots du poème, qui «ne mentent pas», révèlent la fusion entre le monde extérieur et celui du poète-amant.

La terre est bleue comme une orange
Jamais une erreur les mots ne mentent pas
Ils ne vous donnent plus à chanter
Au tour des baisers de s'entendre
Les fous et les amours
Elle sa bouche d'alliance
Tous les secrets tous les sourires
Et quels vêtements d'indulgence
A la croire toute nue.

Les guêpes fleurissent vert
L'aube se passe autour du cou
Un collier de fenêtres
Des ailes couvrent les feuilles
Tu as toutes les joies solaires
Tout le soleil sur la terre
Sur les chemins de la beauté.

Paul Eluard, Paris: NRF, 1929 dans J.H. Matthews, *An Anthology of French Surrealist Poetry*, University of Minnesota Press, 1966.

Découvertes culturelles

1. Identifiez les trois images du poème qui, à votre avis, sont les plus marquantes, puis expliquez l'association d'idées qui est à leur origine.
2. Quelle parenté les thèmes de ce poème permettent-ils d'établir entre les surréalistes et leurs prédécesseurs romantiques?
3. Expliquez en quoi ce poème surréaliste illustre le courant antirationaliste.

Existentialisme et philosophie de l'absurde

Au moment où la guerre a éclaté, beaucoup de surréalistes ont trouvé, dans la Résistance ou dans l'exil aux Etats-Unis et ailleurs, le moyen de poursuivre leurs activités créatives. Mais, lorsque la paix a été rétablie en Europe, le mouvement surréaliste n'a plus retrouvé son souffle d'avant-guerre. Sur la scène intellectuelle et artistique, il allait être remplacé par une pensée et une littérature qui s'accordaient mieux avec l'extrême pessimisme que cette nouvelle expérience de guerre avait suscité.

Comme au début de la période qui avait suivi la Première Guerre mondiale, c'est de nouveau Paris qui a attiré les penseurs et les artistes. Jean-Paul Sartre (1905–1980) et Simone de Beauvoir (1908–1986) se sont installés au café de Flore, dans le quartier de Saint-Germain-des-Prés, devenu le haut lieu du groupe qu'on a appelé «existentialiste». Romanciers, journalistes, poètes, dramaturges, chanteurs, musiciens et peintres ont ainsi constitué un mouvement qui, malgré de nombreuses variations d'un artiste à l'autre, s'est concentré non plus sur la question de l'essence de l'homme, mais sur celle, désormais fondamentale, de son existence, mettant l'accent sur l'angoisse de l'individu qui prend conscience de sa solitude au sein d'un monde où chacun est responsable de son propre destin. Si l'homme était libre, pour les existentialistes, il sentait aussi l'énorme poids de ses responsabilités, comme celui des conséquences découlant des choix qu'il devait faire. Tel est le thème illustré par le premier roman existentialiste de Sartre, *La Nausée*, publié avant la guerre, en 1938. Selon l'existentialisme sartrien, l'individu ne pouvait compter sur personne d'autre, non plus que sur une force ou un idéal situés au-delà de sa conscience. Sartre présentait l'homme enraciné dans un monde où il «n'est rien d'autre que ce qu'il se fait».

D'autres auteurs, comme Albert Camus (1913–1960), ont eux aussi senti et exprimé l'absurdité de la condition humaine et la «fracture» qui séparait le monde et l'esprit humain. A la différence des surréalistes, qui croyaient à la possibilité de réconcilier l'homme et l'univers qui l'entourait, Camus a présenté l'être humain «exilé» dans un monde irrationnel qui lui était «étranger». Pour lui, la seule réaction possible était de se révolter contre cette condition absurde afin d'établir dans le monde concret de la vie quotidienne une harmonie entre soi-même et les autres, puisque nous sommes tous «des condamnés à mort».

La première moitié du XXe siècle s'est donc terminée sur un nouveau «mal du siècle» qui n'était pas sans rapport avec celui de l'époque romantique. On éprouvait le besoin de réagir contre un malaise métaphysique, mais pour ce faire, il faudrait trouver de nouveaux moyens. En littérature, cette recherche prendrait la forme du «nouveau roman», marqué par un refus de la vraisemblance et des formes romanesques traditionnelles au profit d'un regard minutieux porté sur les objets, les décors, dans un souci de saisir les choses pour ce qu'elles sont. Dans un monde dénué de certitudes, l'homme n'était plus maître de son destin, et tout ce que l'artiste pouvait faire était de créer une œuvre d'art contenant en elle-même sa propre justification et sa propre signification sans qu'il soit nécessaire de recourir à aucun système philosophique, psychologique ou politique pour l'expliquer. A une époque où l'homme se posait tant de questions, l'acte même d'écrire semblait être la seule et la dernière certitude.

Découvertes culturelles

Développez chacune des affirmations suivantes en y ajoutant des renseignements supplémentaires.

1. Dans la première moitié du XXe siècle, les mouvements artistiques et littéraires ont mis en question certaines notions concernant la condition humaine.
2. La pensée d'Henri Bergson et les travaux de Freud ont contribué au développement de tendances antirationalistes dans les mouvements littéraires.
3. Pour Proust, la véritable réalité du moi était une réalité tout intérieure.
4. Toutes les idées importantes de la philosophie d'André Gide ont été liées à sa quête de l'authenticité dans le comportement de l'individu.
5. Le mouvement dada a représenté un exemple extrême de l'esprit de contestation dans la littérature du XXe siècle.
6. Breton et ses amis employaient certaines techniques pour mener leurs recherches d'exploration du surréel.
7. Certains surréalistes ont appliqué les principes de ce mouvement au cinéma et à la peinture.
8. Selon Eluard, il était possible d'accéder à l'idéal par le biais d'une certaine émotion humaine.
9. Pour Sartre, l'individu était solitaire et devait assumer lui-même la responsabilité de son destin.
10. La philosophie de Camus se distingue à la fois des idées des surréalistes et de l'existentialisme de Sartre.

Témoignages artistiques

Peinture

Le modernisme en peinture a commencé avec Paul Cézanne (1839–1906). Ce peintre, un Provençal qui est resté très proche de la nature, s'est démarqué très tôt de l'impressionnisme qui l'avait influencé au départ. Imprégné de classicisme, il s'est opposé à l'aspect éphémère et presque immatériel des tableaux de Monet, préférant faire de l'art une «chose solide et durable». Au lieu de saisir l'impression fugitive, il s'est attaché à produire un art à la fois cérébral et constructif en associant le travail de l'intellect à celui de l'œil. En étudiant son sujet, souvent pris dans la nature, Cézanne était attentif à la couleur, la lumière et l'espace mais il était surtout préoccupé par l'organisation géométrique des formes, allant jusqu'à affirmer que «tout dans la nature peut être réduit au cylindre et au cône». Dans la composition de ses tableaux, c'est par les rouges et les jaunes peints en lignes horizontales qu'il donnait de l'étendue à la nature et par les nuances bleues en lignes verticales qu'il lui conférait de la profondeur. Sa *Montagne Sainte-Victoire* nous montre à quel point, par l'analyse mentale de la forme, Cézanne a su réduire son tableau aux éléments de synthèse: préférant le général au particulier, il s'est concentré sur la simplicité de la forme caractéristique de la célèbre montagne. Pour Cézanne, les déformations et les dislocations de la réalité étaient sans importance par rapport à la réhabilitation de la forme, du volume et du ton.

La «Montagne Sainte-Victoire» de Cézanne est un exemple du principe de l'artiste qui voulait que la réflexion modifie la vision.

D'autres peintres contemporains de Cézanne, tels que Paul Gauguin (1848–1903) et le Hollandais Vincent Van Gogh (1853–1890), ont suivi une tout autre voie, donnant la primauté à la couleur. C'est par la couleur même que Gauguin a dessiné la forme de ses figures et traduit sa pensée [Figure 36]. Pour sa part, Van Gogh a créé des paysages fantastiques dans lesquels l'intensité des sentiments du peintre s'exprimait par l'application de couleurs vives et violentes [Figure 37]. Ces artistes allaient avoir une influence importante sur un groupe de jeunes peintres que la critique appellerait «les fauves». Parmi ces peintres du début du siècle, on compte Dufy, Rouault et Vlaminck, qui tous ont exalté l'emploi de couleurs agressives pour peindre leur vision des choses ou leurs états d'âme, dans un style plutôt expressionniste. Mais l'action exercée par ces peintres sur leurs contemporains serait de courte durée car, en 1907, une exposition rétrospective des œuvres de Cézanne, mort l'année précédente, les obligerait à tout remettre en question.

Cubisme

L'attention que Cézanne avait portée à la forme a eu une influence immédiate non seulement sur les «fauves» mais sur un jeune peintre espagnol habitant à Paris, Pablo Picasso (1881–1973). En 1907, celui-ci venait de terminer *Les Demoiselles d'Avignon* [Figure 38]: certains des personnages de la partie droite de la composition étaient suggérés par des formes géométriques anguleuses dont les têtes rappelaient celles de l'art africain. Ces formes qui rompaient brutalement avec la figuration traditionnelle constituaient, en effet, une nouvelle interprétation de la réalité créée entièrement au sein de la peinture, et c'est ce tableau qui a marqué le début du cubisme.

Dans le groupe d'amis qui entouraient Picasso à Paris, Georges Braque (1882–1963) a été le plus cézannien de tous. Se rendant sur les sites mêmes où Cézanne avait peint des paysages, il en a rapporté des tableaux dans lesquels il avait réduit les plans à des volumes géométriques. Lorsque Braque a présenté ses toiles en 1908, Louis Vauxcelles, critique d'art, a écrit dans le célèbre article qui donnerait naissance au mot cubisme: «M. Braque est un jeune homme fort audacieux... Il méprise la forme, réduit tout, sites, figures et maisons, à des schémas géométriques, à des cubes...» Le style cubiste était ainsi entré dans une première phase qu'on a appelée cubisme analytique: le peintre représentait un objet tel qu'il se le rappelait mais, comme la mémoire retenait une image kaléidoscopique et fragmentaire de la forme, du détail, de l'intérieur et de l'extérieur vus sous tous les angles, l'artiste décomposait l'objet en ces divers aspects qu'il organisait simultanément sur la toile sous forme de volumes géométriques fragmentés. Le tableau intitulé *Violon et palette* [Figure 39], de Braque, illustre bien ce style. Les artistes ont même introduit des lettres d'imprimerie à leurs compositions pour documenter en quelque sorte l'objet et confirmer les liens du cubisme avec le réel. La nature morte *L'Indépendant ou l'éventail* (1911) de Picasso en est un exemple achevé. Cette pratique mènerait bientôt à l'intégration d'objets réels (toile cirée, morceaux de corde ou de papier collés) dans le tableau. Dans les années qui ont directement précédé la guerre, le mouvement a atteint une deuxième phase, appelée cubisme synthétique: cette fois le peintre inventait des formes géométriques au lieu de se souvenir de manière anecdotique de l'objet. Il construisait l'architecture de son tableau en y introduisant divers objets, toujours identifiables, qu'il assemblait sur la toile. Les volumes du cubisme analytique ont été remplacés par des surfaces planes, souvent verticales et colorées, et un point de vue unique a succédé à la perspective fragmentée des aspects multiples de l'objet. Qu'il s'agisse du cubisme analytique ou synthétique, ce mouvement artistique, encore figuratif dans la mesure où il restait attaché à l'objet, a marqué une rupture avec tout l'art représentatif qui l'avait précédé. Il a aussi totalement modifié le rôle du spectateur pour qui il s'agissait désormais d'entrer dans la pensée du peintre en interprétant les surfaces, les couleurs, les volumes et le mouvement des parties de la toile. Guillaume Apollinaire, poète, critique d'art et grand défenseur des peintres modernes, analysait ainsi l'aspect novateur du cubisme dans un article de 1913:

> Les peintres, s'ils observent encore la nature, ne l'imitent plus et ils évitent avec soin la représentation de scènes naturelles observées et reconstituées par l'étude. La vraisemblance n'a plus aucune importance, car tout est sacrifié par l'artiste aux vérités, aux nécessités d'une nature supérieure qu'il conçoit. Le sujet ne compte plus ou s'il compte, c'est à peine....
>
> Le cubisme est l'art de peindre des ensembles nouveaux avec des éléments empruntés non à la réalité de vision, mais à la réalité de conception. Il ne faudrait pas pour cela faire à cette peinture le reproche d'intellectualisme. Tout homme a le sentiment de cette réalité intérieure.
>
> L'aspect géométrique qui a frappé si vivement ceux qui ont vu les premières toiles cubistes venait de ce que la réalité essentielle y était rendue avec une grande pureté et que l'accident visuel et anecdotique en avait été éliminé. En représentant la réalité conçue, le peintre peut donner l'apparence de trois dimensions, peut, en quelque sorte *cubiquer*. Il ne le pourrait pas en rendant simplement la réalité vue....

Guillaume APOLLINAIRE, *Chroniques d'art*, éd. L.-C. Breunig, Gallimard, 1960.

Surréalisme

«Réalité intérieure», «réalité conçue»—ces deux notions annonçaient l'essentiel de l'art moderne qui suivrait la Grande Guerre. Chez les surréalistes, soit le monde extérieur semblerait conserver son réalisme, souvent presque photographique (René Magritte, *La Clé des champs*), soit la toile serait composée de formes richement colorées situées dans un espace irréel (Juan Miró, *Chien aboyant à la lune*—Figure 40) ou dans un monde sorti de l'imagination du peintre (Yves Tanguy, *Jour de lenteur*). Dans l'un et l'autre cas, le surréalisme bouleverserait le réel pour lui restituer sa profondeur ou suggérer le mystère de l'inconscient en approfondissant le domaine du rêve.

Art abstrait

Dans un effort qui semblait découler logiquement des tentatives cubistes et surréalistes, certains peintres allaient pousser plus loin encore la volonté de s'éloigner d'une représentation figurative du réel tangible. Couleurs, lignes, surfaces et volumes qui, depuis toujours, avaient servi à agir sur le spectateur en lui présentant une certaine réalité identifiable, allaient être coupés de cette fonction traditionnelle. Désormais, l'assemblage des couleurs et des lignes, en l'absence de toute intention figurative, suffirait à communiquer un sentiment ou à susciter une émotion chez le spectateur. Les épures angulaires de la *Composition 1 avec rouge, jaune et bleu* [Figure 41] de Piet Mondrian (1872–1944) ou les *Formes circulaires* [ci-dessous] de Robert Delaunay (1885–1941) sont des exemples caractéristiques de cette peinture métaphysique qu'on a appelée «art abstrait» et qui a marqué une grande partie de la production artistique du XXe siècle. Les peintres avaient définitivement rompu avec la tradition pour créer autour d'eux une aire de liberté. Il s'agissait désormais d'un art qui se repliait sur lui-même et surtout sur son créateur. La communication avec autrui pouvait se faire au moyen du plaisir purement esthétique que procurait le tableau, mais ce lien n'était pas obligatoire et pouvait aussi ne pas s'établir.

Pour R. Delaunay dans ses «Formes circulaires», la couleur et la lumière deviennent le sujet de la toile.

Découvertes culturelles

Chacune des constatations suivantes s'applique aux tendances d'un mouvement artistique ou d'un peintre du XXe siècle. Identifiez le mouvement ou le peintre en question et ajoutez des renseignements supplémentaires.

1. Ce peintre a créé des paysages fantastiques dans lesquels l'intensité des sentiments était communiquée par des couleurs vives et violentes.
2. Son tableau *Les Demoiselles d'Avignon* a marqué le début du cubisme.
3. Ce peintre, qui a surtout effectué des paysages, a créé un art qui associait le travail de l'intellect à celui de l'œil.

4. Pour cette nouvelle tendance de l'art, c'étaient les couleurs et les lignes, dans des compositions non-figuratives, qui devaient susciter l'émotion du spectateur.
5. C'est par la couleur même que ce peintre a dessiné ses figures et exprimé sa pensée.
6. Ce peintre s'est inspiré de l'œuvre de Cézanne et son emploi de volumes géométriques a marqué le début du cubisme analytique.
7. Son tableau *L'Indépendant ou l'éventail* constitue un exemple caractéristique du cubisme par l'invention de formes géométriques et la création d'une peinture architecturale.
8. Les artistes qui ont appartenu à cette école décomposaient l'objet en ses divers aspects pour les réorganiser sous forme de volumes géométriques.

Architecture

L'architecture française du XXe siècle a été marquée par deux styles, aux antipodes l'un de l'autre: le modern style, puis le fonctionnalisme.

Vers l'année 1900, les créateurs du modern style, aussi appelé art nouveau ou encore, de manière dérisoire, style «nouille», ont manifesté le désir de rompre avec l'influence de la décoration gréco-romaine en même temps qu'avec la civilisation industrielle caractéristique de la deuxième moitié du XIXe siècle. Ils ont agrémenté les façades de leurs bâtiments d'un abondant décor végétal et floral, accompagné d'un jeu de courbes et de contre-courbes qui n'était pas sans rappeler le baroque des siècles antérieurs. Pour réaliser la fantaisie de ces constructions et de ces décorations florales, ils ont tiré parti des techniques et des matériaux nouveaux, et surtout du fer et du béton armé. Certaines entrées du Métropolitain à Paris (voir la station Abbesses à la page 379, par exemple), décorées de pièces verticales et de balustrades en fonte aux contours sinueux, pour imiter la végétation, en sont un modèle parfait.

Dans le domaine de l'architecture, c'est Hector Guimard (1867–1942) qui a connu le plus grand succès, surtout dans la construction et la décoration de maisons parisiennes comme l'étrange «Castel Béranger» dans la rue La Fontaine; l'immeuble situé au 29 de l'avenue Rapp, construit par Jules Lavirotte (1864–1924), illustre un type d'architecture encore plus exubérante que celle de Guimard.

Le modern style ne s'est pas limité à la décoration extérieure, cependant. Il serait même juste de dire que les architectes représentatifs de ce style étaient plus des décorateurs que des constructeurs et que leur enthousiasme s'est surtout manifesté dans les arts décoratifs: leur mobilier et leurs objets en verre travaillé étaient aussi agrémentés de motifs floraux et végétaux. D'ailleurs, de nos jours, ce sont principalement les vases et les lampes du verrier Emile Gallé, de l'école de Nancy, qui évoquent pour nous l'âme de l'art nouveau.

Si le modern style a disparu assez vite, il a néanmoins permis aux architectes comme aux décorateurs de se libérer de l'imitation des styles antérieurs qui avait dominé une grande partie du XIXe siècle. On peut même dire qu'il a représenté l'étape décisive entre l'art classique et l'art moderne.

Peu avant la guerre, un style intermédiaire est apparu, constituant, en somme, une sorte de compromis entre le classicisme et le modernisme. Tout comme le fer avait permis au modern style de réaliser ses rêves, c'est le béton armé qui, à partir des années vingt, a fourni aux constructeurs la matière à une nouvelle esthétique, pure, simple, presque dépouillée, qu'on a appelée l'art déco. Le premier exemple de ce style remonte à 1913: il s'agit du théâtre des Champs-Elysées [Figure 42] qu'Auguste Perret (1874–1954) avait bâti en béton et orné de bas-reliefs néoclassiques. D'autres architectes suivraient cette tendance en construisant des bâtiments dans lesquels l'aspect même du béton devait constituer une partie de leur attrait esthétique. De nombreux immeubles «art déco» ont été bâtis dans Paris au cours des années vingt et trente. Mais c'est surtout après la Seconde Guerre que les matériaux modernes, le fer, le béton et le verre allaient être employés par les architectes pour répondre aux nécessités de la population en général et non plus aux exigences d'une élite.

Le nom de l'architecte Le Corbusier (1887–1965) est devenu synonyme des principes du fonctionnalisme dans l'aménagement de l'espace. Il a consacré une partie importante de sa carrière à étudier l'habitat collectif à forte densité, désirant permettre aux individus de maintenir leur intimité chez eux tout en partageant une vie de communauté. Pour réaliser ce but, il a privilégié les constructions en hauteur, afin de réserver la plus grande superficie au sol pour les espaces verts et les dégagements. Le Corbusier a aussi beaucoup étudié l'orientation de ses édifices pour y faire pénétrer le maximum de lumière naturelle. Avec sa Cité Radieuse de Marseille (1952) (Figure 43), à l'architecture fondée sur les principes de la géométrie, il est parvenu à intégrer la beauté des formes pures à un cadre de vie respectueux de l'être humain, démontrant avec efficacité les principes du fonctionnalisme.

La nature stylisée des colonnes en fer forgé de cette entrée de Métro (à Montmartre) témoigne du style «nouille».

Découvertes culturelles

1. Décrivez les tendances du modern style. Quelle a été l'importance historique de ce style?
2. Qu'est-ce qui a permis les innovations de l'art déco?
3. Sur quels principes s'est basé le fonctionnalisme architectural représenté par Le Corbusier?

Musique

Si, au début du XXe siècle, c'était Debussy qui avait rompu avec la tradition musicale, plusieurs compositeurs allaient ouvrir la voie à d'autres très grandes innovations dans ce domaine. On a l'habitude de dire que Debussy était un «impressionniste», et cette alliance entre peinture et musique s'est poursuivie lorsque ceux qu'on a appelés «le groupe des Six» ont décidé de s'écarter de l'influence de Debussy, Fauré et Ravel pour faire du «fauvisme» musical. L'harmonie est devenue dissonance, les rythmes se faisant saccadés. Les compositeurs se livraient à des expérimentations dans lesquelles l'instrument de musique s'apparentait presque à un instrument de laboratoire. Les musiques étrangères, et surtout le jazz venu d'Amérique, ont encore enrichi les nouvelles découvertes. Après la guerre, c'est le nom d'Erik Satie qui s'est imposé dans la musique nouvelle. Certains, parmi les membres du «groupe des Six», connaîtraient de brillantes carrières: Arthur Honegger, Darius Milhaud, Francis Poulenc, Germaine Taillefer. Mais Satie est celui qui a simplifié la musique en la réduisant à l'essentiel, dans une démarche comparable à celle des cubistes en peinture: c'était la ligne pure et primitive de la mélodie qui dominait. Jean Cocteau, lui-même poète, auteur dramatique, dessinateur et cinéaste très impliqué dans toutes sortes de recherches artistiques pendant la période de l'Entre-deux-guerres, disait de Satie: «il déblaie, il dégage, il dépouille le rythme». Satie avait donc purifié la musique de son côté hermétique et mystérieux. Mais il n'avait pas pour autant abandonné le système tonal classique.

Dans la période qui a suivi la Seconde Guerre mondiale, sous l'impulsion d'Olivier Messiaen (1908–1992), une musique entièrement nouvelle s'est fait entendre en France, la musique «dodécaphonique» ou «sérielle», inspirée des découvertes de l'Autrichien Arnold Schoenberg dans les années vingt. Cette musique est fondée sur une succession de 12 sons égaux (dodécaphonique vient de deux mots grecs signifiant «12» et «voix») dont la succession forme une «série». Ces 12 sons n'ont de rapport qu'entre eux et aucune note ne doit être réentendue avant le déroulement des 11 autres. En 1949, Messiaen a présenté son *Mode de valeurs et d'intensité pour piano*, la première œuvre française dodécaphoniste. A la suite de Messiaen, Pierre Boulez (né en 1925) est devenu le principal représentant de cette musique. Son *Marteau sans maître* (1955) est un excellent exemple de la révolution qui a eu lieu dans la musique française au cours du XXe siècle et qui continue d'ailleurs à se manifester. La «musique concrète», qui emploie systématiquement des objets sonores de toutes sortes, enregistrés et transformés par des procédés électro-acoustiques, n'en est que l'un des événements les plus récents dans la très riche aventure musicale française.

Découvertes culturelles

1. En quoi peut-on dire que le «groupe des Six» a créé une musique associée à l'art, comme la musique de Debussy s'apparentait à l'impressionnisme?
2. Décrivez la contribution faite par Erik Satie à la musique française moderne.
3. Quelle sorte de musique Messiaen et Boulez ont-ils créée?

Activités d'expansion

Repères Culturels

A. A quel mouvement ou à quelle période s'associe chacun des repères suivants? Expliquez votre choix.

1. L'*Encyclopédie*
2. l'Académie française
3. Bergson et Freud
4. la Contre-Réforme
5. Marie-Antoinette
6. les romans de Goethe et de Rousseau
7. le rationalisme de Descartes
8. le baron Haussmann
9. la «Belle Epoque»
10. le jansénisme
11. le style «nouille»
12. la règle des trois unités
13. Viollet-le-Duc
14. Colbert
15. Apollinaire
16. les tragédiens du XVIIe siècle
17. Buñuel et Dali
18. dada

B. Indiquez le nom de l'auteur de chacune des œuvres suivantes. Quelle période représentent-elles?

1. *La Nausée*
2. *De l'Esprit des lois*
3. *Les Pensées*
4. *Notre-Dame de Paris* et *Les Misérables*
5. *Les Tragiques*
6. *Le Neveu de Rameau*
7. *Les Fleurs du mal*
8. *René*
9. *Phèdre* et *Britannicus*
10. *Les Méditations poétiques*
11. *L'Illusion comique* et *Le Cid*
12. «Bateau ivre»
13. *Candide*
14. «Art poétique»
15. *A la Recherche du temps perdu*

C. Choisissez dans la liste ci-dessous la description qui correspond à chacun des artistes suivants:

Manet	Poussin	Pradier	de La Tour
Delacroix	Rodin	David	Degas
Daumier	Fragonard	Monet	Greuze
Cézanne	Picasso	Goujon	Gros
Watteau	Seurat	Braque	Courbet

1. sculpteur de la période baroque, créateur de la salle des Cariatides du Louvre
2. caricaturiste du XIXe siècle dont les œuvres offrent une satire de la vie et des personnages de son époque
3. peintre du XVIIIe siècle, créateur des «fêtes galantes»
4. peintre baroque qui a souligné le contraste de l'ombre et de la lumière dans ses scènes de la vie quotidienne
5. peintre du XIXe siècle dont les tableaux réalistes ont scandalisé le monde artistique officiel des Salons
6. peintre romantique dont l'œuvre exprime l'intensité des émotions par l'emploi de coloris forts et le dynamisme des lignes
7. peintre du XVIIIe siècle célèbre pour une œuvre pleine de grâce et de dynamisme
8. peintre qui s'est concentré sur les paysages et les natures mortes et dont l'œuvre a marqué le début du modernisme en peinture
9. paysagiste du XIXe siècle qui a souvent peint des sites d'Ile-de-France avec un grand souci d'exactitude et de vérité
10. peintre officiel de l'Empire, représentant du style néo-classique du début du XIXe siècle
11. sculpteur qui a célébré la gloire de Napoléon, surtout connu pour son *Départ des volontaires de 1792*, un des hauts-reliefs de l'Arc de Triomphe
12. peintre réaliste dont le tableau *Le Déjeuner sur l'herbe* a été refusé au Salon officiel de 1863 en raison de la nature choquante de son sujet

13. peintre classique dont l'œuvre s'est caractérisée par une composition équilibrée et une grande précision du dessin
14. auteur du célèbre tableau *Les Demoiselles d'Avignon* qui a marqué le début du cubisme
15. sculpteur du XIXe siècle, auteur du *Penseur* et du *Baiser*
16. peintre qui s'est inspiré de la légende de Napoléon et s'est spécialisé dans la peinture de scènes de batailles
17. peintre impressionniste célèbre pour son analyse de la lumière, qu'il a appliquée, entre autres, à sa série de tableaux sur la cathédrale de Rouen
18. peintre du XVIIIe siècle dont l'œuvre reflète l'art moralisateur de cette époque
19. fondateur, avec Picasso, du cubisme
20. peintre néo-impressionniste initiateur de la technique du «pointillisme»
21. peintre connu comme «le peintre classique de la vie moderne» et créateur des *Danseuses*

D. Identifiez les bâtiments qui figurent sur les photos suivantes. Quelle période chacun représente-t-il? Expliquez votre choix.

1. 2. 3.

4. 5. 6.

E. Choisissez dans la liste ci-dessous la description qui correspond à chacun des musiciens suivants:

Debussy	Couperin
Gluck	Lully
Rameau	Pergolèse
Gounod	Berlioz
Rossini	Bizet

1. directeur du Théâtre-Italien sous la Restauration et compositeur de l'opéra *Le Barbier de Séville*
2. compositeur préféré de Louis XIV et administrateur de l'Académie royale de musique, qui a dû sa gloire à ses opéras et s'est attaché à créer une musique spécifiquement française
3. compositeur de la fin du XIXe siècle qui a continué la tradition romantique dans son opéra *Faust*
4. compositeur d'opéras bouffes du XVIIIe siècle qui a défendu l'influence italienne, surtout dans le domaine de l'opéra
5. compositeur du XVIIe siècle qui a subi l'influence de la musique italienne et cherché à créer une musique réconciliant les tendances italienne et française, surtout dans le domaine de la musique sacrée
6. compositeur de la fin du XIXe siècle dont l'opéra *Carmen* constitue l'illustration d'une tendance réaliste en musique
7. protégé de Marie-Antoinette qui a dépouillé l'opéra de son ostentation et l'a remplacée par la simplicité de l'émotion pure
8. compositeur qui a étonné le public de son époque en composant une musique marquée par une puissance d'orchestre magistrale et un style fougueux et dramatique
9. organiste et compositeur du XVIIIe siècle, chef de file du mouvement qui a défendu la musique française contre l'influence italienne
10. innovateur dont la musique suggestive a marqué le début d'un esprit nouveau à la fin du XIXe siècle

F. Quel mouvement artistique est représenté par chacun des tableaux suivants? Expliquez votre choix.

1.

2.

3.

4.

5.

G. Choisissez dans la liste ci-dessous toutes les notions qui caractérisent chacun des mouvements suivants. Expliquez votre choix.

le baroque
l'impressionnisme
le classicisme
le symbolisme
le style rococo
le modernisme
le romantisme

1. la liberté et l'individualisme de l'inspiration
2. les effets de trompe-l'œil
3. la recherche de l'universalité
4. la dualité de la nature humaine
5. la soumission de la création à l'intelligence et à la logique
6. l'amour fatal et tragique
7. l'effervescence et l'enthousiasme
8. les contrastes frappants d'ombre et de lumière
9. l'ornementation des surfaces
10. la richesse de la sensibilité
11. la concision et l'harmonie
12. la mélancolie et la solitude
13. des perspectives équilibrées et linéaires
14. l'absence d'organisation fondée sur la logique
15. le thème de la nature
16. la sagesse des Anciens
17. le rêve et l'inconscient

Quelques liens culturels

Discussion

1. Résumez les tendances fondamentales de la philosophie humaniste du XVIe siècle et montrez en quoi le classicisme a constitué une continuation et un affinement de cette philosophie.
2. Le baroque a souligné l'individualisme et le classicisme a recherché l'universalité. Donnez des exemples de ce contraste fondamental entre les deux styles.
3. Choisissez un des domaines artistiques du XVIIIe siècle (littérature, art, architecture, etc.) et expliquez en quoi il illustre l'idée que cette époque peut, en effet, être considérée comme une période de transition.
4. Quel rapprochement peut-on faire entre l'esthétique romantique et la peinture impressionniste?
5. Pourquoi est-il logique que la période romantique ait marqué le début de l'intérêt porté à la restauration des monuments du passé, surtout ceux du Moyen Age?
6. Expliquez la conception de la «nature» des auteurs classiques et des auteurs romantiques.
7. La création littéraire a été dominée au XVIIe siècle par le théâtre, au XVIIIe siècle par la prose, et au XIXe siècle par la poésie. Expliquez ce phénomène.
8. Du romantisme ou du symbolisme, quel est à votre avis le premier mouvement «moderne»? Expliquez votre choix.
9. Paradoxalement, l'impressionnisme en peinture représente, en quelque sorte, le plus «réaliste» des styles, même s'il a souvent été associé au symbolisme. En quoi sa technique peut-elle être considérée comme réaliste?
10. En quoi l'esprit qui a animé le modernisme peut-il être comparé à celui qui s'est manifesté à l'époque romantique?

Mise en scène

1. Imaginez que Racine ait pu assister à la première de *Cromwell* de Victor Hugo. Recréez la conversation entre le dramaturge classique et le novateur du théâtre romantique. Quelles critiques Racine aurait-il faites à la pièce de Hugo? Comment Hugo aurait-il défendu sa nouvelle conception du théâtre?
2. Imaginez que Nicolas Poussin ait pu être présent au Salon de 1822 où Delacroix avait exposé son tableau *La Barque de Dante*. Recréez la conversation entre le peintre classique et le maître de la peinture romantique.
3. Freud a beaucoup influencé les principes qui sont à la base du modernisme. Imaginez une conversation entre Freud, Proust et André Breton.

Activités écrites

1. Quand *Le Cid* de Corneille a été représenté pour la première fois en 1636, le public a beaucoup apprécié la pièce mais les critiques l'ont rejetée car elle ne se conformait ni aux règles ni aux unités classiques. Après avoir lu *Le Cid*, analysez les deux argumentations qui se sont opposées dans cette célèbre «querelle du *Cid*».
2. Analysez une des *Pensées* de Pascal et montrez en quoi elle est représentative d'une œuvre considérée comme le paragon de la philosophie et du style classiques.
3. Aux XVIIIe et XIXe siècles, les critiques d'art écrivaient des «salons», c'est-à-dire des comptes rendus d'expositions qui présentaient au public les tableaux des nouveaux artistes. Imitez ces salons en choisissant une toile de la période que vous préférez. Vous composerez une description de cette peinture du point de vue de la composition et de la technique.
4. Lisez une pièce de Racine dans son intégralité et comparez cet exemple du théâtre classique à une pièce de Shakespeare que vous connaissez.
5. Le mouvement artistique dominant d'une certaine époque reflète très souvent un certain climat social et politique. Montrez que ce principe s'est révélé correct avec le baroque (la fin du XVIe siècle et le règne de Louis XIII), le classicisme (le régime absolutiste de Louis XIV) et le romantisme (la période glorieuse de l'Empire).

Perspectives interculturelles

A. Bien que le mouvement romantique n'ait duré que 20 ou 30 ans, on dit que les tendances fondamentales de ce mouvement sont éternelles. Y a-t-il des illustrations du romantisme dans la création artistique de votre culture (au cinéma ou dans le roman populaire, par exemple)?

B. Les vidéoclips qui accompagnent parfois les chansons de rock sont souvent fort symboliques. Choisissez un de ces clips et analysez les influences symbolistes ou surréalistes que vous y releverez.

C. Discutez d'un film français que vous avez vu et dégagez les influences des grands mouvements artistiques de la culture française qui s'y expriment. Comment ce même sujet aurait-il été traité dans le contexte de votre culture et quelle perspective lui aurait-elle donnée? (Les «remakes» se prêtent souvent à ce genre de comparaison: «Trois hommes et un couffin» = «Three Men and a Baby»; «Le Retour de Martin Guerre» = «Sommersby»; «La Femme Nikita» = «Breaking Point»; «La Totale» = «True Lies».)

Index

Credits

Text credits

The authors and the publisher wish to thank the following for texts used in ***La civilisation française en évolution:***

Page 6 Georges Bataille, *La Peinture préhistorique: Lascaux ou la naissance de l'art*, Editions Skira, 1955; 7 René Char, "Les Cerfs noir", *La Parole en archipel,* NRF, Collection Poésie, © Editions GALLIMARD, 1962; 10–12 Annamaria Giusti, *Arles,* Casa Editrice Bonechi, 1989; 27 François Bluche, "La Plus Belle Histoire d'amour de Louis XIV", in *GEO,* no. 160, juin 1992; 30–31 François Bellec, *La Généreuse et Tragique Expédition La Pérouse,* Ouest-France, 1985; 43–44 Michel Tournier, "L'aire du Muguet", in *Le coq de bruyère,* © Editions GALLIMARD, 1978; 47–48 J.-P. Sartre, *Situations III,* © GALLIMARD, 1949; 53 J.César, *Guerre des Gaules,* vol. 2, Société d'Edition Les Belles Lettres,1962; 56–58 Goscinny, *Le Bouclier arverne,* Dargaud Editeur, 1968; 76 F. Debyser, *Moeurs et mythes,* Hachette, 1981; 98–99 Raymond Aron, *Mémoires,* Editions Julliard, 1983; 104 & 105 Charles de Gaulle, *Mémoires de Guerre,* Librairie Plon, 1954; 118–119 From *L'Evénement du jeudi,* 10 au 16 février 1994; 119–121 Robert Mandrou, *Introduction à la France moderne (1500–1640),* Editions Albin Michel, 1974; 126 Pierre Goubert, *Louis XIV et vingt millions de Français,* Librairie Arthème Fayard, 1966; 127 & 146 *Histoire de France,* de Ouvrage collectif dirigé par Jean Carpentier et François Lebrun, © Editions du Seuil,1987; 136–137 G. Duby et R. Mandrou, *Histoire de la civilisation française,* tome 2, Librairie Armand Colin, 1968; 144–145 *La France des notables (1815–1848),* de André Jardin et André-Jean Tudesq, coll. *Nouvelle histoire de la France contemporaine,* © Editions du Seuil, 1973; 156 Grand Larousse en 5 volumes, tome 3, © Librairie Larousse, 1987; 161 Maurice Agulhon et André Nouschi, *La France de 1940 à nos jours,* Editions Nathan, 1972; 166–167 Stéphane Rials, *Textes politiques français (1789–1958),* PUF, Collection *Que sais-je?*, 1983; 174 Fernand Braudel, in *L'Identité de la France,* Vol. II, Editions Arthaud, 1986; 178 J.-F. Lemarignier, *La France médiévale, institutions et société,* Librairie A. Colin, 1970; 178 Pierre Chaunu, *La France: Histoire de la sensibilité des Français à la France,* Laffont, 1982; 180–182 Marcelin Defourneaux, *La Vie quotidienne au temps de Jeanne d'Arc,* Hachette, 1952; 204–205 Jean-François Soulet, *La Vie quotidienne dans les Pyrénées sous l'Ancien Régime du XVIe au XVIIIe siècle,* Hachette, 1974; 209 Gérard Mermet, in *Francoscopie,* Larousse, 1988, © INSEE; p 221–223 Simone de Beauvoir, *Le Deuxième Sexe: Les Faits et les mythes,* Vol. I, © Editions GALLIMARD, 1949; 263 Jacques Julliard, "C'est la faute à Rousseau", in *Le Nouvel*

Observateur, 17 février 1993; 271–272 Jacques Julliard, "Une quatrième vie pour la gauche", in *Le Nouvel Observateur,* 3 mars 1993; 278 Jean-Paul Sartre, *L'Existentialisme est un humanisme,* Editions Nagel, 1968; 371 Paul Eluard, "La terre est bleue comme une orange...", in *L'amour la poésie,* © Editions GALLIMARD, 1929.

Photo credits

Page ii Johnathan Stark of Heinle & Heinle Publishers; 1 The Granger Collection, New York; 2 The Image Works; 7 © Topham / The Image Works; 9 © de Richemond / The Image Works; 11 Comstock; 14 The Image Works; 16 Johnathan Stark of Heinle & Heinle Publishers; 19 © Esbin-Anderson / The Image Works; 21 © 1990 Comstock; 24 & 383 Superstock; 31 The Granger Collection, New York; 35 © Mark Antman / The Image Works; 39 Giraudon/Art Resource; 41 The Image Works; 44 © Lucas / The Image Works; 49 The Granger Collection, New York; 50 Johnathan Stark of Heinle & Heinle Publishers; The Granger Collection, New York; 61 The Granger Collection, New York; 65 The Bettmann Archive; 68 Giraudon / Art Resource; 70 Comstock; 73 The Granger Collection, New York; 75 The Bettmann Archive; 80 The Bettmann Archive; 85 The Bettmann Archive; 88 & 383 The Image Works; 90 The Granger Collection, New York; 93 The Granger Collection, New York; 95 The Granger Collection, New York; 97 The Granger Collection, New York; 101 UPI / The Bettmann Archive; 106 Elliott Erwitt / Magnum Photos; 111 The Bettmann Archive; 112 The Bettmann Archive; 116 Art Resource; 120 The Bettmann Archive; 125 The Granger Collection, New York; 132 The Granger Collection, New York; 136 Art Resource; 140 The Granger Collection, New York; 143 Art Resource; 150 The Granger Collection, New York; 159 © Topham / The Image Works; 168 Snark International / Art Resource; 173 The Granger Collection, New York; 177 The Granger Collection, New York; 181 The Bettmann Archive; 185 The Granger Collection, New York; 192 The Granger Collection, New York; 203 The Granger Collection, New York; 208 The Granger Collection, New York; 217 The Bettmann Archive; 221 Bruno Barbey / Magnum Photos, Inc.; 229 The Granger Collection, New York; 232 Comstock; 234 Art Resource; 241 The Bettmann Archive; 248 Photographie Giraudon / Art Resource; 251 The Granger Collection, New York; 256 Art Resource; 261 Snark International / Art Resource; 267 The Bettmann Archive; 276 UPI / The Bettmann Archive; 283Johnathan Stark of Heinle & Heinle Publishers; 286 The Granger Collection, New York; 291 Erich Lessing / Art Resource; 293 Culver Pictures; 294 Giraudon / Art Resource; 297 The Bettmann Archive; 299 The Bettmann Archive; 301 The Granger Collection, New York; 307 Erich Lessing / Art Resource; 310 The Granger Collection, New York; 313 Giraudon / Art Resource; 316 The Granger Collection, New York; 322 & 383 © Mark Antmann / The Image Works; 329 The Bettmann Archive; 335 The Bettmann Archive; 339 & 383 © de Richemond / The Image Works; 340 Culver Pictures; 346 The Granger Collection, New York; 348 Giraudon / Art Resource; 352 Giraudon / Art Resource; 354 Art Resource; 358 © Mark Antman / The Image Works; 359 & 383 Johnathan Stark of Heinle & Heinle Publishers; 361 The Bettmann Archive; 368 Erich Lessing / Art Resource; 370 Archive Photos; 374 Erich Lessing / Art Resource; 377 The Bettmann Archive; 379 & 383 Johnathan Stark of Heinle & Heinle Publishers; 384 Giraudon / Art Resource; Erich Lessing / Art Resource; Giraudon / Art Resource; 385 Art Resource, New York; Art Resource, New York.